PAUL TH. HOFFMANN · DIE ELBCHAUSSEE

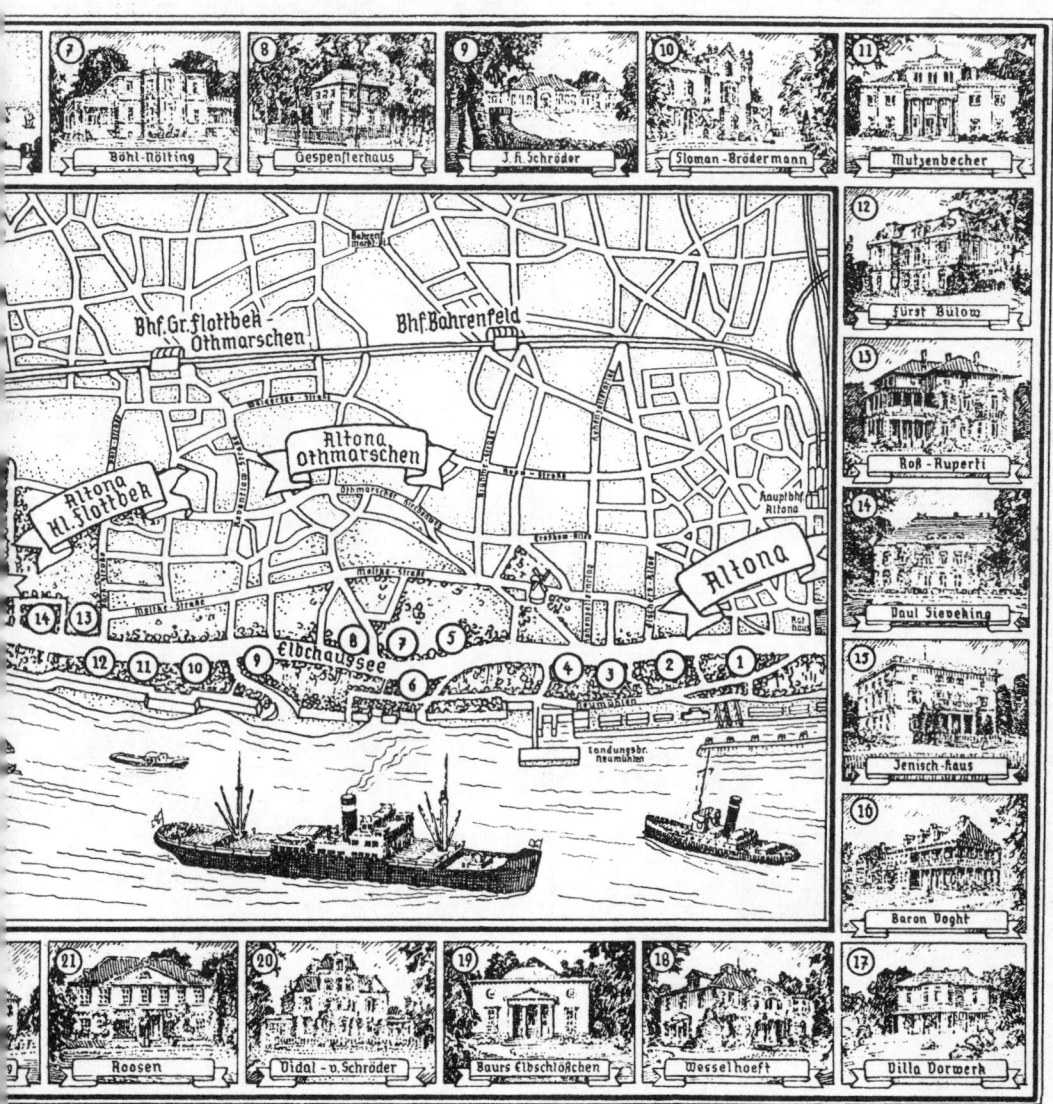

LAGEPLAN DER LANDSITZE AN DER ELBCHAUSSEE

Dieser Plan zeigt die Elbchaussee im Jahre 1937. Die Zahlen bezeichnen die Lage der einzelnen Landsitze. Die dazugehörigen kleinen Bilder geben das Äußere der Bauten, von denen manche schon abgebrochen wurden, in ihrer letzten Gestalt wieder.

PAUL TH. HOFFMANN

Die Elbchaussee

Ihre Landsitze,
Menschen und Schicksale

BROSCHEK VERLAG

VIII. Auflage
© Broschek Verlag · Hamburg 1977
Alle Rechte einschließlich der Übersetzung, der Rundfunk- und
Fernsehsendung sowie der fotomechanischen Wiedergabe und der
Mikroverfilmung vorbehalten.
Druck der Bildtafeln Ferdinand Bahruth, Reinbek
Herstellung Clausen & Bosse, Leck/Schleswig
Vertrieb Christians Verlag, 2 Hamburg 36
ISBN 3-7672-0496-7
Printed in Germany

INHALT

9 VORWORT

I. ALLGEMEINES
11 Die Schöpfer der Landsitze und ihre Bauten
23 Der geschichtliche Hintergrund der Elbchaussee
30 Lebenshaltung und Lebensgestaltung auf den Landsitzen an der Elbe
39 Die Männer und Frauen der Landsitze an der Elbe

II. OTTENSEN UND NEUMÜHLEN
50 Rainville, der »Weinberg« und der Heine-Plangesche Garten
62 Das Donner-Schloß, früher Sievekings Garten, in Neumühlen
74 Die Besitzungen des Konferenzrats Lawaetz und der Familien Weber-Woermann

III. OTHMARSCHEN UND ÖVELGÖNNE
82 Die Landsitze Weber-Volckens
90 Das Brandt-Burchard-Holcksche Säulenhaus
95 Die Schillerburg
97 Der Böhl-Struve-Nöltingsche Landsitz
102 »Klein Middelvaart«
106 Das »Gespensterhaus«
109 Haus Hauhopen von A. O. Meyer
111 Die Besitzung des Bürgermeisters Lehmann
112 Johann Heinrich Freiherrn von Schröders Landsitz
118 Roosens Gärten in Othmarschen

IV. OTHMARSCHEN UND KLEINFLOTTBEK
122 Die Brödermann-Slomanschen Landsitze

V. KLEINFLOTTBEK
128 Die Rücker-, Jenisch- und Bülowschen Landsitze
133 Der »Eichenhof«, Edgar-Roß-Park, später Ruperti
136 Booths Gärten
139 Das größte Privatlandhaus an der Elbchaussee, das spätere »Parkhotel«
141 Der Jenisch-Park, Vorgeschichte und Anfänge
146 Caspar von Voghts Schöpfung
162 Die »Eichenlust« des Oberalten Goering

VI. KLEINFLOTTBEK UND NIENSTEDTEN
165 Wesselhoefts Park, »die Mühle« mit dem »Mühlenteich«
174 Der vormals Hanburysche, jetzt Vorwerksche Landsitz

VII. NIENSTEDTEN
178 Das Baursche »Elbschlößchen«
182 Der Vidalsche, später von Schrödersche Landsitz
187 Roosens Gärten in Nienstedten
191 Der Landsitz des Herzogs von Augustenburg (Newman)
200 Die Parishsche Besitzung
210 Die Tesdorpf-Brandtschen und Roosen-Biesterfeldschen Landsitze

VIII. DOCKENHUDEN
216 »Beausite« des Senators Godeffroy
222 »Die Bost«
232 Godeffroys »Hirschpark«
242 Die Parks um das »Weiße Haus«
252 Die Landsitze um »Pepers Diek« und den »Olen Hoop«
257 Die O'Swaldschen Villen am Mühlenberger Weg

IX. BLANKENESE
262 Baurs Park
271 Klünders Garten, später Hesses Park
280 Der Landsitz auf dem Krähenberg: der Goßler-Park

X. EINIGE LANDSITZE WESTLICH DER
ELBCHAUSSEE
283 Bismarckstein, Landsitz von Schinckel, Polterberg, Kösterberg, die »Kaffee-Burgen« und die Münchmeyerschen Besitzungen in Tinsdal-Rissen

298 XI. NEUES PLANEN – NEUES BAUEN

301 SCHLUSSWORT: »Wasser und Wind«

305 ANMERKUNGEN

341 VERZEICHNIS DER ABBILDUNGEN

343 NAMEN- UND SACHREGISTER

VORWORT ZUR I. AUFLAGE

Die Elbchaussee, im Westen Hamburgs, vormals auf holsteinischem Gebiet gelegen, ist eine der schönsten und schicksalsreichsten Straßen in unserem deutschen Vaterland. Sie hat von der Zeit des Barock bis zum Weltkrieg 1914 eine geschichtliche Entwicklung zurückgelegt, die man in dieser Form und in diesem Inhalt als abgeschlossen bezeichnen muß. Wie allenthalben in der Welt Klio gegenwärtig den einzelnen Völkern ein neues Blatt ihrer Geschichte aufgeschlagen hat, so wird auch im kleineren, auch für die Landschaft am Wege der Welthafenstadt zum Ozean, das Blatt gewendet, und neues Geschehen weist in neue Entwicklungen. Es ist daher an der Zeit und eine Notwendigkeit, die Geschichte der Elbchaussee, wie sie geworden ist und wie sie war, gestützt auf Akten und zeitgenössische Berichte, zu schreiben.

Vorarbeiten zu diesem Buche erschienen von mir in Hamburger und Altonaer Tageszeitungen. In den nachfolgenden Blättern ist das Gesamtergebnis niedergelegt, das in gedrängter Form die Fülle der Ereignisse quellenmäßig begründet, sie zu beschreiben und zu gestalten sucht. Haben die deutschen Fürsten ihre Residenzstädte verschönt und in Schlössern und Parken sich Denkmale eines hochgestimmten Lebens- und Kulturwillens gesetzt, so hat der *Hamburger Kaufmann*, dessen Feld die Welt war und ist, sich im Verein mit den tüchtigen Kaufmannsgeschlechtern der Nachbarstadt Altona an der Elbe ein Wahrzeichen seiner kulturell schöpferischen Tatkraft errichtet durch die ununterbrochene Kette anmutig-reicher, durch Zurückhaltung und schlichte Vornehmheit ausgezeichneter Landsitze, die von der klassisch-schönen Palmaille an den Geestrücken bis über Blankenese hinaus schmückten. Ist auch diese Landschaft in Wandlung und neuem Werden begriffen, ihr erinnerungsgesättigter Boden, der von der Tüchtigkeit der vielen alten Geschlechter Zeuge war, wird diese Erinnerungen nicht preisgeben und vergessen dürfen.

Bei der Abfassung dieses Buches durfte ich mich der förderlichen Teilnahme aller heimatgeschichtlich interessierten Kreise erfreuen. Besonders zu danken habe ich dem *Hamburger* und *Kieler Staatsarchiv* sowie dem *Reichsarchiv* in *Kopenhagen* für die Bereitstellung von Material, das mir für die aus dem Altonaer Stadtarchiv fließenden Quellen eine wichtige Ergänzung wurde. Von zahlreichen alten Hamburg-Altonaer Familien erfuhr ich so viel wertvolle Unterstützung aus deren Familienarchiven, daß mir die namentliche Aufzählung aller Beteiligten nicht möglich ist. Über die Geschichte der eigenen Familien hinaus haben das Werden dieses Buches gefördert Dr. Georg *Baur*, Dr. Heinrich *Baur*, Pastor Dr. H. F. *Beneke*, Frl. Hedwig *Donner*, die Herren F. F. *Eiffe*, John T. *Eßberger*, Oscar *Godeffroy*, Dr. Heinrich *Merck*, Albrecht *O'Swald* sen., G. Arthur *Roosen*, Prof. Dr. Heinr. *Sieveking* und Johannes *Wesselhoeft* sen.

Hamburg-Altona, Mitte Oktober 1937   *Paul Th. Hoffmann*

ZUR 7. AUFLAGE

Der zweite Weltkrieg bedeutete auch für die Geschichte der Elbchaussee eine Wendemarke, nicht weil hier und da die Bomben eine Lücke gerissen hatten, die »gute alte Zeit« der Elbchaussee war auch ohne diese Zerstörungen endgültig dahin. Das ruhelose Tempo des allgemeinen Wiederaufbaus mit seiner Umschichtung der Vermögensverhältnisse, mit der Wohnraum- und Bodenspekulation, dem rastlosen Verkehr griff auf diese bisher so abgeschirmte Gegend über und löschte ihr Eigenleben aus.

Es konnte nicht Aufgabe des Bearbeiters der 7. Auflage sein, im einzelnen Verfall und neue Ansätze aufzuzeigen. Das vorliegende Werk Paul Th. Hoffmanns ist das Denkmal einer Zeit, da Wohlhabenheit, Naturliebe und Begeisterung für Kunst und Dichtung in einer dafür geschaffenen Gegend zusammentrafen. Dazu gibt es keine Fortsetzung; eine solche wäre eine historische Angelegenheit, aber kulturgeschichtlich ist der Faden abgerissen.

Blankenese, im Frühjahr 1966.   *Johannes Saß*

I.

DIE SCHÖPFER DER LANDSITZE
UND IHRE BAUTEN

Die Elbchaussee ist die fast eine Meile lange Straße, die sich von Altona stromabwärts über Höhen und eingebettete Auen bis nach Blankenese hinzieht. Die Elbe, sobald sie Hamburgs Häfen hinter sich läßt, öffnet sich unterhalb Finkenwerders breiter und breiter. Auf ihrem linken Ufer dehnt sich die flache Marsch, auf ihrem rechten aber erhebt sich die Landschaft hügelig und waldig. Hier, mit dem Blick über den Strom und seine Schiffe, stand eine Fülle bedeutsamer Villen und Herrenhäuser, eingegliedert in weite, prächtige Parks. Die Straße, an der diese Besitzungen lagen oder noch heute liegen, hieß früher in ihrer östlichen Hälfte von Altona bis Othmarschen »Flottbeker Chaussee«, die westliche Hälfte von Flottbek bis Blankenese »Elbchaussee«. Aber landschaftlich wie verkehrsmäßig bildeten beide Teile eine Einheit. Nach dem zweiten Weltkrieg wurde die Umbenennung zur einheitlichen Elbchaussee vollzogen[1]. Ursprünglich ist sie ein holpriger, sandiger Fahrweg gewesen. Die Anwohner haben sie im Laufe der Jahrzehnte ausbessern und zu dem ausbauen lassen, was sie geworden ist. Noch bis in die neunziger Jahre des letzten Jahrhunderts wurde sie als »Privatweg« unterhalten. Am Anfang der Chaussee standen ein Schlagbaum und ein Wärterhaus[2]; jeder fremde Wagen, der die Straße befahren wollte, mußte Passiergeld bezahlen. Erst verhältnismäßig spät haben sich die Gemeinden und zuletzt 1927, seit Eingliederung der Vororte, hat sich die Stadt Altona der Elbchaussee und ihrer Pflege, der Siellegung, Pflasterung und Beleuchtung sorglich angenommen. Ihren eigentlichen An- und Ausbau erlebte sie seit ungefähr 1780. Zwar war es schon vorher üblich gewesen, daß Hamburger oder Altonaer Kaufleute in den Landschaften längs der Elbe Grundbesitz erwarben. Dabei handelte es sich zunächst um Bauernhöfe, kleinere oder größere Landgüter. Man wollte sein Geld gut anlegen und sich den Ertrag der Landwirtschaft möglichst unmittelbar zukommen lassen. Zuweilen überließ man auch einem Pächter das Ganze; in der Mehrheit der Fälle aber wohnte man selbst während der Sommerzeit (seltener und erst in den späteren Jahrzehnten des neunzehnten Jahrhunderts auch im Winter) hier draußen.

Schon vor dem Dreißigjährigen Krieg gab es wohlhabende Hamburger und Altonaer Kaufleute, die sich hier ansiedelten. Aber die eigentliche Kultur der Elbchaussee beginnt sich erst seit den letzten beiden Jahrzehnten des achtzehnten Jahrhunderts zu entfalten.

Die Gründe für die damals einsetzende Entwicklung liegen in dem neuerwachten Naturgefühl, das durch die deutsche Klassik, die Gedanken Rousseaus, die sentimentalen Dichtungen der Engländer und der Deutschen erweckt wurde. Politisch war das Leben in unserer Heimatlandschaft zu jener Zeit außerordentlich bewegt. Die Folgen der Französischen Revolution, das Auf und Nieder im wirtschaftlichen Leben Hamburgs und teilweise des benachbarten Dänemarks brachten starke Gefühlsspannungen zwischen Bedrängtsein und seelischer Gelöstheit mit sich, zugleich aber auch Verlangen nach Lebensgenuß, Daseins- und Tätigkeitsfreude. Wenn in Hamburg die Zeiten infolge der Kriegsereignisse unruhig wurden, so durfte man im neutralen benachbarten Holstein hoffen, sich des erworbenen Besitzes um so ungestörter zu erfreuen. Das Ausfalltor der Elbe mit der mächtigen deutschen Freien Reichsstadt Hamburg und dem benachbarten, unter dänischer Oberhoheit stehenden, wirtschaftlich und kulturell sehr aufblühenden Altona lockte zudem die Fremden aus allen Erdteilen herbei. Aus Frankreich (z. B. Godeffroy), aus den Niederlanden (Roosen, van der Smissen, de Voss, Brandt), aus England (Thornton, Blacker, Parish, Sloman) kamen sie zum Teil direkt, zum Teil erst über andre deutsche Gebiete: oft die besten Söhne des Landes, als die sie sich durch ihre Leistungen und Erfolge in ihrer neuen Heimat bestätigten. Nur die Starken und Lebenstüchtigen pflegen sich an

Wirkungsstätten zu wagen, die fern, fremd und schwierig sind, weil diese erst gewonnen sein wollen. Bei vielen war es die geistig-seelische Not des Glaubens, die sie veranlaßte, lieber auszuwandern, als ihr eigenes Wesen preiszugeben. Aber auch aus allen Teilen Deutschlands nahten sich die künftigen großen Hamburger Kaufleute und Gestalter der Elbchaussee. Aus Norddeutschland (z. B. Lawaetz aus Rendsburg, die Donners aus Lauenburg), aus Westdeutschland (die Woermanns aus Westfalen), aus Süddeutschland (die Jenischs aus Augsburg, die Baurs aus Stuttgart) und aus Sachsen und Schlesien. Bestes Blut mischte sich in der neuen Heimat und brachte die tüchtigen Geschlechter hervor, die wesentlich dazu beitrugen, Hamburg und die kleinere Schwesterstadt Altona groß und lebensstark zu machen. Zugleich waren dies die bedeutsamen Jahre, in denen sich Hamburgs Charakter entscheidend wandelte. Zuvor im wesentlichen Binnenstadt, hervorragend durch Brauer- und Fischereigewerbe, wurde es jetzt zu einer der ersten Hafenstädte der Erde.

Obwohl der Reichtum aller Länder den Schöpfern der Elblandsitze zu Gebote stand, ist das, was auf diesem Erdenstrich geschaffen wurde, durchaus *bodenständig* und heimatlich-eigenwüchsig geworden. Unverkennbar sind die befruchtenden Einflüsse der Niederlande, Englands, Frankreichs auf die Lebenshaltung der hier ansässigen Kaufleute. Möbel, Porzellane, Tafelsilber und die vielen lieben kleinen Dinge des Lebens, die den Haushalt verschönern und ihm den Schimmer des Gemütvollen geben, wurden aus den verschiedensten Gegenden Europas hier zusammengetragen. Aber wie dies nun einheitlich und harmonisch ineinandergefügt wurde, wie die Persönlichkeit der Männer und Frauen, die ihr Hauswesen formten, alles zu einer organischen Einheit als Ausdruck ihres Lebensstils gestalteten, wie Haus und Landschaft mit der Inneneinrichtung zusammenstimmten, das ist von durchaus ursprünglicher Wirkung. Die Söhne und Enkel der Zugewanderten fühlten sich als gute Hamburger, Altonaer oder Holsteiner. Wie stark bewährte sich ihr Heimatempfinden in schweren Zeiten! Mit welcher Entrüstung schrieb Peter Godeffroy über die Bedrängung durch die Franzosen! Wie frei trat John Parish den Unterhändlern Napoleons entgegen, wie geschickt wußte er sie zu behandeln und für seines Hauses und Hamburgs Nutzen zu gewinnen! In welchem Ansehen stand der Hamburger Handelsherr Georg Heinrich Sieveking als Gesandter seiner Vaterstadt in Paris! Während das deutsche Vaterland ohnmächtig war und seinen Bewohnern keinen Schutz gewähren konnte, verschafften die großen Kaufleute und Reeder, die an der Elbe wohnten, ihrer Heimat Achtung und Geltung. Wenn in fernen Ländern und Erdteilen lange Zeit, zumal in der ersten Hälfte des neunzehnten Jahrhunderts, Deutschland wenig oder keinen Kredit genoß, der Hamburger Kaufmann hatte ihn. Im Jahre 1848 konnte eine einzige dänische Fregatte sich vor Helgoland legen und den gesamten Handel auf der Elbe absperren. Hamburger Kaufleute, Robert Miles Sloman sen. und Johann Cesar Godeffroy, waren es, die zur Gründung einer deutschen Flotte aufriefen, eigene Schiffe zur Verfügung stellten und die Flotte dem deutschen Reichsverweser Erzherzog Johann feierlich übermittelten. Es war nicht ihre Schuld, wenn Deutschland damals noch zu schwach war, um dieses großartige Geschenk dauernd zu erhalten. Sowenig wie es später Johann Cesar Godeffroys Schuld war, wenn sein Südseeunternehmen, das dem Deutschen Reich eine große Kolonialwelt erschließen sollte, von dem damaligen Reichstag nicht angenommen wurde, so daß später nur ein wesentlich kleinerer Teil der Südsee in deutsche Schutzherrschaft gelangte. Für ihre Heimatehre haben die Hamburger Handelsherren viel geleistet. Indem sie das Wort »Seefahrt ist not« hochhielten, sorgten sie von sich aus für Deutschlands Anschluß an Weltwirtschaft und Weltverkehr, für seine Weltgeltung. Das muß man berücksichtigen, will man die heimatlich-nationale Kraft richtig würdigen, die in jenen Hamburger Kaufmannsfamilien lebendig war. Dort, wo die Roosens, Sievekings, Baurs, Godeffroys, Slomans und wie sie alle heißen, ihre Villen und Schlösser bauten, trug der Elbstrom zu ihren Füßen ihre eigenen Schiffe elbabwärts und wieder in die Heimat zurück. Vom Kanonenberg im Park des Konferenzrats G. F. Baur dröhnten die Begrüßungsschüsse, wenn seine Schiffe drunten vorbeifuhren. Von der Villa des Reeders Robert Sloman jr. wehte die blaue Flagge zum Gruß an seine auf dem Strom ausfahrenden Segelschiffe und Dampfer.

Neben den Kaufleuten hatten aber auch viele Männer der *Politik* und der *kommunalen Arbeit* am Elbstrom ihre sommerlichen Erholungswohnsitze: u. a. Bürgermeister Garlieb Sillem, der während der schlimmen Franzosenzeit vor Davoust seinen Mann stand, Senator Martin Jenisch, der nach dem furchtbaren Brand Hamburgs 1842 erfolgreich für den Wiederaufbau arbeitete, die Bürgermeister Weber und Versmann, die in der Zeit des neuen deutschen Kaiserreichs Hamburgs Kraft und Reichtum würdig repräsentierten. Auch die Bürgermeister Baur der Stadt Altona, die zum Teil die Bankiers der Könige von Dänemark waren, seien hier nicht vergessen. Thornton und Parish hatten während der letzten Kämpfe des alten Deutschen Reiches gegen Frankreich Riesensummen von Unterstützungsgeldern in ihren Kellern liegen, die sie von England aus dem Deutschen Kaiser und König von Preußen vermittelten. Auf ihren Sommerlandsitzen sahen diese Herren die besten und wesentlichsten Männer und Frauen der Zeit als Gäste. Große Feldherren, wie Feldmarschall Blücher (bei Parish), Graf Moltke (bei der Etatsrätin Donner), Diplomaten, wie die napoleonischen Minister Talleyrand und Bourrienne, die am Webstuhl der Weltgeschichte Meister waren, verkehrten hier. Später war während der Kaisermanöver ein Teil der deutschen Fürsten, darunter Kaiser Wilhelm II., im Donner-Schloß zu Gast. Der Reichskanzler Fürst Bülow erblickte 1849 in der de Voss-Rückerschen Villa an der Elbe das Licht der Welt und wohnte allsommerlich in der Elbparkvilla zu Kleinflottbek. Besonders hervorgehoben werden muß in diesem Zusammenhang das schöne Haus des Herzogs von Augustenburg, in dem während des achtzehnten Jahrhunderts Graf Wilhelm von Schaumburg-Lippe vorübergehend residierte: jener Fürst, der Herder und Joh. Christoph Friedr. Bach an seinen Hof nach Bückeburg berief und dem wir die Ausbildung Scharnhorsts auf dem Wilhelmstein verdanken. Die Herzöge Christian August und sein Sohn Friedrich von Augustenburg, die viele Sommer in dem Nienstedtener Hause wohnten, bildeten hier ein Zentrum der schleswigholsteinischen Freiheitsbewegung; bei besonderen Anlässen, wie an ihren Geburtstagen, war das Haus ein Wallfahrtsort unzähliger patriotisch gesinnter Männer und Frauen, die Deutschlands Erhebung herbeisehnten. Wenn von Schleswig-Holstein aus das deutsche Schicksal wesentlich zur Entscheidung reifte, dann darf man nicht vergessen, daß gerade in diesem unserm Landstrich an der Elbe viele gute Kräfte gehegt und gefördert wurden.

Neben der politisch-wirtschaftlichen entwickelte sich hier eine große *Geisteskultur*. Im Landhause Sieveking wurde besonders die Dichtung und Weltanschauung gepflegt und verehrt, die sich auf *Klopstock* und *Lessing* stützte. In dem Nienstedtener Landhause, das einst auf der Besitzung stand, die später Rudolf Freiherrn von Schröder gehörte, wohnte der von Weimar hierher gezogene englische Konsul Mellish, Goethes Freund, dem dieser freundliche Gedichtgrüße sandte. Sein Haus wie das von Hanbury und die Besitzung von Wesselhoeft im Quellental waren die geistigen Mittelpunkte unserer Elblandschaft, wo besonders die *Goethe-Welt* heimisch ward; denn die Wesselhoefts hatten verwandtschaftliche Beziehungen zu Frommans und Minchen Herzlieb in Jena. Der Kreis des vom Dichter hochgeschätzten Barons Voght bildete die Vermittlung zwischen dem Klopstock- und dem Goethe-Kreis. Über Rückert, der die drei Gräber zu Ottensen besang, Bodenstedt, der im Hause Donner heimisch war, führt diese Linie bis zu Gerhart Hauptmann und den Seinen, die ebenfalls in den Elbgemeinden viele freundschaftliche Beziehungen unterhielten. Fügen wir noch hinzu, daß Detlev von Liliencron, Carl Bulcke und Gustav Frenssen hier lange ihre Heimat fanden, daß Rainer Maria Rilke längere Zeit bei dem Prinzen von Schoenaich-Carolath auf dessen Gut Haseldorf und in Blankenese zu Gast war, dann rundet sich uns ein reiches Bild heimatlich-literarischer Kultur.

Ebenso hat die Architektur ein großes Betätigungsfeld längs der Elbchaussee gefunden. Die *Baukultur*, die hier entwickelt wurde, ist gleichfalls charakteristisch und eigenwüchsig geworden, soviel ausländische Einflüsse sie auch befruchtet haben. Das sommerliche

Wohnhaus an der Elbe wurde nicht von den in den Elbdörfern ansässigen Bauern geschaffen, sondern von den Städtern. Für deren Zweck war ein Wohnhaus natürlich anders beschaffen als das in der Landschaft überlieferte Bauernhaus. Sie brachten das städtische Haus hinaus in die Landschaft, jedoch so, daß es sich dem ländlichen Charakter anpaßte. Zumeist errichteten sie einen bequemen Fachwerkbau und versahen ihn mit dem im Dorfe üblichen Strohdach. Dieser ursprüngliche *Typus des alten Sommerwohnhauses* an der Elbe ist nur noch selten erhalten, am schönsten wohl in dem alten »Kavalierhaus« der Besitzung Elbchaussee 190. Auch das alte Steetz-Vidalsche Landhaus, von dem uns Bilder überkommen sind, darf als Beispiel einer schon reicheren Ausgestaltung dieses Typs angesehen werden. Daneben bewohnte man auch alte Bauernhäuser, wofern man sich einen ganzen Bauernhof gekauft hatte; doch wurden diese vielfach entsprechend umgebaut. Davon sind Beispiele erhalten im »Kavalierhaus« des Hirschparks und in einigen Nebengebäuden der größeren Nienstedtener Landsitze. In der Regel erbaute man neben dem alten Bauernhaus ein neues Wohnhaus und richtete das alte für Gäste, für Besuch von Fremden (»Kavaliere«) ein. Einige Besitzungen, wie die »Bost«, Wesselhoefts Landsitz u. a., sind auch im Zusammenhang mit ursprünglichen Mühlen, gewerblichen Anlagen u. ä. entstanden.

Endlich gibt es Landsitze alter Art, die eine merkwürdige Vereinigung des niedersächsischen Bauernhauses und des zuvor charakterisierten Wohnhaustyps darstellen, z. B. das Roosensche Landhaus. Auch das des Herzogs von Augustenburg in Nienstedten kann dafür als Beispiel dienen. Es hat den Anschein, als sei ihr Kern das alte Bauernhaus mit der Diele gewesen. An der nach der Elbe gelagerten Frontseite wurde alsdann das eigentliche langgestreckte Wohnhaus vorgebaut; doch so, daß das alte Bauernhaus mit seiner Diele die Mitte des neuen Wohnhauses durchdrang. Es erweckt den Eindruck, als seien beide Typen ineinandergeschoben. Diese Bauweise zeigt jedenfalls stark bodenständig-heimatlichen Charakter[3]. Sie war aber nur ein Übergang zum reinen Villenstil, der aber auch von der Landschaft her seine Prägung fand.

Um die Wende vom achtzehnten zum neunzehnten Jahrhundert bricht alsdann der Strom moderner Architektur mit italienischen, dänischen, englischen und französischen Einflüssen mächtig herein. Die Handelsherren und Senatoren, die hier wohnten, wünschten jetzt ihren Sommersitzen ein großzügig-würdevolles Gepräge zu geben[4]. Die *klassizistische Kunst* des Hamburger Baumeisters J. A. Arens, den Baron Vogt beschäftigte und den später Goethe nach Weimar berief, seines großen dänischen Kollegen Christian Fr. Hansen, der in seinen Bauten vielfach mustergültig für die hiesige Landschaft wurde, wetteiferte mit den Einflüssen Frankreichs, die Ramee herüberbrachte, und mit denen Englands. Richard Godeffroy beabsichtigte durch den englischen Architekten Mee in Dockenhuden auf der Bost ein Landhaus bauen zu lassen. Karl Sieveking »empfahl ihn aufs wärmste an Chateauneuf, damit die englischen Verbesserungen der Privateinrichtung in Hamburg Eingang fänden.« (Heinrich Sieveking: Karl Sieveking, III. Band, Seite 271 seines Lebensbildes.) Maßgebend aber blieb doch der Geschmack der Hamburger Kaufleute und politischen Würdenträger, die hier siedelten. Wir wissen aus einzelnen genau überlieferten Baugeschichten, daß die Besitzer nicht etwa ihre Landhäuser dem Architekten lediglich »in Auftrag gaben«. Vielmehr waren Männer wie Baron Vogt, die Baurs, Senator Jenisch u. a. durchaus eigenschöpferische Bauherren; sie blieben selbst die Unternehmer, die zumeist die Ausführung aller Einzelheiten angaben und überwachten. Vom Brunnen, der zuerst gegraben wurde, vom Material, das herbeigeschafft wurde, vom Bau des Hauses bis zur Inneneinrichtung und zur Ausgestaltung des Gartens betreuten sie alles. Sie bezahlten die einzelnen Posten selbst, entlohnten die verschiedenen Unternehmer und ließen sich von den Architekten lediglich die Pläne nach eigenen Wünschen bearbeiten. Jenisch z. B. bestellte, als der Hamburger Baumeister Forsmann seinen Entwurf für das Herrenhaus im Jenisch-Park angefertigt hatte, einen Gegenentwurf von Schinkel aus Berlin. Erst die beiden Entwürfe zusammen ergaben unter Jenischs starker Einflußnahme schließlich den endgültigen Entwurf, nach dem das heutige Jenisch-Haus erbaut wurde. So ist es zu verstehen, daß viele Wohnsitze einen stark persönlichen Eindruck machen: z. B. das Baursche Elbschlößchen in Nienstedten, die Brandtsche Säulenvilla in Othmarschen u. a. Die Entwicklung des Baustils im neunzehnten Jahrhundert läßt sich an den späteren Wohnsitzen der Elbchaussee gut verfolgen. Die höchste Blüte des Landhausbaues wurde zweifellos unter Christian Fr. Hansen an der Elbe erreicht. Musterbeispiele sind die beiden Landsitze, die dieser für Johann Cesar und Peter Godeffroy in Dockenhuden baute, und der von ihm errichtete Thorntonsche Besitz (später Schröder) in Othmarschen. Hier wird an die Schule Palladios angeknüpft, doch so, daß durch Hansen jene durchaus eigenwüchsig-harmonische Baukultur entsteht, die dem Willen der reichen Hamburger und Altonaer Handelsherren entspricht: repräsentative Würde und Schönheit zu verbinden mit Wohnlichkeit und »weisem Lebensgenuß« – wie er von Godeffroy und Parish besonders betont wird – in einer hochgearteten bürgerlichen Kultur. Die Landhäuser waren als Wohnsitze für die Sommerzeit gedacht. Sie sollten daher besonders mit dem umgebenden Park und Garten eine harmonische natürliche Einheit bilden. Die künstliche Raumgestaltung des Barocks ist längst überwunden. Das natürliche Gefühl für die Landschaft und für das dazugehörige Haus wird zum Teil aus der altererbten heimatlichen, zum Teil aus der englischen Landsitzkultur übernommen. Die Höhe der Baukultur Christian Fr. Hansens wird eigentlich nur von dem Altonaer Baumeister Johannes *Möller* in dessen Bau der Rücker-Mutzenbecherschen Villa erreicht, dem späteren Geburtshaus des Fürsten Bülow. Der Neffe Chr. Fr. Hansens, Matthias Hansen, erreichte längst nicht mehr die Größe und Kraft seines Oheims. Noch bis in die dreißiger Jahre wirkte sich die edle Kunst Hansens maßgebend aus. Neben ihm ist noch der schon erwähnte J. A. *Arens* hervorzuheben, der zwar nicht Hansens große Würde und Gestaltungskraft erreichte, dafür aber den Palladioschen Klassizismus organischer mit unserer Heimat verband, als dies selbst Hansen möglich war. Wenn man dessen Baukunst einen Mangel nachsagen kann, so ist es der, daß er die alte Tradition des ursprünglich hier heimischen

Landhauses nicht immer genügend berücksichtigte und seine Bauten völlige Neuschöpfungen in unserer Landschaft darstellten. Die Landhäuser von Arens aber, wie das des Lizentiaten Vogel in Dockenhuden, entsprachen weit stärker der heimischen Überlieferung und sind Gebäuden älterer Stilprägung, wie dem Roosenschen Landhaus, innerlich verwandter. Die Folgezeit bringt unter Ole Jörgen Smith, Forsmann und Einflüssen von Schinkel noch ansprechende klassizistische Landhäuser hervor, so das neue Herrenhaus im Jenisch-Park und das Wohnhaus des Konferenzrats Baur in Blankenese. Dann aber beginnt jene Stilverwilderung, die ihren Gipfel in den äußerlich prunkenden, innerlich aber seelenlos gewordenen Villenbauten der achtziger und neunziger Jahre findet. In den sechziger Jahren schaffen Meuron und seine Zeitgenossen noch ansprechende Landhausformen, so die Sloman-Brödermannschen Villen und die Elbparkvilla Rücker-Bülow. Gleichzeitig aber beginnt eine Nacheiferung abgelebter Stilformen, insbesondere der beliebt werdenden Gotik. Das Donner-Schloß und Beausite zeigen diese gotisierenden Bestrebungen, die jedoch hier durch die Großartigkeit der Gesamtanlage nicht so kraß ausarten wie in kleineren Beispielen einiger im Geschmack der »Haaseschen Gotik« erbauten Landhäuser in Nienstedten und Othmarschen. Die schlimmen Entgleisungen des Baustils, die sich die Zeit nach den Gründerjahren leistete, finden zwar auch einige unerfreuliche Vertreter längs der Elbchaussee; doch bleibt diese als Ganzes dank der hier herrschenden Wohntradition vor Entstellungen leidlich bewahrt. Charakteristisch ist aber, daß der eigentliche Glanz, der der Elbchaussee ihren Zauber verliehen hat, ausging von den Bauten der älteren Zeit, den Häusern, die etwa von 1750 bis 1840 geschaffen wurden, und daß dieser kräftig genug war, um auszugleichen, was die späteren Jahrzehnte sündigten. Die neuere Zeit nach 1900 suchte durch ihre Vertreter – wie die Architekten Peter Behrens und Baedecker – wieder das Organisch-Natürliche in der Bauweise zu betonen.

Zusammenfassend läßt sich feststellen, daß der Baustil der ältesten Landsitze durchaus heimatlicher, gemischt städtisch-bäuerlicher Artung war. Mit der Zunahme einer weltweiten, geistig und materiell reichen Kultur nimmt das Verlangen nach Größe und entsprechendem Ausdruck in Klassizistik und romantisierender Gotik zu. Beide Elemente, das klassizistische wie das gotische, werden in von der Landschaft bestimmter Form aufgenommen. Die flächige Weite mit ihrem Auf und Nieder der Geest, mit ihren malerischen Abhängen zur Elbe hat das ebenso Großzügige und zugleich Würdevoll-Ruhige der Wohnbauten mitbedingt. Fülle und Reichtum der Besitzungen offenbaren sich aber nicht nur im Wechsel des Stils, sondern in der mannigfachen Art, wie Einfachheit, Schlichtheit und Großartigkeit zusammenklingen. Nirgends kann man von eigentlicher Pracht sprechen. Allen Anwohnern lag eine gewisse vornehme Verhaltenheit und Zurückhaltung. Die alte Familientradition, wie sie bei den mennonitischen Familien zu Hause war, drang auf Nüchternheit und Schlichtheit im Ausdruck, wofür die Fassade des Landhauses Roosen in Nienstedten ein eindrucksvolles Beispiel ist. Schönheit und Lebensfreude tun sich kund in den Säulengalerien, mit denen z. B. Baron Voght sein Landhaus umgab; Würde, die sich bis zu einer gewissen Feierlichkeit steigern konnte, zeigen die hohen säulengeschmückten Eingänge und Elbfronten wie z. B. beim Goßler-Haus, bei der Thornton-von Schröderschen Villa u. a. Neben diesen repräsentativen Formen des Landhausbaues gab es die versponnene, anheimelnde, wie die laubumrankte alte Hanburysche Villa, wie das »Spatzen-Haus«, in dem später die Schriftstellerin Mathilde Mann die Romane Hamsuns und Selma Lagerlöfs übersetzte. Endlich seien alte romantische Häuser, die sogar Gruseln erweckten, wie das »Gespensterhaus«, nicht vergessen.

Was die *Gartenkultur* betraf, so war auch sie ungemein reich und hat sich den landschaftlichen Bedingungen auf das glücklichste angepaßt. In der früheren Zeit befanden sich an den Elbabhängen bei Altona, in Nienstedten und Blankenese Parkgärten mit im französischen Geschmack geschnittenen Hecken und gestutzten Bäumen. Von alledem ist so gut wie nichts erhalten geblieben. Nur der »Antiken-Garten« im Hirschpark bildet davon eine Ausnahme.

Maßgebend wurde für die Umgestaltung der Gärten der natürliche englische Parkstil. Aber gerade hierbei darf man hervorheben, daß diese Parks, wie der Voght-Jenisch-Park, zwar nach englischen Vorbildern angelegt worden sind, daß sie sich aber in ihrer Struktur, ihrem Wesen ganz natürlich aus der Landschaft selber ergaben. Diesen Bedingungen gingen die Schöpfer der großen Parks liebevoll nach; sie holten oft genug die großartigen Möglichkeiten, die in dem Gelände schlummerten, erst aus diesem heraus; sie zauberten deren schönes, freies Antlitz behutsam hervor. Daneben war auch das jeweilige Zeitgefühl maßgebend. Deutsche Romantik formte den Baurschen Park in Blankenese mit Turmruine, mit chinesischem Pagodenturm und allerlei romantischen Sonderheiten. Zudem verband ein gewisses Sympathiegefühl die Anwohner an der Elbchaussee dadurch, daß sie sich bei Gestaltung ihrer Parks und Gärten sozusagen in die Hände arbeiteten. Sie freuten sich, wenn Park, Garten und Land beim Nachbarn zur Rechten und Linken in Harmonie ihre Fortsetzung fanden.

In den Gesamtanlagen blieb für die Parks der *ländliche Charakter* maßgebend. Lange ehe Heimatschutz systematisch in Deutschland eingeführt wurde, ward dieser hier unausgesprochen gepflegt. Die Hamburger Kaufleute sorgten dafür, daß erfahrene Gärtner ihre Anlagen betreuten. Die großen Gärtnereien von Booth und Ansorge lieferten ihnen Anpflanzungen und Blumen. Mit besonderer Liebe versenkten sich viele in ihre stille Gartenwelt. Wenn sie sich die Wunder ausländischer Orchideen und sonstiger exotischer Pflanzen und Bäume heranzuziehen nicht müde wurden, so waren sie doch ebenso den schlichtesten heimischen Blumen und Bäumen zugetan. Alle Besitzungen wußten sich trefflich den rein dörflichen Siedlungen Ottensen, Othmarschen, Flottbek, Nienstedten, Dokkenhuden und Blankenese einzugliedern, indem man den reizvollen Wechsel wogender Kornfelder, saftiger Wiesen, laubiger Knicks, schattiger Haine am alles vereinenden Band des Elbstroms zu erhalten und anmutig auszugestalten wußte.

DER GESCHICHTLICHE HINTERGRUND
DER ELBCHAUSSEE

Beatus ille qui procul negotiis: Horazens Wort, das den glücklich preist, der fern von den Geschäften sich erholen darf, galt auch an der Elbchaussee. Zwar scheint diese Landschaft, in der die Hamburger und Altonaer Kaufleute außerhalb der Stadt die Freuden des ländlichen Lebens suchten, von allen Verpflichtungen der Politik und der Welthistorie fern gewesen zu sein; aber diese Ferne war nur eine scheinbare. Oft hob sich gegen den dunklen geschichtlichen Horizont der zeitlichen Ereignisse das stille Leben am Geestrande des Elbstroms nur um so heller ab. So leuchtete die gesellige Heiterkeit Neumühlens unter Sieveking, Flottbeks unter Baron Voght besonders auf gegen den düsteren Hintergrund der Französischen Revolution und der nahenden Napoleonischen Kriege. Der Kreis des Kaufmanns Arnemann, der Herzöge von Augustenburg und der Godeffroys in Nienstedten und Dockenhuden gewann Lebenstiefe durch die Erregung, die von dem Zeitalter der Erhebung Schleswig-Holsteins ausging. Die Landsitze der Slomans und Jenischs erhielten ihr Kulturgepräge vom Aufstieg Hamburgs in den Jahrzehnten, die der Gründung des Deutschen Reiches 1871 vorausgingen und dieser folgten. Höhe und Stärke der Wohnkultur in den Elblandsitzen hingen durchaus vom Stand der geschichtlichen Entwicklung ab.

Diese Entwicklung aber wurde dadurch eigenartig und kompliziert, daß die vor den Toren Hamburgs liegende Elbchaussee zu *einem andern, unter fremder Oberhoheit stehenden Land* gehörte. Zwar war das Land als solches gut deutsch; aber die Hamburger, die draußen wohnten, unterstanden hier nicht den Gesetzen der freien Reichsstadt, sondern denen des Herzogtums Holstein. Der Dänenkönig war der oberste Herr. Als vorgesetzte Behörde kam nach den Dorfvögten die Landdrostei Pinneberg in Betracht. Man war »im Holsteinischen«, und dieses Holsteinische konnte unter den Einflüssen der großen europäischen Geschichte zu Hamburg bald freundschaftlich, bald feindlich, bald neutral stehen. Unvergessen war noch das Jahr 1686 und die Belagerung Hamburgs durch den Dänenkönig Christian V., der die Einwohner der Nachbarstadt Altona zu Schanzarbeiten gegen die Hamburger zwang. Als 1810 Napoleons Gewaltherrschaft Hamburg zur Hauptstadt des französischen Departements der Ems-, Weser- und Elbmündung machte, wurden die nach Hamburg zu gelegenen Tore Altonas – mitten in deutschen Landen – Grenze zwischen Frankreich und Dänemark. Damals empfanden die patriotisch empfindenden bedrängten Hamburger Holstein als eine Stätte der Zuflucht und Freiheit; naturgemäß gehörte die schöne Landschaft der Elbchaussee als eine Stätte des Friedens erst recht dazu.

Bemerkenswert für das besondere Schicksal dieser Straße ist, daß sie die anderthalb Jahrhunderte hindurch, in denen sie sich zu ihrer einzigartigen Schönheit entwickelte, niemals einer geeinten Macht unterstand, die sie planmäßig und großzügig hätte ausgestalten können. Sie wurde von Hamburgern bewohnt, aber sie gehörte nicht zu Hamburg, sie wurde von Altonaern besiedelt und gehörte nicht zu Altona. Sie durchlief fünf dörfliche holsteinische Ortschaften, aber die beiden Städte, deren Bewohner an dem Werden der Chaussee den Hauptanteil hatten, konnten von sich aus keinen Einfluß auf deren Gestaltung nehmen. Bis zum 1. April 1937 lag die Elbchaussee für Hamburg noch immer in einem andern Land, in Preußen, das 1866 das Erbe aus der dänischen Zeit Holsteins übernommen hatte. Lediglich Altona hatte verhältnismäßig spät im Laufe seiner Eingemeindungen (1889 Ottensen, 1890 Övelgönne und Othmarschen) einen Teil der Elbchaussee und erst 1927 (Einverleibung bis Blankenese und Rissen) die ganze Straße unter seine Oberhoheit gebracht.

Bei dieser eigenartigen Lage ist das von Ansiedlern an der Elbchaussee Geleistete um so höher zu bewerten; denn es beruhte im wesentlichen auf privater Unternehmerfreude, auf persönlichem Formungswillen der einzelnen hier sich niederlassenden Kaufleute, Staatsmänner, Künstler usw. Diese prägten zugleich im Verfolg gemeinsamer Interessen jenen *Gemeinschaftsgeist* und *Lebensstil*, der den Landsitzen an der Elbchaussee eigentümlich war.

Die ersten *Lustgärten* an den Elbhängen entstanden, wie bereits angedeutet, im siebzehnten Jahrhundert durch die nach Hamburg und Altona eingewanderten Niederländer: zum Teil schon an der Altonaer Palmaille, die man als den Anhang der Elbchaussee in Altona selbst ansprechen kann (unter Hinrich van der Smissen), und in Dockenhuden und Nienstedten (unter Julio de Moer und Antonio de Labistrat). In den Zeiten des Dreißigjährigen und des Nordischen Krieges kamen in diese Landschaft viele Offiziere, die, von der anmutigen Lage angelockt, hier ansässig wurden[4a]. Daneben besaßen hier auch Hamburger Kaufleute und Geistliche Grundbesitz, der teils der Landwirtschaft diente, teils als Lustgarten angelegt wurde: so um 1630 der Pfarrer Hardekopf von St. Nikolai (Hamburg) und der Hamburger Kaufmann Bertrand Pape, beide in Nienstedten, so 1676 der Hamburger Kaufmann Berthold Jenckel in Neumühlen. Zu diesen ältesten Gartensitzen gehörten der spätere »Flors Park« und die »Bost« in Dockenhuden, das nachmalige Herzoglich Augustenburgsche Haus in Nienstedten, die 1697 entstandene Mühle an der Teufelsau und die soeben erwähnte Jenckelsche Besitzung von Neumühlen.

An dieser ersten Siedlungsperiode sind auch die *Engländer* beteiligt gewesen, so der abenteuerliche, hochgeborene, als Strandräuber endende Graf Clancarty, der 1702–1703 den »Weinberg« bei Ottensen erwarb, und die englischen Kaufleute, die als Mitglieder des Königshofes in Hamburg ihre Geschäfte trieben. Von ihnen, besonders von dem englischen Courtmaster John Blacker, ging um 1780 die *zweite und eigentliche Entwicklungsperiode der Elbchaussee* aus. Gleichzeitig etwa mit ihnen begannen alteingesessene Hamburger Kaufleute: Baron Voght (seit 1785) in Flottbek, G. H. Sieveking (1793) in Neumühlen. Zwischen diesen beiden Perioden der Besiedlung des Elbufergeländes mit Lustgärten erfolgten zerstreut einzelne Neuschöpfungen, z. B. seit 1730 die Schaffung der »Eichenlust« in Flottbek durch die Hamburg-Altonaer Mennonitenfamilien Janssen und Roosen. Von 1780 bis 1840 reicht die erste große Blüte der Elblandsitzkultur, wie sie in dieser Ursprünglichkeit und Geschlossenheit des Stils nicht wieder erreicht wurde. Die Zeitumstände, die jenem Aufblühen seit 1780 vorausgingen, waren damals politisch, wirtschaftlich und kulturell besonders günstig. *Holstein* erfreute sich unter der weisen Politik der »Gesamtstaaten«, wie sie der dänische Minister Andreas Peter Graf *Bernstorff* (1735 bis 1797) leitete, einer sicheren inneren und äußeren Entwicklung. Die »Ruhe des Nordens«, die seit den großen Kriegen nach 1721 eingetreten war, hatte auch die Ländergebiete begünstigt, die für die Entwicklung der Elbchaussee maßgebend wurden.

Hamburgs politische Stellung war durch die vorteilhaften Verbindungen mit Hannover und England sowie durch den Gottorper Vertrag 1768 mit Dänemark gesichert. Sein Handel war im Verkehr mit Holland und Frankreich, in der Steigerung auch des deutschen Exports, in der immer stärkeren Erschließung Amerikas außerordentlich gewachsen. In kultureller Hinsicht erlebte es als Musikstadt (Telemann, Ph. E. Bach), als Stadt des Theaters (Lessings Dramaturgie), als Hort der Dichtung (Brockes, Hagedorn, Klopstock) eine später derart nicht wieder erreichte Bedeutung. Gleichermaßen war das Geistesleben in Holstein, in der Universitätsstadt Kiel und in Emkendorf aufgeblüht[4b]; und unter diesen geistigen Aspekten erlebte auch Altona damals seine wirtschaftlich und kulturell bedeutsamste und einflußreichste Epoche. Reederei, Schiffahrt und Handel gediehen. Noch in der Zeit der Kontinentalsperre steigerte sich Altonas Frachtverkehr: es wurde Stapelplatz für Kolonialprodukte und englische Waren, die von Tönning über Helgoland nach Hamburg gingen. War Emkendorf die Hochburg religiös-konservativer Geistigkeit, so war Altona gemäß seiner Überlieferung dazu gelangt, die Sammelstätte der Geister einer zumeist gemäßigten Aufklärung (die Geistlichen Adler und N. Funk; Lawaetz, Graf Blücher-Altona, Pieter Poel) zu werden und zugleich eine Art Freihafen zu sein, in dem sich das Weltanschauungsgut aller Richtungen zollfrei begegnete. Von Barock und Anakreontik (J. J. Dusch, die Unzers) führte diese Linie über den Sturm und Drang (Gerstenberg) zur jungen Klassik (Klopstock). Der Verleger Eckhardt brachte die Gesamtausgaben des »Messias«, und der Verleger Hammerich schuf mit seinem Verlag für Norddeutschland fast das gleiche, was Cotta mit dem seinen für Süddeutschland bedeutete. Hammerichs Verlagserscheinungen reichten von Gerstenberg und Voß bis zu E. M. Arndts »Geist der Zeit«.

Das seit 1783 bestehende Altonaer Schauspielhaus erlebte eine hohe Kultur unter Fr. L. Schröder und dem mit Schiller befreundeten Theaterdirektorenehepaar Albrecht. Zugleich wurde Altona dank der neutralen Haltung Dänemarks in den Napoleonischen Kriegen ein Ort des Gedankenaustauschs der sonst feindlichen Mächte. Hier begegneten sich Franzosen und Engländer. Nach dem Unglück von Jena flüchteten deutsche Fürsten hierher oder in Altonas Umgebung. Auf der einen Seite traten hier und im benachbarten Holstein die französischen Emigranten, der französische Adel (die Montmorencys, Graf de Broglie, Gräfin de Genlis u. a.) wie Napoleons Unterhändler Talleyrand und Bourrienne auf; auf der andern Seite begegneten Admiral Nelson angesehene Mitglieder des englischen Hofes, wie Blacker, Thornton oder der in England wie in Hamburg sehr einflußreiche Millionär John Parish, der bei sich in Nienstedten Talleyrand, Lafayette und den späteren König Ludwig Philipp zu Gaste sah. Altona hatte ein hoch entwickeltes Pressewesen (darunter lateinische und französische Zeitungen) von weitreichender Bedeutung und war um 1807 wirklich das, was von ihm für damals unlängst ein englisches Blatt »The Times« erklärte: ein »clearing-house for intelligence« zwischen Nord- und Mitteleuropa[4c].

Die Ortschaften westlich Hamburgs und Altonas längs der Elbe aber waren gesunde friedliche Dörfer in hervorragend schöner Umgebung. Sie bedurften nur der großzügig gestaltenden Hand eines Sieveking, Baron Voght, Godeffroy und Baur, um jene »Ornamented farms«, jene geschmückten, Stadt- und Landkultur harmonisch einenden Sommersitze zur Entfaltung zu bringen. Noch waren für die Landschaften und für die sie nun formenden Besitzer die gefährlichen zerstörenden politischen Mächte fern, die in den nicht verarbeiteten Problemen von »Volk« und »Masse« lagen. Diese Männer der Aufklärung konnten daher, wie Sieveking und Klopstock, die Sturmzeiten der Französischen Revolution mißverstehen, sie zunächst feiern und dann verurteilen, ohne sich in ihrem Kreis eigentlich zu schaden. Ein Lawaetz konnte in Neumühlen seinen »Tempel der Arbeit«, die Fabrikarbeiterstadt im kleinen, gründen, konnte aus einem seltsamen Gemisch von Menschenliebe, Aufklärungsgeist und Empfindsamkeit heraus an die Lösung der sich hier auftuenden sozialen Aufgaben gehen, ohne deren tiefere Ursachen zu ahnen. Im eigentlich Werdenden nach dieser Hinsicht zumeist flachsichtig, nahmen die damaligen Gestalter der Landsitze ihre Kräfte aus der *noch vorhandenen* Volkskultur, und die gesamte Lebenshaltung auf den von ihnen geschaffenen Besitzungen konnte daher ganz patriarchalisch im alten Stil aufgebaut werden. Dieses patriarchalische Wesen blieb auch durch das folgende Jahrhundert bis zum ersten Weltkrieg hin gewahrt; es erhielt sich als immer unzeitgemäßer werdender Stil, der zu der liberal-merkantilistischen Haltung der Handelsherren der späteren Jahrzehnte in einem kaum bemerkten, nie ausgetragenen Widerspruch stand.

Was sich also damals an Landsitzkultur längs der Elbe entwickelte, das ist entscheidend bedingt worden durch die soeben angedeutete politische, wirtschaftliche und kulturelle Lage, in der sich Hamburg, Altona und Holstein um 1780 und in den folgenden Jahrzehnten befanden. Die Freude an der Großzügigkeit, die Bevorzugung der klassizistischen Gestaltungsweise (durch Baumeister wie Hansen) stammten aus der politisch-kulturellen Mächtigkeit, die diese Siedler beseelte.

Ein Rückschlag erfolgte, als 1813-1814 die Gewaltherrschaft Davousts in Hamburg ihren Höhepunkt und damit ihr Ende erreichte, als Altona das Schicksal erneuter Einäscherung durch die Feinde (wie 1713) drohte und als die Truppe der Frankreich bekämpfenden deutschen Verbündeten, die Russen unter Woronzow, das Elbufer von Blankenese nach Altona aufwärts besetzten. Von den Kriegsnöten, denen damals die Anwohner der Elbchaussee ausgesetzt waren, lieferten Friedrich Perthes und Köhncke ergreifende Berichte. Nach der Befreiung vom Joche Napoleons fingen Hamburg und Altona an, sich langsam zu erholen, ebenso die holsteinischen Dörfer an der Elbchaussee. Die auf dem Wiener Kongreß ungelöst gebliebenen europäischen und deutschen Probleme aber, die nun das ganze folgende Jahrhundert 1814-1914 erfüllten, die zum Teil 1848, 1864, 1866, 1870 gelöst wurden und schließlich dem großen, mit dem ersten Weltkrieg einsetzenden und noch andauernden Ringen um die Neuordnung Europas und der mit ihm verflochtenen Erdteile entgegenführten, waren stark beteiligt an der geschichtlichen Gestaltung des Landes, von dem wir hier erzählen. Das im einzelnen auszuführen, erübrigt sich, um so mehr, als die Geschichte der Elbchaussee nach dem schöpferischen Anfang nunmehr nur ein breites, schließlich epigonal werdendes Ausströmen ist. Diese Entwicklung verläuft in äußerem Reichtum und innerer Gediegenheit; das erste ist gegeben durch den großartigen wirtschaftlichen und überhaupt materiellen Aufschwung, den Hamburg und das benachbarte Altona – dieses seit 1867 nur eingeschränkt – nehmen, das zweite leitet sich wesentlich ab aus der Familienkultur, die das Bürgertum von 1780 bis 1820 in der hiesigen Landschaft erreicht hat; es sind die starken konservativen Kräfte protestantischer Religiosität und Sittlichkeit, die gesellschaftlich leichten und dabei inhaltlich würdigen Formen, die aus alter Überlieferung und Weltweite, die Handel und Schiffahrt mit sich bringen, erwachsen sind. Es handelt sich zunächst um ein reiches Biedermeier, das in die bürgerliche Epoche der sechziger bis achtziger Jahre übergeht, schließlich in den äußeren Glanz des wilhelminischen Zeitalters mündend. Während in den industriereichen Großstädten Hamburg und Altona die Forderungen und Fragen der Massen immer brennender werden, während sich dort die Wetter ballen, die im Weltkrieg und in der Folgezeit zur Auslösung kommen, bleibt die Elbchaussee mit ihrer Kultur davon verhältnismäßig unberührt. Sie erfüllt weiter die Aufgabe, »procul negotiis« zu sein. Sie bleibt eine große stille Friedensinsel inmitten des lärmenden Treibens der Welt, ein bald einfacheres, bald vornehmeres bürgerliches Paradies, zu dem der Tageskampf der Börse, der Wirtschaft und der Politik höchstens gedämpft hinüberdringt, eine Stätte, an der die Kinder es besonders gut haben, an der die künftigen Wirtschaftsführer und Staatsmänner, die jungen Woermanns, Godeffroys, Jenischs, Bülows und Augustenburger in den Sommermonaten aufwachsen und sich kräftigen.

Neue schöpferische Auftriebe strömen dieser sich voll und breit auslebenden Kultur nur noch in unwesentlichem Maße zu; lediglich das zeitgenössische Kolorit, Mode und Zeitgeist wandeln im äußeren Sein das Aussehen des Gesamtzustandes. Eine Ausnahme bilden die Jahrzehnte, da Schleswig-Holstein um seine Befreiung kämpft und die Augustenburger das Sommerwohnhaus in Nienstedten zu einer Stätte der patriotischen Persönlichkeiten machen. Das Hochgefühl der siegreichen Jahre 1864 bis 1871, das sich in Unternehmungsfreude und wachsendem Wohlstand bekundet, wirkt sich auch für die Elbchaussee vorteilhaft aus. Damals erlebten die Landsitze der Slomans und der Rücker-Bülows die Blüte ihres Bestehens. Aber die hohe Qualität der Baukunst wird nicht wieder erreicht, und auch Menschliches-Allzumenschliches bleibt nicht aus; das Niveau der Lebensführung wird dadurch teilweise sehr gesenkt[4d], ohne jedoch als Ganzes den Charakter einzubüßen. Das kulturelle Leitmotiv, das Ende des achtzehnten Jahrhunderts angestimmt wurde, klingt durch die Zeiten fort; es wird immer schwächer, je drängender die Aufgaben des neuen geschichtlichen Zeitalters werden. Seit dem Ende des ersten Weltkrieges hat es aufgehört, bestimmend zu wirken, soweit es nicht noch überzeitlich-volksgebundene Kräfte birgt. Aber diese Kräfte werden nur in einem neuen Lebensstil wiedererscheinen, der für das künftige Schicksal der Elbchaussee maßgebend werden dürfte.

LEBENSHALTUNG UND LEBENSGESTALTUNG AUF DEN LANDSITZEN AN DER ELBE

Wohlhabenheit und Reichtum waren Begriffe, die Ende des achtzehnten Jahrhunderts ganz anders geartet waren als Ende des neunzehnten. So hinterließ der in seiner Zeit als sehr wohlhabend geltende Peter Godeffroy, der Erbauer des »Weißen Hauses«, ein Gesamtvermögen von 420 000 Courantmark. Dieses Vermögen galt in seiner Zeit (bei Errichtung des Testaments 1815) bereits als groß, gehörte doch auch der Dockenhudener Landsitz und das Hamburger Stadtgut Godeffroys in dieses Vermögen. Das erweist, wie verhältnismäßig billig gegenüber der späteren Zeit (um 1900 und nachher) die Lebensgüter um 1800 waren. Selbst John Parish, seinerzeit als der reichste Kaufmann Hamburgs angesehen, ging mit nur zwei Millionen Mark in den Ruhestand. Der Enkel Peter Godeffroys dagegen, Dr. Wilhelm von Godeffroy, hinterließ bei seinem Tode 1904 fünfzig Millionen. Wohlhabenheit galt in den Familien, die an der Elbchaussee wohnten, als etwas Selbstverständliches. Ein jeder richtete sich zwar nach seinen Verhältnissen und seinem persönlichen Geschmack ein; aber man sprach nicht von der Höhe des Vermögens. Die Lebenshaltung hatte *patriarchalischen* Charakter. »Herr« und »Madame« (gesprochen Madamm) waren die Anreden des männlichen und weiblichen Familienoberhauptes. Wohnten Eltern und verheiratete Söhne zusammen oder in der Nachbarschaft, so wurde die jüngere Frau, die eingeheiratete Schwiegertochter, zum Unterschied von der »Madame«, solange diese lebte, »Frau« genannt[5]. Erst danach ging der Titel »Madame« auf sie über. Die Eltern waren in der Familie maßgebend. Die Kinder ordneten sich der elterlichen Autorität, die bei Widerspenstigkeit sehr streng werden konnte, willig unter; doch wurde im allgemeinen die Strenge durch Herzlichkeit des Familienlebens gemildert. Söhne und Töchter wuchsen nach den straff bindenden Verpflichtungen der gültigen Erziehungsregeln des gesellschaftlichen Übereinkommens auf. Man war stolz darauf, aus guter Familie zu stammen, und die jüngere Generation fühlte sich im allgemeinen verpflichtet, nur Ehen mit Partnern einzugehen, die ebenbürtig waren. Leistung im Beruf, Tüchtigkeit im Geschäft galten als selbstverständliche Pflicht. Den Kindern wurde *sorgfältige Erziehung* zuteil. Man legte Wert auf tüchtige Hauslehrer und gute Privatschulen.

In das patriarchalische Leben war das *Gesinde* einbezogen. Die Löhnung war zwar nicht eben hoch, aber Verpflegung und Wohnung waren angemessen und oft reichlich. Wo man aus dem vollen schöpfen und wirtschaften konnte, ließ man die Dienerschaft gern teilnehmen. Auch wurde an deren entsprechende Versorgung bei Heiraten oder im Alter gedacht. Wie herzlich besorgt ist z. B. Peter Godeffroy, als das Leben seines Dieners, der zur Betreuung der Stadtwohnung zurückgeblieben ist, durch die Franzosen bedroht wird und leider diesen zum Opfer fällt. Die Etatsrätin Donner vermied persönliches Aufsehen bei Ausfahrten. Da aber ihre Kutscher gern mit den Pferden paradierten, ließ sie jene, auch zum Nutzen der Pferde, vierspännig ausfahren; doch saß alsdann niemand in dem Wagen. Die Diener- und Mitarbeiterschaft wurde sorgfältig ausgesucht. Baron Voght brachte aus weiter Ferne geeignete Kräfte von seinen Reisen mit. Johann Cesar VI Godeffroy war ebenso gewissenhaft in der Auswahl seiner Leute für das Geschäft und für die wissenschaftliche Erforschung der fremden Länder wie für die nächsten Pflichten des Haushalts in Dockenhuden und für die Aufforstung bei den großen von ihm erworbenen Ländereien. Man sparte nicht mit Arbeitskräften, und das ganze Haus mit dem Gesinde bildete eine große Familie. Auch die Mahlzeiten wurden vielfach gemeinsam eingenommen, wenn es sich nicht um Häuser handelte, die sehr viel fremde Gäste sahen. Die Trennung des Gesindes vom engeren Familientisch erfolgte durchgängig erst seit dem Anfang des neunzehnten Jahrhunderts. Waren die Raumverhältnisse in den Stadthäusern am Fleet zuweilen eng und dunkel, so erfreute man sich im sommerlichen Haus an der Elbe doppelt der freien Umgebung, der Sonne und der Weite. *Küche und Keller* waren entsprechend großzügig ausgerüstet. Die Speisekammer mancher Herrenhäuser (ein Beispiel ist noch im Jenisch-Haus erhalten) glichen kleinen Kolonialwarenläden. Die Weinkeller waren vielfach mit weißem Marmor ausgelegt. Da der Hamburger Kaufmann große Mengen Wein in Ein- und Ausfuhr verhandelte, pflegte er sich selbst ein stattliches Weinlager anzulegen. Die Keller waren geräumig und kühl. In der »Bost« z. B. handelt es sich um mächtige steinerne Weinlagergerüste. Wenn man ermißt, daß Parish seinen Gästen über zweitausend Flaschen Wein im Jahr vorsetzte und dann bei der Bestandsaufnahme noch einen Rest von über viertausend Flaschen feststellte, kann man sich einen Begriff von dem Umfang der damals für nötig erachteten Privatweinlager machen. Während in der Stadt alles leichter zu beschaffen war, mußte auf dem ländlichen Wohnsitz stets größerer Vorrat vorhanden sein. Entsprechend war auch für Leinen (man bezog besonders viel Leinwand aus Schlesien), Tischzeug und Wäsche reichlich gesorgt. Die Aufsicht und die gesamte Bewirtschaftung lag in den Händen der Frau, während der Hausherr sich in der Regel die Betreuung von Garten, Park, Fuhrpersonal und Landwirtschaft vorbehielt. Im Hause war lediglich der Weinkeller geheiligte Domäne des Hausherrn. Bei einigen Familien, z. B. bei der des Konferenzrats Baur, durfte kein weiblicher Fuß den Weinkeller betreten, weil der Aberglaube galt, daß alsdann der Wein »verwirrt« und in seinem ruhigen Reifen gehindert werden könnte.

Natürlich waren *Geselligkeit und Unterhaltung* im einzelnen sehr verschieden, je nach Charakter und Temperament des Hausherrn oder der Hausfrau. Viele Familien liebten volle Zurückgezogenheit und beschränkten sich in dem Landsitzleben ausschließlich auf Pflege der verwandtschaftlichen Beziehungen. In manchen Familien waren regelmäßige »Familientage« eingerichtet, an denen die verheirateten Söhne und Enkel mit ihren Frauen und Kindern zu Gaste weilten. Dann ging es reichlicher her als gewöhnlich; namentlich die Kinder wurden verwöhnt. Zu Ostern und bei sonstigen festlichen Gelegenheiten fanden fröhliche Spiele auf der Wiese, Reigentänze, Kasperletheater u. ä. statt. Liebhaberaufführungen zu Hochzeiten und Jubiläen waren um so beliebter, als das öffentliche Theater noch nicht die Bedeutung von heute hatte. Ausfahrten durchs Land auf dem Stuhlwagen, Morgenritte zwischen Knicks und auf Feldwegen, wechselseitige Besuche der Nachbarschaft brachten vielfältige Abwechslung.

Ganz anders als in den Kreisen, die sich auf Familienverkehr beschränkten, ging es dort zu, wo Weltmänner wie Georg Heinrich Sieveking, Baron Voght, John Parish und Johann Cesar VI Godeffroy zu Hause waren. Hier gab es Geselligkeit, die kaum einen Tag aussetzte. Am Tische Sievekings waren siebzig bis achtzig

Gäste nichts Außergewöhnliches. Man hörte dann die Sprachen aus aller Welt. Politiker, Diplomaten, Wirtschaftler, Gelehrte, Künstler verkehrten hier. Bei Baron Voght war an Gästen zuweilen ein Kommen und Gehen wie in einem Taubenschlag. Soll er doch dreiundzwanzig Fremdenzimmer schon in seinem alten Landhaus gehabt haben! Was an geschäftlichen Beziehungen in der Stadt voll sachlichen Interesses begonnen war und persönlicher ausgestaltet und vertieft werden sollte, fand oft seine intimere Fortsetzung draußen an der Elbe. Bei einem Glas Wein unter schattiger Laube, bei gutem Mahl und heiterem Gespräch lösten sich auch sonst gebundenere Geister. Über die Grenzen des gesellschaftlichen Anstandes hinaus wurde jedoch kaum gegangen. Bei großen Gastlichkeiten dauerten die Sitzungen entsprechend lange, so daß z. B. bei Parish ein Weinkonsum von zwei Bouteillen pro Kopf durchschnittlich verzeichnet werden konnte. Im allgemeinen waren die Mahlzeiten nicht der Anlaß zu materiellem Schwelgen als vielmehr zu einer angeregten, geistreichen Unterhaltung, bei der auch die Frauen des Hauses eine hervorragende Rolle spielten. Beispielsweise hatten Johanna Sieveking, geb. Reimarus, die Etatsrätin Donner u. a. die besondere Gabe, die Unterhaltung entsprechend den jeweils zu Gaste geladenen Persönlichkeiten zu gestalten, so daß das, was diese interessierte, in dem Gespräch besonders zur Geltung kam. Die gesellige Kultur, die vom Reimarusschen Teetisch in Hamburg ausging[6], fand auch bei G. H. Sieveking, Baron Voght und Konsul Hanbury in deren Elblandsitzen Widerhall und Fortsetzung. Männer wie Johann Cesar VI Godeffroy versammelten Wissenschaftler und Forscher um sich und ließen sich von ihnen deren wissenschaftliche Ergebnisse von Reisen in ferne Länder berichten. Besonderen Festlichkeiten wußte man natürlich Pracht und Glanz zu verleihen. Wenn die Konferenzräte Lawaetz und Baur die Könige von Dänemark auf ihren Landsitzen empfingen, wenn die Etatsrätin Donner die Fürsten des Deutschen Reiches zu Besuch sah, so wurden diese nicht nur auf das beste mit erlesenen Speisen und Weinen bewirtet, es wurde auch für Illumination des Parks, für Brillantfeuerwerk, für Ehrenzelte und sonstige Auszeichnungen gesorgt. Aber immer blieb das Ganze geschmackvoll im Rahmen einer gewissen wohlhabenden Bürgerlichkeit. Ebenso wurden besondere Familienfeiern, wie grüne und silberne Hochzeiten, Taufen und Jubiläen, auf das schönste ausgestaltet. Reichten Festsaal und Diele nicht aus, so wurde ein besonderes Lustzelt an das Haus gebaut, darinnen die Tanzenden ausreichend Raum fanden. Mit viel Liebe und Sorgfalt wurden von der Frau des Hauses die einzelnen Zeremonien vorbereitet: Die Übergabe des Brautschleiers durch die Brautjungfern an die Braut, die blumengeschmückten Wagen, die nach Ottensen oder Nienstedten zur Kirche fuhren, das Festmahl, bei dem Rang und Etikette der beteiligten Personen nach deren Stand, Würden und Verwandtschaftsgraden gebührend berücksichtigt wurden. Das Selbstbewußtsein der alten Familien hielt jedermann für berechtigt; es drängte sich aber kaum hervor. Zwar fehlte es auch nicht, wie sonst in der Welt, an Eitelkeiten. Aber weder Caspar Voght noch J. H. Schröder empfanden es als eine besondere Auszeichnung, wenn sie die Freiherrnwürde erhielten. Als eine jung geadelte Hamburger Patriziertochter aus diesen Kreisen in Berlin von einem Mitglied des alten Adels spöttisch gefragt wurde, womit ihr Vater »gehandelt« habe, antwortete sie schlagfertig: »Mit Weisheit und Verstand.« Anderseits kam auch der alte Adel, soweit er selber schlicht und innerlich war, ohne Dünkel dem Stande dieser Handelsherren wohlgesinnt entgegen. Davon zeugen die herzlichen Beziehungen zwischen den Augustenburgern und den Godeffroys, Parishs u. a.

Anziehend wurde der Geist vieler Landsitze durch *Herzensfrömmigkeit*, *Hilfsbereitschaft* und *Liebe*. Viele Mitglieder der hier wohnenden Familien, zumal die Frauen und Mütter, wußten, daß Wohlhabenheit und Reichtum zu besonderen Leistungen verpflichteten. Daher taten sie nicht nur viel zur Linderung der Not in der Stadt, sondern auch in den Dorfgemeinden, zu denen ihre Landsitze gehörten. Wenn nicht gerade besondere Notzeiten wie die Jahre um 1813 kamen, lebte die Bevölkerung der Elbgemeinden allgemein im Wohlstand. Um so weniger brauchte man hier Not und Armut zu bekämpfen, um so mehr konnte man positiv Vergünstigungen gewähren und Freude bereiten. Stiftungen an die Kirche, an die Gemeinde, Wegeverbesserungen, Aufforstungen zu allgemeinem Nutzen sorgten für die Wohlfahrt aller. Ihre großen Gärten und Parks schlossen die Besitzer nicht ab. Jedem, der sich ehrbar aufführte, war der Besuch der Anlagen unentgeltlich gestattet. Baurs gaben für ihre Anlagen sogar einen gedruckten Plan heraus. Sonntags spazierten die Blankeneser auf dem Kirchenweg mitten durch die schönen Parks der Godeffroys und Parishs zur Kirche. Wo jeder sein Auskommen hatte, gab es auch wenig Mißgunst und soziale Gegensätze. Die heimische Bevölkerung war stolz darauf, daß die großen Kaufleute mitten unter ihnen solche schönen Gärten anlegten. Sie nahm an Wohl und Wehe, an den größeren und kleineren Ereignissen auf den Landsitzen ebenso menschlichen Anteil wie umgekehrt die Landsitzbewohner an denen der Dörfler. Obwohl dunkle Zeiten und schwere Kriegsnöte zuweilen auch über diese Gegend zogen, war doch die Gesamtgrundlage des Wirtschaftslebens sicher geordnet. Das wird aus einer Bemerkung Baron Voghts besonders klar. Voght ließ fast zwei volle Jahre sein Geschäft Geschäft sein, übergab es seinem Prokuristen und machte eine große Reise nach England, wo er die Landwirtschaft studierte und zugleich auf das anregendste mit hervorragenden Persönlichkeiten Südenglands und Schottlands zusammenkam. Als er zurückkehrte, konnte er zu seinem Vergnügen feststellen, daß sich inzwischen sein Vermögen um rund eine Million vergrößert hatte! Die spätere geschichtliche Entwicklung, die 1871 zum Deutschen Reich führte, brachte ebenfalls Mehrung des Wohlstandes und der Macht der Kaufmannschaft mit sich, was wiederum für die Elblandsitze von segensreichem Einfluß war.

Als es noch keine besonderen *Verkehrsverbindungen* gab, pflegte man, wenn man eine eigene Equipage hatte, den ganzen Sommer über nur draußen zu wohnen. Sonst brachte man mit der Familie nur das Wochenende von Sonnabend nachmittag bis Montag morgen auf dem Landsitz zu. Den Verkehr vermittelte damals ein klappriger *Bauernomnibus*, der nur bis Altona fuhr. Ende der vierziger Jahre aber schufen sich die Anwohner einen nach englischem

Muster gestalteten eleganten, weißen, vierspännigen Privatomnibus, der den Teilnehmern und ihren Angehörigen zur unentgeltlichen Benutzung zur Verfügung stand, die sogenannte »Dame blanche«. Dieser Omnibus fuhr einmal täglich, mit Ausnahme des Sonntags. Seine Abfahrt fand morgens acht Uhr von der Apotheke bei Auers Gasthof in Blankenese statt. Die Rückfahrt erfolgte nachmittags vier Uhr von Hamburg, Poggenmühle. Die Fahrt ging dann über die Ellerntorsbrücke, St. Pauli, die Große und Kleine Prinzenstraße (heute etwa Dosestraße) und die Palmaille. Auf dem hinteren Bock stand der »Conducteur« Herrmann und gab mit seiner Trompete die melodischen Signale nicht nur bei der Ab- und Anfahrt, sondern auch bei der Vorbeifahrt. Dann meldete er den Anwohnern, daß er ein ihm zur Beförderung übergebenes Paket oder Briefschaften in den Vordergarten abgeworfen habe. Vielfach auch ritten die Herren zur Stadt. — Als der *Dampfschiffsverkehr* auf der Elbe um die Jahrhundertmitte aufgenommen wurde, fuhren die Handelsherren allmorgendlich mit den Dampfern nach Hamburg und Altona.

Größere Reisen wurden, bevor die Eisenbahn bestand, meist mit großem Aufwand unternommen. Ein Kurier ritt voran, um in dem nächsten Ort, wo man zu übernachten gedachte, für Quartier, Mahlzeiten und alles erwünschte Behagen zu sorgen. Dann folgten zwei bequeme Reisewagen. In dem ersten saß gewöhnlich die Herrschaft; im zweiten folgten die Söhne und das Gepäck; auf beide Wagen verteilte sich die begleitende Dienerschaft.

Die Lebenshaltung als Ganzes stand zunächst stark unter ausländischen Einflüssen, kamen doch nicht umsonst die Waren aus aller Herren Ländern in Hamburg-Altona zusammen. Die Gäste und zahlreiche Fremde brachten vieles an Gewohnheiten und Anschauungen ihrer fernen Heimat mit. Im achtzehnten Jahrhundert und in den folgenden nächsten Jahrzehnten war der französische Einfluß noch sehr groß. Er wurde später von englischen Kultureinflüssen verdrängt. Eine gewisse Verwandtschaft mit der großzügigen englischen Lebenshaltung war um so naheliegender, als Deutschtum und Engländertum germanisch verwandt sind. Aber in Sitten und Gebräuchen war die Grundeinstellung doch heimatlich-deutsch. So war die *Westseite* von Groß-Hamburg (die Landsitze liegen ja im Westen) zur Lichtseite der Stadt geworden, wie der Westen in den meisten europäischen Großstädten der lichtere Teil der Stadtgebilde zu sein pflegt.

Der zweite Weltkrieg und die Nachkriegszeit haben das Gesicht der Elbchaussee von Grund auf verändert. Zwar haben die Bombenangriffe nur vereinzelt Lücken gerissen, da die Angriffe dem Stadtgebiet galten. Aber die Beschränkungen im Auslandshandel, der Verlust aller Schiffe, der Mangel an Kapital, die großen Besitzungen zu halten, an Personal, sie zu bewirtschaften, die Belegung der Häuser und Parks mit fremden Truppen, die Beschlagnahme von Räumen für Untermieter, der natürliche Verfall der Gebäude aus Mangel an Handwerkern und Material, das alles kam zusammen und nahm der Elbchaussee ihr gewohntes Gepräge. Hinzu kam die sprunghafte Entwicklung des Verkehrswesens. Die Elbchaussee wurde zu einer Ausfallstraße, auf der pausenlos ein Wagen dem andern folgt, selten, daß man einmal einem Spaziergänger begegnet. Der Strom der Fußgänger benutzt den Elbuferweg unten am Strand. Die alteingesessenen Familien haben längst das Feld geräumt. Erholsame Stille nach der in der Stadt verbrachten Tagesarbeit, frohes Kinderspiel im Garten, Plauderstunden mit Gästen auf der Terrasse, alles das ist längst vorbei. Die es noch bewußt genossen haben, sind darüber gestorben. Viele der großen Villen sind im Besitz von Erbengemeinschaften; die Erben aber wohnen weit verstreut, und ein familienfremder Beauftragter verwaltet den Besitz. Eines Tages wird er verkauft. Ein neuer Mann zieht ein, baut um oder baut neu, richtet sich nach heutigen Ansprüchen ein und schafft sich seinen eigenen Kreis. Die alte Elbchaussee, eine Straße, in der Haus bei Haus eine Kulturstätte war, in der sich Reichtum und vornehme Zurückhaltung begegneten, in der Menschen wohnten, deren Namen in der ganzen Stadt mit Hochachtung genannt wurden, diese Elbchaussee ist nicht mehr und läßt sich nicht wiederherstellen. Aber sie war einmal und hat ihre große Bedeutung für das geistige und gesellschaftliche Leben in Hamburg gehabt.

DIE MÄNNER UND FRAUEN
DER LANDSITZE AN DER ELBE

»Hamburgs edlere Kaufleute«, schrieb Ludwig Wesselmann 1806 in seinen »Pittoresken aus Niedersachsen«, »haben längst dem kleinlichen Krämersinn entsagt, der nur rechnen und zählen kann. Sie haben die das Leben erheiternden und verschönernden Künste zu sich gerufen, den Musen gehuldigt, die echten Weisen nicht nach Fürstenweise als ihren Hofstaat um sich versammelt, sondern als Freunde und Genossen sich beigesellt:

> Und es ist vorteilhaft, den Genius
> Bewirten: gibst du ihm ein Gastgeschenk,
> So läßt er dir ein schöneres zurück! (Goethe im Tasso.)«[7]

Schon um die Wende des achtzehnten zum neunzehnten Jahrhundert hatte der Hamburger Kaufmann die umfassende kulturelle Aufgabe begriffen, die ihm bei seiner Ansiedlung an den Gestaden des Elbstroms erwuchs. Es waren in der Hauptsache *Kaufleute* und *Reeder*, die hier ansässig wurden, und zwar der wirtschaftliche Typus in allen seinen reichen charakterlichen Besonderheiten. Da begegnet uns der still-ernste religiöse Kaufmann, wie er zumal von den Mennoniten geprägt wurde, in Hinrich II van der Smissen, in den Linnichs und Roosens und auch in Johann Cesar VI Godeffroy. Ihnen war ihre Tätigkeit eine religiöse Verpflichtung; sie war ihnen die »Arbeit«, die Gott den Menschen auferlegt hat, nur in verschiedene Berufe gegliedert. Das Erbe, das diese Handelsherren von den Vätern übernommen hatten, betrachteten sie ebenso als Segen wie als Verpflichtung: als Gabe, die genutzt werden sollte, als Pfund, mit dem zu wuchern war, als Erbe, das, möglichst vermehrt, den Kindern überliefert werden sollte. Neben Männern dieser Art stand der besonders von Unternehmungsgeist, Schaffensfreude und Daseinslust bewegte Kaufherr, der wie Hinrich I van der Smissen ganze Häuserreihen in der Stadt Altona baute (man hat ihn nicht umsonst den »Städtebauer« genannt); wie Konferenzrat

G. F. Baur, der die schönen klassischen Häuser an der Palmaille errichten ließ, oder seewärts blickende Kaufleute, deren Feld die Welt war, die wie Wilhelm Brandt ins Ausland (Rußland, England) gingen, um ihre merkantile Tüchtigkeit zu erproben, und die alsdann reich hierher zurückkehrten. Sie alle halfen mit an der Prägung des Begriffs des »*ehrbaren Kaufmanns*«, der sich in Persönlichkeiten wie dem Senator Gustav Godeffroy, seinem Bruder Johann Cesar Godeffroy und J. H. von Schröder zum »*königlichen Kaufmann*« steigerte. Der Begriff »königlicher Kaufmann« wurde bekanntlich von Bismarck Adolph Woermann beigelegt[8]. Dieser, der Chef der Firma C. Woermann, Vorsitzender des Aufsichtsrats der Deutschen Ostafrika-Linie und vielseitiger Finanzmann[9], hat gleichfalls eine frohe Kindheit auf dem elterlichen Elblandsitz verlebt. Unter diesen königlichen Kaufleuten finden wir auch die Handelsherren, die des jungen Deutschen Reiches Kolonialpioniere wurden, wie die Godeffroys, O'Swalds und Woermanns, später auch die Pagenstechers in Kamerun u. a. – *Reeder von Weltgeltung* schaffen längs der Elbchaussee ihre Landsitze, um ihren drunten vorbeifahrenden Schiffen nahe zu sein, neben den schon genannten Roosens die van der Smissens und Baurs, Carl Woermann, Robert M. Sloman jun., de Freitas, Roß, Vidal und O'Swald. Vereinzelte Ausnahmen blieben neben diesen Kaufleuten habgierige, selbstsüchtige Wucherer. Wo wirklich ein solcher einmal in diese Kreise eindrang, wurde er entsprechend als Außenseiter angesehen und blieb kaltgestellt.

Zu den Kaufleuten gesellten sich als Schöpfer und Bewohner der Landsitze *Offiziere, Staatsmänner* und *Politiker.* Schon während des Dreißigjährigen Krieges waren Blankenese und Nienstedten willkommene Aufenthalte für Hauptleute und Obristen. Später schuf der Oberst von Köller-Banner, der Hauptgegner Struensees, in Ottensen einen schönen Landsitz mit Garten, aus dem das einst vielgefeierte Gartenetablissement von Rainville hervorging. In der Napoleonischen Zeit kamen französische Offiziere wie d'Albert, der Großvater des Komponisten Eugen d'Albert, und siedelten sich hier an. Aus jüngerer Zeit sind Namen wie der des hervorragenden

Herrenreiters und im ersten Weltkrieg gefallenen Fliegers Grafen Holck mit den Elblandsitzen verbunden. Gleichzeitig verdient hervorgehoben zu werden, daß diese Offiziere, ebenso wie die Hamburger Kaufleute, große Freunde des *Sports* und der *körperlichen Ertüchtigung* waren. C. A. Brödermann und Gustav Godeffroy leisteten Hervorragendes auf dem Gebiete des Rennsports. Gustav und sein Bruder Johann Cesar VI Godeffroy waren Mitbegründer des ersten Rudervereins auf der Alster. Hermann Reincke war ein hervorragender Förderer des Segel-, Tennis- und Golfsports. Der Hamburger Kaufmann, der sich zum Staatsmann im Interesse der freien Reichs- und Hansestadt und Deutschlands ausbildete, war eine durchaus charakteristische Erscheinung. Von Georg Heinrich Sieveking, Peter Godeffroy, Bürgermeister Garlieb Sillem führt diese Linie zu den Hamburger Bürgermeistern Weber, Versmann, Lehmann und dem deutschen Reichskanzler Fürst Bülow. Daneben waren Senatoren, die ihre Arbeitskraft ausgesprochenermaßen auf das Gedeihen der Vaterstadt beschränkten, an der Elbchaussee heimisch, wie die Senatoren Jencquel, F. A. Lappenberg und Adolph Tesdorpf. Auch der Typ der intriganten Diplomaten fehlte nicht, wofür der französische Ministerresident Bourrienne ein Beispiel liefert. Endlich begegnen wir liebenswert-loyalen Gesandten, wie den englischen Konsuln Mellish und Hanbury.

Daneben treten die *Geistlichen, Gelehrten* und *Pädagogen*. Wir finden hier den frommen, streitbaren und wirtschaftlich-praktisch befähigten Pfarrer Hardekopf in Nienstedten und seinen Amtsbruder P. E. Branddorf: jener ein teilweiser Vorbesitzer des Baron Voghtschen Gutes, dieser der Erbauer der späteren, von Parish erweiterten Villa. An Gelehrten treffen wir Baron Friedrich Christian von Kielmannsegg, der auf dem nachmaligen Augustenburger Landsitz eine hervorragende Bibliothek unterhielt, den Lizentiaten Vogel und den Senatorensohn und Schriftsteller Garlieb Hanker, den Erbauer des späteren »Gespensterhauses«. An Pädagogen sind besonders zu nennen Campe, der Verfasser des viel gelesenen Campeschen Robinsons, der in der Böhlschen Familie Hauslehrer war, der treffliche Schulmann M. Chr. Köhnke, in dessen Nienstedtener Erziehungsinstitut die Hamburger Familien gern ihre Söhne schickten, und Ernst Schlee, der Schöpfer des »Altonaer höheren Schulsystems«.

Künstler waren, wie wir bereits erwähnten, auf den Landsitzen vielfach zu Gast. Längere Zeit gewohnt haben hier u. a. der Maler Balthasar Denner und als Knabe auf der großelterlichen Besitzung Berend Goos, dessen »Jugenderinnerungen« wir reizvolle Schilderungen des Familienlebens auf der »Bost« verdanken. Asher verkehrte bei den Arnemanns, die auch Jenny Lind lange Zeit beherbergten. Aus neuerer Zeit sind die Maler Graf L. Kalckreuth, L. Corinth und Wilh. Trübner sowie der Dichter Gerhart Hauptmann zu nennen, die oft und lange auf den Besitzungen an der Elbchaussee weilten.

An *Landesfürsten* sind ansässig gewesen Graf Wilhelm zu Schaumburg-Lippe, der Feldherr, aus dessen Schule Scharnhorst hervorging, der Herzog Christian August zu Schleswig-Holstein-Augustenburg und sein Sohn Herzog Friedrich VIII., die jahrelang während der Sommermonate in Nienstedten lebten. Sie verkehrten besonders mit Godeffroys und Parishs und sahen viele Vorkämpfer der deutschen Freiheitsbewegung um sich. Sehr herzlich war auch ihr Freundschaftsverhältnis zu Konsul Theodor Arnemann und dessen Frau Mathilde. Die spätere deutsche Kaiserin Auguste Viktoria, die Tochter Herzog Friedrichs, verlebte mit ihren Geschwistern in Nienstedten ungetrübte Kindertage.

Was die menschlichen *Charaktere* all dieser Persönlichkeiten im *einzelnen* angeht, so überwog natürlich der *wirtschaftliche* Typus. Es waren *Erfolgsmenschen*, denen wir hier begegnen. Ihr Leben war auf das wirtschaftliche Ziel, auf die Leistung eingestellt. Die einen, wie die Baurs und die älteren Godeffroys, zeichneten sich durch große Gewissenhaftigkeit aus. Daneben stehen die Opportunisten großen Stils, die sich nicht ängstlich an moralische oder wissenschaftliche Grundsätze und Doktrinen klammerten, sondern das Leben packten, wo sie es am leichtesten meisterten. Sie wagten kühne geschäftliche Spekulationen und kamen dabei wohl, wie wiederholt John Parish, bis an den Rand des Abgrunds. Aber es gelang ihnen immer wieder, an den gefährlichsten Klippen vorbeizusteuern. Eigentliche *Abenteurer*, wie der Graf Clancarty, waren selten. Auch *Lebemänner* wie der englische Kaufmann Anthony Simpson, über dessen Ausschweifungen Parish hart urteilte, blieben Einzelgänger und vermochten sich nicht lange auf diesen Landsitzen zu halten, die im Grunde solides Wesen und ererbte Kultur zur Voraussetzung hatten. Das hinderte nicht, daß Männer wie John Blacker hierselbst spekulationslustig mit Grundstücken und Landsitzen handelten, trugen sie doch durch Belebung des Grundstücksmarktes auch zur Hebung der Grundstückkultur wesentlich bei. Daß in den reichen Familien gespielt wurde und daß es sich hierbei um verhältnismäßig hohe Summen handelte, ist ebenfalls bezeugt; aber die spielenden Herren, die in ihrem Haushaltsplan einen Posten dafür einsetzten, gingen nicht über das Maß hinaus, das ihre Existenz hätte gefährden können. *Originale* gab es auch, aber immer solche höheren Formats, wie den Senator Adolph Tesdorpf. Zum Sonderlingswesen neigte der Schriftsteller und Senatorensohn Garlieb Hanker. Viele der hier wohnenden Persönlichkeiten waren *Lebenskünstler*, die wie Parish in den einfachen natürlichen Genüssen – bei den ersten Radieschen aus dem Garten, einem gesunden Schlaf im Landhaus – wie in großartigen, zuweilen in die Extravaganzen gehenden Festlichkeiten schwelgen konnten. In der Epoche der Empfindsamkeit und der schönen Seelen gab man sich mit Zärtlichkeit der Natur hin und schwärmte von idyllischem Schäferleben in Strohhütten und Eichenhainen. Im Zeitalter der Romantik freute man sich an allem, was die Phantasie aus Vergangenheit und Ferne nachgestaltete in künstlichen Ruinen, Türmen und Chinoiserien. In der äußerlich anspruchsvollen Periode des neuen deutschen Kaiserreiches hatte man die Empfindsamkeit längst vergessen. Feste, wie sie damals im Jenisch-Park gefeiert wurden, waren äußerlich prunkvoll und von einer weltmännischen Haltung getragen. Sie waren bei heimatlicher Liebenswürdigkeit großzügig und ozeanweit; die Geselligkeit von G. H. Sieveking, Parish, Godeffroy und Jenisch liefert eindringliche Beispiele dafür, wobei Haus und Park durchaus den Ansprüchen angepaßt waren.

Häufig begegnen wir unter diesen Männern dem *sozialen Charakter*, so in Konferenzrat Lawaetz, dem Begründer der Schleswig-Holsteinischen Patriotischen Gesellschaft, in Baron Voght, dem Reorganisator des Wohlfahrtswesens von halb Europa, in J. H. Schröder, der ein eigenes Sekretariat für seine umfassende Wohltätigkeit unterhielt, und in Konsul Arnemann, der mit seiner Frau Mathilde zumal für die Krankenpflege in Kriegszeiten Außerordentliches leistete.

Der *künstlerisch veranlagte Charakter* zeitigte in den Kaufleuten oftmals großzügiges Mäzenatentum. D. F. Weber förderte durch Ankauf Künstler, wie Günther Gensler, Ludwig Richter, Carl Roß und Thorwaldsen. Der Letztgenannte war bei Arnemanns in Nienstedten und bei C. H. Donner längere Zeit zu Besuch und schuf dort Plastiken; Konferenzrat Baur erwarb von Thorwaldsens Schüler H. W. Bissen drei ausgezeichnete Statuen. Johannes Janssen brachte eine bedeutsame Gemäldesammlung von 282 Bildern in seinem Hamburger Hause in der Admiralitätstraße zusammen. Sie wurde zu einem Teil von seinem Schwiegersohn J. G. F. Goering übernommen. C. J. Wesselhoeft schuf, teils ererbt von seinem Oheim, die Hudtwalcker-Wesselhoeftsche Gemäldesammlung, die u. a. hervorragende niederländische Meister enthielt. D. F. Webers Sohn, der Konsul Eduard F. Weber, der die berühmte Gemäldegalerie alter Meister anlegte (sie umfaßte 354 Bilder), und D. F. Webers Enkel Karl Woermann, der spätere Direktor der Dresdner Gemäldegalerie, haben eine glückliche Kindheit auf den väterlichen Elblandsitzen verlebt. Auch des Kaufmanns und Sammlers Arnold Otto Meyer sei gedacht, der in seinem Hause eine große Gemäldesammlung, insbesondere der deutschen Romantiker und Nachromantiker, zustande brachte.

Von den älteren Meistern Balthasar Denner und Dominikus van der Smissen bis zu dem Impressionisten Friedrich Kallmorgen und Slevogt sind fast alle namhaften Künstler, die in unserer Heimat gelebt haben, von den Kaufleuten der Elbchaussee durch Aufträge und Ankäufe gefördert und ermuntert worden. Welch gediegener Wohngeschmack hier heimisch war, dafür zeugt besonders die

Inneneinrichtung des Herrenhauses im Jenisch-Park, das durch den Leiter des Altonaer Museums pfleglich erneuert wurde. Hier ist alter Familienbesitz nicht museumsartig, sondern lebendig zusammengetragen, so daß man die Wohnkultur etwa von 1780 bis 1880 daselbst trefflich verwirklicht sieht[10]. Auch Aufträge zur Herstellung von Möbeln erfolgten im Ausland und in der Heimat mit besonderer Sorgfalt und Liebe, weshalb künstlerisches Handwerk und das Kunstgewerbe wohl gediehen.

Der *geistig*, *literarisch* und *philosophisch* interessierte Charakter trat besonders bei all den Kaufleuten zutage, denen die Kontorarbeit nicht genügte. Vor Beginn der Tagesarbeit trafen sich Voght, Hudtwalcker und Sieveking zuweilen am Ufer der Elbe und lasen Klopstocks Verse. Der literarisch-weltanschauliche Kreis um Sieveking in Neumühlen und Voght in Flottbek war so reich, daß eine Beschreibung ganze Bücher ausfüllen würde[11]. Die um Klopstock, Lessing und Goethe sich gruppierenden, geistig interessierten Kreise wurden bereits im Eingangsabschnitt über die allgemeinen kulturellen Verhältnisse charakterisiert.

Endlich sind unter den hier zu beobachtenden typischen Charakteren hervorzuheben der *kulturerhaltende* und der *kultursteigernde* Mensch. Die in der Selbstverständlichkeit altüberlieferter Kultur aufwachsenden Söhne trugen diese ebenso still und selbstverständlich weiter durch ihr Dasein, wofür u. a. die Rückers und Jenischs besonders bemerkenswert sind. Zu den kultursteigernden Persönlichkeiten sind zu rechnen Männer wie Hinrich I van der Smissen und die schon oben erwähnten Erfolgsmenschen. Bei manchen der kulturerhaltenden Persönlichkeiten spürt man freilich zuweilen die Last alter Geschlechter. Eine gewisse Müdigkeit, die sich zu leiser Menschenscheu steigern kann, kämpfte mit dem Pflichtgefühl, das überkommene Erbe treulich weiterzuverwalten.

Im Vorangegangenen haben wir von den Persönlichkeiten so viel Günstiges berichten können, daß es schließlich nicht den menschlichen Verhältnissen entsprechen würde, wäre nur von lauter Licht zu berichten. Auch des Schattens haben wir zu gedenken, der freilich hier deshalb weniger zutage tritt, weil es sich um eine Landschaft handelt, die von der Gunst des Schicksals von vornherein bevorzugt wurde und die alles Widrige, das Elend und die Nachtseiten des Lebens von sich fernhielt oder ausschied. Aber es muß um der Gerechtigkeit willen darauf hingewiesen werden, daß der hier erworbene, in solider Kultur ausgebreitete Reichtum nicht immer einwandfreier Herkunft war. Ein Teil des Reichtums stammte z. B. aus dem Sklavenhandel. Dieser Handel wurde im achtzehnten Jahrhundert noch längst nicht so hart verurteilt, wie wir dies heute tun würden, weil die Mentalität eine andere war, weil man Andersgläubige, die »Heiden«, oft mit Verachtung ansah und ihnen kaum Menschenwürde zusprach. Die Handelsherren daheim betrieben diese Geschäfte nicht selbst, sondern ließen sie durch ihre Kapitäne ausführen. Die Kapitäne machten zuweilen allerlei dunkle Geschäfte in Afrika und Amerika, oft recht selbständig. Der alte Satz »pecunia non olet« (Geld riecht nicht) galt auch sonst. Einer der späteren größeren Kaufleute, die hier ansässig wurden, hatte zuerst den General-Lumpensammel von Schleswig-Holstein gepachtet. Neben echt sozialer Gesinnung zeigten auch einige dieser Männer argen Geiz. Freilich waren das kaum die Väter, die die Landsitze gründeten, sondern deren Nachkommen, die das ihnen vererbte Besitztum vernachlässigten. Neben denen, die sich ihrer kulturellen Pflichten wohl bewußt waren, gab es auch die Gleichgültigen, die sich nicht um der Schönheit der Landschaft willen hier ansiedelten, sondern lediglich, um Geld anzulegen oder mit Grund und Boden zu spekulieren. Unter den Söhnen fanden sich zuweilen aus der Art geschlagene, die durch Leichtsinn und Trägheit den Eltern Kummer machten und tragisch endeten. Auch diese Tatsachen muß man berücksichtigen, um ein richtiges Gesamtbild zu gewinnen. Aber selbst der Schatten bringt uns die Gesamtleistung der alten Geschlechter menschlich nur noch näher. Wenn skrupellose Gewinnsucht, übertriebene Wertschätzung von Äußerlichkeiten und ähnliche unschöne Eigenschaften einmal in einer Generation eine Rolle spielten, so kann man dagegen die versöhnliche Tatsache beobachten, daß in den nachfolgenden Söhnen und Töchtern dann ein um so verfeinerter

Geist, eine um so edlere Gesinnung, um so mehr Frische und Anmut erblühten, gleichsam als ob damit Vergangenes durch das in der Verjüngung der Geschlechter sich wandelnde Blut wiedergutgemacht werden sollte.

Wie stark der Wille vorhanden war, die erreichte Kulturhöhe zu erhalten, zeigen testamentarische Bestimmungen, wie sie z. B. Senator Gustav Godeffroy traf, daß die Landsitze als »Gentlemen seat für ewige Zeiten« erhalten bleiben sollten. Dieser Wunsch ist freilich, wie die Folgezeit gelehrt hat, nicht in Erfüllung gegangen. Auch die Entwicklung der alten Landsitze hat bestätigen müssen, »daß nichts bestehet, daß alles Irdische verhallt«.

Sind auch die Männer die Schöpfer und Gestalter der Landsitze – die *Frauen* sind allermeist die eigentliche Seele und die stillen treibenden Kräfte der kulturellen Ausgestaltung des Familienlebens in diesen Häusern gewesen. Im Vordergrund stehen dabei *Hausfrau* und *Mutter*. Ein unvergänglicher Zauber liegt über den mütterlichen Frauen, die ihrem Gatten, den Kindern und Kindeskindern das Leben schön und zum Born unerschöpflicher Freude gestalteten; da ist hervorzuheben Henriette Weber, geb. Nottebohm, die Mutter des Bürgermeisters Weber und des Konsuls Ed. F. Weber und die Großmutter des Galeriedirektors Karl Woermann. Mütterliche Wärme und Würde der großen Dame vereinigten sich in Henriette Schröder, geb. von Schwartz, die ihrem Mann J. H. Schröder in überaus glücklicher Ehe zwölf Kinder schenkte. Zu ihr gesellt sich der Typ der energisch-liebenswürdigen Frau, wie sie uns in Emilie Jenisch, der Großmutter des Reichskanzlers Bülow, begegnet. Streng in der äußeren Haltung und herzenstief in aller Schlichtheit waren viele Frauen und Mütter der alten mennonitischen Familien, der Roosens, de Voss', Goverts und van der Smissens. Manche machten als wahrhafte Lebensgefährtin des Mannes in junger Ehe all dessen Kämpfe um den eigenen Aufstieg mit, die Anfänge im fernen Ausland, wie die Gattin Wilhelm Brandts, wie Frau Mary Ann Burchard, geb. Degetau, wie Frau Marie Volckens. Abseits von dieser Reihe und doch nicht zu missen unter den Frauengestalten der Elbchaussee ist jene Eigenbrötlerin, die viele Länder und Erdteile gesehen, die Mitarbeiterin Johann Cesar VI Godeffroys, Amalie Dietrich, die in Blankenese nach bewegtem, arbeitsgesegnetem Leben einen ruhigen Daseinsabend fand.

Die *geistig-gesellige* Frau hat ihre hervorragende Vertreterin in Johanna Sieveking, geb. Reimarus, ohne die die Kultur von Neumühlen undenkbar ist; in Frau Poel, geb. Büsch, die im Verein mit ihrem Gatten Voghts Wohnsitz in Flottbek anmutig-gesellig gestaltete. Caroline Hanbury, geb. Bohn, schuf um sich den literarisch regen Kreis, dem J. G. Rist angehörte; Mathilde Arnemann, geb. Stammann, sah Politiker, Fürsten, Künstler aus den verschiedensten Ländern bei sich. Die *diplomatische* Frau fand in diesen politisch, wirtschaftlich und allgemein-kulturell oft so entscheidungsreichen Kreisen ein großes Betätigungsfeld. Wie liebenswürdig und geschickt wußte die Etatsrätin Donner die bei ihr verkehrenden Fürstlichkeiten, Militärs, Maler und Dichter zu behandeln! Die Fürstin Bülow, deren hohe gesellige Kultur in Berlin und Rom Erfolge feierte, übte an der Seite ihres Mannes auch in der Kleinflottbeker Elbparkvilla ihre weltgewandte Gastlichkeit und wußte viele Gäste froh zu stimmen.

Mütterliche Hilfsbereitschaft brachten die *sozialen Frauen* großen Stils auf: Friederika Klünder half der Blankeneser Fischerbevölkerung unermüdlich in allen Nöten und führte in den Elbdörfern die Pockenimpfung ein. Mathilde Arnemann ging auf in der Opferbereitschaft zur Pflege der Krieger und Verwundeten in den Feldzügen von der Erhebung Schleswig-Holsteins bis zum Deutsch-Französischen Krieg und schuf die segensreiche Elisabeth-Roosen-Stiftung für Minderbemittelte in Karlsbad. Wohltätige Stiftungen sind auch von Henriette Schröder und Fanny Jenisch, geb. Roeck, ins Leben gerufen worden.

Das *künstlerische Element* vertraten Frauen wie die Jugendfreundin Schillers, die einst gefeierte Tragödin Sophie Albrecht, die sich in ihren wirtschaftlich guten Jahren zu Othmarschen angekauft hatte, wie die kluge Schriftstellerin Therese von Bacheracht, die Schwester des Ministerresidenten von Struve. Auch Eliza Wille, geb. Sloman, ist hierher zu rechnen, die Schwester Robert Miles

Sloman jun., die oft bei ihrem Bruder auf dessen Landsitz an der Elbchaussee zu Besuch weilte, die Freundin Chopins, Liszts, Herweghs und Richard Wagners, die in ihrem »Stilleben aus bewegter Zeit« nicht nur ihrem Vater, dem älteren Robert Miles Sloman, und ihrer tüchtigen, von der Insel Föhr stammenden Mutter, der feinen, opferwilligen Lena Sloman, geb. Brarens, ein schönes Denkmal der Kindesliebe gesetzt, sondern auch ein ungemein lebendiges Kulturbild der ersten Jahrzehnte des neunzehnten Jahrhunderts mit großer Menschlichkeit und Herzenswärme geschaffen hat.

Wie die reifen Frauengestalten sich durch Mütterlichkeit und die daraus hervorgehende Würde auszeichnen, so sind die *Töchter* und *tungen Mädchen* vielfach von jenem besonderen Liebreiz und jener natürlichen Anmut des Empfindens und des Sichgebens, wie sie nur in wohlumhüteter Familienkultur gedeihen können. Wir dürfen hier an die früh vollendeten Töchter des Konsuls Wilhelm Rücker, Alida und Maria, denken, denen die trauernden Eltern im Park an der Elbe ein großes Steindenkmal errichteten. Bei manchen dieser Mädchengestalten wird man an die besten Vertreterinnen weiblicher Jugend erinnert, wie sie Charles Dickens in seinen großen Romanen zur poetisch verklärten Wirklichkeit hat werden lassen.

II. OTTENSEN UND NEUMÜHLEN

Einer geschichtlichen Darstellung der einzelnen Landsitze wird am zweckmäßigsten eine *Wanderung* auf der altberühmten Straße, der Elbchaussee, entsprechen. Wir beginnen beim Anfang der Chaussee in Ottensen, also am Ende der Altonaer Palmaille, der einst schönen Wohnsitzstraße Altonas, über die allein ein ganzes Buch zu schreiben wäre. Der Anfang der Chaussee heißt eine kurze Strecke Klopstockstraße in Erinnerung an den Dichter Klopstock, der hier auf dem Friedhof der Christianskirche mit den Seinen unter der alten, von Rückert besungenen Linde ruht. Der Friedhof liegt unmittelbar an der Straße. Ihre Fortführung bis Blankenese heißt dann Elbchaussee. Wir treten die Wanderung unserer Darstellung in Ottensen an und durchstreifen nach und nach die einzelnen sich anschließenden Elbgemeinden.

RAINVILLE, DER »WEINBERG« UND DER PLANGESCHE GARTENBESITZ

Der erste große Garten, der uns auf unserem Spaziergang an der Elbchaussee von Altona aus heutigentags begegnet, ist der Park Elbchaussee Nr. 31/43. Er umfaßte östlich den ehemaligen Rainvilleschen Garten und reichte westlich bis zur großen Mauer am Neumühlener Kirchenweg; er hat die glanzvollen Jahrzehnte miterlebt, in denen das *Etablissement Rainville* 110 das schönste und berühmteste Ausflugsrestaurant bei Hamburg und Altona war. Dieser ehedem großartige Landsitz besteht zwar schon lange nicht mehr, aber eine Geschichte der Elblandsitze, wie wir sie vorhaben, ist undenkbar, ohne daß wenigstens seiner in diesen Blättern besonders gedacht wird. Wilhelm Volckens, der Historiker von Neumühlen, hat die Geschichte dieses Gartens eingehend beschrieben[12].

Wir bringen daher im folgenden nur einen auszugsweisen Überblick, den wir aber durch neue Funde ergänzen. Der Ursprung dieses Besitzes führt bereits in die Zeit vor dem Dreißigjährigen Krieg zurück. Damals wurde es üblich, daß wohlhabende Hamburger und Altonaer Kaufleute, insbesondere aber auch die Diplomaten und Gesandten im niedersächsischen Kreis, sich an der Elbe Sommerwohnsitze erwarben. Unter den frühesten Besitzern des späteren Rainvilleschen Landsitzes sind hervorzuheben der wohlhabende Kaufmann und Mennonit Hans *Simons* aus Hamburg, der ein Lieferant des Grafen Ernst von Schauenburg war und der sich in Altona an den Abhängen der Palmaille und in Ottensen um 1620 bis 1630 viel Grundbesitz erworben hatte. Sein Vorgänger war der berühmte Rechtsgelehrte Dr. Rutger *Rulant* (1568 bis 1630), der von Aachen nach Hamburg kam: ein namhafter Diplomat, den Graf Ernst sehr begünstigte. Nach diesen beiden waren Besitzer: 1652 der Bürgermeister der Stadt Leipzig, Christian *Lorenz*, 1661 der hannoversche Gesandte J. J. von *Hiebener*, der auch den Nachbargarten, den mit vielen schönen Statuen geschmückten »Schlafs Hof« besaß, 1672 der polnische Gesandte Daniel *Salomons*, 1677 der Freund und Ratgeber der Königin Christine von Schweden, der hamburgische Gesandte und spätere dänische Resident Manuel *Texeira*. Unter den späteren Besitzern sind zu nennen Feldmarschall von *Güldenlov* (1701), der englische Courtmaster John *Thornton* (1730) und der dänische General Georg Ludwig von *Köller-Banner*, der einer der Hauptbeteiligten am Sturze des Ministers Struensee gewesen war (1776); endlich der batavische Gesandte B. E. *Abbéma* (1794).

Zur Zeit, als der Courtmaster Thornton und der General von Köller-Banner den Besitz innehatten, muß dieser überaus anmutig gewesen sein. Wo heute die Kaistraße und die Hafenanlagen dem Ganzen das Aussehen eines mächtigen Industriegeländes geben, war in jener Zeit idyllische Ruhe. Der Friedhof, der heute Klopstocks Grab trägt, und der vorgelagerte Garten bildeten gleichsam eine ländliche grüne Flur, die wegen ihrer herrlichen Aussicht weithin berühmt war. Näheres über die Gestaltung des Gartens wissen wir aus der Besitzerzeit des Generals von Köller-Banner. Dieser war von Herkunft ein Hesse und ein rauher Kriegsmann, der den Sturz des ihm verhaßten Struensee zum persönlichen Aufstieg benutzte. Nach der qualvollen Hinrichtung Struensees wurde Köller-Banner zum General ernannt und geadelt. Sein Leben war fortan sehr unstet. Es wird behauptet, daß es Gewissensbisse gewesen seien, die den General immer wieder in der Struensee-Stadt Altona auftauchen ließen. Im hohen Alter beging er noch aus Lebensüberdruß einen Selbstmordversuch. Er war viel auf Reisen, lebte außer in Altona u. a. auch in Stettin[13]. Über die Gestaltung des Elblandsitzes durch den General erfahren wir allerlei Aufschlüsse in einer Eingabe, die der Altonaer Advokat Adler im Auftrage des Generals dem dänischen König unterbreitete. Köller-Banner hatte Streitigkeiten mit Ottensen in Grenzsachen seines Grundstücks. In der erwähnten Eingabe vom 28. Juli 1791 heißt es:

»Der Herr General besitzt in Ottensen ein sehr großes Erbe, nebst Garten, welches in einer Länge von ohngefehr 600 Fuß, neben dem von Altona nach Ottensen führendem Wege hinläuft und in der Tiefe ganz hindurch bis nach der Elbe geht. Schon ehemals, wie der Herr General dies Erbe noch selbst allein bewohnte, ließ er den schönen Garten dieses Erbes, der die vortreffliche Lage an der Elbe, und daher die schönste Aussicht hat, zum Vergnügen der Altonaer öffnen und verstattete jedem, sich dieses Gartens zum Spazierengehen zu bedienen. Wie vor ohngefehr 10 Jahren der Herr General nach Stettin zog und bloß einige Sommer-Monate sich hier aufhielt, vermiethete er Haus und Garten, zum öffentlichen Gasthause, und seit dieser Zeit ist es beständig dem Vergnügen des Altonaischen und Hamburgischen Publicums gewidmet, und als die angenehmste Promenade vorzüglich häufig frequentirt worden.«

Wie der General weiter berichtet, wohnte damals auf dem Landsitz u. a. zur Miete Carl Alexander *Graf von der Goltz*, vormals dänischer General und ehemaliger Feldmarschall der portugiesischen Armee, der hier seine letzten Lebensjahre »in philosophischer Zurückgezogenheit, bloß den Wissenschaften und der stillen Wohltätigkeit« lebend[14], verbrachte und 1818 in Altona starb. Für die

Benutzung des Gartens zu Wirtshaus- und Vergnügungszwecken ist eine Anzeige charakteristisch, die sich in den »Altonaischen Adreß-Comptoir-Nachrichten« vom 11. Juli 1786 befindet: »Am Sonntage, als dem 16ten dieses Monats, wird die Demoiselle (Jeanette) Stockmann auf dem Garten des Herrn General von Köllerbanner Exellenz, ein Concert geben, und sich in demselben mit den ausgesuchtesten Arien hören lassen. Der Anfang ist um halb 6 Uhr. Ein Chapeau zahlt 2 Mk. und hat eine Dame frey. Billets sind bey Herrn Behr auf der großen Freyheit zu haben[15].«

Als der General Köller-Banner im Jahre 1794 das Grundstück an den batavischen Gesandten *Abbéma* für 40000 Mark verkauft hatte, begann erst eigentlich die glanzvolle Zeit dieses Gartens. Abbéma ließ sich von dem Architekten Ch. Fr. *Hansen* ein prächtiges Landhaus im klassizistischen Stil erbauen, das mit seiner säulengeschmückten Front nach der Elbseite beherrschend schön in der Landschaft lag. Der Dichter und Rektor des Altonaer Christianeums, Gottlieb Ernst *Klausen*, der 1799 eine poetische »Wanderung zum Rolandshügel« geschrieben hat, gibt von dem Bau folgendes Bild:

> »Festgegründet, lang und breit,
> als trotz' er der Vergangenheit,
> ragt dort von seiner (Hansens) Hand ein Bau,
> schimmernd weiß und dunkelblau,
> mit freier Aussicht hoch empor,
> die schöner kaum ein Wunsch erkor.
> Horen winden da im Tanz
> mit Grazie den Myrtenkranz...«[16]

Abbéma gab bereits nach vierjährigem Aufenthalt den Landsitz wieder auf. 1799 wurde dieser von dem ehemaligen Adjutanten des französischen Generals Dumouriez, C.L.C. *Rainville*, erworben, der hier nach französischem Muster ein vornehmes Wirtshaus errichtete. Dieses Restaurant bestand bis 1867 und war, zumal in den ersten Zeiten seines Bestehens, ein Hauptversammlungsort der vornehmen Welt, eine Stätte erlesener Genüsse. Die schöne Lage des

Parks, Konzerte und feine Küche sicherten ihm lange seine Anziehungskraft. So berichtet der Dichter und Dramaturg Ludwig *Tieck* von folgendem kleinen charakteristischen Erlebnis. (Schriften 1, 37): »In Hamburg fand ich (im Jahre 1800) auf dem Wege durch die Stadt (bei einem Antiquar) das Volksbuch vom ‚Kaiser Octavian'. Ich glaubte jene Volksbücher alle zu kennen, und doch war mir dieses neu. Ich nahm es auf meinem Spaziergang mit zu Rainville, einem Gasthof und Belustigungsort der Stadt, wo ich eine Gesellschaft von Freunden erwartete. Im Freien sitzend, wo man die schöne Aussicht über den breiten Strom hat und Schiffe kommen und wegsegeln sieht, las ich in meinem Büchelchen. Mich erfreute der Reichtum dieser Erfindung; die vielen heitern und seltsamen Gestalten ergötzten meine Phantasie, und das ganze buntgeflochtene Gewebe ward mir so lieb, daß in diesen behaglichen Stunden fast schon der Plan fertig wurde, wie es dramatisch auf neue Weise werden könne.« In den fünfziger Jahren wurde hier *König Friedrich VII. von Dänemark* durch die Stadt Altona bewirtet. Noch in den sechziger Jahren waren die Sommerkonzerte und Feuerwerke berühmt. Nach 1867 fiel das Grundstück privater Bauspekulation anheim. Es entstanden hier u. a. die Häuser der Klopstockstraße, später die Rainville-Terrasse und die Zufuhrstraßen nach Neumühlen und zu den Altonaer Hafenanlagen. Seit den achtziger und neunziger Jahren kam noch ein verkleinertes Gartenrestaurant »Neu-Rainville« zu kurzer Blüte. An der Stelle des früheren Restaurants erhebt sich heute der 1934 seiner Bestimmung übergebene Bau der Staatlichen Seefahrtschule.

Zum Rainvilleschen Grundstück gehörte seit 1736 der am Südwestabhang befindliche sogenannte *»Weinberg«*. Diese Anlage ging gleichfalls auf den schon genannten Kaufmann Hans Simons zurück, der um 1629 hier einen Weinberg anlegte und damit die Absicht des Grafen Ernst von Schauenburg verwirklichte, der überhaupt an den Abhängen der Palmaille Weinberge zu schaffen gedachte. Auch dieser Weinberg war ein anmutiger Landsitz[17]. Mit ihm ist außer den Namen einiger adliger Besitzer besonders der des Grafen von Clancarty verknüpft, einer der romantischen Gestalten, die in unseren Elbgegenden aufgetaucht sind. Dorough Macarty *Earl of Clancarty* war einer der reichsten Grundherren Britanniens. Bereits als Fünfzehnjähriger wurde er mit der als Schönheit gefeierten Elisabeth Spenser, der Tochter einer hochangesehenen Familie, vermählt. Ursprünglich Protestant, wechselte er seine Religion, um unter dem katholischen König Jacob II. zu Macht und Ansehen zu gelangen. Aber Jacob wurde bei einem Versuch, England zu katholisieren, von Wilhelm III. von Oranien besiegt. In den Kämpfen wurde Clancarty gefangengenommen und in den Tower geworfen. Er verlor seine sämtlichen Besitzungen und seine geliebte Frau. Nach dreijähriger Kerkerhaft gelang es ihm, nach Frankreich zu entfliehen und Kommandant eines Korps irischer Flüchtlinge gegen England zu werden. Aber die Kämpfe gingen für Frankreich und damit auch für Clancarty unglücklich aus. Er suchte eine Versöhnung mit den Spensers, die er sich verfeindet hatte, herbeizuführen. Vergeblich. Da eilte er verkleidet über den Kanal, stahl sich bei Lady Clancarty ein und gewann die ganze Leidenschaft der geliebten Frau zurück. Durch die Wärterin den Verwandten verraten, wurde er erneut in den Tower geworfen. Elisabeth jedoch folgte ihm dorthin mit der Bitte, daß sie des Gatten Zelle teilen dürfte. Nun kerkerte man beide getrennt im Tower ein. Das erregte ungeheures Aufsehen in der englischen Gesellschaft. Schließlich aber fand die Treue der beiden Liebenden Erbarmen. Wilhelm III. begnadigte Clancarty unter der Bedingung, daß er mit einer kleinen Pension England für immer verlasse. Der Graf wandte sich mit seiner ihm folgenden treuen Gattin ins Ausland, nach Altona, und erwarb dort 1702 als Wohnsitz den »Weinberg«[18].

Aber er selbst war im Grunde ein wilder, wüster Geselle, der in der Folgezeit immer weiter abwärtsglitt. In den Akten des Altonaer Stadtarchivs begegnen wir wiederholt Zwistigkeiten und Alimentationsklagen, die sich gegen Clancarty richteten. Schließlich verlegte er sich auf Strandräubereien. Er verkaufte den Weinberg wieder, bezog ein einsames Haus bei Wittenbergen und ging von dort aus seinen dunklen Geschäften nach. Das Schicksal seiner schönen Frau, die ihm in die Fremde gefolgt war, ist unbekannt.

An das Gelände von Rainville und an den Weinberg schlossen sich um 1770 nach Westen hin Felder an. Die Abhänge selbst waren um 1770 noch kahl und unbepflanzt. Damals hatte der Besitzer eines Hofes in Ottensen, der Oberst *von Späth*, das Land inne[18a]. Er verkaufte es 1780 an *John Blacker*, den Courtmaster der englischen Kaufleute in Hamburg. Dieser war es, der erstmalig das vorher noch freie Land in einen Park nach englischem Geschmack umwandelte und nahe dem aussichtsreichen Abhang um 1790 ein Wohnhaus erbauen ließ. 1803 starb er. Sein Erbe, John Blacker jun., geriet schon drei Jahre später in Vermögenskonkurs, und nun ging das Grundstück für kurze Zeit in die Hand des Kaufmanns Peter *Rücker* über, eines Sohnes des Hamburger Senators Siegmund Rücker. Peter Rücker war ein wohlhabender Junggeselle und Bevollmächtigter der »Alliance«, einer bereits damals angesehenen englischen Feuer- und Lebensversicherungs-Gesellschaft.

1808 ging der Besitz auf den Bankier Salomon *Heine*[19] über, der hier bis zu seinem Tode 1844 allsommerlich wohnte und den Garten durch Ankauf, auch jenseits der Elbchaussee, vergrößerte. Salomon Heine war armer Eltern Kind; er stammte aus Hannover, kam siebzehnjährig nach Hamburg, wurde Wechselmakler und arbeitete sich in zäher Energie zum allmächtigen Bankherrn empor. Als der furchtbare Brand im Mai 1842 große Teile Hamburgs vernichtete, wehrte er durch seinen Kredit sofort die schlimmsten Folgen von der Stadt ab und stellte dem Senat unaufgefordert eine halbe Million Mark Banko zur Linderung der Not zur Verfügung. Auch stiftete er in St. Pauli das sich dort segensreich entfaltende Israelitische Krankenhaus. Seit 1816 kam der Dichter Heinrich *Heine*, ein Neffe Salomons, oft zu Besuch. Er war damals Kaufmannslehrling. Es ist bekannt, wie sehr sein Oheim ihn zeitlebens gefördert hat. Des Dichters schwierige Natur kam freilich auch gegen Salomon Heine und seinen Kreis oft zum Ausdruck. Frohe und trübe Erinnerungen waren daher für Heinrich Heine mit diesem Landsitz verbunden. Wenn er in seinem »Tannhäuser« später berichtet: »Zu Hamburg sah ich Altona, ist auch eine schöne Gegend...« – so mag er dieses im Zusammenhang der Dichtung ironisch erscheinende

Wort doch ganz ernsthaft gemeint haben; denn seine erlebnis- und liebesabenteuersüchtige Seele hatte in der Landschaft, die sich von des Oheims Landsitz westlich nach Neumühlen, östlich nach Altona fortsetzte, ein durch Natur und Kultur großartiges Pirschrevier gefunden. Später, nach dem unerquicklichen Erbschaftsstreit mit der Familie des Oheims, erschien ihm die Villa an der Elbe von persönlichen düsteren Erlebnissen belastet. Sie wurde ihm zur »Affrontenburg«, der er u. a. folgende Verse widmete[19a]:

>»Die Zeit verfließt, jedoch das Schloß,
>Das alte Schloß mit Turm und Zinne
>Und seinem blöden Menschenvolk,
>Es kommt mir nimmer aus dem Sinne.
>Ich sehe stets die Wetterfahn',
>Die auf dem Dach sich rasselnd drehte.
>Ein jeder blickte scheu hinauf,
>Bevor er nur den Mund auftäte.
>Wer sprechen wollt', erforschte erst
>Den Wind, aus Furcht, es möchte plötzlich
>der alte Brummbär Boreas
>Anschnauben ihn nicht sehr ergötzlich.
>Die Klügsten freilich schweigen ganz –
>Denn ach, es gab an jenem Orte
>Ein Echo, das im Wiederklatsch
>Boshaft verfälschte alle Worte.
>Inmitten im Schloßgarten stand
>Ein sphinxgezierter Marmorbrunnen,
>Der immer trocken war, obgleich
>Gar manche Träne dort geronnen.
>Vermaledeiter Garten! Ach,
>Da gab es nirgends eine Stätte,
>Wo nicht mein Herz gekränket ward,
>Wo nicht mein Aug' geweinet hätte.«

Dem Dichter erschien der Ausblick auf den breiten Elbstrom schon wie ein Vorklang zur Nordsee, die er hier wie folgt beschwört:

»Am Ende der Allee erhob
Sich die Terrasse, wo die Wellen
Der Nordsee zu der Zeit der Flut
Tief unten am Gestein zerschellen.
Dort schaut man weit hinaus ins Meer.
Dort stand ich oft in wilden Träumen.
Brandung war auch in meiner Brust –
Das war ein Tosen, Rasen, Schäumen –
Ein Schäumen, Rasen, Tosen war's,
Ohnmächtig gleichfalls wie die Wogen,
Die kläglich brach der harte Fels,
Wie stolz sie auch herangezogen.
Mit Neid sah ich die Schiffe ziehn
Vorüber nach beglückten Landen –
Doch mich hielt das verdammte Schloß
Gefesselt in verfluchten Banden.«

Über einen Besuch Eduard und Therese *Devrients* auf dem Landsitz Salomon *Heines*, wo sie auch dessen Neffen kennenlernt, berichtet Therese in ihren »Jugenderinnerungen.«

»Unsere Empfehlungsbriefe hatten wir abgesendet und gleich tags darauf einen Besuch des jungen Herrn Heine empfangen, der uns sehr verbindlich im Namen seines Vaters für den nächsten Mittag auf dessen Landsitz zu Tische lud. Sein Vater würde sich erlauben, uns zur bestimmten Stunde in seiner Equipage holen zu lassen. Um 6 Uhr, der Dinerzeit des alten Bankiers, hielt ein höchst eleganter Wagen, Kutscher und Bediente in sehr nobler Livree, vor unserer Türe. Der Kutscher fuhr mit so bewunderswürdiger Geschicklichkeit, daß ich selbst ohne alle Angst draußen ankam. An der Elbe neben dem bekannten Rainville lag die Besitzung Heines, mit derselben berühmt schönen Aussicht, wie jenes. Der kleine, dicke, alte Mann mit weißen Haaren begrüßte uns sehr freundlich, schüttelte uns herzlich die Hände und sagte: ›Wenn ich Ihnen irgend etwas nützen kann, soll es mit Freuden geschehen, denn Sie sind mir von meinem besten Freunde Abraham Mendelssohn empfohlen worden, als ob Sie seine eigenen Kinder wären.‹ Er bat uns, ihm in den Garten zu folgen, wo wir eine ziemlich zahlreiche Gesellschaft fanden, die trotz aller Ungezwungenheit des Benehmens doch eine steife Förmlichkeit zeigte, welche mir auffiel. Eine junge, hübsche Frau, seine jüngste Tochter, die einzige, welche sich von diesem Wesen frei gemacht hatte, näherte sich mir freundlich und wir plauderten, während wir in den schönen Alleen auf und ab gingen, den Blick auf die herrlich breite Elbe, bis endlich um 7 Uhr der Diener uns zum Essen rief. Salomon Heine führte mich, Eduard die junge, hübsche Frau. Das Innere des Hauses machte einen überaus behaglichen Eindruck, es war von so gediegener Eleganz, daß man sie zuerst gar nicht merkte, alles sah nur bequem und wohnlich aus. Der Speisesaal, gleich im untern Stock, bot außer dem reich mit Silbergeschirr besetzten Buffet und vielen Dienern in Livreen nichts Bemerkenswertes. Die Unterhaltung bei Tisch mißfiel mir, da sie sich meist um die Delikatessen drehte, die eben aufgetragen und verzehrt wurden. Uns, die wir nicht Gourmants waren, entstand daraus die doppelte Beschwerde, soviele Leckerbissen durch das Aufzählen und Preisen derselben fast dreifach genießen zu müssen. In einiger Entfernung mir gegenüber saß ein Herr, der meine Aufmerksamkeit auf sich zog, weil er mich mit zugekniffenen, zwinkernden Augen maß, dann geringschätzig und gleichgültig fortsah. ›Wer ist der Herr dort drüben?‹ fragte ich meinen Nachbar. ›Kennen Sie den nicht? – Das ist ja mein Neffe Heinrich, der Dichter‹, und die Hand vor den Mund legend, flüsterte er: ›Die Kanaille.‹ Jetzt begriff ich die natürliche Antipathie zwischen uns beiden. Ich ward aufmerksamer auf das, was er sprach, und hörte, wie er mit blasiertem, halb spöttischem, halb klagendem Tone von seiner Armut sprach, die ihm größere Reisen versage. Da rief der Onkel (von dem man wußte, daß er den Neffen großmütig unterstütze): ›Ei, Heinrich, du brauchst doch nicht zu klagen. Wenn dir's am Geld fehlt, gehst du zu einigen guten Freunden ins Haus, drohst ihnen: ich mache euch in meinem nächsten Buche so lächerlich, daß kein ordentlicher Mensch mehr mit euch umgehen kann, du hast ja Mittel genug in Händen.‹ – Der Dichter kniff die Augen zu und erwiderte scharf: ›Er hatte mich angegriffen mit Knoblauchessen und den alten Ammenmärchen, ich mußte ihn vernichten.‹ So gutmütig der alte Mann, so freundlich er auch sein konnte, hatte er doch oft etwas zu rücksichtslos Durchfahrendes. Einem Mathematikprofessor, der sehr verwöhnt tat, über auserlesene Weine und Leckerbissen sprach, als ob sie ihm gewohnte Kost seien, rief der Alte so laut, daß alle es am Tisch hören mußten, zu: ›Wie sich doch die Zeiten ändern, lieber Professor! Wissen Sie noch, wie wir beide als ein paar arme Judenjungens nach Hamburg kamen?‹ Er lachte sehr vergnüglich dabei. Das Diner war zu Ende. Mehrere aus der Gesellschaft entfernten sich, darunter der Dichter, dem es nicht recht wohl in der Nähe des Onkels war.«

Auch viele andere namhafte Leute, u. a. *Fürst Blücher*, besuchten damals den berühmt gewordenen Landsitz. Nach des Bankherrn Tode verblieb das Anwesen Eigentum der Heineschen Erben. Das Grundstück, dessen nördlich der Chaussee gelegenes Gelände als Gemüsegarten diente, umfaßte auch einen guten Teil des Abhangs. Hier legte die Stadt Altona die Straße nach Neumühlen an und schuf einen beliebten Spazierweg, der von der Rainville-Terrasse in halber Höhe nach dem Donner-Park hinüberführt und der in Erinnerung an den Dichter den Namen Heinrich-Heine-Weg bekam. Später wurde er in Dietrich-Eckart-Weg umbenannt und heißt jetzt Schopenhauerweg. Der obere Garten auf dem Geestplateau wurde als Park mit Wiesenfläche anmutig im englischen Gartenstil gestaltet, nachdem er ursprünglich rokokoartig französisch mit Taxushecken und Marmorbrunnen gehalten gewesen war. An den Dichter Heinrich Heine erinnert aber noch das am Parkeingang stehende, mit Nr. 31 bezeichnete kleine Haus, das das Heinehaus genannt wird, weil der junge Heine dort eine Zeitlang gewohnt haben soll.

1903 ging das ganze Besitztum auf den Kommerzienrat Georg *Plange* über. Dessen Name ist mit dem Aufblühen der deutschen

Mühlenindustrie als mit einem ihrer Pioniere verknüpft. Planges Vater war der Ökonom Karl Plange, der 1868 eine Weizenmühle von bescheidener Größe am Thomätor zu Soest erworben hatte. Sein ältester Sohn Georg, geboren 1842, übernahm 1875 die väterliche Mühle in Soest, die er erheblich vergrößerte und zu einem ansehnlichen Unternehmen gestaltete. Seine großen Erfahrungen befähigten ihn, 1896/97 in Hamburg-Wilhelmsburg die damals *größte Handelsmühle Europas* zu errichten. 1904 zum Königlich Preußischen Kommerzienrat ernannt, erbaute er am Rhein in Düsseldorf eine weitere Mühle. 1912 endlich übernahm er noch den Mühlenbetrieb von H. W. Lange in Altona. Kommerzienrat Plange starb nach einem arbeits- und erfolgreichen Leben 1922. Das schöne Grundstück an der Elbchaussee, das er erwarb, wurde alsdann von seiner Witwe Bertha Plange, geb. Smiths, bewohnt, die ihrem Gatten in langer glücklicher Ehe fünf Söhne und vier Töchter beschert hatte. Es war der besondere Stolz Georg Planges, daß seine sämtlichen fünf Söhne und vier Schwiegersöhne im Weltkrieg zu den Waffen eilten. Frau Bertha Plange bewohnte das am Ostende der Besitzung stehende Haus. Das alte vormals Blackersche Haus wurde um 1880 abgebrochen. Es war ein bescheidener Landhausbau. Das Georg Plangesche Wohnhaus machte mit dem Glasdach an der Längsfront und der Veranda einen einladenden Eindruck. Die Gewächshäuser, die sich früher am nordwestlichen Teil des Gartens befanden, wurden gleichfalls abgebrochen. Im westlichen Teil der Besitzung ließ Plange vor Ausbruch des ersten Weltkrieges eine Villa (Elbchaussee 43) für seinen Sohn, den Kaufmann Dr. jur. Karl Plange, bauen, der 1914 als Oberleutnant bei Dreslincourt fiel. Danach bewohnte diese Villa Planges jüngste Tochter Clara, die seit 1907 mit dem Korvettenkapitän und Kaufmann Hans *Korndörfer* vermählt war. Korndörfer, ein gebürtiger Oberhesse, war Direktor der H. W. Lange & Co. A.-G. und zugleich Präsident der Altonaer Industrie- und Handelskammer. Er starb 1940. Frau Bertha Plange war ihm schon 1937 in die Ewigkeit vorausgegangen.

Der Landsitz lag in der Nachbarschaft der Seefahrtschule. Die Hamburger Stadtverwaltung hatte Interesse an dem Gelände, um im Zuge der geplanten Elbufergestaltung dieses Parkgebiet für den Ausbau der Seefahrtschule mitzubenutzen. Daher wurde der gesamte Landsitz 1939 an die Hamburger Finanzverwaltung verkauft und der Schulbehörde zur Erweiterung der Seefahrtschule unterstellt. Das alte Heine-Plangesche Haus wurde zu Beginn des zweiten Weltkrieges von einer Wirtschaftlichen Frauenschule bezogen, die später in eine Kinderpflegerinnenschule umgewandelt wurde. Das Haus ist nun zum Abbruch bestimmt. Zwei Bombentreffer, die dem Altonaer Kohlenhafen galten, der damals unmittelbar unterhalb des Hauses lag, verursachten beträchtliche Schäden. Die vormals Korndörfersche Villa blieb ziemlich unbeschädigt erhalten. Beide Häuser wurden nach Kriegsende von den Engländern besetzt, jedoch 1947 wieder zur Bewohnung für Deutsche freigegeben. Das Anwesen mit seinem ursprünglichen herrlichen Baumbestand und dem baum- und buschbewachsenen Südabhang wurde in den letzten Jahren stark vernachlässigt. Der ganze Südabhang fiel nach und nach dem Holzbedarf der Bevölkerung zum Opfer. Durch das Roden der Stubben wurde der Abhang selbst stark gefährdet[19b], ist aber wieder dicht bewachsen. Die Grundstücksgrenze verläuft unmittelbar unterhalb des Schopenhauerweges. Das nach unten anschließende Gelände des Abhangs gehört zum Donnerschen Park.

DAS DONNER-SCHLOSS, FRÜHER SIEVEKINGS GARTEN, NEUMÜHLEN

Die Frühgeschichte

Eine geschichtlich sehr bedeutsame Parkanlage ist der heute in städtischem Besitz befindliche sogenannte »Donners Park«. In breiter Talböschung senkt sich hier der Geestabhang zur Elbe. Von der Höhe schaut man über blumengeschmückte Hänge, zwischen alten Baumgruppen hinab auf den Strom, die Hafenanlagen und das weite Land, das sich von Hamburgs Werften mit den mächtigen Wasserarmen der Elbe bis zur grünen Marsch und den Ausläufern der Neugrabener Heide erstreckt. Unten am Abhang stand ehedem ein Schloß in neugotischem Stil mit efeuumsponnenem Turm; dahinter schimmerte ein Teich, der zu der inzwischen längst verschwundenen Wassermühle gehörte[19c]. Diese wurde im Mittelalter, wohl kurz nach 1301, als »Neue Mühle« errichtet und gab dem Ort, der sich hier am Elbstrand bis Övelgönne hin dehnt, den Namen Neumühlen. Nach Westen erstrecken sich terrassenförmige Anlagen, die 1914 von Altona für die damalige Gartenbau-Ausstellung anläßlich des 250jährigen Bestehens der Stadt geschaffen wurden. Am oberen Rande des Abhangs bieten sich dem Spaziergänger schattige Wege unter hohen Laubbäumen. In starkem Kontrast zu diesem Bild idyllisch-reicher Natur wirken die dem Park vorgelagerten Hafenanlagen und Lagerhallen als Stätten emsiger Arbeit.

Im Jahre 1301 vermachte Graf *Adolf VI.* von Schauenburg dem Hamburger Bürger Hartwig *Löwe* von Artlenburg die »beiden Täler in den Bergen an der Elbe« zwischen Flottbek und dem späteren Altonaer Grenzbach[20]. In einem dieser Täler mag damals die soeben erwähnte Wassermühle gelegen haben. Sie gehörte nach den Büchern der Hamburger Mühlenherren vom Jahre 1420 der Stadt Hamburg und verblieb in deren Besitz bis zum Jahre 1778. Sie wurde dann von Hamburg billig verkauft und erst 1885 von der Familie Donner, die sie zu ihrem angrenzenden Besitz hinzuerworben hatte, abgebrochen. Die alte Mühle ist selbstverständlich des öfteren erneuert worden; auf der ältesten uns erhaltenen Abbildung vom Jahre 1675 erscheint sie bereits als ein stattlicher Fachwerkbau, der sich malerisch in die Landschaft am Elbstrom einfügte[21].

Von dieser wohl *über ein halbes Jahrtausend* bestehenden *Mühle* ging die Geschichte des Landsitzes aus. Die Mühle wurde an der Elbe zu einem Markstein der Orientierung für die Schiffe, und alte Chroniken melden, was etwa Bemerkenswertes sich in ihrer Nähe ereignete. Bei einem Streit zwischen den Hamburger und Grevenhofer Fischern wird sie 1464 erwähnt. Wiederholt wird berichtet, daß Schiffe nahe der »Nie Möle« untergingen und die Besatzung ertrank: so 1538 zwei Islandfahrer, 1561 der Kaufmann Gert Bulderdyk, der mit seiner Frau und »einigen feinen Bürgern und jungen Gesellen« auf einer Lustfahrt begriffen und mit seinen Gefährten des Trunkes zuviel getan hatte, so daß sie kenterten. 1616 waren zwei Schiffe »wegen Ungewitters auf Sand gejagt, und mit allen umbgekommen«. 1622 ereignete sich ein besonders schweres Unglück vor den Augen des Wassermüllers: Der Schiffer Peter Jansen, der mit seinem Schiff nach Malaga wollte, schoß Abschiedsböller ab; dabei explodierte der gesamte Pulvervorrat des Schiffes, und 37 Personen kamen ums Leben. 1666 legte sich der holländische Kommandeur Brederode mit vier Orlogschiffen vor Neumühlen und verbrannte hier, da Holland mit England gerade Krieg führte, drei englische Schiffe und ein hamburgisches[22].

Aber die alte Wassermühle sah nicht nur Ungemach, sie sah auch viel gastlichen Verkehr; denn oberhalb von ihr lag im siebzehnten und achtzehnten Jahrhundert der für die Schiffahrt sehr hinderliche Hoppenhöfener oder Altonaer Sand, der viele Schiffe veranlaßte, bei der Mühle zu löschen. Das hatte zur Folge, daß sich dort Gastwirtschaften und allerlei Hofstellen entwickelten und daß dergestalt vom siebzehnten Jahrhundert ab der Ort Neumühlen entstand. Die anmutige Landschaft war verlockend genug.

Bereits im sechzehnten Jahrhundert hatte der Pächter der Wassermühle, Joachim *Bergeest*, bei der Mühle ein besonderes Gut geschaffen, bestehend aus zwei Höfen mit Wohnhaus, Scheune und dem dazugehörigen Kamp. Er war ein wohlhabender Mann, lieh auf Hypotheken Geld aus, besaß ein Haus in Altona und hatte 1586 die Witwe des Neumühlenpächters geheiratet. Seinen Erben konnte er 1624 ein stattliches Vermögen hinterlassen[23].

Diese Erbschaft aber hatte einen Streit im Gefolge, der auf die Erben ein recht bedenkliches Licht wirft; denn durch schnöden Eigennutz brachten sie es so weit, daß der Streit sogar auf die Regierungen von Dänemark und Hamburg übergriff. Miterbe des Bergeestschen Hofes war 1624 ein Schwiegersohn des Verstorbenen, Harmen von *Hatten*, Kirchspielvogt von Kisdorf, gewesen. Dieser erklärte nach vielen Jahren 1641 plötzlich, während des

1. *Rainvilles Garten*

2. Landhaus Brandt; das Säulenhaus (um 1825)

3. Gumpels Landhaus in Neumühlen

4. *J. Thorntons Landhaus, vormals J. H. v. Schröder (um 1795)*

5. Das Donner-Schloß (um 1860)

6. G. H. Sievekings Landhaus (1791)

7. Denckers Landhaus in Neumühlen

8. Kavalierhaus im Nöltingschen Landsitz

Dreißigjährigen Krieges seien die Familienpapiere Bergeests verlorengegangen und hätten sich jetzt wieder angefunden. Aus diesen gehe hervor, daß sein seliger Schwiegervater Bergeest die Mühle von dem Vorbesitzer, dem Müller Awelmann, *käuflich* erworben habe. Die Stadt Hamburg hätte 1624 die neue Mühle widerrechtlich an sich gerissen und verpachtet. Die rechtmäßigen Erben, Bergeests Kinder, seien bei ihres Vaters Tod *noch unmündig* gewesen. Harmen von Hatten brachte auch die jetzt angeblich gefundenen Familienpapiere herbei. Er fand hierzu volle Unterstützung bei Christian IV. gegen Hamburg, da dieser den Hamburgern wegen ihrer Haltung im Dreißigjährigen Krieg schwer verfeindet war. Aber nach Volckens Untersuchungen stimmten die Angaben des von Hatten nicht[24]. Die Erben Bergeests waren 1624 keine unmündigen Kinder, sondern bis auf einen minderjährigen Sohn längst volljährig und verheiratet. Ferner ist urkundlich erwiesen, daß Bergeest dauernd Pächter der neuen Mühle war und die Pacht an Hamburg zahlte. Endlich aber waren die Papiere von Hattens merkwürdigerweise zum Teil angebrannt, und zwar gerade an den entscheidenden Stellen. Diese Dokumente beruhen entweder auf einem Irrtum oder auf bewußter Fälschung.

Um die neue Mühle erging aber nunmehr für Jahrzehnte ein erbitterter *Streit zwischen Hamburg und Dänemark*. Der Nachfolger, König Christian V., ließ 1673 von der neuen Mühle durch den Altonaer Stadtpräsidenten Roland die angeblich ihm und nicht Hamburg zukommenden Steuern zwangweise eintreiben. Andererseits erhob Hamburg noch 1753 bei einer Reparatur der Mühle Ansprüche. Schließlich aber ließ der Senat die Sache auf sich beruhen.

Von den Bergeestschen Erben wurde das Anwesen 1665 als Gasthaus verpachtet; der Schiffsverkehr bei der Neuen Mühle hatte stark zugenommen. 1676 erwarb der »fürnehme Kaufmann« Bartold *Jenckel* den Besitz »für 4000 Mark Banco und 20 Mark Trinkgeld für die Frau« des Vorbesitzers und wandelte das Ganze in einen sommerlichen Landsitz mit Lustgarten um. Es handelte sich jetzt um ein stattliches Gelände, das von dem westlichen Teil des heutigen

Stadtparks bis zum östlichen Ende von Donners Park reichte. Mitten zwischen den beiden Gebieten lag die neue Mühle, die nicht Jenckel gehörte, sondern einstweilen Zankapfel zwischen Hamburg und Dänemark war und von Hamburg an einen Hamburger Müller verpachtet blieb. Jenckel war ein reicher Eisenhändler, besaß Häuser in Hamburg und war dreimal verheiratet. Seine erste Frau, Catharina, war 1652 bei der Rückkehr vom Abendmahl durch ein herabfallendes Stück Holz erschlagen worden. In seinen drei Ehen hatte er neun Kinder gezeugt und so für Verbreitung des tüchtigen Hamburger Patriziergeschlechts der Jenckel gesorgt[25]. Jenckels Witwe verkaufte das Anwesen und teilte es. Auf der westlichen Hälfte (Rosengarten) entstand jetzt eine Pulvermühle, die vermutlich die Schiffe und Grönlandfahrer mit Schießpulver versorgte.

Die östliche Hälfte (der spätere Sieveking-Donnersche Besitz) wurde in zwei Wirtschaftsgärten umgewandelt. Der kleinere dieser Gärten wechselte den Besitzer in der Folgezeit oft; er scheint nicht sonderlich einträglich gewesen zu sein; der Besitzer des größeren war besser daran. 1716-1726 war wieder ein Mitglied der Familie Jenckel Eigentümer der beiden Gärten und vereinte sie zu einem sommerlichen Lustsitz. Das war ein Großneffe jenes Bartold, der Hamburger Kaufmann und Senator Georg *Jencquel* (1678-1758). Inzwischen hatten die Jenckels Handelsbeziehungen mit Lissabon aufgenommen und schrieben sich fortan, einem Zug der Zeit folgend, spanisierend mit »cqu« statt mit »ck«. Georg Jencquel hatte das väterliche Erbe in Hamburg und die portugiesische Niederlage zu besonderer Blüte gebracht. Sein Biograph, der gelehrte Richey[26], rühmt ihm uneigennützige Gesinnung nach. Jencquel muß eine ebenso fleißige wie lebensoffene, warmherzige Natur gewesen sein, in der auch ein Stück gesunder Ehrgeiz und der Drang steckte, sich selbst in seinen Leistungen und Würden bestätigt zu sehen. »Er betrat freiwillig die Bahn der bürgerlichen Ämter und ging sie fast alle nach der Reihe durch.« So war er u. a. Kommerz-Deputierter, Kriegskommissar, Waisenhaus-Provisor und wurde 1729 Bank-Bürger und Senator. 1747 wurde er Obrister des St.-Katharinen-Regiments, 1757 Protoscholarch und 1758 ältester Ratsherr. Sein

Bild ist uns erhalten[27]: darauf schaut er uns als ein klug und wohlwollend dreinblickender Mann an mit einer mächtigen Allongeperücke und hoher steifer Halskrause. In seiner Ehe mit Anna Maria Thomsen, einer (ihrem Bilde nach) sehr üppig-würdigen Dame, hatte er elf gesunde Kinder und wurde ein Großvater Caspar *von Voghts*. Als er sein Ende nahen fühlte, »suchte er sich zwar auf seinem angenehmen Garten eine kleine Erfrischung zu geben«, aber er wurde doch alsbald im achtzigsten Lebensjahr in die Ewigkeit abberufen.

Von Jencquels Erben erwarb das Anwesen 1778 der englische Courtmaster John *Blacker*, der es sehr verbesserte und verschönte[28]. Von diesem erstanden 1793 drei befreundete Männer gemeinsam den Garten: die Großkaufleute Georg Heinrich *Sieveking* und Conrad J. *Matthiessen* sowie der Herausgeber des »Altonaischen Merkur«, Pieter *Poel*. Damit aber beginnt die Geschichte der Glanzzeit des Gartens.

Der Kreis um G. H. Sieveking

Die drei nunmehrigen Besitzer des Gartens, Georg Heinrich Sieveking, Conrad Johann Matthiessen und Pieter Poel, bildeten ein bedeutsames Triumvirat[29]; sie bewohnten und bewirtschafteten gemeinsam das Anwesen, hatten aber außerdem ihre Stadtwohnungen in Hamburg und Altona. C. J. *Matthiessen* (1751–1822) blieb freilich nur drei Jahre im Bunde, bis zu seiner Vermählung. Er war ein Sproß der namhaften Altonaer Ratsherren- und Kaufmannsfamilie, selber ein erfolgreicher Handelsherr, der den Ausbruch der Französischen Revolution in Paris miterlebt hatte: ein lebensfroher, leidenschaftlicher Mann, der nach seiner Vermählung 1796 Neumühlen verließ und sich in Niendorf ankaufte. Der zweite Mitbesitzer, Pieter *Poel* (gesprochen: Puhl, 1760–1837), entstammte einer niederländischen Kaufmannsfamilie, die Beziehungen zu dem Hof Peters III. von Rußland hatte, war in Archangelsk geboren, in Deutschland aufgewachsen und hatte sich eine umfassende philosophische, naturwissenschaftliche und geschichtliche Bildung angeeignet. Er begann als russischer Diplomat, aber davon unbefriedigt, legte er sein Amt bald nieder. Da er reich genug war, um äußerlich unabhängig leben zu können, versuchte er auch ein innerlich unabhängiges Dasein zu führen und zog 1785 nach Hamburg, wo er mit J. H. Voß, Reimarus und Klopstock verkehrte. Später ging er nach Altona und gab hier den »Altonaischen Mercurius« heraus. 1786 hatte er Caspar von Voght auf einer Reise nach Frankreich begleitet und das Jahr darauf die Tochter des Gründers und Leiters der Handelsakademie J. G. *Büsch*, Friederike, geheiratet, die ihm sieben Kinder schenkte.

Er war es, der mit Georg Heinrich *Sieveking* (1751-1799) den Neumühlener Landsitz dauernd gemeinsam bewirtschaftete[30]. Seine reine, sanfte Art wußte den großartigen, aber leicht leidenschaftlich erregbaren Freund willig zu nehmen. Sieveking leitete das Handelshaus »Voght und Sieveking«, dem er Weltruf verschafft hatte[31]. Als er 1796 vom Hamburger Senat nach Paris entsandt war, vertrat er die Interessen der Kaufmannsstadt mit persönlichem Einsatz seines Kredits sehr erfolgreich. Er und seine ihm treuergebene Frau Hannchen, geb. Reimarus, entwickelten in Neumühlen mit den Poels eine großartige Gastlichkeit, dergestalt, daß Frau Sieveking die eine Woche die Wirtschaft führte, in der nächsten Woche Frau Poel. Beide Frauen waren so zarten mütterlichen Geistes, daß die jahrelange gemeinsame Führung des Haushalts nie die Harmonie störte. Sonntags war die Mittagstafel oft für achtzig Personen und mehr gedeckt. Hier verkehrten u. a. Wilhelm von Humboldt, Gleim, Basedow, Baggesen, der Komponist Reichardt, der französische Gesandte und Kant-Übersetzer Graf Reinhard, Elisa von der Recke und J. Chr. Unzer. Klopstock feierte jedes Jahr hier seinen Geburtstag.

Wie war der Landsitz damals selbst beschaffen? Das Haus, ein schlichter, langgestreckter Bau mit zwölf Fenstern Front, zweistöckig, mit Mansardendach, erhob sich nahe dem Elbufer mit einer hölzernen Terrasse, die einen von Säulen getragenen Altan aufwies[32]. Bei der Ausgestaltung des Ganzen beschäftigte Sieveking den aus Frankreich eingewanderten Baumeister und Gartenarchitekten Joseph Ramée. Westlich neben dem Haus schimmerte unter Silberweiden der alte Mühlenteich, umgeben von schönen Kastanienbäumen. Daran schloß sich ein Tal mit hohen Eichen. Die sich bergan ziehenden Hänge waren in anmutige Haine verwandelt. Emilie *von Berlepsch*, die Freundin Jean Pauls, die 1798 den Landsitz besuchte, erzählt: »Jetzt besah ich mit Poel den Garten und besonders das schöne Bergboskett nach der Elbe hin. Schon aus einer Strohhütte, in der sich die Gesellschaft ohne Verabredung auf verschiedenen Wegen zusammengefunden hatte, ist eine treffliche Aussicht auf die Elbe und ihre Inseln; aber jetzt ist noch ein Berg geebnet worden, der ganz schroff nach der Elbe hinunterging. Oben wird eine Anlage von Tannen gemacht, und hier hat man einen Blick auf die Elbe, der fast einzig in seiner Art ist...«

In einer besonders lauschigen Ecke des Parks hatte Johanna Sieveking für ihren Gatten einen stillen Platz einrichten lassen, auf dem er ungestört arbeiten konnte. Eine schmerzliche Lücke riß in dieses reiche Leben der Tod des Hausherrn 1799; aber die Witwe verstand es durch ihr mütterlich-sorgendes Wesen, dem Neumühlener Freundeskreis das schöne Tuskulum an der Elbe zu erhalten. Sieveking selbst hatte das Anwesen noch vielfach verschönert und vergrößert, zumal durch Ankauf von Gelände nördlich bis zur Elbchaussee[34]. Von dem Kreis um Reimarus und Lessing bis in die Strömungen der deutschen Romantik reichte die Geselligkeit des Sievekingschen Gartens, der bis 1811 im Besitz der Familie blieb. Damals mußte das einst so glänzende Handelshaus Sieveking (aus dem Voght schon 1793 ausgeschieden war) als Opfer der wirtschaftlichen Umwälzungen die Pforten schließen. Die Witwe kehrte in das Haus ihrer Eltern Reimarus zurück.

Den Landsitz aber erwarb jetzt in einer Versteigerung der Altonaer Etatsrat Johann Peter *Stoppel*[35], »einer der unternehmendsten und tätigsten Kaufleute Altonas«[36]. Er hatte sich aus bescheidenen Anfängen zu bedeutendem Vermögen emporgearbeitet und besaß in der Großen Elbstraße, der damaligen Hauptgeschäftsstraße Altonas, eine große Zuckerfabrik, außerdem eine Weinessig- und Branntweinfabrik, die er gemeinsam mit seinem Associé, dem

Kaufmann Mich. Dav. von Dadelszen, leitete. Er wurde Kämmereibürger, Ritter vom Danebrog und war kaufmännischer Direktor der »Schleswig-Holsteinischen Spezies-Bank«. Zugleich war er Divisions-Kommandeur im bürgerlichen Infanterie-Korps zu Altona. Er verstand es, seine Firma glücklich die schwierige Franzosenzeit 1813/14 überdauern zu lassen. 1830 gründete er mit andern angesehenen Altonaer Kaufleuten den »Feuer-Assekuranz-Verein«. »In der Zuckerraffinerie fabrizierte er in vier Pfannen« jährlich ungefähr 18000 Brote, und beschäftigte dabei an 20 Menschen.« Seine Essigbrauerei, die jährlich gegen 3000 Oxhoft erzeugte, hatte ihren Hauptabsatz im Ausland. Da Stoppel eine zahlreiche Verwandtschaft hatte, kam ihm der Sievekingsche Gartenbesitz wohl zustatten. Aber im Jahre 1820 verkaufte er ihn bereits wieder an den nachmaligen Konferenzrat Conrad Hinrich *Donner*.

Die Zeiten der Donners

Das Donner-Schloß

Conrad Hinrich *Donner* (1774–1854) war der Sohn des Altonaer Kaufmanns Joh. Christoph Donner, der u. a. zweiter Direktor des Königl. Wechsel- und Bank-Kontors war. Er hatte eine ansehnliche »Schnupftobacksfabrik«, in der 150 Arbeiter beschäftigt wurden, und baute die vom Vater überkommenen Bankverbindungen weiter zu einem eigenen Bankhaus aus, das er zu Weltruf erhob. Er war Divisionsmajor bei dem Altonaer bürgerlichen Infanterie-Korps, wurde Etatsrat, später Konferenzrat und bekleidete viele städtische Ehrenämter. Sein wohltätiger Sinn war weitbekannt. So stiftete er noch kurz vor seinem Tode einen Neubau für die Altonaer Sonntagsschule, die Vorläuferin der Altonaer Kunstgewerbeschule[37]. Auf seiner Neumühlener Besitzung richtete er sich u. a. 1834 ein kleines »Museum« ein, das seine Raritätensammlung barg und zu dem Gottfried *Semper* den Entwurf lieferte. Am 10. September 1845 empfing er die dänische Majestät zu Gast. Auf dem schön geschmückten Landsitz veranstaltete er zu Ehren König *Chri-*

stians VIII., der damals Altona und Hamburg besuchte, ein »Dejeuner dinatoire« mit Tafelmusik, deren Programm aus den damals beliebtesten Opern von Bellini, Donizetti und Meyerbeer bestand. Das Programm, von Speckter u. Co. lithographiert, zeigte zugleich hübsche Illustrationen von Szenen aus den betreffenden Opern.

Sein Sohn und Nachfolger, der Etatsrat *Bernhard Donner* (1809 bis 1865[38]), vergrößerte die Neumühlener Besitzung, ließ das alte Sievekingsche Haus abbrechen und in den Jahren 1835–1855 an einer etwas höher gelegenen Stelle das im letzten Krieg zerstörte *Donner-Schloß* erbauen. Er berief hierzu den Baumeister J. H. *Strack*, den Miterbauer des Neubabelsberger Schlosses, den Schöpfer der Berliner Nationalgalerie und der Siegessäule. Im gotisierenden Stil erbaut, zeigte das Gebäude den Geschmack der Spätromantik. Das Innere des Schlosses hatte viele berühmte Gäste gesehen. Kaiser *Wilhelm I.*, Kaiser *Friedrich* als Kronprinz und Feldmarschall *Moltke* hatten hier geweilt, ebenso der Dichter Friedrich *Bodenstedt* und der Maler Wilhelm *von Kaulbach*. Letzterer hatte den Etatsrat und seine liebenswürdige Gemahlin, die Etatsrätin *Helene*, geb. *Schröder* (1819 bis 1909[39]) gemalt, im rauschenden Glanz und der eleganten Anmut, die seinen Porträts anhaftet. Auch schuf er im Donner-Schloß selbst einen großen Freskenschmuck. Ergötzlich beschreibt die Tochter des Malers, Josepha Kaulbach, wie sie mit den Eltern als junges Mädchen nach Hamburg kam und wie man von dort aus an einem heißen Sommertag einen Abstecher zu Donners unternahm:

»Nun pilgerten wir also bei einer rasenden Hitze an den Häusern entlang, dem schönen Altona zu. Papa, weit voraus, pustend und räsonierend, ich in der Mitte und endlich weit hintendrein die Mutter, den Rock hochgeschürzt wegen des lästigen Staubes und den Häuserschatten klüglich aufsuchend. In der Villa endlich, staubig und erhitzt angekommen, wurden wir von der Schar der Bedienten (die in ihren grünen, kurzen Atlasbeinkleidern und mit ihren undurchdringlichen Mienen einen ewig unvergeßlichen, erhabenen Eindruck auf mich machten) mit Naserümpfen und Kopfschütteln empfangen. Papa machte dieses Inkognito, dieses heimliche Überfallen, großen Spaß, während für mich der Spruch ›Kleider machen Leute‹ viel Wahres und unendlichen Wert hatte. Frau X (gemeint ist die ›Etatsrätin‹) empfing uns mit Jubel und war von hinreißender Liebenswürdigkeit. Ich schüchterne Person aber verbrachte in diesem Feenpalaste, angetan mit einem unendlich einfachen aufgefärbten schwarzen Reisekleidchen, die ungemütlichsten Stunden meines Lebens; denn ich war durchdrungen von meiner Unwürdigkeit, von meinem Unvermögen, in solch fürstlichen Räumen zu existieren, zu atmen, und hatte vor diesen märchenhaften Lakaien, die meiner Winke harrten, unbändigen Respekt. Die Eltern fühlten sich zu meinem Erstaunen sehr behaglich in der Pracht...«[40].

Graf Helmuth *von Moltke*, der 1864 in Altona einquartiert wurde, schrieb am 28. November an seine Frau: »Ich liege beim Etatsrat Donner, der die Freundlichkeit gehabt hat, ausdrücklich darum zu bitten. Die hell erleuchteten Räume sind durch a cheerful shining fire angenehm erwärmt. Die Möbel sind mit hellgelbem Seidendamast bezogen, so daß ich kaum weiß, wo ich einen Mantel hinhängen, eine Mütze hinlegen soll. Ein weiches Bett verspricht angenehme Nachtruhe, und besonders lächelt mir ein bald einzunehmendes Diner (sechs Uhr). Frau Etatsrätin hat mir die Ehre ihres Besuches erwiesen, um sicher zu sein, daß es mir nicht gar zu schlecht gehe. ... Den 30. – Hier im Hause ist der Geburtstag des Herrn Donner und großes Diner, zu welchem ich die Musik des dritten Garde-Regiments bestellt habe«[41]. Die Etatsrätin war von ungemeinem Scharm; aufgeschlossen für alle Kulturgebiete, auch für das öffentliche Leben, wußte sie zu jedem, mit dem sie bekannt wurde, den richtigen Weg zu finden. Groß war ihre Mildtätigkeit. Es gab in Altona kaum eine gemeinnützige oder wohltätige Einrichtung, die nicht tatkräftige Unterstützung durch sie erfuhr. Das nach ihr benannte Helenenstift, die Diakonissenanstalt, die Stadtmission, das Marthastift wurden von ihr reich bedacht. Als am 18. Juni 1898 das Denkmal Kaiser Wilhelms I. vor dem Altonaer Rathaus enthüllt wurde, ehrte dessen Enkel, Kaiser *Wilhelm II.*, sie dadurch, daß er ihr den von ihm für hervorragende soziale Leistungen gestifteten Wilhelm-Orden am Band des Schwarzen-Adler-Ordens überreichte und ihr vor allen festlich Versammelten eigenhändig umhängte. Während der Kaisermanöver war das Schloß in Neumühlen stets voll fürstlicher Gäste. Besonders stand auch der Großherzog von Mecklenburg dem Hause Donner nahe.

Ihren Gatten verlor die Etatsrätin schon 1865; aber ihr Neumühlener Schloß war noch lange Jahrzehnte ein Stelldichein für Gäste. Sie wußte den Besitz dauernd zu verschönern. Zu des Etatsrats Lebzeiten hatte man noch die oben auf dem Geestrand gelegene alte Möhlenkoppel hinzugekauft, an deren westlichem Ende die inzwischen abgebrochene *Martenssche Windmühle*[42] in weitem Umkreis das Bild der Landschaft prägte. Dort war ein Stall mit Reitbahn erbaut worden. Als 1885/86 die Stadt Altona den alten Neumühlener Strandweg zu einer wichtigen Verkehrsstraße ausgestaltete, trat die Etatsrätin das hierzu notwendige Gelände ab. Die Grundstücke der alten Kalkbrennerei und der Wassermühle nebst den anliegenden alten Häusern aber waren von ihr früher erworben worden und wurden, nachdem die Baulichkeiten niedergelegt waren, mit ihrem Besitz zu einer Gartenanlage mit Wasserfall und Teich vereint.

Zwischen dem Donnerschen und dem Plangeschen Besitz befand sich übrigens am unteren Ende des Kirchenweges noch ein kleinerer anmutiger Landsitz (Neumühlener Kirchenweg 1), der später gleichfalls zu Donners kam. Dort wohnte in den achtziger Jahren des vorigen Jahrhunderts (ab 1879) der bekannte Schulreformator Ernst *Schlee* (1834–1905), der 1878 Begründer der ältesten deutschen Reformschule wurde und der das in der Schulgeschichte bedeutungsvolle »Altonaer System« schuf: eine Kombination von Realgymnasium und Oberrealschule, auf die das Reformgymnasium und die Aufbauschule zurückgehen. Er war Pfarrerssohn aus Frankfurt a. M. und der langjährige Direktor des Altonaer Realgymnasiums. Er vermählte sich mit Elisabeth Brandt aus der Hamburger Bankier- und Kaufmannsfamilie Brandt[43]. Später wurde das Haus abgebrochen und das Grundstück zur Donnerschen Besitzung hinzugezogen[44].

Die Etatsrätin erreichte das hohe Alter von fast neunzig Jahren und starb genau am hundertsten Geburtstag ihres verstorbenen Gatten, am 30. November 1909. Gustav Frenssen hat ihr als »Gräfin Einsiedel« in seinem Roman »Otto Babendiek« ein Denkmal gesetzt. 1912/13 verkauften die Donnerschen Erben das Besitztum an die Stadt Altona, die den Park der Öffentlichkeit als »Donner-Park« erschloß. Ein Teil des oberen, an die Elbchaussee angrenzenden Geländes wurde parzelliert; darauf entstand eine Reihe moderner Villen.

Im Donner-Park fand 1914 auf dem erneuerten Terrassen-Gelände die städtische Gartenbau-Ausstellung statt, die zur Feier des 250jährigen Bestehens der Stadt Altona veranstaltet wurde[45]. Das Schloß aber wurde der Städtischen Kunstgewerbeschule und dem Technischen Seminar (Gewerbliche Fachschule) zur Verfügung gestellt. Der Park selbst blieb ein besonders beliebter Erholungsaufenthalt der Bevölkerung. Nach 1933 verwandten die neuen nationalsozialistischen Machthaber das Schloß für ihre Parteizwecke. Während des Krieges wurde das Gebäude durch Luftangriff zerstört und danach abgebrochen. Der Park erstand in neuer Schönheit.

DIE BESITZUNGEN DES KONFERENZRATS LAWAETZ UND DER FAMILIEN WEBER-WOERMANN

Der alte Lawaetzsche Landsitz
(heute öffentlicher Park, genannt „Rosengarten")

Das Parkgelände der Stadt Altona am hohen Elbuferhang setzt sich westlich des Donner-Parks in anmutigen Spazierwegen unmittelbar fort: die Westgrenze des Parks bildet der »Elbtreppe«, früher »Heuberg«, genannte Weg, auf dem ehedem die Bauern das auf den gegenüberliegenden Elbinseln geerntete Heu heimwärts brachten. Ein Promenadenweg führt im Wechsel von Buschwerk,

Bäumen, Rasen- und Blumenanlagen auf halber Höhe dahin und endet beim Lüdemanns Weg, der nach Övelgönne abwärts leitet. Von der Promenade führen Spaziergänge in den städtischen Rosengarten empor. Unten liegt Neumühlen mit Werkstätten, Wohnhäusern und Hafenanlagen.

Auch dieses Gelände hat eine inhaltsreiche Vergangenheit. Seine früheste Bebauung hängt mit der Ansiedlung an der alten Wassermühle, dem heutigen »Neumühlen«, zusammen. Aus der östlichen Hälfte des hier einst gelegenen Jenckelschen Gartens entwickelte sich, wie wir berichteten, der Sievekingsche, spätere Donnersche Park. Aus der westlichen entstand der Landsitz, von dem nunmehr die Rede sein soll.

Das Gelände enthielt ebenfalls einen kleinen Teich (der größere befand sich bei der alten Wassermühle), und hier erbaute sein neuer Besitzer Christian *Jürgens* eine Pulvermühle, die vermutlich Schießpulver für die ausgehenden Schiffe, zumal für die Grönlandfahrer, lieferte. 1738 flog die Mühle der Jürgensschen Erben in die Luft. Zwei Jahre später wurde das ganze Gewese von dem Kommerzienrat Johann *Biedenharn* und Wilm *Wilmsen* erstanden. Biedenharn war ein wohlhabender Altonaer Handelsherr. Beide schufen auf dem Grundbesitz eine Ölmühle, die 1757 an den Hamburger Oberalten Johann Gottlieb *Gerhard* kam. Von diesem wird erstmalig berichtet, daß er um die Ölmühle Gartenanlagen gestaltete; der Reisende Willebrandt erzählt, »daß die Natur nichts reitzender hervorgebracht, als was sich hier den Sinnen bietet«[46]. Unter seinen Nachfolgern ist 1786 der Altonaer Kammerrat *Stuhlmann* hervorzuheben, der u. a. Provisor des Altonaer Krankenhauses war. Er besaß auch einen ansehnlichen Landsitz auf dem Schwalkenberg, einem späteren Teil des Baurschen Parks.

Seine Blütezeit erreichte der Landsitz, als 1793 der Konferenzrat Johann Daniel *Lawaetz* (1750–1826) das Anwesen von Stuhlmann erwarb[46a]. Lawaetz entstammte einer angesehenen Rendsburger Justizratsfamilie. Sein Bruder war der Dichter, Philosoph und Jurist Heinrich Wilhelm Lawaetz, der auf Gellerts Spuren wandelte und u. a. ein zweibändiges Werk über »Die Tugenden und Laster der

Menschen« hinterlassen hat, das wegen einer gewissen vornehm-großzügigen Gesinnung noch heute lesenswert ist. In Johann Daniel vereinten sich die Vorzüge des großen Kaufmanns, des Menschenfreundes und des Gelehrten. Er war ein sozial denkender Patriot, der seinem Landsitz eine richtige kleine, von ihm selbst gegründete Stadt für Fabriken, Handwerke und Siedlungen fleißiger Menschen längs der Elbe angliederte. Er schuf eigentlich erst Neumühlen als gewerbetreibenden Ort, er machte es zu dem von Klausen besungenen »muntern Arbeitstal«. Für tausend arbeitende Menschen erbaute Lawaetz längs des Elbstrandes vielerlei Werkstätten. Das große Hauptgebäude trug die bezeichnende Inschrift »*Tempel der Tätigkeit*«. Es enthielt eine große Wollzeug-, Leinen- und Segeltuchfabrik. Daran schlossen sich eine Tabakfabrik, eine Amidamkocherei (Stärkemehlfabrik), eine Papiermühle und eine sich den Berg hinanziehende Wachsbleiche. Lawaetz beklagte es, daß die Arbeiter mit ihrer Freizeit, mit ihrer Häuslichkeit im Grunde so wenig anzufangen wußten. Auf seinen Reisen durch Frankreich und England hatte er die sozialen Verhältnisse der Arbeiter eingehend studiert. Um selbst positiv helfen zu können, hatte er sein Neumühlener Unternehmen aufgebaut; aber er wollte noch großzügiger in die Weite wirken und schuf deshalb für die Herzogtümer 1811/12 die »*Patriotische Gesellschaft*«, der sich rasch die Besten des Landes anschlossen. »Beförderung der Geistesbildung, Veredelung des Herzens und der Liebe zur Sittlichkeit, Ermunterung des Gewerbefleißes, Erhebung der so tief gesunkenen bürgerlichen Gewerbe... immer höhere Achtung für Tapferkeit und Beharrlichkeit, dem Menschenwohl geweihet« waren die Ziele, die Lawaetz der Gesellschaft stellte. 1815 erschien bei Hammerich in Altona sein umfangreiches Werk »Über die Sorge des Staates für seine Armen und Hülfsbedürftigen«, das eine Fundgrube des praktischen und theoretischen Wissens über das Wohlfahrtswesen, über Bekämpfung der Arbeitslosigkeit, über Gefangenenfürsorge, über Armen- und Bedürftigenpflege seiner Zeit bietet[47]. Lawaetz pflegte zugleich oberhalb seiner Fabriken und Arbeitsstätten Landsitz und Park aufs schönste. Aus seinen großen Gartenanlagen ist später der

»Rosengarten« hervorgegangen. Er vergrößerte dazu das vormals Stuhlmannsche Gelände beträchtlich[48] und ließ sich auf beherrschender Anhöhe durch Chr. Fr. *Hansen* ein hübsches Landhaus erbauen: einen langgestreckten, eingeschossigen Bau, der sich im Mittelstock zu einem zweiten, mit einer Attika gekrönten Stockwerk erhob und hier einen halbrunden, von Säulen getragenen Balkon aufwies. Die Fenster des Erdgeschosses waren von Doppelsäulen umrahmt[49].

Diese Besitzung wurde ein Stelldichein vieler Gäste. Der Oberpräsident Altonas, Graf C. *Blücher*, kehrte oft hier ein. 1796 bewirtete Lawaetz den damaligen Kronprinzen *Friedrich VI.* von Dänemark »unter einem mit Flaggen geschmückten Zelt bei Kanonade und Feldmusik«. Ebenso stand Kurfürst *Wilhelm I.* von Hessen-Kassel, ein Schwager Friedrichs VI., der nach der Schlacht von Jena seines Landes verlustig ging und nach Holstein flüchten mußte, mit Lawaetz in Verbindung[50]. Im Gegensatz zu dem Sievekingschen Kreis, der mehr allgemein geistig-kulturell eingestellt war, setzte sich der Kreis um Lawaetz für das Praktisch-Soziale ein. Der Altonaer Bürgermeister Caspar Siegfried *Gähler* (1741–1825), ein besonders um die Entwicklung der Stadt Altona verdienter Mann, und der gleichfalls sehr sozial gesinnte Altonaer Pastor Nicolaus *Funk* waren mit Lawaetz befreundet. Er selber starb 1826. Seine Ehe blieb kinderlos, und seine Witwe Catharina Maria, geb. Langhoff, überlebte ihn bis zum Jahre 1835.

Die weitere Entwicklung des Landsitzes
zur Zeit der Webers und Woermanns

Lawaetz' Erben[51] betreuten fortan den Grundbesitz. Die westliche Hälfte des Parks wurde um 1856/57 durch sie von der östlichen abgetrennt[52]. Die Westhälfte pachtete der Hamburger Kaufmann und Reeder Carl *Woermann* (1813–1880) und erbaute sich hier ein Wohnhaus[52a]. Mit der Familie dieses großen Unternehmers und Pioniers des deutschen Kolonialgedankens beginnt eine abermalige Blütezeit des Landsitzes. Woermann[53] entstammte einer alten Kaufmannsfamilie in Bielefeld, die deutsches Leinen ins Ausland exportierte. In Schnepfenthal aufgezogen, ließ sich der Vierundzwanzigjährige als selbständiger Kaufmann in Hamburg nieder. Er entwickelte neben dem Leinenexport alsbald ein bedeutendes Importgeschäft und eine Segelschiffsreederei, deren Schiffe besonders Reisen nach Indien unternahmen. Dann ging er zu umfassenden Geschäftsverbindungen nach Afrika über und gründete eine große Dampfschiffsreederei. Für Hamburgs Hafen- und Handelsaufschwung wurde Woermann von maßgebender Bedeutung. Er war Mitbegründer und Direktionsmitglied der Hapag und Vorstandsmitglied der Hamburg-Südamerikanischen Dampfschiffahrts-Gesellschaft. Ferner gehörte er als Mitbegründer und als Vorsitzender viele Jahre dem Verwaltungsrat der Commerz- und Disconto-Bank an. Vermählt war Woermann in erster Ehe mit Frau Eleonore (1818–1860), die aus dem namhaften, gleichfalls aus Bielefeld nach Hamburg eingewanderten Kaufmannsgeschlecht *Weber* stammte. Sie gebar ihm zehn Kinder[54]. Nach dem Tode Eleonores vermählte er sich mit Aline, geb. *Ferber*, aus einer angesehenen Thüringer Familie gebürtig, die ihm noch einen Sohn Eduard schenkte. Der älteste Sohn, Karl Woermann, der spätere Direktor der Dresdner Gemäldegalerie, erzählt in seinen »Lebenserinnerungen eines Achtzigjährigen« (1924):

»Im Frühling des Jahres 1857 bezogen meine Eltern ihr neues großes Landhaus oben in Neumühlen auf der Höhe der Flottbeker Landstraße. Das Haus war baukünstlerisch nur ein Meisterwerk, insofern es seinem Zwecke völlig entsprach und allen Bedürfnissen und Wünschen meiner Eltern restlos Rechnung trug. Seine Schmucklosigkeit gehörte zu diesen Wünschen, da der Grund und Boden, auf dem es sich erhob, nur auf dreißig Jahre gepachtet werden konnte. Das Gartengelände als solches aber... war eines der allerschönsten an der Elbchaussee. An zwei Seiten von tiefen Schluchten begrenzt, nach der Elbe in breitem, wild mit Waldbäumen und Gesträuch bewachsenem Abhang steil abfallend, an der Straßenseite seiner ganzen Länge nach von einer prachtvollen alten Kastanienallee eingefaßt, nahm es eine vorgebirgsartige Höhe ein, von der man nach drei Seiten die herrlichsten Fernblicke auf den unten vorüberrauschenden, immer belebten Fluß und dessen Verzweigungen hatte, die aufwärts bis nach Harburg, abwärts bis nach Buxtehude reichten. ... Vor unserem neuen, immer gastfreien Sommerleben in diesem herrlichen Stück Erde verblaßten in jedem Frühling rasch alle Eindrücke unseres Winterlebens... In diesem Hause und in diesem Garten habe ich dreißig Jahre lang meine Herzensheimat gehabt, die, als Schleswig-Holstein 1864 deutsch wurde, von doppeltem Heimatlicht umwoben strahlte.«

Unter den Kindern des Reeders, die hier aufwuchsen, ist außer dem soeben genannten Dresdner Galeriedirektor[55] hervorzuheben *Adolph Woermann* (1837–1911), der Chef der Firma C. Woermann, der Woermann-Linie und Vorsitzender des Aufsichtsrats der Deutschen Ostafrika-Linie. Er war einer der hervorragendsten deutschen Wirtschaftsführer, der 1884 zusammen mit der Firma Jantzen und Thormählen Kamerun als Schutzgebiet für das Deutsche Reich erwarb. In Bismarckscher Zeit war er Hamburgs Vertreter im Reichstag, und sein Rat wurde vom Altreichskanzler hoch geschätzt. In seiner Vaterstadt hatte Adolph Woermann seinen Platz an erster Stelle in der Handelskammer, in der Bürgerschaft und in den Aufsichtsräten vieler großer Unternehmungen.

Zum Woermann-Weberschen Freundeskreis gehörte eine große Schar von Männern und Frauen des Hamburger geistigen Lebens: Joh. Heinrich *Wichern*, die Geistlichen Prof. Gustav *Baur*, *Mönckeberg* und Berend Carl *Roosen*, die Gelehrten und Schulmänner Karl *Bertheau*, Georg *Röpe*, Karl Ludwig *Ägidi*, die Maler Otto *Speckter*, Valentin *Ruths* und Christian *Magnussen*, endlich auch der nachmalige Hamburger Bürgermeister Dr. Hermann *Weber*, ein Bruder der ersten Frau C. Woermanns. So erneuerte sich in dem Landsitz an der Elbe in den Jahrzehnten vor der Jahrhundertwende eine vornehm-schlichte, großzügige Gesellschaftskultur, in der sich die geistigen Interessen von Handel, Wissenschaft, Kunst, Weltanschauung und Religion begegneten. An der Entwicklung dieses Geistes, der in Woermanns Hause waltete, hatte auch dessen zweite Frau Aline (gest. 1908) hervorragenden Anteil.

Das Woermannsche Haus hat die Stürme der Zeiten, auch den letzten Weltkrieg, überdauert und steht einigermaßen unversehrt heute noch Elbchaussee 131 als ein unmittelbar am hohen Geestrand gelegener schlichter Villenbau, der sich in drei Geschossen über den Erdboden erhebt, in heller Farbe mit grünen Fensterläden. Es war zu Woermanns Zeiten in brauner Farbe gestrichen und liegt jetzt westlich außerhalb des Rosengartens, dessen Entwicklung folgendermaßen zustande kam:

Woermann hatte seinen Parkteil nur pachten können, weil die Lawaetzschen Erben das Ganze als Fideikommiß zu betreuen hatten. Erst 1875 verkauften sie den ganzen Besitz (östliche und westliche Hälfte) endgültig an den Altonaer Kaufmann Kommerzienrat Ernst August *Wriedt*[56]. Dieser hatte sich aus bescheidenen Anfängen – er begann am Altonaer Rathausmarkt – zu großem Reichtum emporgearbeitet, den sein Sohn, der gleichnamige Kaufmann Ernst August Wriedt, geschickt zu wahren wußte. Der Sohn, nach dem in Othmarschen die Ernst-August-Straße genannt ist, erwarb später den Godeffroyschen Hirschpark-Besitz in Dockenhuden. Die Wriedts besaßen ansehnliche Fabrikunternehmen in der Tabak-, Zigarren- und Kaffee-Ersatz-Branche. Wriedt (Vater) bewohnte mit seinem Sohn zunächst die vormals Lawaetzsche Villa mit Garten. Sie wurde von ihm umgebaut und erneuert, aber 1944 zerstört. Nachdem die Familie Woermann von der Pacht des westlichen Teils zurückgetreten war, hatte Wriedt die $7^1/_2$ ha große Besitzung allein inne. Im Jahre 1890 verkaufte Wriedt den Landsitz an die Stadt Altona, die das Gelände erwarb, um am Elbstrand »die Herstellung einer bequemen Zufuhrstraße nach dem Hafen von der Stadt aus zu sichern und um oberhalb die Elbchaussee verbreitern zu können«[57].

Zugleich wandelte die Stadt den größten Teil des Geländes in einen *öffentlichen Park* um, der sich von der Grenze des Donner-Parks bis nach Övelgönne erstreckt. Der obere westliche wie der östliche Teil wurden von der Stadt vermietet bzw. verkauft; nur die unteren Hänge sind in das Stadtparkgebiet eingegliedert worden. Das obere westliche Gebiet wurde parzelliert; dort entstanden

Landhäuser längs der Chaussee. Das erste der Häuser ist das alte, oben erwähnte Woermannsche Haus, um das, von der Chaussee abzweigend, ein schöner, aussichtsreicher Spaziergang gelegt ist, der auf der Höhe nach Övelgönne zu verläuft[58].

Der östliche Teil des Parks mit dem von Wriedt erneuerten Lawaetzschen Haus wurde als besonderer Landsitz abgegrenzt und verkauft. Zunächst mietete ihn der Kaufmann J. H. *Heidmann*. Um 1915 besaß ihn Vizekonsul Hermann *Gartmann*, Mitinhaber der Schokoladenfabrik C. H. L. Gartmann. Dieser ließ die Villa erneuern. Später (um 1925) hatte der Direktor Paul *Reppel* von der Emder Reederei A.-G. Hamburg den Landsitz inne. Seit 1931 befand sich auf dem Grundstück eine Rudolf-Steiner-Schule. Im letzten Weltkrieg wurde das Gebäude durch Luftangriff völlig zerstört. Die neue Rudolf-Steiner-Schule befindet sich jetzt im eigenen Gebäude Elbchaussee 366. Der Leiter der Schule erzählt:

Vom Bahnhof Kleinflottbek führt seit 1956 ein neuer Elbwanderweg durch das frühere Wesselhoeftsche Parkgelände. Auf ihm erreicht man den hinteren Eingang des Grundstücks Elbchaussee 366 in der Georg-Bonne-Straße. Knorrige alte Eichen stehen zu beiden Seiten. Im früheren Obstgarten ist jetzt ein schlichter, roter Backstein-Schulbau entstanden. An ihm vorbei kommt man zum alten Villenhaus, das durch hohe Buchen und Edelkastanien eingerahmt ist. Von der breiten Terrasse schweift der Blick über einen gepflegten Vorgarten auf den weiten Elbstrom und die fernen Harburger Berge. Durch einen Umbau ist das Wohngebäude in ein Schulhaus verwandelt worden. Kinder haben hier in der Nähe der Elbe ein ideales Schulgebäude.

III. OTHMARSCHEN UND ÖVELGÖNNE

DIE LANDSITZE WEBER-VOLCKENS

Zur Zeit Sophie Albrechts

Vom früheren Lawaetzschen Garten, dem jetzigen »Rosengarten«, und dem anschließenden Villengelände führt unser Weg nunmehr auf der Elbchaussee weiter längs der Hänge, an deren unterem Teil sich das trauliche Övelgönne den Elbstrom entlang zieht. Die Övelgönner Abhänge, die sich bis zur Elbchaussee hinauf erstrecken, waren bis zum achtzehnten Jahrhundert Gemeingut, d. h. sie gehörten als öffentliches Eigentum gemeinsam den Anwohnern Övelgönnes. Die Ortschaft selbst hatte sich bis 1731 aus einer alten Krug- und Fischersiedlung zu einem selbständigen, von Othmarschen getrennten Fabrikdorf (u. a. Leimsiederei, Stärkemehlfabrik, Tabakfabrik, Sägemühle) entwickelt. Erst 1745 wurde die Neumühlen-Övelgönner Lotsen-Brüderschaft gegründet[59]. Allmählich wurden alle Bergabhänge längs der Elbe den betreffenden Anwohnern für eine geringe Summe Entgeltes als Eigentum überwiesen. Das Land oberhalb der Abhänge, entlang der Chaussee, die damals noch »Nienstedtener Weg« hieß, war ein langer, schmaler Flurstreifen; das westliche Gebiet davon mit dem Abhang hieß »Hogeluft« und gehörte 1799 dem Hofbesitzer Nicolaus *Bötger*.

Dieses Gelände erwarb damals *Sophie Albrecht*, die in ihrer Zeit zu den bedeutendsten Frauen Deutschlands gehörte. Sie war die Jugendfreundin *Friedrich Schillers* gewesen und hatte diesen in Frankfurt und Dresden treulich gefördert. Als sie 1786 in Dresden gefeierte Hofschauspielerin war, beherbergte sie den Dichter dreizehn Wochen in ihrem Heim, wo er an seinem »Don Carlos« arbeitete. Sie war die Gattin des Arztes und Theaterdirektors

Dr. med. J. F. E. Albrecht. Dieser, der Sohn eines Physikers in Stade, war ein denkwürdiger Allerweltsmann: medizinischer und literarischer Schriftsteller, Dichter, zeitweilig sogar Buchhändler, besonders aber war er für das Theater begeistert. Der junge Schiller rühmte an Sophie deren »schöne Seele«, nannte ihren Gatten seinen »lieben schätzbaren Freund« und schenkte beiden, als sie sich trennten, seine Prosabearbeitung des »Don Carlos«, die Albrecht selbst nach Schillers Tode 1808 herausgab. Sophie hatte gleichfalls viele treffliche Anlagen; doch war sie, wie ihr Mann, eine ebenso unruhige, nicht ausgeglichene Natur. Sie schrieb Novellen, empfindsame Szenen und Gedichte. Im Jahre 1796 übernahmen die Albrechts das neuerbaute, durch glänzende schauspielerische Leistungen Fr. L. Schröders geweihte Schauspielhaus in Altona, und es gelang ihnen, für die nächsten Jahre ein künstlerisch überaus hochwertiges Theater zu entfalten. Sophie Albrecht selbst war eine der gefeiertsten Darstellerinnen, der besonders Gestalten hochdramatischer Leidenschaft lagen[60]. Sie war damals noch sehr vermögend, hatte viel Grundbesitz in Altona und besaß auch das große, aussichtsreiche Grundstück oberhalb Övelgönnes von 1799 bis 1806. Sie erbaute dortselbst ein Landhaus. In dem wirtschaftlich schweren Krisenjahr 1806 mußte Sophie Albrecht Vermögenskonkurs anmelden und den Besitz wieder verkaufen. Sie verarmte, vereinsamte und starb 1840 im St.-Georg-Hospital zu Hamburg.

Im Jahre 1806 kam das Anwesen in den Besitz des Hamburger Kaufmanns H. J. *Linning*, der Schiffskapitän gewesen war und ein Geschäft am Herrengraben besaß. Er vergrößerte den Besitz planmäßig durch Ankäufe. Das Ganze reichte schließlich vom Grundstück des Müllers Martens bis fast zum Schulberg; es war also beinahe ebenso groß wie der Donner-Park der Gegenwart.

Das um 1790 dem Müller Daniel Martens gehörige Grundstück trug die sogenannte zweite Martenssche Mühle[61]; sie lag östlich neben der auf Flur »Rolandswurth« erbauten, seinerzeit sehr beliebten Gartenwirtschaft »Elbschlucht«. Unterhalb befand sich am Strand um 1830/40 die »Badeanstalt des Herrn Lüdemann«, an die noch heute der hier sich aufwärts ziehende »Lüdemanns Weg« erinnert[62]. Die Eltern des Komponisten Felix *Mendelssohn-Bartholdy* verlebten zwischen 1803 und 1811 oft die Sommermonate auf Martens' Mühle und schrieben des Kindes gute Entwicklung dem gesunden schönen Aufenthalt daselbst zu. Das alte Mühlenwohnhaus ist um 1904 abgebrochen worden.

Zur Zeit von Weber und Volckens

1829 erwarb der Kommerzienrat David F. *Weber* (1786–1868) den Landsitz[62a]. Weber hatte 1811 mit Gottlieb Woermann das Leinenhaus »Woermann und Weber« in Bielefeld gegründet. 1814 siedelte er nach Hamburg über, wo er das Ausfuhrgeschäft für westfälisches Leinen, sächsische und schlesische Erzeugnisse »D. F. Weber u. Co.« ins Leben rief und zugleich Reederei-, Bank-, Ein- und Ausfuhrgeschäfte, besonders nach Südamerika betrieb[63]. Er war vermählt mit der feinsinnigen Henriette, geb. *Nottebohm* (1792–1886), die von einem großen Fabrikgut, dem alten »Kupferhammer« bei Bielefeld, stammte. Beide Webers waren ein Menschenpaar, von dem viel Liebe, Geist und Kultur ausstrahlte. Sie bewohnten ein schönes Stadthaus am Neuen Jungfernstieg (heute Hotel Vier Jahreszeiten) und wußten dort wie auf ihrem Sommersitz an der Elbe alle guten Geister einer patriarchalisch-edlen Geselligkeit zu pflegen. Karl Woermann, der Enkel von Webers erzählt: »Meine Großmutter Weber war eine ebenso wohltätige wie fromme, ebenso geistvolle wie unterrichtete, ebenso gemütvolle wie weltkluge Frau, die aller Herzen im Sturm gewann. Sie hatte die seltene Gabe, jedem ihrer zahlreichen Kinder, Enkel und Urenkel, ja jedem, der ihr begegnete, das zu sein und zu geben, was er von ihr verlangte, und wurde daher von allen ihren Angehörigen, aber auch von vielen Fremden, die mit ihr in Berührung kamen, schwärmerisch verehrt und geliebt[64].« Der damalige Senior der hamburgischen Kirche, Georg Behrmann, berichtet in seinen Erinnerungen über sie: »Lange hatte sie in ihrem Hause Vorträge angesehener Männer über die verschiedensten Gegenstände veranstaltet; diese sogenannten Weber-Abende bildeten zu ihrer Zeit einen Faktor in dem wissenschaftlichen Leben Hamburgs.«

1835 ließ Weber das auf seinem Övelgönner Landsitz befindliche alte Haus, das Sophie Albrecht einst geschaffen, niederlegen und 1836 bis 1837 durch den Baumeister Franz G. J. *Forsmann* (1795-1878) die heute noch bestehende klassisch-schlichte Villa (Elbchaussee 153) erbauen. Über das damalige Äußere der Villa und ihrer Umgebung schreibt Karl Woermann: »Nach vorn öffnete sich das Haus in beiden Geschossen in wohlgestalteten, auf rotem Grunde pompeianisch bemalten Veranden mit je zwei ionischen Säulen reinster perikleischer Art nach der köstlichen Aussicht auf den von stolzen Schiffen belebten Strom und die im Hintergrunde von waldigen Höhenzügen begrenzten grünen Inseln des jenseitigen Ufers. Schön wie das Haus, dessen Kunstwerke... mitbestimmend auf mein Leben eingewirkt haben, war auch der von italienischen Erinnerungen und Anklängen durchhauchte Garten. Auf der Höhe des Hauses, vor dem zwei stattliche Kastanien standen, krönte ein Balustradengeländer den Aussichtsstand über dem steilen Abhang; drei Terrassen, deren senkrechte Mauern mit Wein bewachsen waren, der hier, dem Süden zugewandt, nicht selten reifte, lösten den Mittelteil des Gartens in Riesenstufen auf. Seitlich wurden die Terrassen von zypressenförmigen italienischen Pappeln eingerahmt, deren Stämme von Brombeeren umrankt waren. Unter dem unteren Saumweg dieses Gartens aber, hart am Elbstrand, lag das schlichte, efeuumrankte Landhaus, das meine Eltern während meiner früheren Knabenjahre im Sommer bewohnten[65]. Berühmt waren im Familienkreise die ›Kindertage‹, an denen die Webers einmal in der Woche ihre Kinder, Enkel und Urenkel zum Liebesmahl um sich vereinten.«

Das Webersche Landhaus selbst, in dem Künstler wie Günther *Gensler* und F. A. *Jacobi* verkehrten, war innen aufs schönste ausgestattet. Marmorstatuen von Thorwaldsen-Schülern, Landschaften von Ludwig Richter und Karl Roß, treffliche Kopien Raffaelscher Werke schmückten die Räume. Unter den Kindern, die in dem Weberschen Landhaus aufwuchsen, seien hervorgehoben der Hamburger Senator und Bürgermeister Dr. Hermann Anthony Cornelius *Weber* (1822-1886) und der Hamburger Kaufmann

Konsul Eduard Friedrich *Weber* (1830–1907), der treffliche Kunstsammler. Dieser schuf sich das stattliche Haus An der Alster 58–59 in Hamburg, woselbst er eine große Sammlung von Münzen und Medaillen sowie eine kostbare Gemäldesammlung, die *Galerie Weber*, zustande brachte. Diese Galerie reichte von den Frühitalienern zu den Werken Rembrandts, Holbeins, Dürers und weiter bis zu Gainsborough, Wouwerman u. a.[66].

1862 verkaufte David F. Weber einen Teil seines Landsitzes an seinen Sohn, den soeben genannten Bürgermeister Weber. Es handelte sich um das westliche Gelände, um einen Teil der sich längs der Elbchaussee erstreckenden, »Scheefhook« genannten Flur (Elbchaussee 177–179). Der dem Kommerzienrat Weber verbleibende Rest des Scheefhook diente als Gemüsegarten; er lag jenseits des nach Övelgönne abwärts führenden Weges und war mit dem Weberschen Besitz durch eine Brücke verbunden.

Nach dem Tode David F. Webers 1868 behielt seine Witwe Henriette weiterhin den Landsitz. Als sie 1886 gestorben war, verkauften die Weberschen Erben im folgenden Jahr das Hauptgrundstück an den Geh. Kommerzienrat Wilhelm *Volckens* (1848–1920). Dessen Familie stammte aus einem alten Dithmarscher Bauerngeschlecht. Er selber war der Sohn des Bauernsohns Hans Volckens, der seinen ererbten väterlichen Hof verkauft hatte und in Altona in der Großen Elbstraße Holzhändler geworden war. Er besuchte das Christianeum und lernte bei der Altonaer Reederfirma J. C. D. Dreyer. 1869 ging er auf gut Glück nach Neuyork, erhielt eine Anstellung bei der von Dänen gegründeten Schiffsmaklerfirma Funch, Edye & Co. und wurde 1876 Partner. 1887 kehrte er mit den Seinen – er hatte sich inzwischen mit Marie Elisabeth, geb. *Jorjan* (aus alter Övelgönner Lotsenfamilie stammend), vermählt – nach Hamburg-Altona zurück und vertrat hier die Neuyorker Firma, seit 1903 als deren Seniorchef, unter dem Firmennamen Wm. *Volckens & Co.* Volckens war u. a. 1896–98 Abgeordneter des Preußischen Landtags, 1893–98 Mitglied des Kommerzkollegiums und 1890–1907 Stadtverordneter seiner Vaterstadt. Ferner war er u. a. Vorsitzender des Aufsichtsrats der Deutsch-Australischen

Dampfschiffahrts-Gesellschaft. Als Erforscher seiner Heimat hat er durch eigene zuverlässige Schriften wie durch persönliche Stiftungen, u. a. für das Altonaer Museum, Hervorragendes geleistet. Nach dem ersten Weltkrieg, in dem er einen Sohn verlor, war er besonders dazu berufen, die Handelsbeziehungen mit den Vereinigten Staaten dank seiner ausgedehnten Geschäftsverbindungen wieder anzuknüpfen, als ihn am 25. November 1920 ein zu früher Tod dahinraffte[67].

Sein Heim an der Elbchaussee, das vormals D. F. Webersche Wohnhaus, stattete er mit Kunstschätzen, insbesondere mit schönen, alten Möbeln aus der engeren Heimat aus. Er brachte eine umfangreiche Heimatbildersammlung für Altona und das angrenzende Holstein zustande, die sich durch viele Seltenheiten auszeichnete.

Das frühere westliche Gartenland seiner Besitzung hatten bereits die Weberschen Erben parzelliert und verkauft[68].

Im Jahre 1899 überließ Volckens den östlichen Teil seiner Besitzung mit Stall- und Gärtnergebäude seiner ältesten Tochter *Gertrud*, die sich mit dem Hamburger Kaufmann Oscar *Vorwerk* vermählt hatte. — Dieser, 1933 verstorben, hatte sich durch den Architekten Dorn aus Hamburg in gelbem Backstein ein großes Landhaus neben der Besitzung seines Schwiegervaters erbauen lassen (Elbchaussee 147–151).

Das alte Webersche Haus (Elbchaussee 153) wurde 1939 zu Einzelwohnungen umgebaut und dabei im Innern völlig verändert.

Die Besitzung des Bürgermeisters Weber

Hinter den Mietshäusern, die dem Volckensschen Landsitz folgen, erstreckt sich längs der Elbseite der Chaussee ein stattlicher Park, der von außen zumeist durch Taxusgebüsch verdeckt ist. Dann folgt ein langgestrecktes, in gelben Klinkern ausgeführtes zweigeschossiges Landhaus mit schmaler Gartenanfahrt von der Straßenseite (Elbchaussee 177–179): an der Straßenfront verhältnismäßig unscheinbar. Steht man jedoch auf der Terrasse vor der breiten Gartenfront des Hauses, so ist man überrascht von der großartigen Landschaft, die sich hier auftut. Der Park, der sich zu Gewächshäusern und zu einem Blumen- und Gemüsegarten hinabsenkt, ist heute wildwachsender als früher und hat den Reiz von nahezu unberührter Natur angenommen.

Ursprünglich gehörte das Gelände, als es noch unbebaut war, gleichfalls dem Kommerzienrat David Friedrich Weber (1786-1868), mit dessen Garten und Villa es einheitlich zusammenhing. Es war lediglich durch einen schmalen, nach Övelgönne abwärts führenden Pfad von dem damaligen Weberschen Hauptbesitz getrennt, wurde aber durch die »Webersche Brücke« mit ihm verbunden.

Im Jahre 1862 hatte Weber seinem Sohn, dem Rechtsanwalt und späteren Hamburger Senator Dr. *Hermann* Anthony Cornelius *Weber* (1822–1886), das Gelände überlassen, und dieser gestaltete nun mit viel Liebe und Sachlichkeit das Anwesen zu einem überaus ansprechenden, zweckmäßigen und behaglichen Landsitz aus. Hermann Weber war seit 1876 wiederholt Regierender Bürgermeister und hatte als solcher wie als Senatsmitglied maßgebenden Einfluß auf die entscheidungsreiche Entwicklung der Hansestadt von 1860 bis 1886. 1850 hatte er sich mit der Tochter des Kaufmanns Georg Friedrich Vorwerk, Henriette Luise Vorwerk[69], vermählt. Er war damals ein junger Mann von pulsender Lebensfreude, der gern lebte und leben ließ. Ausgeprägter Natursinn ließ ihn am liebsten auf seinem Othmarschener Landsitz verweilen. »Wir kannten ihn in geselliger Heiterkeit, wenn der lebensfrische Mann den schönen Gaben des Humors und des Witzes sich fröhlich überließ, weil er sich seiner Kraft bewußt war, die ruhige, selbstgewisse Würde in jedem Augenblick wiedergewinnen zu können«, sagte Hauptpastor Röpe in seinem Nachruf von ihm. 1859 wurde Weber bereits zum Vizepräses des Handelsgerichts gewählt. Damals wurde die alte, mehr patriarchalische Ordnung der Staatsverhältnisse durch die neue Verfassung ersetzt, die den modernen Anforderungen Rechnung zu tragen hatte. Die Justiz wurde von der Verwaltung getrennt, der Senat erfuhr eine Erneuerung; ebenso kam an Stelle der bisherigen erbeingesessenen eine neue, zum Teil aus allgemeinen direkten Wahlen hervorgegangene Bürgerschaft. Weber, der ein großes Interesse an den öffentlichen Rechts- und Lebensformen seiner Vaterstadt hatte, gehörte zu ihren ersten Mitgliedern. Aber er sollte sein Mandat nicht lange ausüben; denn bereits am 17. Dezember 1860 wurde er in den Senat gewählt.

Weber erwies sich des allgemeinen Vertrauens, das man ihm entgegenbrachte, als durchaus würdig. Kern seines vielseitigen Wirkens blieb die Justizpflege, deren oberster Chef er jahrzehntelang war. Die Neugestaltung der Hamburger Gesetzgebung im Zusammenhang mit der Entwicklung der Reichsgesetzgebung war eine der bedeutendsten Aufgaben, die damals gelöst werden mußten, und an ihrer Lösung hatte Weber einen hervorragenden Anteil. Von seinen gesetzgeberischen Arbeiten sind hervorzuheben: das Hamburgische Zivilstandsgesetz, das Gesetz über die Staatsangehörigkeit und das Bürgerrecht sowie das Gewerbegesetz. Eine große Aufgabe bedeutete auch die Konstituierung des Hanseatischen Oberlandesgerichts, die u. a. viele Verhandlungen mit Lübeck und Bremen erforderte[70].

Als Staatsoberhaupt vertrat er stets mit Würde und Nachdruck die Interessen seiner Heimat. In der *Wirtschaftspolitik* folgte er der damals bewährten Hamburger Tradition und setzte sich für den Freihandel, gegen Schutz- und Differentialzölle ein. In der Kolonial- und Steuerpolitik näherten sich seine Intentionen denen des Reiches, wie er überhaupt versuchte, Reichs- und Landesinteressen geschickt in eine gemeinsame und für beide gedeihliche Richtung zu bringen. Er war ein guter Hanseat, und es fiel ihm nicht immer leicht, manches Neue zu bejahen, was um des größeren Zieles willen Opferung bestehender guter alter Einrichtungen bedeutete; aber immer behielt er den offenen freien Blick für das, was die Zukunft forderte. Hervorragend setzte er sich auch für die *Pflege der bildenden Künste* ein; hier regte sich in ihm der von den Eltern ererbte starke künstlerische Sinn. Er war selbst ein großer Mäzen der Künstler und machte sich um die Restaurierung der Hamburger *Kunsthalle* sehr verdient. Als Nachfolger des Syndikus Dr. Merck war er Präses der Kunsthallen-Kommission.

Auf seinem Landsitz an der Elbe übte Weber gern gastliche Geselligkeit. Bewirtung von hundert Gästen war nichts Seltenes. Er stattete das Haus, das er durch den Hamburger Architekten Hermann D. *Hastedt* erbauen ließ, so gediegen wie nur denkbar aus. Bestes Baumaterial und besondere Isolierschichten schützten den Bau damals wie heute gegen Wind und Wetter und jede Feuchtigkeit. Besonders stolz war Weber auf die sechseckigen Turmzimmer in dem an der Westseite des Hauses (Elbseite) hervorspringenden Turmbau, von dem man den schönsten Sonnenauf- und -untergang beobachten konnte. Die Spazierwege und Anlagen auf dem abfallenden Gelände waren von einem sinngemäßen, sehr dauerhaften Abflußsystem der Regenwässer durchzogen. Echte Kastanien, immergrüne Hölzer im Freien, Maréchal-Niel-Rosen und Feigenbäume im Gewächshaus waren Webers Stolz. Er starb nach kurzer, schwerer Krankheit verhältnismäßig früh 1886. Seine Gattin, mit der er in glücklicher Ehe verbunden gewesen, überlebte ihn noch zwanzig Jahre. Nach ihrem Ableben wurde der Besitz verkauft[71].

DAS BRANDT-BURCHARD-HOLCKSCHE SÄULENHAUS

Von allen Landsitzen, die wir bisher auf unserer Wanderung kennenlernten, ist dieser Besitz (Elbchaussee 186) der äußerlich eindrucksvollste durch den mächtigen Säulenaltan, der seine Front ziert. Im Gegensatz zu den bisherigen Besitzungen liegt er nicht auf der Elb-, sondern auf der Landseite der Chaussee, die dem Spaziergänger hier ein weites Panorama über den ganzen Strom gestattet: von den Hamburger Häfen mit ragenden Masten und Schornsteinen über grüne Marsch, über Altenwerder, Finkenwerder bis zu den Fluren des Alten Landes, während den Horizont die braun, blau und grün schimmernden Höhen mit Heide und Wald abschließen.

Der Landsitz wurde einst gegründet durch den Kaufmann Wilhelm *Brandt*, der 1817 das Gelände von dem Othmarscher Bauern

J. J. Schmidt kaufte[71a]. Wilhelm Brandt war geborener Hamburger und ein kaufmännisches Genie. Mit Weitblick führte er seine geschäftlichen Unternehmungen in Archangelsk sowie in St. Petersburg durch und wurde seinerzeit der größte Reeder Rußlands. Er ist der Ahnherr der Kaufmanns- und Bankherrenfamilie Brandt. Wilhelm Brandt wurde 1778 in Hamburg als Sohn des Assekuranzmaklers Johann Wilhelm Brandt geboren und bereits als Fünfzehnjähriger nach Archangelsk der Firma Becker & Co. in die Lehre gegeben, wo er sich binnen fünf Jahren den Ruf außerordentlicher Begabung erwarb. Alsdann suchte er sich sein Tätigkeitsfeld südlicher. Für die Firma des Hamburger Kaufmanns Emanuel *Jenisch* trat er 1798 mit seinem Bruder Emanuel Henry Brandt als Superkargo[72] eine Reise nach Bordeaux und St. Domingo an. Infolge der herrschenden Kriegswirren wurde das Schiff von einem englischen Kaper nach Cowes (Insel Wight) aufgebracht. Zwei Jahre mußte Brandt in England verweilen, und es gelang ihm dabei, die Ladung zugunsten Jenischs glücklich zu reklamieren. Erneut ging er nach Archangelsk, wo er mit einem tüchtigen Kompagnon die Firma Brandt, Rodde & Co. schuf[73]. Nach Roddes Tod führte er das Haus unter der Firma Wilhelm Brandt & Co., später Wilhelm Brandt & Sohn, weiter und gründete 1827 ein zweites großes Unternehmen in St. Petersburg. Von der Größe seiner Reederei in Archangelsk ein Beispiel: 1828 liefen 290 Schiffe in Archangelsk ein; davon wurden allein 179 durch die Firma Brandt abgeladen. – Gleichzeitig war er als Wohltäter allgemein beliebt. Er wurde in Archangelsk »Älterling« des dortigen (deutschen?) Kirchen- und Schulwesens. 1826 ernannte ihn Hamburg zum Generalkonsul für sämtliche Häfen des russischen Reiches. Noch 1831, kurz vor seinem Ableben, verwaltete er das »Amt eines Stadthauptes« in Archangelsk. Seine erste Frau, Elisabeth van Brienen, die ihm neun Söhne und eine Tochter schenkte, verstarb während einer Seereise 1826 auf einem der Brandtschen Schiffe. In zweiter Ehe vermählte er sich mit der Kapitänstochter Maria Crowe, die ihm noch zwei Kinder bescherte. Er selbst starb, wohl als Opfer seiner eminenten Arbeitsleistung, verhältnismäßig früh 1832[74].

Von seinen Söhnen leitete der älteste die russischen Häuser, zwei weitere Söhne traten als Associé in das Londoner Geschäft ein, und andere etablierten sich in Riga. Das Londoner Haus war gleichfalls auf Initiative Wilhelm Brandts gegründet worden. Als Napoleon die Kontinentalsperre gegen England errichtete, sandte Wilhelm Brandt 1805 seinen jüngeren Bruder Emanuel Henry nach London, um eine Agenturfirma für sein Haus in Archangelsk aufzubauen. Aus dieser ging dann im Wandel der Jahre das noch gegenwärtig in London bestehende Bankhaus Wm. Brandt's Sons & Co. hervor[75].

Obwohl Wilhelm Brandt die meiste Zeit seines Lebens in Rußland verbrachte, war er doch häufig mit seiner Familie in Hamburg, wo auch ein Teil seiner Kinder das Licht der Welt erblickte. Er war es, der auf dem 1817 erworbenen Grundstück an der Elbchaussee das Säulenhaus errichten ließ. Bei seinen umfangreichen Reisen hatte er auch die Halbinsel Krim besucht und dort auf einer Anhöhe am Schwarzen Meer ein stattliches, säulengeschmücktes Schloß kennengelernt. Dies war für ihn das Vorbild, nach dem er durch den Baumeister J. Matthias *Hansen*, den Neffen des weit bedeutenderen Chr. Fr. Hansen, das Othmarscher Haus errichten ließ. Nach neueren Forschungen ist der Bau aber dem Holsteiner Axel Bundsen, dem Bruder des bekannten Malers, zuzuschreiben. Früher befand sich im ersten Stock des Baues ein Wandgemälde mit einer weiten Hügel- und Wasserlandschaft der Krim, und auf einem dieser Hügel war, allerdings nicht sehr deutlich, das dortige Vorbild wiedergegeben. Das Haus an der Elbchaussee ist ein zweigeschossiger Flachdachbau in spätantikisierenden Maßen und zeigt in der Hauptfront den erwähnten Altan, der von zehn nach außen und sechs nach innen gestellten Säulen im dorischen Stil getragen wird. Der Altan springt in kreisrunder Wölbung aus der Front des Hauses vor; der innere Säulenkreis selbst vollendet sich rückwärts in die Hausfront hinein; die Rundwand ist mit Nischen verziert. Eine Tür führte früher in eine mächtige hohe Kuppelhalle, die sog. »Rotunde«, die das ganze Haus vom Erdgeschoß bis zum Dach durchbrach und durch rote Glasfenster ihr Oberlicht empfing. Der dahinterliegende Hausflur war durch Glaswände geteilt und seltsam verbaut. Man hatte den Eindruck, als wäre man gar nicht in einem Land-, sondern in einem Hamburger Stadthaus, das zwischen Fleeten eingeengt solche ineinandergebauten Räume nötig machte. Als das Haus fertiggestellt war, erschien in den »Altonaer Adreß-Comptoir Nachrichten« am 2. Januar 1819 ein Gedicht »Die neue Villa«, das in etwas überschwenglicher Weise das Besitztum pries:

»Stolz in die Lüfte heben die Kreise Dorischer Säulen
   Wie auf südlicher Flur das italische Dach.
Und aus des Hauses kühligem Säulengang, vom Balkone,
   Magst Du, glücklicher Mann, Fluthen und Triften beschauen.
Monden lang auf den Fluthen schwankte der thätige Kaufherr,
   Aber nun kehrt er froh zu dem heimischen Heerd.
Neue Fluren hat er geschaut und Wundergeschöpfe,
   Spezereien und Gold, Balsam und Edelgestein,
Und das feine Gesträuch des Herzerheiternden Kaffees
   Von dem heißen Gestirn Indias feurig gewürzt.
Und wie er kehrt so reich an tausend herrlicher Gaben
   Nach der kühleren Luft kärgerer nördlicher Flur:
Da erblickt er des heimatlichen Gestades neuere Wunder...,
Lieblich dehnen sich sanfte Linien nebeneinandern;
Und des Tages Licht dringet mild ins Gemach.«

1936 wurde das Haus zu Einzelwohnungen umgebaut und dadurch im Innern völlig verändert. Das Äußere, das bis zum Verfall vernachlässigt war, wurde 1964 restauriert. Das Haus steht unter Denkmalschutz.

Hinter dem Hause ist ein breiter Vorplatz. Das Ganze ist von einem schönen Park mit alten hohen Bäumen umgeben, der ursprünglich doppelt so groß war wie heute.

Viele Jahrzehnte gehörte der Landsitz der Familie W. Brandt und ihren Nachkommen[76]. 1871 erwarb ihn Johann Benjamin *Burchard*, und in den Händen von dessen Nachkommen befindet er sich noch heute. Die Familie Burchard (nicht zu verwechseln mit der Hamburger Bürgermeisterfamilie gleichen Namens) hat viele tüchtige Handelsherren hervorgebracht. Sie entstammt einem Handwerkergeschlecht aus Ütersen, das einst aus Breslau dort eingewandert war. Johann Benjamin Burchard (geb. 1824), ein Maurermeisterssohn, kam als Siebzehnjähriger nach Altona in die Lehre zu dem Reeder und Kaufmann O. G. C. Degetau, der in der Palmaille an der Elbseite ein schönes Haus besaß. Er verliebte sich in die älteste Tochter seines Prinzipals, und da dieser ihm wegen seines Fleißes und seines anstelligen, kaufmännisch tüchtigen Wesens sehr gewogen war, gab er ihm gern seine Mary Ann zur Frau. Burchard ging alsdann nach Mexiko, und zwar nach der Hafenstadt Matamoros am Rio Grande del Norte, die damals aus bescheidenen Anfängen sehr aufblühte. Seine Frau begleitete ihn und teilte mit ihm das keineswegs leichte Leben. Er kam dort zu bedeutendem Vermögen. 39 Jahre alt, kehrte er mit seiner Familie nach Deutschland zurück. Nachdem er zunächst in Nienstedten gewohnt hatte, und zwar auf dem Grundstück, das später Baron Rudolph von Schröder gehörte, erwarb er 1871 das Säulenhaus, weil er zugleich seinen Kindern den Schulweg nach Altona verkürzen wollte. Gemeinsam mit Anker aus Hochkamp gründete er die *Villenkolonie Othmarschen*. Er war ein großer Gartenliebhaber, hatte viel Sinn für Musik, Kunst und lebte an sich sehr zurückgezogen. Er starb 1897. Seine Gattin Mary Ann, die ihm sieben Kinder gebar, war äußerst rüstig, eine praktisch-aufgeweckte, sehr sprachgewandte Frau. Sie starb im 91. Lebensjahr 1928 und überließ ihre schöne Besitzung ihrer ältesten Tochter, der *Gräfin* Helene Mathilde (gen. Ella) *Holck* (1864–1934). Diese war tatkräftig, still-energisch, gern wohltätig, ohne Aufsehen zu machen, eine treue Gattin ihrem Mann, dem Grafen Carl Chr. Nicolaus Holck (1854–1926), der große kaufmännische Unternehmungen in Monterrey in Mexiko leitete; eine gute Mutter ihren acht Kindern. Von diesen sei hier hervorgehoben der älteste Sohn, der Herrenreiter *Erich Graf Holck*, der in der Geschichte des deutschen Reitsports unvergessen ist. Er hatte sich im Anfang des ersten Weltkrieges bald für seine kühnen Patrouillenritte das Eiserne Kreuz I. Klasse erworben. Zumal in Rußland fand er ein großes Betätigungsfeld. Er ritt u. a. die berühmte Attacke zweier Dragonerregimenter, wobei ihm das Pferd unterm Leibe erschossen wurde. Als sich der Stellungskrieg festigte, wurde Holck Flieger bei der Armee Mackensen. Später ging er nach Serbien und kam zu einer österreichisch-ungarischen Armee, für die er Montenegro und Albanien überflog. Durch einen Defekt seines Motors geriet er in montenegrinische Gefangenschaft, doch war diese, da Montenegro bald kapitulierte, von kurzer Dauer. Tatenfroh eilte er nach Frankreich, wo er sich wieder in der Luft mit dem Feinde maß. Im April 1916 traf ihn in dreitausend Meter Höhe über Verdun das Geschoß eines französischen Fliegers.

DIE SCHILLER-BURG

Westlich vom Säulenhaus grüßte früher vom Övelgönner Hang die Schiller-Burg (Elbchaussee 185b) weit ins Land. Heute beachtet man sie kaum; denn sie ist arg verbaut und gewährt nicht mehr den reizvollen Anblick von einst.

Der Anfang dieser Besitzung geht auf das Jahr 1842 zurück, in dem der Konsul Gustav *Schiller* von Övelgönner Lotsen hier Land erwarb[77]. Auf diesem erbaute er, etwas unterhalb der Chaussee, eine schloßartige Villa in neugotischem Stil mit Türmen und Zinnen, die sich sowohl von der Höhe wie vom Elbstrom aus ungemein malerisch ausnahm. Die Ausführung geschah (entweder ganz oder teilweise) durch den englischen Ingenieur George *Giles* (1787–1842), der besonders als Erbauer von Brücken und Eisenbahnen einen Namen hatte. Das Haus selbst wurde in ähnlichem Geschmack erbaut wie das Donner-Schloß.

Schiller, der das Anwesen durch Käufe noch vergrößerte, entstammte einem alten, aus Ungarn nach Deutschland eingewanderten Adelsgeschlecht[78]. Er wurde 1803 als Sohn des aus Breslau nach Hamburg eingewanderten Kaufmanns Johann Wilhelm Schiller (1773–1811) geboren. Vater und Mutter starben früh. Eine Tante nahm sich Gustavs und seines drei Jahre jüngeren

Bruders Wilhelm an, mit dem er zeitlebens im Geschäfts- und Privatleben innig verbunden blieb. Die Brüder betrieben, herangewachsen, gemeinsam die Firma »Gebrüder Schiller u. Co.« in der Neuen Gröningerstraße 6 und wußten ihrem Unternehmen großes Ansehen zu verschaffen, das sich auch in dem Krisenjahr 1857 als fest bewährte. Der Erfolg der Firma war in den sich glücklich ergänzenden Gemüts- und Geistesanlagen der beiden Brüder begründet. Gustav war der großzügig Unternehmungsfreudige, »weit umfassenden Blicks, mit etwas hochfliegenden Plänen«. Seinem Ungestüm bildete der stille und bedächtige Bruder ein gutes Gegengewicht. Wilhelm war haushälterisch und sparsam; Gustav neigte zu prunkvoller Lebensführung, die er sich auch dank seiner geschäftlichen Erfolge leisten konnte. Sein Wahlspruch war: »Leben und leben lassen!« So gestaltete er seinen Landsitz an der Elbe zu einem reizvollen Tuskulum aus. Stattliche Gewächshäuser wurden angelegt, in denen er berühmte Orchideen züchtete. Nach seinem Tode wurde die Sammlung durch den Leipziger Botaniker und späteren Direktor des Botanischen Gartens zu Hamburg, Professor Heinrich Gustav *Reichenbach*, katalogisiert und nach Brüssel verkauft. Eine schöne Orchideenart mit reizvoll gefärbter Blüte und großer kapuzenförmiger Lippe, die Cattleya Schilleriana, wurde nach dem Konsul genannt, ebenso die Melonenart Cantaloupe Konsul Schiller.

Gustav Schiller war dreimal verheiratet; in den beiden ersten Ehen hatte er Schwestern aus der Familie *von Ewald* aus Itzehoe zur Frau: Mathilde (1820–1838) und Laura (1823–1847); in dritter Ehe war er mit Pauline Valentiner aus Husum (1827–1908) vermählt. Seine rührige Natur ließ ihn auch am öffentlichen Leben lebhaften Anteil nehmen. Er war u. a. Vizekonsul der Republik Venezuela. Besonders wirkte er an der Umgestaltung der Hamburger Gaswerke mit. Er war Mitbegründer der Gothenburger Gasanstalt und der Hamburg-Londoner Dampfschiffs-Linie. 1863 war er Vorsitzender im Aufsichtsrat der St. Pauli A.-G. Brauerei und wurde im gleichen Jahr Mitbegründer des Hamburger Zoos. In der Dänenzeit groß geworden und von konservativem Charakter, hing er an dem Guten der alten dänischen Regierung, schätzte aber die höheren nationalen Werte zu gering ein, die sich in der schleswigholsteinischen Erhebung regten; doch hatte er zu Bismarck und dessen politischem Genie volles Vertrauen.

1872 verkauften die Erben den Landsitz an den Freiherrn C. H. *Donner*, der das Haus umbaute. Er ließ die Türme wegnehmen und das Ganze sehr zu seinem Nachteil verändern. 1928 erfolgten weitere Eingriffe durch Unterteilung in drei Wohnungen. Nur einige Fensterrahmen und der Eingang erinnern noch an den ursprünglich gotischen Stil. Die Bombenschäden des zweiten Weltkrieges wurden behoben. Heute befindet sich das Haus im Besitz des Gemeinnützigen Wohnungsunternehmens »Freie Stadt« und beherbergt zehn Familien. Der Park ist größtenteils parzelliert worden.

DER BÖHL-STRUVE-NÖLTINGSCHE LANDSITZ

Nahe der Schiller-Burg liegt auf der rechten Seite der Chaussee dieser Landsitz mit einstmals großem Park und weitem Garten. Der Park, Elbchaussee 190, reichte von der Grenze des BrandtBurchardschen Landsitzes bis zur Liebermannstraße und zog sich längs dieser Straße weit hinauf nach Norden. Der jenseits der Chaussee zur Elbe sich herabsenkende Abhang gehörte gleichfalls zu der Besitzung und läßt noch heute für die Spaziergänger auf der Elbchaussee wie für die Anwohner die Aussicht frei auf den Strom mit dem gegenüberliegenden »Athabaskahöft«, den Waltershofer Häfen, auf die Marsch und die blauenden Fernen der Fischbeker Heide. Da die Chaussee hier unmittelbar am Abhang entlang führt, war eine Bebauung in Straßenhöhe nicht möglich.

Hinter dem Kellergeschoß, das von der einst so stattlichen Villa nach zweimaligem Bombentreffer übrigblieb, erhebt sich ein Fachwerkziegelbau mit Strohdach und hohen altmodischen Glasfenstern, das ehemalige Kavalierhaus, das ursprünglich als Scheune gleichzeitig mit dem Landhaus erbaut wurde. Es dient jetzt als Wohnhaus und ist modern eingerichtet.

Das Herrenhaus war einst ausgezeichnet durch die Persönlichkeiten, die darin gewohnt haben und die meist zu einem Kreis bemerkenswerter Zeitgenossen in Beziehung standen. Der Architekt Chr. Fr. *Hansen* selber hatte 1795 von dem Othmarscher Bauern Joachim Timmermann die Hälfte der hier gelegenen Flur »Steenbree« erworben. 1797 verkaufte er das Gelände an den Hamburger Kaufmann Johann Friedrich *Böhl* (1739–1819)[80] und erbaute darauf ein langgestrecktes, eingeschossiges Landhaus mit Mansardendach in ruhigen, leicht klassischen Formen[79].

Böhl entstammte einer namhaften Hamburger Kaufmannsfamilie, deren Mitglieder sich als Handelsherren, Gutsbesitzer, hohe Regierungsbeamte in Hamburg, Berlin, Mecklenburg, München u. a. auszeichneten[81]. Er war vermählt mit der Tochter des Hamburger Amtsgerichtsaktuars Dr. Misler, der aus Worms stammte und dessen Geschlecht auf Melanchthon und Reuchlin zurückging. Er besaß das Anwesen bis zum Jahre 1812. Während der für Hamburg schweren Franzosenzeit vermietete er das Haus an den ehemaligen Sekretär Napoleons I., den kaiserlich französischen Ministerresidenten in Hamburg, Louis Antoine Fauvelet de *Bourrienne* (1769 bis 1834)[82]. Bourrienne war in jungen Jahren auf der Kriegsschule Studiengenosse und Freund Bonapartes gewesen, hatte in Leipzig studiert, Polen bereist und war 1797 Napoleons geheimer Sekretär geworden. Durch Fouchés Vermittlung wurde er 1804 zum außerordentlichen Geschäftsträger beim niedersächsischen Kreis in Hamburg ernannt und 1805 als kaiserlicher Ministerresident daselbst beglaubigt. Er machte sich hier durch geschickte und milde Handhabung seiner strengen Instruktionen beliebt und erwarb sich den Dank des Hamburger Senats[83]. Zu den besonderen Aufgaben Bourriennes gehörte damals die Überwachung der französischen Emigranten, die nach der Eroberung Westfalens durch die Franzosen besonders nach Altona geströmt waren[84]. In dem von ihm bewohnten Böhlschen Landhaus unterhielt Bourrienne einen lebhaften geselligen Verkehr mit deutschen Fürsten und andern namhaften Persönlichkeiten[85]. Von Baron Voght erzählte er folgende hübsche Geschichte:

»Ich hatte mich sehr befreundet mit dem Baron..., einem Manne voll Geist und Wissen und einer seltenen Liebenswürdigkeit. Eines Tages war er zu einer Abschiedsvisite gekommen, weil er am folgenden Tage nach Paris reiste. Frau von Bourrienne drängte ihn, seine Abwesenheit nicht über den Termin von sechs Monaten hinaus zu verlängern, den er gesetzt hatte. Er antwortete: ›Seien Sie unbesorgt, Madame, nichts wird mich hindern können, am genannten Tage hier zu sein; denn ich habe soeben Einladungen versandt für den auf meine Ankunft folgenden Tag.‹ Der Baron kam in der Tat zur angegebenen Stunde zurück, und keiner der Eingeladenen hatte, ohne neue Erinnerung, eine Einladung auf sechs Monate Frist und das Datum vergessen[86].«

Bourrienne nahm später für die Bourbonen Partei und arbeitete gegen Napoleon. Er spielte unter Ludwig XVIII. noch eine beträchtliche Rolle. Das Ende seines Lebens aber war von schweren Schicksalsschlägen erfüllt. Er endete in geistiger Umnachtung.

Unter den späteren Bewohnern des Landhauses sind die Familien *Gumpel* und *von Struve*[87] hervorzuheben. 1829 erwarb der Hamburger Kaufmann *Gustavus Gumpel* den Landsitz. Er war der Sohn des Bankiers Lazarus Gumpel (gest. 1843), der sich als Gründer des Lazarus-Gumpel-Stifts (in der 1943 total zerstörten Schlachterstraße) einen Namen gemacht hatte. Mit dem Bankier Salomon Heine stand er auf gespanntem Fuß der Konkurrenz, und daher mag es wohl kommen, daß der Dichter Heinrich Heine ihn wiederholt in seinen Schriften als »Gumpelino« verspottete. Namentlich in den »Bädern von Luca« nahm ihn Heine satirisch vor (»mit seinem wohlhabenden Lächeln und seinem gottgefälligen Bauche«). Seine Gattin Julie Therese Gumpel, geb. Jaques, war eine als Schönheit gefeierte Dame. Sie heiratete nach dem Tode ihres ersten Mannes (1849) den russischen Ministerresidenten *Gustav von Struve* (1801 bis 1865). Dieser war der Sohn Heinrichs von Struve, der gleichfalls russischer Ministerresident in der Hansestadt gewesen war. Er hatte sich lange Zeit in Rußland aufgehalten. 1828 und 1829 war er an den Feldzügen Rußlands gegen die Türkei im Zusammenhang mit den griechischen Freiheitskämpfen beteiligt. Seine Schwester war die zu ihrer Zeit sehr beliebte Schriftstellerin Therese von Bacheracht, geb. von Struve. Sie war damals mit dem Dramatiker Karl *Gutzkow* befreundet, den sie des öfteren zum Besuch in die Struvesche Elbvilla einlud.

Als Frau Therese Gumpel vor ihrer Wiedervermählung mit von Struve stand, ließ sie das Haus durch den Architekten Auguste de Meuron gänzlich umbauen. Dieser Baumeister (1813–1898) stammte aus Neuchâtel und arbeitete von 1842 bis 1868 in Hamburg, wo er nach dem Brand viele vornehme Häuser erbaute. U. a. stammte von ihm das Palais des Senators M. J. Jenisch an den Großen Bleichen. Das alte, von Hansen errichtete, jetzt Struvesche Haus baute er zweigeschossig aus zu einem klassizistischen Flachdachbau. Bemerkenswert war außer der äußerst soliden Bauweise im Innern die hübsche, als Oktogon geformte Kuppelhalle, die sich vom Erdgeschoß bis zum Dach emporzog[88].

Das Ganze verlor dadurch freilich fast völlig den Stil, der für Hansens Schaffensweise charakteristisch war. Es wurde beträchtlich dem Villenstil angenähert, der in jener Zeit beliebt wurde; es bekam das mehr bürgerliche Gepräge der zweiten Hälfte des neunzehnten Jahrhunderts.

Nach dem Tode Frau von Struves 1865 kaufte der Generalkonsul Emile *Nölting* den Besitz. Jacques Emile Louis Nölting entstammte einer seit etwa 1750 in Hamburg ansässigen Familie. Als sich seine Eltern vorübergehend in Mannheim aufhielten, wurde er 1812 daselbst geboren. Doch wurde der Vater bald als Senatskanzlist nach Hamburg zurückberufen. Der junge Nölting arbeitete jahrelang im Ausland, auf Haiti, auf St. Thomas und in England. 1857 gründete er, nach Hamburg zurückgekehrt, die noch bestehende Firma Emile Nölting & Co. 1870 rief er in Gemeinschaft mit elf andern Hamburgern und auswärtigen Firmen die »Commerz- und Disconto-Bank« ins Leben, deren Vorsitzender er lange Jahre war. 1873 schuf er zu diesem Unternehmen ein Tochterinstitut in London, die »London and Hanseatic Banc« (jetzt »London Merchant Banc«), die er gleichfalls leitete. In Hamburgs öffentlichem Leben war Nölting eine bekannte Persönlichkeit. Er war u. a. Handelsrichter. Mitglied der Gefängnisdeputation und Vizepräsident des Zoologischen Gartens. 1889 überließ er die Firma Emile Nölting & Co. seinem Sohn Edgar Nölting, der sich 1885 mit Margarite Gayen aus Altona vermählt hatte. Viele Jahre war Emile Nölting im Vorstand des St.-Marien-Krankenhauses zu Hamburg tätig, für dessen Erweiterung er sich Anfang der achtziger Jahre mit aller Energie einsetzte. Für den Bau der St.-Marien-Kirche in Hamburg-St.Georg gab er eine bedeutende Summe, und der katholischen Gemeinde in Altona schenkte er in der zweiten Hälfte der achtziger Jahre das Grundstück an der Reitbahn in Ottensen, auf dem jetzt das Pfarrhaus steht. Kurz vor seinem Tode versprach er den Grauen Schwestern für ambulante Krankenpflege ein neues Heim, das »Nölting-Stift«, dessen Bau nach seinem Wunsch die Erben im Jahre 1900 ausführen ließen. – Bis wenige Monate vor seinem Tode erfreute er sich einer kernigen Gesundheit und einer für sein hohes Alter bemerkenswerten Geistesfrische. Er starb 1899. – Der Othmarscher Landsitz diente Nölting nur als Sommeraufenthalt. Er wurde damals nach Nöltings Gattin Clara, geb. Windsor, »Villa Clara« genannt. Nölting pflegte den Garten sehr und ließ ihn mit allerlei Bäumen und Ziersträuchern neu besetzen.

1899 erwarb der Kaufmann Carl *Diederichsen* den Landsitz. Er war 1843 zu Kiel geboren und entstammte einer alten Kieler Bürgerfamilie. Mit jungen Jahren war er nach Hamburg gekommen und war Teilnehmer des Feldzuges 1870/71 als Reserveoffizier im 2. Hanseatischen Inf.-Reg. 76. Nach dem Kriege wurde er Teilhaber der Firma *Theodor Wille*, die seinerzeit die größte Kaffeefirma der Welt war. Carl *Diederichsen* selbst konnte sich nur kurze Zeit der Besitzung an der Elbchaussee erfreuen, da er bereits im Oktober 1900 starb. Seine Witwe aber betreute das Anwesen mit großer Liebe. Die Gewächshäuser wurden bis auf die Orangerie völlig erneuert bzw. neu gebaut. Ein Orchideenhaus wurde eingerichtet. Der damalige Obergärtner Wilhelm Nocker, später in der Gartenverwaltung der Stadt Altona tätig, erhielt für seine dort gepflegten Orchideen manche Auszeichnung. Leider mußte die Sammlung während des ersten Weltkrieges eingehen[89].

Frau Diederichsen starb im Jahre 1915. Da ihre drei Söhne im Felde standen, wurde die Testamentsregelung bis zum Kriegsende zurückgestellt. Alsdann wurde der Besitz verkauft[90]. Im zweiten Weltkrieg wurde die von Hansen einst erbaute Villa 1943 durch Luftangriff völlig zerstört, während das alte Kavalierhaus erhalten blieb. Das bis zur Bernadottestraße reichende Grundstück wurde parzelliert und mit 257 Wohnungen bebaut. Besitzerin ist Frau Langer, der auch das Hotel »Reichshof« gehört.

»KLEIN MIDDELVAART«

Steigt man von Övelgönne die steile »Himmelsleiter«, den überraschend schöne Ausblicke auf die Elbe bietenden Treppenweg, empor, der zur Elbchaussee führt, so gelangt man hier zu einem Villengelände, das inmitten alter, baumreicher Gärten noch einige bemerkenswerte ältere neben neueren Landsitzen enthält. An der Südseite der Chaussee erstreckt sich ein anmutiges Vorland, das in alter Zeit den Flurnamen »Elf Blöcken« führte. Auf der Flurkarte Othmarschens von 1785 zeigt es sich noch als unbewohnt. Es war altes Ackerland und gehörte zu einem Othmarscher Bauernhof, dessen Besitzer sich bis in die Zeit vor dem Dreißigjährigen Krieg zurückverfolgen lassen[91]. Von 1623 bis 1770 gehörte der Hof der Bauernfamilie *Wullenweber;* dann wurde es Mode, daß reiche Hamburger und Altonaer Kaufleute oder Militärs sich Landgüter erwarben. So übernahm damals der Altonaer Handelsherr Herman *de Voss* (1741–1803) den Hof; unter seinen Nachfolgern ragt hervor der Altonaer Arzt und Dichter Professor Dr. Johann Christoph *Unzer* (1747–1809). Dieser merkwürdige und bedeutende Mann, ein Freund Lessings und Klopstocks, war (aus dem Harz stammend) nach Altona gekommen, weil er hier in dem Arzt Professor J. A. Unzer, einem der angesehensten Gelehrten seiner Zeit, und in dessen Gattin, der anakreontisch schwärmenden »kaiserlich gekrönten Dichterin« Johanna Charlotte Unzer, einflußreiche, ihm sympathische Verwandte wußte. Er wurde in Altona ein geschätzter Frauenarzt, Professor am Akademischen Gymnasium und Stadtphysikus. Aber bereits 54jährig gab er alle Ämter auf, offenbar, um sich ganz dem zu widmen, was ihm am meisten am Herzen lag: der Dichtkunst und dem Theater. Als leidenschaftlicher Theaterenthusiast hatte er lebhafte Beziehungen zur Muse Thalia. Er dichtete Schauspiele, davon das beste, sein Trauerspiel »Diego und Leonore«, ein Intrigenstück aus der Zeit der spanischen Inquisition, das in das Französische und Holländische übersetzt und viel gespielt wurde. Das Stück zeugte von Unzers praktischer Bühnenkenntnis. Auch in der Lyrik versuchte er sich und schrieb schwärmerische Zeilen wie folgt:

>»Liebe, wer von deinem Kelch getrunken,
>Pflückt alle Rosen des Lebens ab,
>Liebe, wer in deinen Arm gesunken,
>Sinkt auch lächelnd und still ins Grab.«

Unzers feurige Liebe hatte zunächst der schönen, früh verstorbenen Schauspielerin Charlotte *Ackermann* gegolten. Durch sie kam er selbst dem Theaterkreis um Lessing nahe. Nach Charlottes Tod verliebte er sich in deren ältere Schwester *Dorothea*, mit der er sich vermählte und für die er Weihereden zu Theaterfeiern u. a. schrieb. Damit gelangte er in die Verwandtschaft des Hamburger Schauspieldirektors Fr. Ludw. *Schröder*, der ein Stiefbruder der beiden Schwestern war. Die Ehe mit Dorothea verlief jedoch nicht glücklich und wurde 1790 geschieden. – Um die Hebung der heimischen Theaterkultur erwarb sich Unzer, wenn auch nur mittelbar, große Verdienste. Er war ein gewandter, genialischer, innerlich aber unruhiger Mann: nicht sehr wirtschaftlich, ein Lebensgenießer und gern gesehener Gesellschafter. Zeitgenossen bezeichneten ihn als den klarsten, originellsten und bedeutendsten Schriftsteller der Nach-Hallerschen Zeit, der einen ungemeinen Einfluß ausübte. Er verkehrte auch im Kreise Baron Voghts, dem er verschiedene seiner Poesien widmete. Seine »Erntelieder« verdanken wohl der unmittelbaren Beschäftigung mit dem Landleben ihre Entstehung:

> »Gepriesen sei der Sonne Macht,
> Des Mondes sanft erhellte Nacht,
> Des Abends schauerliches Grau,
> Des Nebels Brüten in der Au,
> Der Blätter Glanz im Morgentau,
> Was aus des Himmels Schoß
> Sich in die Flur ergoß!
> Gepriesen sei aus Erd und Luft
> Der Fruchtbarkeit geheimer Duft[92].«

Aber für Unzer war der Landsitz doch zu ermüdend, da er ihn mehr spielerisch-musisch als ernst auffaßte; und so verkaufte er das Anwesen bereits nach drei Jahren wieder.

Sein Nachfolger[93] war der Altonaer Vizebürgermeister Peter *Rode* (1718–1797). Dieser, ein Altonaer Ewerführerssohn, hatte es durch Fleiß und große kaufmännische Geschicklichkeit zu besonderem Ansehen gebracht. Er wurde Kompagnon des aus Stuttgart eingewanderten Kaufmanns und langjährigen Altonaer Bürgermeisters Johann Daniel *Baur*, der zum Stammvater des Hamburg-Altonaer Geschlechts wurde. Rode hatte auch in allen öffentlichen Angelegenheiten eine glückliche Hand. Auf seine Initiative ging die Erbauung des damaligen neuen Kranken- und Waisenhauses zurück, dessen erster Direktor er war. Als er nach einem besonders arbeitsreichen Tag plötzlich aus dem Leben gerissen wurde, war die Teilnahme allgemein[94]. Peter Rode war mit Johanna Elisabeth Mutzenbecher vermählt. Sie war ihrem Gatten ein Jahr im Tode vorangegangen, und nunmehr wurde ihr Neffe, der damals 31jährige Arzt Dr. Ludwig S. D. *Mutzenbecher*, Besitzer des Othmarscher Hofes. Er war eine höchst originelle Persönlichkeit und außerordentlich vielseitig: Mediziner, später auch Postmeister und Justizrat; ein leidenschaftlicher Musikliebhaber, der den für das Altonaer Musikleben Jahrzehnte bedeutungsvoll gewordenen »Musikalischen Dilettantenverein« schuf und die akustisch berühmte »Tonhalle« erbaute. Doch lag ihm die Last eines solchen großen Grundbesitzes nicht, und so verkaufte er ihn bald weiter, und zwar durch Vermittlung des Kaufmanns Hermann Linnich an dessen Schwager Jacob Gysbert *van der Smissen* (1746–1829)[94a].

Dieser war es, der das bisherige Ackerland auf der Elf-Blöcken-Flur in den anmutigen Elblandsitz umwandelte, der bis auf die heutige Zeit erhalten ist. Er legte hier einen Garten an, der sich von der Chaussee zur Elbe abwärts senkt. Um 1800 erbaute er darauf das gleichfalls noch erhaltene langgestreckte Landhaus an der Elbchaussee. Er hatte in zweiter Ehe eine reiche Holländerin zur Frau erwählt, die geistig überaus regsame und hochgebildete Hillegonda Decknatel. Die Decknatels waren eine angesehene Amsterdamer Familie, die u. a. in Middelvaart bei Amsterdam Grundbesitz hatte. Seiner Frau zur Freud und Ehr nannte van der Smissen seinen Othmarscher Elblandsitz »Klein Middelvaart«. Bei den vielseitigen Interessen des Paares wurde »Klein Middelvaart« alsbald ein Tuskulum der Geister. Jacob Gysbert van der Smissen zeigte von jeher eine große Naturliebe und hatte selbst in jungen Jahren Landwirt werden wollen. Er war der letzte Kaufmann großen Formats aus der berühmten Familie: zugleich eine Gelehrtennatur, von tiefer Religiosität erfüllt, ein eifriger Pietist und Anhänger der Herrnhuter Brüdergemeinde. Er war u. a. mit Jung-Stilling und Lavater, der ihn besuchte, befreundet[95]. Als 78jähriger mußte er noch den Zusammenbruch seines altberühmten Handelshauses erleben, dessen Leitung er längst seinen Söhnen überlassen hatte.

1832 wurde der Landsitz an den Reeder und Mitinhaber von »Berend und Herman Roosen juniores«, an Berend *Roosen IV* (1778 bis 1853) verkauft, der mit Henriette Linnich verheiratet, später viele Jahre den heutigen Wesselhoeftschen Garten innehatte. Er war Diakon der Mennoniten-Gemeinde. 1838 erwarb George *Booth*, ein Mitglied der berühmten Gärtnerfamilie, das Anwesen, das er wesentlich vergrößerte, aufteilte und bebaute. George Booth bereiste u. a. den Osten und schrieb über den Libanon und seine Zedern[96]. Auf dem von ihm aufgeteilten Othmarscher Gelände errichtete er u. a. das »Klein Middelvaart« benachbarte stattliche, später *Degetausche Landhaus* mit zwei großen Seitentürmen, die später fortfielen. Danach kam das stark verkleinerte Anwesen von

»Klein Middelvaart« in Besitz des Hamburger Kaufmanns Hans *Domizlaff*, der das Ganze, unter Wahrung des alten Hausstils, den neuzeitlichen Anforderungen angepaßt hat (Elbchaussee 189/191)[96a].

DAS »GESPENSTERHAUS«

»Klein Middelvaart« östlich gegenüber befand sich auf der andern Seite der Chaussee bis 1904 ein altes, schlichtes Landhaus, das einst, ehe die Villen und Gärten rundum entstanden, freie Aussicht auf den Strom gewährte. Ältere Leute, die sich des anspruchslosen, als Fachwerkbau errichteten Hauses noch erinnern, erzählen, es habe einen ähnlichen äußeren Eindruck gemacht wie Goethes Gartenhaus in Weimar[97]. Im Volksmund hieß dieses alte Haus das »*Gespensterhaus*«, weil es darin umgehen sollte. Personen, die nachts daran vorübergingen, hörten, obwohl im Hause alles dunkel war, daraus Rasseln und Stöhnen hervordringen, und eilten, daß sie vorbeikamen.

Das Haus war über hundert Jahre alt, und sein Erbauer war ein merkwürdiger und seinerzeit bekannter Mann: der Hamburger Schriftsteller Lizentiat Garlieb *Hanker*. Er war Hamburger Senatorssohn (geb. 1758), hatte in Göttingen und Gießen Rechtswissenschaft studiert und sich alsdann in seiner Vaterstadt als Rechtsanwalt niedergelassen. Ein begeisterter Freund der Literatur, versuchte er sich selbst eifrig und doch zugleich anspruchslos-zurückhaltend als Übersetzer, Dichter, Dramatiker und Erzähler; denn obwohl er sehr für die schönen Künste schwärmte, war er sich seiner bescheidenen schöpferischen Grenzen wohl bewußt. Er veröffentlichte seine Arbeiten teils anonym, teils unter dem Namen F. L. Epheu. Neunzehn Bücher brachte er so heraus, vieles aber behielt er unveröffentlicht im Schreibtisch. Der Name »Epheu« aber paßte zu seinem schriftstellerischen Wesen: er war in geistigen Dingen nicht original, sondern anlehnungsbedürftig; er hatte ein zärtlich-empfindsames Gemüt, das für Mondscheinnächte und Nachtigallenschluchzen schwärmte. Charakteristisch ist für ihn sein

1782–1783 in zwei Teilen erschienener Roman in Briefform »*Carl Sievers*«, der Fragment geblieben ist[98]. Dieser Carl Sievers ist ein unendlich tugendhafter, unendlich empfindsamer Jüngling, der für das Landleben begeistert ist. Kennzeichnend dafür, welche Motive damals die Städter veranlaßten, sich Landsitze zu schaffen, ist am Anfang des Romans des Helden Bekenntnis: »Nach einigen steifen Visiten, welche der sogenannte Wohlstand forderte, flohe ich aus der Stadt nach meinem ehemaligen geliebten Gartenstübchen. Ich trank hier Thee und rauchte eine Pfeife... Der kleine Garten, den ich angelegt hatte, blühte in regelloser Schönheit und schien auf meine Pflege zu warten. Alle seligen Stunden, welche ich in deiner und Hartmanns Umarmung hier zubrachte, gingen meiner Seele vorüber. Da unter der Linde saßen wir und aßen Milch und grobes Brodt, und sokratische Gespräche würzten die ländliche Kost. Da an dem Quell las uns Hartmann ein Lied von der Freundschaft und wir fühlten, daß die wärmste Freundschaft ihn begeisterte und umarmten uns.« Und später heißt es charakteristisch von diesem empfindsamen Freundeskreis: »Weinte einer, so weinten wir alle, und war einer fröhlich, so freuten wir uns alle.« Sievers liebt in Leipzig ein armes, tugendhaftes Mädchen; aber eine Intrigantin, die Sievers in ihre Netze locken will, führt um das Mädchen eine Verleumdungskomödie auf, so daß Sievers an der Treue seiner Angebeteten verzweifelt. Er flüchtet nach Hamburg, wird dort, wie schon in Leipzig, unbekannter großer Wohltäter armer Menschen; die Intrigantin eilt ihm nach, versteht es, ihn eine kurze Weile zu betören; aber Sievers durchschaut und meidet sie alsbald. Damit bricht der Roman ab[99]. – Hanker ist ein typischer Vertreter der Wertherschen Empfindsamkeit. Sympathisch berührt seine durchgängige ideale Gesinnung, sein deutsch fühlendes Herz, das die eigene Wesensart vom Fremdländischen befreien möchte, wenn er auch selbst noch stark von dem französischen Theater und von den Engländern (Pope, Milton) abhängig war.

Von dem oben erwähnten Dr. Mutzenbecher kaufte Hanker 1799 das Ecke Liebermannstraße und Elbchaussee gelegene Gelände und erbaute darauf das erwähnte Landhaus[100], das ihm bis zu seinem

Tode 1807 gehörte. Fünf Jahre vor seinem Ableben hatte er sich vermählt[101]. Seine Witwe heiratete 1812 einen Dr. Mathaei, auf den das Grundstück überging. Von 1823 bis 1856 gehörte es dem Assekuradeur Hermann Otto *Goverts* aus der bekannten Mennonitenfamilie, der zahlreiche kirchliche und städtische Ämter bekleidete und 1823 Ältermann der Schonenfahrer-Gesellschaft wurde. Er verschönte das Anwesen. Die späteren Besitzer, die größere Nachbarlandsitze hatten[102], vermieteten das Haus zumeist. Als es älter und älter wurde, kamen die Gerüchte auf, daß es darin spuke.

1900 erwarb der Besitzer des benachbarten Grothschen Vergnügungsetablissements, Diedrich *Groth*, das Haus und ließ es 1904 abbrechen. Dabei löste sich auch das Rätsel des angeblichen »Gespensterhauses«. Man fand ein vermauertes Fenster, dessen Verkleidung jedoch Luftstrom durchließ und bei geringen Erschütterungen eigenartige Geräusche verursachte, die als »Spuk« gedeutet worden waren.

Der frei gewordene Raum ist seither dem Grothschen Garten zugeschlagen worden, und statt des Lärmens der »Gespenster« erschallt jetzt an schönen Sommerabenden oft fröhliche Tanzmusik über den Platz.

Die Groth gegenüberliegenden Landhäuser an dem Elbabhang (Elbchaussee 189–205) sind bereits von Volckens näher beschrieben. Hervorgehoben sei, daß das Landhaus Elbchaussee 195 von 1894 bis 1918 dem Hamburger Kaufmann Edmund J. A. *Siemers* gehörte, einer im wirtschaftlichen, kulturellen und gesellschaftlichen Leben Hamburgs hervorragenden Persönlichkeit. Er war u. a. Stifter der Hamburger Lungenheilstätten Edmundstal bei Geesthacht und des Vorlesungsgebäudes (heute Teil der Hansischen Universität). Der Siemerssche Landsitz, der ursprünglich zu dem Berend Roosenschen Besitz gehört hatte, war von Ad. E. Vidal gestaltet worden, der dort auch das jetzt noch bestehende Haus hatte erbauen lassen. Siemers verschönerte den hübschen, nach Övelgönne sich herabsenkenden Garten und vergrößerte ihn durch Ankauf des unterhalb gelegenen Geländes der früheren Schiffswerft (Övelgönne 106). Im Övelgönner Teil des Grundstücks erbaute er noch ein kleineres Landhaus, das zeitweilig von seinem Sohn und Nachfolger in der Firma, Dr. Kurt *Siemers*, und dessen Familie 1904–1918 als Sommeraufenthalt benutzt wurde. Nach E. J. A. Siemers' Tod erbte seine Witwe Susanne Siemers, geb. Eckmeyer, den Besitz[103].

HAUS HAUHOPEN VON A. O. MEYER

Nördlich von den Ländereien des Böhl-Struve-Nöltingschen Landsitzes dehnten sich bis zur Bernadottestraße große Koppeln und Weiden, die zum Teil mit schönen Bäumen besetzt waren, unter denen weidendes Vieh im Sommer Schatten suchte. Von diesem Gelände bildete die östliche Hälfte den Landsitz Hauhopen, geschaffen von dem Hamburger Kaufmann und Konsul A. O. *Meyer* (Liebermannstraße 20). Auf dem Grundstück erhob sich bis in die 30er Jahre eine durch den Architekten J. H. M. Brecklbaum aus gelbem Backstein in gotisierendem Stil erbaute Villa. A. O. Meyer entstammte dem Hamburger Kaufmanns- und Senatorengeschlecht Lorenz Meyer, dem auch der Domherr Lorenz Meyer angehörte, der im Hamburger Geistesleben um 1800 eine hervorragende Rolle gespielt hat[104]. Er war eine Reihe von Jahren in Singapore tätig, daselbst Hamburger und preußischer Konsul, und wurde später der Gründer der Firma Arnold Otto Meyer, die zu großer Bedeutung gelangte und noch heute zu den angesehensten Exportfirmen Hamburgs gehört. Die von A. O. Meyers Großvater, dem Hamburger Senator Johann Valentin Meyer (1745 bis 1811) begonnene Sammlung von Handzeichnungen wußte er trefflich zu mehren und ihr einen besonderen Ruf in Kunstkreisen zu verschaffen. Der Senator Johann Valentin Meyer war mit Chodowiecki befreundet und hatte von diesem seine ganze Familie porträtieren lassen. In enger Verbundenheit mit Künstlern wie Schwind, Steinle, Schnorr von Carolsfeld, Philipp Veit und Ludwig Richter hatte A. O. Meyer die Sammlung liebevoll und kenntnisreich ausgebaut. Nach seinem Tode mußte sie nach testamentarischer Bestimmung versteigert werden[105]. Im Hause Hauhopen, das 1872/73 erbaut war, befanden sich auch späterhin noch gemalte Friese von Fr. Preller, C. und J. Gehrts und Naue, die Szenen aus germanischer Sage und Geschichte darstellten. Das Besitztum ging 1923 auf die Stadt Altona über. Im Frühjahr 1936 wurde das Wohnhaus abgebrochen. Der Name des Hauses Hauhopen führt auf einen alten Flurnamen zurück, der allerdings nicht Hauhopen, sondern »Hannhöpen« war, so z. B. im Othmarscher Erdbuch von 1791. Das Gelände selbst trug die Namen »Hannhöpen« und »Haubargskamp«. Der Haubarg lag nordöstlich jenseits der heutigen Bernadottestraße. Haubarg bedeutet ein großes Bauernhaus. Von den Kindern A. O. Meyers seien erwähnt sein Sohn Eduard Lorenz Meyer, der sein Geschäftsnachfolger war und sich vielfach zeichnerisch betätigte. Er gab 1890 mit Oscar Tesdorpf das Buch »Hamburgische Wappen und Genealogien« heraus. A. O. Meyers jüngste Tochter *Meta*, die spätere Gattin des Altonaer Senators Alexander Baur (1866–1909), erbte gleich ihren Geschwistern den künstlerischen Sinn ihres Vaters und schuf viele hübsche Aquarelle aus der engeren Heimat. Als die Kunstsammlung ihres Vaters nach dessen Tode versteigert werden mußte, schrieb Meta Baur folgende Verse in den Auktionskatalog:

>»Zieht nun, ihr geliebten Bilder,
>Weit in alle Welt –
>Meinem Herzen bleibt ihr ewig
>Mehr, als alles Geld!
>Ja! ihr waret edler Samen,
>Früh schon ausgestreut,
>Samen für die Kinderherzen,
>Der sich stets erneut.
>Nun in deinen Kindeskindern,
>Liebster Vater mein,
>Was du säetest, wird ein Segen
>Für die Deinen sein[106]!«

DIE BESITZUNG
DES BÜRGERMEISTERS LEHMANN

Gegenüber dem früheren A. O. Meyerschen Anwesen befand sich bis Mitte der 30er Jahre unseres Jahrhunderts (Liebermannstraße 19) eine stattliche Villa mit großem Garten, die von dem Hamburger Kaufmann und Schiffsreeder August *Behn* (1816–1886) geschaffen wurde. Behn[107] gründete 1840 mit Valentin Lorenz Meyer die Firma »Behn, Meyer & Co.« in Singapore und schuf, nach Hamburg zurückgekehrt, 1852 die Reederei »August Behn«. Um 1863 kaufte er sich in Othmarschen an und erwarb das Gelände nördlich des heutigen Grothschen Etablissements. Dort ließ er sich in gotisierendem Geschmack das zweistöckige Wohnhaus erbauen und umgab es mit parkähnlichem Garten[108].

Im Jahre 1882 wurde das Grundstück von dem damaligen Senator, späteren Bürgermeister Dr. Johannes Chr. Eugen *Lehmann* erworben, einem der Söhne des Professors am Hamburger akademischen Gymnasium Johann Georg Chr. Lehmann aus Haselau. 1826 in Hamburg geboren, hatte er die Erhebung Schleswig-Holsteins 1848 als Kriegsfreiwilliger mitgemacht und sich danach als Rechtsanwalt in Hamburg niedergelassen. Er wurde Richter am Handelsgericht und 1861 dessen Vizepräses. 1859–1862, 1864–1868 war er Mitglied der Bürgerschaft und ward 1879 als Nachfolger Ernst Friedrich Sievekings in den Senat berufen, dem er bis 1900 angehörte. Während dieser Jahre, da Hamburg als Hafen- und Handelsstadt außerordentlich wuchs, leistete Lehmann Hervorragendes als Chef der Baudeputation für die Sanierung der Altstadt, für die Erbauung des neuen Rathauses, als Eisenbahnkommissar zur Vereinigung der mannigfachen Privatbahnen und als Mitglied der Deputation für Handel und Schiffahrt. Er war 1894 und 1897 zweiter Bürgermeister, 1895, 1898 und 1900 erster Bürgermeister. Seine hohe Gestalt hatte etwas Imponierendes. Bekannt geworden ist er besonders durch seinen Trinkspruch, mit dem er 1898 Kaiser Wilhelm II. bei dessen Besuch in Hamburg begrüßte. Er sagte u. a.: »Unser Kaiser, unser erhabener Bundesgenosse, Seine Majestät

Wilhelm II., König von Preußen, er lebe hoch und abermals hoch!«
In der Art, wie er den Kaiser als Bundesgenossen der Freien und
Hansestadt begrüßte, zeigte er das starke Selbstbewußtsein, dessen
sich der hanseatische Geist von jeher erfreuen durfte[109]. Lehmann
suchte auf dem Othmarscher Sommersitz ausschließlich Erholung
im engsten Familienkreis, während der sehr große offizielle Verkehr,
zumal vor der Errichtung des Hamburger Rathauses, sich in Leh-
manns Stadthaus zu Hamburg abspielte. Nach dem Tode des
Bürgermeisters, 1901, blieb das Grundstück im Besitz seiner Witwe
Emma Margarethe, geb. Kellinghusen, die zunächst mit ihren
Kindern hier auch nur zur Sommerzeit wohnte. Nach dem
ersten Weltkrieg verkaufte sie ihr Haus in Hamburg und wohnte
ausschließlich bis zu ihrem 1928 erfolgten Tod in Othmarschen.
Der Besitz wurde in der Folgezeit parzelliert und die alte Villa abgebrochen.

JOHANN HEINRICH
FREIHERRN VON SCHRÖDERS LANDSITZ

Jedem Spaziergänger auf der Elbchaussee fällt der sogenannte
»Halbmond« auf: ein anmutiger, eingeschossiger Halbrundbau in
ockergelber Farbtönung, der in der Mitte ein großes, geschlossenes
Tor mit einer alten Uhr trägt (Elbchaussee 228). Man sieht ohne
weiteres die Bestimmung: Nebengebäude für das große Herrschaftshaus zu sein, das an der Chaussee gerade gegenüber liegt
(Elbchaussee 215). Dieses Haus wurde an Stelle des alten 1914 neu
erbaut und ist heute im Besitz der Hamburger Mineralölwerke
Ernst Jung.

Die älteren Freunde der Chaussee aber erinnern sich noch sehr
gut des viel schöneren Vorgängers, den dieses große Haus gehabt
hat, das einst im Stil trefflich zu der »Halbmond«-Anlage paßte. Es
war ein in seinen Raumverhältnissen anmutig gegliederter Bau, den
um 1795 der Baumeister C. F. Hansen schuf. Vor der Landseite des
Hauses lag ein schöner Rasen und eine weitgeschwungene Anfahrt.

An das eingeschossige Hauptgebäude mit hohem, edelgeformtem Dach gliederte sich rechts und links je ein ursprünglich eingeschossiger, später zweigeschossiger Seitenflügel. Die Front nach der Elbe zeigte einen großzügigen Säulenvorbau mit Terrasse, die in zwei seitlichen Freitreppen formschön auslief[110].

Der Schöpfer dieses Besitzes ist der englische Großkaufmann John *Thornton* (1764–1835) gewesen, eine durch Leistung und Schicksal sehr beachtenswerte Persönlichkeit[110a]. Er war ein Sohn des Courtmasters Richard Thornton. Von kaufmännischem Weitblick und starkem patriotisch-politischem Sinn fand er das volle Vertrauen der britischen Regierung unter Georg III. Während der Jahrhundertwende war sein Hauptgeschäft die Vermittlung der englischen Unterstützungsgelder an die Kontinentalmächte, die gegen Napoleon I. im Kampfe lagen. Sehr hohe Beträge gingen damals durch seine Hände. 1801 betrug z. B. die Summe, die er allein an die Regierung des deutschen Kaisers Franz II. lieferte, 666 666 £. Natürlich war seine Tätigkeit den Franzosen verdächtig und verhaßt. Als diese 1806 Hamburg besetzten, versiegelten sie sofort Thorntons Kontor in seinem am Neuen Wandrahm 1 gelegenen Stadthause. Aber sie fanden nichts; denn das Kontor hatte eine Geheimtreppe, durch die es der Besitzer jederzeit unbemerkt verlassen konnte. Als es 1807 zum Kriege Englands gegen Dänemark und zur Beschießung Kopenhagens kam, geriet Thornton, der auf dänischem Hoheitsgebiet große Vermögenswerte besaß, als Engländer in eine schwierige Lage. Unter den Hamburgern selbst genoß er dank seiner einflußreichen Beziehungen großes Ansehen. In seinen Häusern in der Stadt und draußen verkehrten u. a. der Großherzog Friedrich Franz II., die Herzöge von Cambridge, von Braunschweig-Oels und Feldmarschall Blücher. Als leidenschaftlicher englischer Patriot förderte er seines Vaterlandes Interesse auf jede Weise und war erfolgreich um die Rettung des Hannoverschen Schatzes bemüht. 1807 hatte er den Hamburger Bürgereid geleistet. Seine Landsleute hatten ihn bereits 1800 zum Schatzmeister der Adventurier-Kaufleute für Hamburg gemacht. Aber die wachsenden Unruhen und Schwierigkeiten der politisch erregten Kriegsjahre steigerten auch die Widrigkeiten auf Thorntons weiterem Lebensweg. Im Juni 1813 mußte er mit seiner Familie aus Hamburg flüchten, konnte aber im Mai 1814 bereits zurückkehren. Die schweren Zeiten hatten jedoch sein Vermögen und seine Existenzbasis so geschwächt, daß er nur noch fünf Jahre in Hamburg blieb. 1819 verkaufte er seinen gesamten Besitz, sowohl in der Stadt wie an der Elbchaussee, und siedelte nach Lübeck über, wo er sehr zurückgezogen lebte und 1835 starb[111].

Thornton verkaufte den Othmarscher Besitz[112], den er in dem Vierteljahrhundert, seitdem er ihn begründet, liebevoll gepflegt und ausgestaltet hatte[113], an den Bankier M. A. *Heckscher*. 1824 erwarb Johann Heinrich *Schröder* das Ganze.

Mit dem Namen der großen Bank- und Handelsherrenfamilie Schröder ist die Glanzzeit der Besitzung verbunden[114]. Joh. Heinr. Schröder (1784-1883) war der Sohn des aus Quakenbrück (nördlich Osnabrück) zugewanderten Kaufmanns *Christian Matthias Schröder* (1742-1821), der 1799 Senator und 1816 Bürgermeister von Hamburg wurde. Dessen Frau war Louise Mutzenbecher, Tochter des Hamburger Kaufmanns und zeitweiligen Präses der Commerzdeputation Samuel Dietrich Mutzenbecher[115]. Von den zwölf Kindern, die aus dieser Ehe stammten, war Johann Heinrich das zehnte. Er hatte vom Vater die Vorliebe für öffentliche Ämter nicht ererbt, hielt sich vielmehr zeitlebens von der Öffentlichkeit ziemlich zurück. Um so mehr aber waren ihm kaufmännisches und finanzpolitisches Genie eigen und ein außerordentlich menschenfreundliches soziales Empfinden, betrug doch allein das, was J. H. v. Schröder und seine Ehefrau später allmonatlich an Geschenken und Unterstützungen an Arme und Bedürftige zu gewähren pflegten, ein kleines Vermögen[116]. J. H. Schröder kam schon in jungen Jahren nach England. Er gründete in London die Firma J. Henry Schröder & Co.; ein gleiches Haus schuf er in Liverpool, und in Hamburg etablierte er sich unter »J. H. Schröder & Co.«. Später verlegte er seinen Wohnsitz dauernd nach Hamburg, wo er ein geräumiges Stadthaus in den Großen Bleichen besaß. Der Othmarscher Landsitz blieb dem Aufenthalt während der Sommermonate vorbehalten.

Die pflichtmäßigen großen Geselligkeiten wickelten sich in der Stadt ab; der Landaufenthalt diente der Erholung und der Pflege des Familienlebens, das von J. H. Schröder und seiner Frau zumal in Othmarschen besonders herzlich gefördert wurde. Schröders Gattin Henriette, geb. von *Schwartz* (1798-1889)[117], war eine Tochter des preußischen Generalkonsuls von Schwartz, eine ungemein gütige, kluge, tief religiöse und mütterliche Frau. Sie schenkte ihrem Mann zwölf Kinder, denen sie in treuer Liebe hingegeben war. Sie besaß die schöne Gabe des Zuhörens und konnte sich ganz auf die Freuden und Nöte der Menschen, die zu ihr kamen, einstellen. Sie ergänzte warmherzig die ruhig-ernste, still-vornehme Würde ihres Mannes. Eine große Freude bedeuteten für die Familienmitglieder die »Kindertage«, die auf der Othmarscher Besitzung in dem großen, wohlgepflegten Park fröhlich begangen wurden. Am heitersten pflegte es am 28. Juni, dem Geburtstag der Mutter, herzugehen, zur Zeit also, da der Landsitz besonders in Blüte stand. Die Wohltätigkeit Schröders erreichte ihren Gipfel, als er 1852 mit 1 Million Mark Banko = $1^1/_2$ Millionen Reichsmark das Schröderstift (Wohnungen und Unterstützung für Hilfsbedürftige) ins Leben rief[118]. Hamburgs Senat ehrte Schröder 1869 durch die Große goldene Verdienstmedaille, und etwa gleichzeitig verlieh ihm der König von Preußen die erbliche Freiherrnwürde. Seit 1858 trägt die Schröderstiftstraße seinen Namen.

Schröders selbst bewohnten in ihrem Othmarscher Haus den mittleren Teil; die Flügel des Hauses blieben den Kindern und Gästen vorbehalten. Mit wachsender Kinderzahl wurden die Räumlichkeiten zu klein, so daß Schröder den Gebäudeflügeln ein zweites Stockwerk aufsetzen ließ. Das Innere des Baues gewährte, schon von Thorntons Zeiten her, den Eindruck des Friedens und der vornehmen Ruhe. Waren doch die edlen klassizistischen Repräsentationsräume, wie sie Hansen einst geschaffen, noch aufs schönste erhalten. In zarten Elfenbeinfarben schimmerte der große Gartensaal mit hohem Spiegelkamin, und die benachbarten Räume waren ebenso festlich-ruhig mit den bis zum Boden mit Glas durchzogenen Türen, mit den Friesen im Thorwaldsenschen Geschmack und den heiter-bunten Blumenstücken, die sich unaufdringlich und gefällig in die edel-hellen Stuckwände einordneten.

Als Schröders 1881 das Fest ihrer diamantenen Hochzeit nach sechzigjähriger Ehe feierten, ließen es sich die Anwohner der Großen Bleichen nicht nehmen, die Straße zu einer Via triumphalis auszuschmücken: eine Auszeichnung, wie sie in gleicher Weise nur Kaiser Wilhelm I. genoß, als er drei Jahre später Hamburg besuchte[119]. Schröder starb, fast hundert Jahre alt, 1883[120]. Sein Leben war wie eine aufsteigende Sonne, die immer mehr an Kraft zunimmt, je höher sie steigt, und die im Sinken einen schönen, vollen Abend hervorruft. Er ist vielleicht der Vertreter des solidesten, arglosesten Glückes gewesen unter den vielen interessanten Gestalten, die an der Elbchaussee gelebt haben.

Seine Gattin, die gleichfalls ein hohes Alter von über neunzig Jahren erreichte, folgte ihm 1889 in die Ewigkeit nach. Nunmehr wurde das sehr große Grundstück an der Elbchaussee geteilt. Den östlichen Teil des Parkes übernahm *Frau verw. Rudolph Schröder*, geb. Clara Freiin von Schröder (1829–1900), die vierte Tochter J. H. von Schröders[121]. Sie hatte sich mit einem entfernten Verwandten, dem Hamburger Kaufmann und italienischen Titularkonsul Rudolph Schröder, vermählt[121]. Der westliche Teil des Besitzes gelangte in die Hände von *Franz* Hermann *Schröder* (geb. 1860), einem Enkel von J. H. Freiherrn von Schröder und Sohn des Hamburger Kaufmanns Anthon Schröder, der im Jahre 1859 die Firma Anthon Schröder & Co. gegründet hatte. Franz Schröder übernahm 1884 die Firma seines Vaters und vergrößerte nach und nach den Umfang des Unternehmens hauptsächlich durch persönliche Beziehungen zu griechischen und kleinasiatischen Firmen, weshalb ihn häufige Reisen in den Orient führten. Im Zusammenhang mit diesen Verbindungen zum Orient gründete er 1891 zusammen mit Carl Laeisz, Adolph Woermann, Eduard Behrens, Robert Mestern, Rudolph Petersen und Bernhard Hahlo die *Deutsche Levante-Linie*, in deren Aufsichtsrat er viele Jahre bis zur Übernahme dieser Linie durch die Hapag den Vorsitz führte. 1885 übernahm Schröder die von seinem Vater innegehabte Vertretung der North British Mercantile Versicherungsgesellschaft in London, zusammen mit dem langjährigen Mitarbeiter Anthon Schröders, J. L. Sudeck, und gründete mit ihm die Firma Schröder & Sudeck. 1914 wurde die Firma Schröder, Sudeck & Duve ins Leben gerufen. Franz Schröder war u. a. Mitglied der Deputation für indirekte Steuern und Abgaben und war außerdem im Vorstand des Schröder-Stifts. 1888 vermählte er sich mit Madeleine *Des Arts* (geb. 22. Oktober 1867), der Tochter des Hamburger Kaufmanns Louis Des Arts. Von Franz Schröder stammen zwei verheiratete Töchter; sein einziger Sohn Hermann (geb. 1893) fiel im ersten Weltkrieg. Zu dem Franz Schröderschen Besitz an der Elbchaussee gehörten das alte Wohnhaus mit dem »Halbmond« und die nördlich der Chaussee gelegenen großen Weiden. Er wohnte dort im Sommer zunächst mit seinen Eltern, später allein. Wie seine Vorgänger trug auch er zur Verschönerung des Landsitzes bei[122].

1913 verkaufte er den Besitz an die Witwe des Bankiers Dr. *Hardy*, ehemaligen Chefs des Bankhauses Hardy & Hinrichsen[123]. Frau Dr. Hardy ließ das alte Herrenhaus 1914 niederreißen und an dessen Stelle ein noch größeres zweistöckiges Gebäude durch den Architekten Paul Schöß errichten.

Im Frühsommer des Jahres 1926 erweckte der Herrensitz noch einmal das Interesse der Öffentlichkeit. Der bekannte Hamburger Auktionator E. von *Würzen* inserierte in Tageszeitungen und auswärtigen Fachschriften die bevorstehende Versteigerung der Schloß-einrichtung aus dem Nachlaß des letzten Besitzers, Herrn W. *Severin*. Der Verkauf fand am 21., 22. und 23. Juni statt. Jahrhundertealte wertvolle Möbel, Kunstgegenstände, Porzellan und Teppiche wechselten ihren Besitzer. 1935 wurden das Herrenhaus und das schöne Wirtschaftsgebäude »Der Halbmond« in Einzelwohnungen umgebaut.

1953 wurde durch Helmut Schröder aus der Londoner Bankierfamilie der Stadt Hamburg ein großzügiges Geschenk gemacht durch das eichenbestandene Parkgelände, das noch im Schröderschen Besitz geblieben war. Von der Elbchaussee neben Nr. 203 gelangt man in diese wunderbar versponnene, 28 000 qm umfassende Parkanlage, heute offiziell als »Schröders Elbpark« bezeichnet. Das im Gelände liegende Haus Nr. 203, von einer Hecke umgeben, blieb im Privatbesitz der Familie Schröder. Heute wohnt dort Wilhelm Schröder, in Fa. Schröder Gebrüder & Co.

ROOSENS GÄRTEN IN OTHMARSCHEN

Nördlich der Chaussee, etwa in der Höhe der Schröderschen Landsitze, lag der große Roosensche Garten. Er reichte bis zu der Schmuckanlage der heutigen Othmarscher Christuskirche und bis zu den Villen an der Emkendorfstraße, deren Gelände ursprünglich ein Teil des Gartens war. Südlich dehnte sich der Garten bis zur Ansorgestraße, und in dieser Südhälfte hat er noch bis zum Jahre 1934 bestanden. Er ging zurück auf den Hamburger Kaufmann Cornelius Wilhelm *Poppe* (1775–1838), einen Sohn des gleichnamigen Senators und Bürgermeisters. Poppe war Kaufmann, bekleidete mehrere städtische Ämter, war 1803 Kriegskommissar, 1823 Militärkommissar[124] und besaß gemeinsam mit dem auch sonst in Othmarschen über Grundbesitz verfügenden Ludwig J. P. F. Kunstmann[125] »den im Dorfe liegenden Kamp Eckholt mit den darauf stehenden Gebäuden, einer Torfparzelle und einer Kirchenstelle« (d. h. Anrecht auf einen Kirchenstuhl in der Kirche zu Ottensen). Nach Kunstmanns Tode, 1816, hatte er das Anwesen allein inne.

Im Jahre 1833 verkaufte er den gesamten, sehr gepflegten Besitz an den Hamburger Berend Paulus *Roosen* (1792–1875)[126]. Das Wohnhaus, das bereits von Poppe erbaut worden war, stand im Süden des Gartens (Ansorgestraße 26). Es wurde, wie bei den alten Hamburger Landhäusern üblich, die ohne Windfang waren, durch das sogenannte Gartenzimmer betreten. Hinter dem Wohnhaus dehnte sich der große Park, dessen herrlicher alter Baumbestand noch heute, wo er längst parzelliert ist, in den hier entstandenen Einzelgrundstücken gut erkennbar ist. An der Ostseite[127] lag ein malerischer Teich, an den sich, durch zwei Kanäle verbunden, westlich ein zweiter Weiher anschloß. Der Teich diente den Kindern zu Ruderfahrten. Der südliche Teil des Gartens, auf dem sich heute die Kirche erhebt, wurde das Gehölz genannt[128]. B. P. Roosen, ein Sohn des Kaufmanns Berend Roosen (1744–1827), des ehemaligen Besitzers der Dockenhudener »Bost«, war vermählt mit einer Tochter des Altonaer Brauereibesitzers Herman de Voß und lebte sehr zurückgezogen. Im Winter bewohnte er bis zum Hamburger Brand, 1842, sein Haus am Jungfernstieg 22 (an der Stelle der heutigen Dresdner Bank), nach dem Brand das Haus Neuer Jungfernstieg 9, jetzt Hotel Vier Jahreszeiten.

Als er 1875 gestorben war, übernahm sein Sohn *Berend Otto Roosen* (1832–1912) den Landsitz. B. O. Roosen war Architekt und Inhaber einer Schmelztiegelfabrik in Bahrenfeld. Auch war er Diakon der Mennonitengemeinde[129]. Auf der Koppel zwischen Ansorge- und Bernadottestraße wurde von ihm ein Garten angelegt und ein Haus gebaut (heute Roosens Weg 5), das seiner Schwester Marie Roosen als Sommerwohnung diente. B. O. Roosen und seine Frau Charlotte, geb. Timm, hatten sechs Kinder und führten ein geselliges Leben, so daß der Othmarscher Garten manchem aus dem letzten Viertel des vorigen Jahrhunderts in froher Erinnerung geblieben war. Zu dem B. O. Roosenschen Kreise gehörten u. a. der Maler Valentin *Ruths*, der Bildhauer *Duyffcke*, der Konzertmeister *Bargheer* und der Professor am Konservatorium *von Holten*. Im Winter wurden in der Stadtwohnung musikalische Aufführungen veranstaltet.

Als um 1900 die Stadt Altona die Durchlegung einer Straße durch den Roosenschen Garten plante, die als heutiger Othmarscher Kirchenweg/Kleinflottbeker Weg nach Zuschüttung des hinteren Teiches ausgeführt wurde, verkaufte B. O. Roosen den nördlich dieses Straßenzuges liegenden Teil seines Gartens an Conrad Hinrich *von Donner*, der dort die Othmarscher Kirche und das Missionshaus erbauen ließ[130]. Das Ehepaar Roosen, das seit 1900 auch im Winter in Othmarschen wohnte, konnte 1910 daselbst seine goldene Hochzeit feiern. B. O. Roosen starb 1912, seine Frau Charlotte 1919. Nach ihrem Tode verkauften die Erben den Garten mit dem Haus an *Unger*. Das Gartengelände, auf dem der vordere Teich gelegen hatte, wurde schon kurz vorher an den Hamburger Zigarrenfabrikanten *Wolff* veräußert, der dort ein Haus baute, das später E. von *Spreckelsen* gehörte.

Dem Roosenschen Garten benachbart war im Süden ein weiterer großer Garten, der sich durch hübsche Teichpartien und schöne Baumgruppen auszeichnete. Das parkartige Grundstück mit einem schön eingerichteten Wohnhaus gehörte ehedem nacheinander den Bankierfamilien *Lieben-Königswarter* und *Dr. Beit*. Herr Lieben-Königswarter war ein Mitglied der bekannten Bankierfamilie Königswarter in Frankfurt und Wien und leitete hier ein Hamburger Bankhaus als Zweigstelle des Königswarterschen Unternehmens. Er und seine Frau waren strenge Juden im alten Glauben. Sie waren beide äußerst wohltätig. Als Witwe trieb die Frau die Wohltätigkeit in solchem Maße, daß der Testamentsvollstrecker einschreiten mußte. Das Ehepaar wurde auf dem Israelitischen Friedhof an der Sternschanze beigesetzt. Da auf den Grabsteinen nur hebräische Lettern standen, fiel das auf der Gedenktafel Lieben-Königswarter angebrachte Goethe-Wort in lateinischer Schrift »Edel sei der Mensch, hilfreich und gut« besonders auf. In den Jahren vor dem zweiten Weltkrieg wurde der Friedhof aufgelöst, das Gelände bebaut.

Danach bewohnte den Landsitz die Familie Dr. Beit mit ihren Kindern. Von den Söhnen erfreuten sich hier eines schönen Jugendaufenthaltes *Gustav Beit* (später i. Fa. Beit & Philippi, Chem. Fabriken und Buch- u. Steindruck-Farbenfabrik, Import von Chilesalpeter). Er war ein großer Sportsmann und Gründer des »Hamburger Sport-Clubs«. Ihm war wesentlich die Anlage einer Rennbahn in Groß-Borstel zu verdanken. Bedeutende Mittel für die damalige Hamburger Sportanlage stellte auch Gustav Beits Vetter *Alfred Beit* in London zur Verfügung, der einer der reichsten Männer der Welt war und noch vermögender als Rockefeller gewesen sein soll. Gustav Beits Brüder waren *Ferdinand Beit*, der später mit dem Senator Alfred Michahelles in der Firma Gebrüder Michahelles zusammenarbeitete, und Dr. *Carl Beit*, der gleichfalls in der Firma Beit & Philippi tätig war. Ein dritter Bruder wurde Teilhaber des Bankhauses Speyer, Elissen & Co. und wurde vom Kaiser Wilhelm II. unter den Namen »Beit von Speyer« geadelt[130].

Beits gaben 1883 das Othmarscher Grundstück auf, und die alte Frau Dr. Beit erwarb dafür an der Alster das Grundstück Harvestehuder Weg 13, wo sie ein stattliches Haus erbauen ließ. Das Anwesen ging an den Hamburger Kaufmann und nachmaligen Senator *Rudolph Roosen* (1830–1907) über, der bis 1893 Mitinhaber der Firma »Salomon & Berend Roosen« war. 1871–1881 war er Mitglied der Baudeputation und 1881–1890 der Finanzdeputation; seit 1877 saß er in der Bürgerschaft. 1890 ging der Garten nach kurzem Zwischenbesitz durch einen Herrn Stavenow auf den Altonaer Kaufmann Ernst August *Wriedt* über. Dieser ließ den Garten parzellieren und durch das Grundstück eine Straße anlegen, die nach ihm den Namen Ernst-August-Straße erhielt. Das alte Wohnhaus hat den zweiten Weltkrieg überdauert und steht noch heute (Ernst-August-Straße 24).

IV. OTHMARSCHEN UND KLEINFLOTTBEK

DIE BRÖDERMANN-SLOMANSCHEN LANDSITZE

Von der einstmals sehr bekannten Gastwirtschaft Rittscher[131] (Elbchaussee 221), die bereits im achtzehnten Jahrhundert ein beliebtes Ausflugsziel gewesen ist, erstreckt sich zu beiden Seiten der Chaussee gen Westen ein reiches, großes Garten- und Parkgelände, das bis zum heutigen Hindenburg-Park reicht, über die Othmarscher in die Kleinflottbeker Gemarkung hinein verläuft und einst zwei hervorragenden Hamburger Großkaufleuten gehörte: dem Baron *Voght* und später dem Konsul Wilhelm *Rücker*. Rücker ließ seinerzeit das ganze Gelände längs der Chaussee zu beiden Seiten durch ein sehr stabiles Kettengeländer abgrenzen, das dem Wanderer eine schwache Vorstellung von dem einst außerordentlichen Ausmaß dieser Besitzung bieten konnte. Ehedem trug das ganze kilometerlange Parkland südlich der Chaussee nur zwei stattliche Landhäuser, das alte *Linnich*sche und das *de Voss*'sche, in dem 1849 der spätere Reichskanzler Fürst *Bülow* das Licht der Welt erblickte. An Stelle des Linnichschen Hauses entstanden hier später die beiden Brödermannschen und Slomanschen Villen. Das alte de Voss'sche (später Rücker-Mutzenbechersche) Landhaus wurde nach der Jahrhundertwende abgebrochen, und 1904 ward durch die Architekten Lund und Kallmorgen daselbst ein pompöser Neubau für den Kaufmann Carlos de Freitas errichtet. Westlich dieses Neubaus erhob sich auf Kleinflottbeker Gebiet eine von Meuron erbaute Villa, die ebenfalls Rücker gehörte und dem Fürsten Bülow Jahrzehnte hindurch als Sommerwohnsitz diente.

All diese Landsitze sind mit Ausnahme der vormals de Freitasschen Villa seit 1930/31 verschwunden; die Parks wurden aufgeteilt, und eine Reihe kleinerer moderner Villen ist hier entstanden.

Die Geschichte des Brödermannschen und des Slomanschen Landsitzes (bis 1930/31 Elbchaussee 223-29) reicht bis in das Ende des achtzehnten Jahrhunderts zurück. Sie geht vornehmlich auf die reiche Altonaer Mennonitenfamilie *Linnich* zurück, die – neben den ihnen verwandten van der Smissen – Schiffahrt und Handel in unserer Heimat zu besonderer Blüte brachten. Die Linnichs sind an der Ausgestaltung der Grönlandfahrten lebhaft beteiligt gewesen[132]. Zu ihrer kaufmännischen Betätigung gehörten auch zahlreiche Grundstücksgeschäfte an der Elbchaussee. So erwarb *Hermann Linnich jun.* als Vierundzwanzigjähriger hier Landbesitz. Die Flur, die sich westlich von Rittscher längs der Elbe erstreckt, trug den Namen Krützkamp[133]; auf deren östlichem Teil besaß Hinrich Röper eine Baustelle nebst Hof[134]. Dieses Anwesen erwarb der junge Kaufmann, doch nahm es ihm sein Vater *Hermann Linnich senior* schon nach drei Jahren wieder ab und erbaute hierselbst ein stattliches Landhaus: zweistöckig, mit zum Teil ausgebauter Mansarde, einen großzügig-soliden Eindruck machend[135]. Nach Linnichs Tod verkaufte seine Witwe die Besitzung für 30 000 Mark Courant an den letzten englischen Courtmaster in Hamburg, John *Blacker*, dem wir schon früher begegneten. Dessen Erben verkauften 1803 das Grundstück, in dem nun zwischendurch eine Kaffee- und Gartenwirtschaft betrieben wurde[136].

Die eigentliche Blütezeit des Besitzes[137] aber begann, als dieser 1829 von dem Kaufmann Johann Wilhelm *Rücker* (1781-1847), dem bedeutenden Mitbegründer des Rücker-Jenischschen Reichtums, erworben wurde. J. W. Rücker war das siebente von neun Kindern des Hamburger Senators Siegmund Rücker (1746-1797), von dem eine hübsche Silhouette, die ihn mit Zopfperücke darstellt, erhalten ist. Kaufmännisch sehr weitblickend, gelangte er rasch zu Wohlstand; 1828 wurde er königlich dänischer Konsul. Er war vermählt mit *Emilie*, geb. Jenisch (1790-1864), der Tochter des Hamburger Senators *Martin Johann Jenisch*[138], des ehemaligen Lehrherrn des Philosophen Arthur Schopenhauer, als dieser noch ein kleiner, unbeachteter Kaufmannslehrling war. Von Emilie Rücker, seiner Großmutter, erzählte später Fürst Bülow:

»Meine Großmutter Rücker war eine gute, sanfte und liebe Frau. Sie hatte den Schmerz gehabt, zwei Töchter im blühendsten Alter zu verlieren, denen sie in ihrem Flottbeker Park ein Denkmal errichtete, das ein italienischer Bildhauer in italienischem Marmor ausgeführt hatte und das wir mit Wehmut betrachteten. Meine Großmutter hatte, von meiner Mutter begleitet, Italien noch in der alten guten Weise bereist, d. h. nicht mit der Eisenbahn, sondern mit Wagen und Pferden. So fuhr sie von Hamburg nach Rom, von Rom nach Neapel und von Neapel zurück an die Elbe. In seiner trefflichen Geschichte der Deutschen in Rom gedenkt Friedrich Noack ihres Besuches in der Ewigen Stadt und der Unterstützungen, die sie dort talentvollen deutschen Künstlern angedeihen ließ. In meinem Eßzimmer in Flottbek stehen noch heute eine Tänzerin aus karrarischem Marmor und ein David mit der Schleuder aus demselben Material, die meine Großmutter vom Tiber an die Elbe brachte[139].«

Die von Bülow erwähnten frühverstorbenen Töchter waren die beiden Erstgeborenen: die älteste, die schöne, zarte *Alida* Rücker, starb in ihrem achtzehnten Lebensjahr, die zweitälteste, *Maria*, folgte ihrer Schwester nach, als sie vor der Vollendung des zwanzigsten Lebensjahres stand. Die trauernden Eltern ließen ihnen im Park ihres Elbsitzes ein schlichtes klassizistisches Denkmal errichten, das die Inschrift trug: »Unsern geliebten Töchtern!« Die innere Steinfläche zeigte eine zum Licht hinanschwebende weibliche Gestalt in engelhafter Haltung. Darunter standen die Worte: »Früh seid ihr am Ziele! / In der Blüthe Eures Lebens / Pflückte Euch des Todes Hand, / Reihte Euch dem Kranz der Geister, / Den der Ewige sich wand.«

Als Rücker, wie oben erwähnt, 1829 das vormals Linnichsche Anwesen erstanden hatte, war er bereits zwei Jahre dessen Nachbar gewesen; denn 1827 hatte er schon das westlich angrenzende große Besitztum mit dem de Voss'schen Landhaus erworben, in dem später der Reichskanzler Fürst Bülow das Licht der Welt erblickte. Durch Vereinigung dieser beiden Besitzungen (Linnich und de Voss) gewann Rücker das außerordentliche Gartengebiet, das von Rittscher fast bis zur Flottbeker Grenze reichte. Nördlich der Chaussee gehörte ihm noch der umfangreiche »Holtkamp«. Von den zwei Landhäusern, die das Gesamtanwesen trug[140], bewohnte der Konsul zur Sommerszeit[141] mit den Seinen das reich ausgestattete, vormals de Voss'sche Haus. Als er 1847 starb, behielt seine Witwe das ganze Anwesen noch volle vierzehn Jahre; dann verkaufte sie 1861 den östlichen kleineren Teil (bis 1931 Elbchaussee 223/25) mit dem alten Linnichschen Landhaus an Wilhelm Theodor *Schiller*, den Bruder des Konsuls Gustav Schiller. Dieser ließ das alte Linnichsche Haus niederreißen und an dessen Stelle durch Meuron eine neue, geräumige Villa errichten. Die Villa war ein zweigeschossiges Gebäude mit breiter Freitreppe und säulengeschmücktem Vorbau nach der Chaussee zu, von der sie durch einen weiten grünen Rasen und hohe, alte Bäume getrennt war. Im Giebel befand sich das Schillersche Wappen mit mächtig ragendem Helmschmuck[142].

1882 erwarb Carl Alphons *Brödermann*, der Schwiegersohn des Reeders Robert M. Sloman jun., den Besitz. Brödermann (geb. 17. Januar 1840) war ein geborener Hamburger[143]. Er war in London und Shanghai gewesen, hierauf nach Hamburg zurückgekehrt und 1867 in die Firma Rob. M. Sloman jr. eingetreten[144]. Er vermählte sich mit Stephani, einer Tochter Slomans[145]. 1866 wurde Brödermann Vorstandsmitglied des Hamburger Rennklubs. Er war ein erfolgreicher Herrenreiter im Hindernissport auf Hamburger und anderen deutschen Rennbahnen. Seiner Ehe entsprossen fünf Kinder[146]. Als er 1892 starb, war der alte Rob. M. Sloman jr. noch Seniorchef der Firma. Seitdem betreute Brödermanns Witwe viele Jahrzehnte hindurch das Besitztum an der Elbe, das sie bis 1931 bewohnte. Dann wurde das Haus abgebrochen und das Grundstück parzelliert[147].

Der westlich angrenzende Park, früher gleichfalls ein Teil des Rückerschen Besitzes, war 1865 nach dem Tode von Emilie Rücker durch Frau Stephani Brödermanns Vater *Robert Miles Sloman jun.* erworben worden. Es handelte sich um den größten Teil des alten Krützkamps, ein herrliches Gartenland, das bis zum verkleinerten

Park der alten de Voss-Rückerschen Villa reichte. Hier (bis 1930 Elbchaussee 219) ließ sich Sloman dicht am Elbabhang, Finkenwerder gegenüber, durch den Architekten J. D. *Jolasse* ein im damaligen anglisierenden Stil ausgeführtes Landhaus erbauen. Jolasse, geb. 1810 in Hanau, gest. 1876 in Würzburg, Sohn französischer Eltern, hatte in München und Hannover das Baufach studiert[148]. Seine in England gesammelten Erfahrungen, seine im Hamburger Häuserbau gezeigte Bewährung kamen auch dem Slomanschen Landhaus zugute. R. M. Sloman jun. (1813-1900) war der Sohn des großen Pioniers deutscher Seefahrt Robert M. Sloman sen. (1783-1866) und führte die beträchtlichen Unternehmungen seines Vaters gemeinsam mit seinen Verwandten, darunter dem soeben genannten Schwiegersohn C. A. Brödermann, umsichtig und erfolgreich fort. Er war es, der zuerst die damals kühne, viel bekämpfte und später allgemein bewährte Neuerung einführte, eiserne Schiffe zu bauen. 1870 richtete er eine direkte Mittelmeerlinie für den Handel zwischen Deutschland, Spanien und Italien ein. Die Firma vergrößerte sich im Laufe der Jahrzehnte bedeutend. Robert M. Sloman jun. genoß in Hamburgs öffentlichem Leben besonderes Ansehen und war von großem Einfluß in der Deputation für Handel und Schiffahrt sowie in der Finanzdeputation. Die Hansestadt entsandte ihn als ihren Vertreter in den Norddeutschen Bund. Auch er war wie sein Vater außerordentlich mildtätig. 1890 zog er sich vom Geschäftsleben zurück, wahrte aber bis an sein Lebensende alle Interessen der Firma. In den Sommermonaten genoß er gern die Freuden seiner schönen Elbbesitzung, in der er neben schattigen Baumgruppen auch seltene Farne und Palmen anpflanzen ließ. Er starb an seinem 87. Geburtstag, dem 30. Juli 1900.

Nach Slomans Tod wurde der Landsitz von Slomans Schwiegersohn Friedrich Loesener und dessen Frau Crisca, geb. Sloman, bewohnt. 1930 wurde das Haus niedergelegt, das Grundstück in drei Teile geteilt und verkauft[149].

Gegenüber diesen vormals Brödermann-Slomanschen Villen befand sich an der Nordseite der Elbchaussee 238 eine stattliche Besitzung, die 1899 gleichfalls von Frau Stephani Brödermann käuflich erworben war. Sie bestand aus einem Park mit altem Baumbestand, der bis zur Bernadottestraße reichte. Die in ihrer Mitte stehende Villa, die vom Hamburger Architekten Philipp *Krutich* erbaut wurde[150], bewohnte seit 1900 Hermann *Reincke*, Enkel des Altonaer Handelsherrn J. J. Reincke, ein Schwiegersohn von Frau Stephani Brödermann (vermählt mit deren Tochter Mary), um 1937 Seniorchef der Firma Rob. M. Sloman jr. – Hermann Reincke war u. a. viele Jahre Vorsitzender der Vereinigung Hamburger Schiffsmakler & Schiffsagenten und Vorsitzender der Getreideheber-Gesellschaft m.b.H., Aufsichtsratsmitglied der Hamburger Getreide-Lagerhaus-A.-G. In seinen Mußestunden hatte er stets Interesse für jeden Sport gezeigt, war ein leidenschaftlicher Segler und Tennisspieler sowie Vorsitzender des Hamburger Golf-Clubs und Ehrenpräsident des deutschen Golf-Verbandes.

V. KLEINFLOTTBEK

DIE RÜCKER-, JENISCH- UND BÜLOWSCHEN LANDSITZE

Westlich der Slomanschen Besitzung lag einst in dem großen Park das schon erwähnte alte *de Voss'sche Landhaus* (heute etwa Elbchaussee 239/45). Weiterhin folgte die *Villa des früheren deutschen Reichskanzlers Fürsten Bülow* (Elbchaussee 257[151]). Beide Besitzungen zeichneten sich durch prächtigen Baumbestand, durch wechselvolle, bald steil, bald sanft abfallende geschwungene Hänge aus. Gegenüber, auf der Nordseite der Chaussee, befand sich die Gärtnerei von *James Booth und Söhne*.

Dieses ganze Gelände gehörte um 1750 *Caspar Voght*. 1797 kaufte der Altonaer Kaufmann und Brauherr *Herman de Voss* (1762–1807) von Vogt das auf dem Krützkamp gelegene Gelände[152]. Herman de Voss entstammte der Mennonitenfamilie de Voss, die um 1630 ihres Glaubens wegen aus den Niederlanden hatte flüchten müssen und sich in Altona eine neue Heimat erworben hatte, wo ihre Tüchtigkeit und ihr Gewerbesinn viel zum Aufblühen der damals noch jungen Stadt beitrugen[153]. Er selbst betrieb in Altona die berühmte Voss'sche Brauerei Ecke Breite und Lange Straße in der siebenten Generation und war ein Enkel des bedeutenden Hamburger Reeders Berend Roosen; außerdem hatte er ein Bankgeschäft. Vermählt war er mit Catharina Goosling (1773–1813), die gleichfalls einer alten Altonaer Familie entstammte[154]. Auf seinem neuerworbenen Land[155], auf dem Krützkamp, ließ er sich ein für damalige Verhältnisse prächtiges Landhaus errichten, das über ein ganzes Jahrhundert hindurch einer der schönsten und eindrucksvollsten der zahlreichen Herrensitze blieb[156]. Wer war der Baumeister? Die Zeitschrift »Hamburg und Altona« brachte 1801/02 »Spaziergänge in und um Altona«, deren Verfasser schrieb: »Soviel

9. Hankers Landhaus; das Gespensterhaus (1834)

10. Schillers Landhaus

11. Die Teufelsbrücke in Flottbek

12. Caspar Voghts Landhaus (um 1795)

13. *Landhaus Jenisch (um 1830)*

14. Villa G. F. Vorwerk (um 1840)

15. Baurs Elbschlößchen (um 1810)

16. Besitz des Freiherrn Rudolf v. Schröder in Nienstedten

erinnere ich mich gehört zu haben, daß ein Altonaer Baumeister namens *Möller* den Verfolg dieses Baues dirigiert hat, und von ihm sollen auch die Garten-Anlagen herrühren. Beides macht ihm Ehre[157].« Über die Persönlichkeit dieses Baumeisters, wenn er wirklich so geheißen hat, konnte bislang nichts festgestellt werden[158]. Unstreitig war es ein Könner. Der Baustil erinnert an Chr. Fr. Hansen: sowohl die vier hohen ionischen Säulen im Mittelteil der Hauptfront (Nord- und Südseite) wie die ganze Raumgestaltung zeigen dessen Einfluß. Freilich wußten die Bewohner des Hauses nicht immer das Glück ihres Besitzes zu schätzen. G. F. Schumacher erzählt in seinen »Genrebildern aus dem Leben eines siebenzigjährigen Schulmannes« (1841), daß er einst mit seinem Schwiegervater das Haus besichtigte: »Die Frau (Gattin Hermans de Voss) führte uns herum. In den herrlichen Zimmern nach der Elbe ergriff mich der alte Enthusiasmus für diese Ansichten, und ich rief: ›Sie sind doch recht glücklich, dies immer zu haben!‹ ›Ach, ich weiß doch nicht‹, war die Antwort, ›es ist doch sehr langweilig und immer dasselbe. Ich habe mir mein Zimmer nach der vorderen Seite der Landstraße (der Chaussee) genommen; da ist doch immer Passage, und man sieht doch etwas‹[159].«

Das Haus hatte hellgrauen Anstrich. Die Freitreppe war zu beiden Seiten von je einer großen Sphinx flankiert. Das Ganze wirkte vornehm, fast feierlich. Das Ehepaar de Voss erreichte nur ein kurzes Lebensalter, Herman de Voss starb mit 45, seine Frau mit 40 Jahren. Sie hinterließen drei Söhne und vier Töchter, die das Haus bald verkauften. Von den Söhnen heiratete nur der ältere, Peter, der als letzter des Geschlechts die Brauerei besaß[160].

Später ging das Anwesen durch die Hände des Pastorensohns aus Buckow und Hofbesitzers Joh. Philipp Ferd. Kunstmann. In der Folgezeit wurde das ganze Besitztum durch Ankäufe auf der nördlich der Chaussee gelegenen Holtkamp-Flur erheblich vergrößert. Damals hatte der Garten bereits sein parkartiges Aussehen durch die hochgewachsenen Bäume. 1827 erwarb der Konsul Johann Wilhelm *Rücker*, wie bereits erzählt, das Ganze. In dem nunmehr Rückerschen Landhaus erblickte am 3. Mai 1849 der nachmalige

Reichskanzler Fürst Bülow das Licht der Welt. Er war ein Sohn der Tochter des Konsuls, Victorine *Louise Rücker* (1821–1894), die sich 1848 mit dem dänischen Kammerherrn, großherzoglich mecklenburgischen Staatsminister und Staatssekretär des Auswärtigen Amtes *Bernhard Ernst von Bülow* (1815–1879) vermählt hatte[163]. Der Fürst hat der Stätte seiner Geburt und Kindheit zeitlebens Treue bewahrt, zumal er später jeden Sommer in der benachbarten »Elbparkvilla« wohnte. In einem Briefe vom 7. Oktober 1929 schrieb er an den Verfasser dieses Buches u. a.: »Mein Geburtshaus galt in der Tat neben dem Landhaus Jenisch für das schönste der Gegend ... Es war ein Fachbau wie die alte Zeit, aber geschmackvoll. Weder überladen noch prätentiös ... Gegenüber dem Landhaus befanden sich Wiesen, auf denen die Kühe weideten und hohe Eichen standen, an denen ich meine ersten Kletterübungen vornahm und mir die Schwindelfreiheit aneignete, deren ich mich noch heute mit 80 Jahren erfreue.« In einem früheren Briefe vom 13. Februar 1929 an den gleichen Adressaten erzählte der Fürst, wie erinnerungsreich und ans Herz gewachsen ihm diese Heimat war. Sonntags gingen er, die Eltern und seine Brüder entweder nach Nienstedten oder Ottensen zur Kirche. Herrlich war der Weg dorthin mit der wechselnden anmutig-großartigen Landschaft. Wald, Flur, Park und Strand wurden durchstreift. Unter Aufsicht des alten Fischers von Ehren schwamm der Knabe mit seinen Brüdern auch in der Elbe. Jeder Baum, jeder Stein grüßten später den Fürsten als alte Bekannte. »Man muß«, so erzählt er, »im Ausland gelebt haben, um zu wissen, wie schön Deutschland ist, und daß ewig wahr bleibt, was schon in der Staufer Zeit vor 700 Jahren unser Walther von der Vogelweide zum Lob und Preis unserer lieben Heimat gesungen hat, daß kein Land über Deutschland geht. In diesem schönen Deutschland kenne ich nun kaum eine Gegend, die mir besser gefällt als die Niederelbe und ganz besonders dieser Fleck Erde«[164].

Als nach dem Tode der Frau Konsul Emilie Rücker der Gesamtbesitz geteilt wurde, gelangte der Garten mit der alten de Voss'schen Villa an den Hamburger Kaufmann *Johannes Eduard Mutzenbecher* (1822–1903), einen Sohn des österreichischen Generalkonsuls und

Hamburger Kaufmanns Johann Daniel Mutzenbecher (1780–1866), der sich u. a. 1814 als Sekretär der Altonaer Unterstützungs-Kommission für die vertriebenen Hamburger verdient gemacht hatte. Nachdem Johannes Ed. Mutzenbecher zu Lima in Peru kaufmännisch tätig gewesen war, übernahm er 1846 mit seinem Bruder Gustav das väterliche Geschäft und erhielt von Preußen 1875 den erblichen Adels- und den persönlichen Freiherrn-Titel. Auf dem Kleinflottbeker Landsitz fand u. a. 1895 die Vermählung seines Sohnes, des deutschen Gesandten Johannes Freiherrn von Mutzenbecher, mit Amalie von Rathenow statt. Von seinen sieben Kindern sei hier hervorgehoben der jüngste Sohn, *Kurt von Mutzenbecher* (geb. 1866), der spätere Intendant der Kgl. Schauspiele in Wiesbaden[165].

Nach dem Tode Mutzenbechers erwarb der Kaufmann *Carlos de Freitas* 1904 die Besitzung. Dieser, ein Sohn des Hamburger Reeders de Freitas, ließ das erinnerungsreiche Haus niederlegen und durch die Architekten Lundt und Kallmorgen[166] einen großen, aber weit weniger ansprechenden Neubau errichten, der heute noch (Elbchaussee 239) besteht[167].

Das westliche Gelände, das von der alten Rücker-Mutzenbecherschen Villa bis zum heutigen Hindenburg-Park reichte, blieb aber nach dem Tod der Frau Konsul Rücker auch weiter in Rückerschem Besitz. Auf ihm ließ sich der Sohn des Konsuls, der Hamburger Senator Dr. *Alfred Rücker* (1825–1869), durch den Architekten *Meuron* ein Haus erbauen. Das Haus wurde nahe der schluchtartigen Senkung des Abhangs zur Elbe angelegt, die das Kernstück des Hindenburg-Parks bildet. Von hier aus hatte man einen herrlichen Blick auf den Elbstrom kurz vor der Vereinigung der Norder- mit der Süderelbe. Der Platz an der westlichen Schmalseite des Hauses war ein Lieblingsaufenthalt des Fürsten Bülow[168], als dieser später hier wohnte. Das Haus erhielt den Namen »*Elbpark-Villa*«. Es war in ähnlichen Größenverhältnissen und gleichem Geschmack erbaut wie die bereits beschriebene Brödermannsche Villa.

Alfred Rücker hatte nach sorgfältiger Erziehung und Rechtsstudien die diplomatische Laufbahn ergriffen und war 1852 Geschäftsträger des Hamburgischen Senats in Berlin geworden.

»Hier führte ihn nicht nur sein diplomatisches Amt, sondern auch seine einflußreiche Familienverbindung in die ersten Kreise, wo der geist- und gemütvolle, kenntnisreiche junge Mann, welcher mit diesen Eigenschaften ein gefälliges Äußeres und liebenswürdige Bescheidenheit verband, die willkommenste Aufnahme und Gelegenheit fand, mit den bedeutendsten Männern in Verbindung zu treten[169].« Bald wurde er Gesandter und Generalkonsul der Hansestädte Hamburg, Bremen und Lübeck in London, wo er gleichfalls allseitiges Vertrauen und Sympathien bei Hofe wie in den Kreisen des Handels und der schönen Künste erwarb. Rückers Bemühungen ist die endliche Aufhebung des Hamburg so lästigen Stader Zolls zu verdanken. 1860 wurde er zum Mitglied des Hamburger Senats gewählt und rechtfertigte auch hier das in ihn gesetzte Vertrauen. Zumal als Patron der Vorstadt St. Pauli förderte er ebenso klug wie warmherzig deren Interessen. Zu früh raffte ihn Krankheit auf der Rückkehr von einer erfolglosen Erholungsreise am 20. Mai 1869 dahin.

Er war mit der Tochter des brasilianischen Professors und späteren außerordentlichen Gesandten Brasiliens in Hamburg, M. A. d'Araujo, Olga d'Araujo, vermählt. Diese schenkte ihm in glücklicher Ehe sechs Kinder, von denen zwei in frühem Alter starben. Die jüngste Tochter, Isabel, verband sich mit dem Rittmeister Christian von Bülow, so daß die Rückers mit den Bülows mehrfach verwandt wurden. Alfred Rücker war der Onkel des Reichskanzlers. Sein Sohn *Martin Rücker* wurde der Haupterbe des großen Rückerschen und Jenischschen Vermögens. Er hatte, seinem Vater folgend, die diplomatische Laufbahn eingeschlagen und wurde 1912 zum kaiserlich deutschen Botschafter in Rom ernannt, trat aber dieses Amt aus Gesundheitsrücksichten nicht mehr an. Wir werden seiner Persönlichkeit noch eingehend bei der Geschichte des »Jenisch-Parks« zu gedenken haben.

Die Elbparkvilla samt ihrem großen Garten aber diente jahrzehntelang dem Vetter des Freiherrn von Jenisch, dem Reichskanzler *Fürsten Bülow*, als Sommeraufenthalt. Mit seiner geistvollen Gemahlin, der Fürstin *Maria von Bülow*, geborenen Principessa di

Camporeale (geb. 6. Februar 1848), einer Stieftochter des italienischen Staatsmannes und Mitbegründers der italienischen Einheit, Marco Minghetti, wußte er sowohl im Reichskanzlerpalais zu Berlin, wie in der Villa Malta zu Rom, wie in der Elbparkvilla eine Stätte anregender Geselligkeit zu schaffen. Von Richard Wagner, dem zumal die Fürstin eine treue Helferin war, über Franz Liszt, Hans von Bülow bis zu Gerhart Hauptmann, Adolf von Harnack und H. St. Chamberlain reichte dieser Kreis. Maria von Bülow hatte in Deutschland eine zweite Heimat gefunden. Während des ersten Weltkrieges litt sie schwer an den Konflikten ihrer beiden Vaterländer. Nur die liebevolle Aufmerksamkeit, mit der ihr Gatte sie in dem Asyl zu Kleinflottbek umgab, ließ sie die schwere Zeit einigermaßen erträglich verwinden. Sie starb zu Rom 1929. Ihre sterblichen Überreste wurden nach Deutschland übergeführt und in der Familiengruft zu Nienstedten beigesetzt. Noch einmal sah die Villa viele Menschen und großes Gepränge – als Bülow 1929 gestorben war und gleichfalls auf dem Nienstedtener Friedhof beigesetzt wurde.

Damit war auch das Ende der Elbparkvilla gekommen. Das Haus wurde niedergerissen und das Gelände parzelliert. Der westliche Abhang mit des Fürstenpaares Lieblingsplatz wurde von der Stadt Altona angekauft und hier der schon erwähnte Hindenburg-Park geschaffen[170]. Das östliche Gartenland ging in Privatbesitz über.

DER »EICHENHOF«, EDGAR-ROSS-PARK, SPÄTER RUPERTI

Nördlich zwischen der Holztwiete und der Droysenstraße erstreckte sich in der zweiten Hälfte des vorigen Jahrhunderts ein einziger großer Privatpark, der fast den Umfang des heutigen Jenisch-Parks erreichte[171]. Er war ausgezeichnet durch breite Wiesenflächen und uralte Eichen, nach denen er den Namen »Eichenhof« erhielt. In seiner Mitte, nahe der Holztwiete, erhob sich ein stattliches zweistöckiges Haus in gelbem Ziegelbau mit großen Veranden in beiden Stockwerken, ganz auf das Ländlich-Praktische eingestellt und gut heizbar, so daß es auch im Winter bewohnt werden konnte.

Der Schöpfer dieses Parks war der Kaufmann und Patriot *Edgar Roß* (1807–1885), der im Jahre 1843 das große Gelände zusammenkaufte[172]. Er entstammte der schottischen Familie Roß und war ein Sohn des Hamburger Kaufmanns Daniel Roß, der den Besitz auf dem Krähenberg in Blankenese (heute Goßler-Park) geschaffen hatte. 1848 war er Mitglied der Frankfurter Nationalversammlung und 1850 Vorsitzender des Zentralvereins für die Handelsfreiheit in Deutschland. Lebhaft setzte er sich für Beseitigung der alten Hamburger Verfassung ein, die einer großzügigen Entwicklung der werdenden Welthandelsstadt in vieler Hinsicht hinderlich war. Später war er Mitglied des Reichstags vom Norddeutschen Bund (1867), des Zollparlaments und des Deutschen Reichstags (1870 bis 1871). In den Jahren 1869–70 trat er zu Bismarck in nähere Beziehungen, da er vom damaligen Parteileben wenig erbaut war und eine großzügige Parteireform erstrebte. Nach 1871 zog er sich vom parlamentarischen Leben zurück, um sich ausschließlich den Seinen und der engeren Heimat zu widmen[173].

Edgar Roß war eine vornehme Persönlichkeit, ein weitblickender Kaufmann, der bei aller Liebe zu Deutschland gern an den äußerlich strengen gesellschaftlichen Sitten Englands festhielt, das die Heimat seiner Ahnen einst gewesen. Folgende kleine Anekdote ist dafür charakteristisch: Auf seinem Landsitz übte er sehr großzügige Gastfreundschaft. Eines Abends kam er später als gewöhnlich nach Hause. Der Diener meldete ihm, daß Besuch seiner warte, und übergab ihm eine Karte mit zwei adligen Namen, die ihm aus seiner Frankfurter Zeit sehr gut bekannt waren. Er ließ die Herren in den Salon führen, begrüßte sie kurz im dämmerigen Zimmer und bat sie, ihm das Vergnügen zu machen, mit ihm zu Abend zu essen; nur möchte er eben die Kleidung wechseln. Nach altenglischer Sitte pflegte er abends, auch wenn er mit seiner Familie allein war, den Frack anzulegen, während sie in der entsprechenden Gesellschaftstoilette erschien; schnell war der Kleiderwechsel vollzogen, und die Herren wurden in das Eßzimmer geführt, wo sie der Dame des Hauses vorgestellt wurden. Jetzt sahen sich Roß und Frau ihre Gäste etwas näher an. Was das Dämmerlicht des Salons verdeckte, trat im hellen Kerzenschein zutage. Sie blickten in zwei offensichtlich sehr verlegene, den Zügen nach adlige Gesichter, denen aber die Landstraße ihren Stempel aufgedrückt hatte; in sehr heruntergekommener Kleidung, ohne Kragen und in zerdrücktem Hemd saßen sie verlegen da. Roß und seine Frau aber verzogen keine Miene und taten, als ob das alles nicht vorhanden wäre. Allmählich legte sich auch die Verlegenheit der jungen Leute. Man unterhielt sich vortrefflich, genoß das feine Abendessen und die guten Weine; auch das gut geschulte Personal ließ sich nichts merken. Nach dem Essen empfahl sich die Dame des Hauses, und was dann der Hausherr noch unter sechs Augen mit den heruntergekommenen Sprößlingen zweier angesehener adliger Häuser gesprochen und wie er sie schließlich verabschiedet hat, haben die Beteiligten stets für sich behalten.

1883 sah sich Roß aus pekuniären Gründen genötigt, das Grundstück zu verkaufen. Der Hauptteil wurde von dem Hamburger Kaufmann *Oscar Ruperti*, in Firma H. J. Merck & Co., erworben, einem Mitglied der Hamburger Handelskammer und Aufsichtsratsvorsitzenden der Hamburg-Südamerikanischen Dampfschiffahrts-Gesellschaft[174]. Bis in die Inflationszeit verblieb der Besitz, der allerdings inzwischen verkleinert wurde, bei der Familie. 1921 wurde er verkauft und wechselte danach wiederholt rasch die Besitzer, die das Ganze immer weiter in einzelne Stücke zerschlugen, so daß von dem Park in seiner Gesamtheit nichts mehr erhalten ist. 1935 wurde auch das alte Roßsche Haus abgebrochen. Heute führt die Parkstraße mitten durch das Gelände hindurch. Den Namen Ruperti hält noch die frühere Straße »Hummelsbüttel« wach, die jetzt Rupertistraße heißt.

BOOTHS GÄRTEN

Östlich der Holztwiete erstreckte sich längs der Elbchaussee (heute 274/82) ein stattliches Villengelände, das in der letzten Zeit erhebliche Veränderungen erfuhr. Es trug in seiner ganzen Ausdehnung einst die Gärtnereien der Familie Booth und wurde erstmalig durch den Gärtner *James Booth* (1772–1814) besiedelt, den Baron Voght, der Schöpfer des Jenisch-Parks, aus Falkirk in Schottland nach Flottbek hatte kommen lassen, um in ihm einen tüchtigen Mitarbeiter für die Gestaltung seines Flottbeker Parks und der angrenzenden Ländereien zu gewinnen. James Booth schuf gegenüber dem heutigen Jenisch-Park längs der Elbchaussee eine Gärtnerei und Baumschule, die er auf seine Söhne vererbte und die in der Mitte des vorigen Jahrhunderts europäische Berühmtheit erlangte. Nach seinem Tode übernahm sein Sohn *John Richmond Booth* (1799–1847) als Fünfzehnjähriger die Leitung des Geschäfts, das er anfangs mit seinem Bruder *John Godfrey Booth* (1800–1847), später allein verwaltete[175]. Er brachte das Unternehmen zu großer Blüte. Auf dem Gelände der Gärtnerei erhob sich etwas zurückliegend ein hübsches Wohnhaus, das von einem schönen Rasen nach der Chaussee hin umgeben war. Dieses Haus, das 1935 abgebrochen ist, wurde, als es aus dem Besitz der Familie Booth auf den Altonaer Kaufmann Ed. Schwedeler überging, von Manfred Semper geschmackvoll umgebaut. Über die alte Boothsche Besitzung schreibt ein zeitgenössischer Bericht u. a. folgendes: »Immergrüne Bäume und Sträucher der erlesensten Art (Evergreens), als: Juniperus, Cupressus, Thuya, Taxus, Ilex, Rhododendron-Arten etc. flankiren zu beiden Seiten der Wohngebäude, wodurch dasselbe zu allen Jahreszeiten eine angenehm lebendige Umgebung erhält. Überaus reizend ist die mit echt englischer Opulenz gehaltene Rasenfläche, die hie und da, jedoch in keineswegs überladener Weise, mit schön geformten Bäumen und Sträuchern, mit blühenden und durch Form hervorstehenden Pflanzen ausgestattet ist. Von diesen Bäumen und Sträuchern wollen wir hier nur anführen: Schöne Exemplare von hängenden oder Trauerbuchen (Fagus sylvatica pendula), deren Zweige sich senkrecht zur Erde neigen; die graziöse Sophora japonica pendula mit ihren glänzend dunkelgrünen Blättern; eine zwanzigjährige Cupressus sinensis pendula, eine seltene Baumart von wahrhaft reizendem Habitus mit litzenartigen Blättern, die vollkommen ausdauernd ist und das größte Exemplar in Deutschland seyn dürfte; die hängenden Eichenarten (Quercus Robur) und die noch schönere neue Q. cerris pendula. Letztere treibt in einem Sommer sieben bis acht Fuß lange, senkrecht zur Erde herunterhängende Zweige ... Von diesem Boulingrin[176] führen die in schlanken Windungen laufenden Steige zu dem Blumengarten zwischen und vor den Gewächshäusern, der mit hoch- und halbstämmigen seltenen Rosen, mit den erlesensten Georginen, Päonien-Massen und vielen anderen schön blühenden Gewächsen so reichlich versehen ist, daß er den auf der vorüberführenden Landstraße Passirenden eine immerwährende Blumenschau während des größten Theils des Jahres gewährt«[177].

Um 1845 hatte das John Boothsche Unternehmen siebzehn große Gewächshäuser, außerdem eine stattliche Reihe von gemauerten Mistbeeten mit rund 200 Fenstern. Unter den Treibhäusern waren besonders berühmt das Orchideenhaus mit den schönsten Orchideen, das sogenannte Paradehaus, in dem die gerade in Blüte stehenden Prachtpflanzen ausgestellt waren, das Haus der indischen Azaleen, das große Palmenhaus mit prächtigen Palmen aller Art, das Kakteenhaus, das über dreihundert Arten umfaßte, das Erikenhaus, in dem 30 000 Töpfe aller Arten der schönsten Erika blühten, das Kamelienhaus, in dem sich ein kleiner Wald roter, weißer und rosafarbener Kamelien befand, das Koniferen- und Pelargonienhaus u. a. Hervorragend war auch Booths damalige Georginenzucht.

Ein dritter Bruder von John Richmond war *James Booth jun.*, der Begründer der Hamburger Samenhandlung Ernst & v. Spreckelsen. Das Boothsche Unternehmen kultivierte ferner Hunderttausende von jungen Tannen, es betrieb die Zucht seltener ausländischer Bäume und außerdem eine bemerkenswerte Spargelkultur. John Richmond Booth erwarb sich besonders als Rosenzüchter einen Namen. Nach seinem Tode führten die Söhne *Lorenz* und *John Cornelius Booth* die Gärtnerei fort. John Cornelius wurde seit 1868 der alleinige Besitzer, und seine forstlichen Erfahrungen machte sich u. a. Fürst Bismarck zunutze.

1882 wurde die Firma liquidiert, und *Carl Ansorge sen.* (1849 bis 1915), der zuvor Obergärtner bei Booth war, übernahm die Gärtnerei. Seit 1912 überließ er sie *Carl* und *Fritz Ansorge*, und noch heute hat die Gärtnerei Ansorge ihren Ruf in Orchideen-, Dahlien- und Kakteenkulturen[178]. Unterdessen ist die Gärtnerei Carl Ansorge, Elbchaussee 270, zu einem Gelände von 30 000 qm angewachsen. Noch immer wird sie vom Sohn des Gründers, Carl Ansorge jun., betreut, der 1965 sein 91. Lebensjahr vollendete. Die Vorliebe für Orchideen ist auch auf den Enkel übergegangen und hat die Firma in der ganzen Welt berühmt gemacht.

Bei der Liquidation des Boothschen Unternehmens wurde ein Teil des Gartengeländes verkauft. Den Garten Elbchaussee 280 erwarb damals der Landwirt *Herman Roosen VI* (1819–1903), der aus der bekannten Mennonitenfamilie stammte und seit den vierziger Jahren das schöne adlige Gut Bockhorn in Holstein besaß, das er 1861 an den Etatsrat *Bernhard Donner* weiterverkaufte. Er war ein großer Freund der Pferdezucht und etwa drei Jahrzehnte Vorstandsmitglied des Hamburger Rennklubs.

Das benachbarte Gartengelände (Nr.274) blieb Jahrzehnte unbenutzt und wuchs sich zu einem Urwald aus, angeblich weil ein zu hoher Preis gefordert oder testamentarisch vorgeschrieben war, der erst in der Inflation erreicht werden konnte. Von dem damaligen Käufer erstand ihn 1926 Major *Paul Sieveking*, ein Mitglied des Altonaer Zweiges dieser Familie. Er und seine kunstsinnige Frau Marie Luise, geb. Duncker, Witwe des Hamburger Reeders Adolf Binder[179], bauten in diesem Garten ein in den Formen und Ausmaßen zu den alten Besitzungen der Elbchaussee harmonisierendes schönes Wohnhaus. Der aus Booths Kulturen überkommene Baumbestand, herrliche Buchen, eine hohe Zeder und andere seltene Koniferen, gedieh zusehends unter der Pflege durch die neuen Besitzer.

Ende der fünfziger Jahre erwarb das Grundstück *Willy H. Schlieker*, Besitzer einer von ihm gegründeten Werft und einiger anderer Industrieunternehmungen. Er ließ die Villa von Grund auf umbauen und war bestrebt, den Glanz alter Wohnkultur an der Elbchaussee mit den neuesten Errungenschaften der Technik zu verbinden: heizbare Marmorfußböden, kostbare Teppiche, Möbel, den Zwecken der Zimmer angepaßt, mehrere Badezimmer, Sauna, Kunstwerke an den Wänden und in Schränken, ein Schwimmbad und ein eigenes Kino. Auch der 11 000 qm große Park war in kurzer Zeit wieder in einen der Elbchaussee würdigen Zustand versetzt worden. Zum Leidwesen aller Beteiligten hatte die Neuschöpfung keinen Bestand. Im August 1962 mußte die Firma Willy H. Schlieker für alle ihre Unternehmungen Konkurs anmelden und das Haus mit allem, was darin war, samt Park in die Konkursmasse einbringen.

DAS GRÖSSTE PRIVATLANDHAUS AN DER ELBCHAUSSEE, DAS SPÄTERE PARKHOTEL

Im südöstlichen Teil der vormals Baron Voghtschen Besitzung, dort, wo sich einst der von Voght geschaffene »Tempel« befand, stehen heute zwei große, hotelartige Gebäude (Elbchaussee 277/79), die Jahrzehnte hindurch als Gaststätte dienten; doch wurde das ältere der beiden, das östlich gelegene, ursprünglich als Privatbesitz erbaut und galt seinerzeit als das größte Landhaus an der Elbchaussee. Es machte schon damals einen fast hotelähnlichen Eindruck. Vornehm und gediegen war es gebaut und wurde auch von seinem Schöpfer zum Bewohntwerden durch eine große Verwandtschaft bestimmt.

Als Voghts »Tempel« nach 1808 abgebrannt war und die dort eingerichtete Rainvillesche Gastwirtschaft ihr Ende gefunden hatte, erwarb (um 1818) der Hamburger Kaufmann J. G. *Ewald* das Anwesen und ließ darauf ein schlichtes Sommerlandhaus errichten[180].

Nach dem Tode der Witwe erwarb 1855 der gleichfalls aus Hamburg gebürtige Kaufmann und herzogl. nassauische Konsul August Joseph *Schön* (1820-1870) die Besitzung. Er entstammte der im 18. Jahrhundert aus Oberschlesien nach Hamburg eingewanderten Familie Schön, die namhafte Kaufleute, Gelehrte, Künstler und hohe Beamte hervorgebracht hat[181]. In jungen Jahren war er nach St. Thomas gegangen, 1847 hatte er in Hamburg die Segelschiffsreederei »Schön & Co.« begründet, die zeitweilig über zwanzig Segelschiffe verfügte. Auch war er Mitbegründer der »Hamburg-Bremer Feuer-Versicherungsanstalt« und nahm rege am öffentlichen Leben Anteil, war u. a. 1865-1876 Mitglied der Deputation für Handel und Schiffahrt und 1859-1864 Mitglied der Bürgerschaft[182]. Er hatte einen ausgeprägten Familiensinn.

Im Jahre 1864 ließ Schön das alte Ewaldsche Haus in Kleinflottbek abbrechen und an dessen Stelle ein überaus geräumiges Wohnhaus erbauen, das zur Aufnahme aller Familienmitglieder ausreichen sollte. So wurde es auch oftmals von Schöns Schwiegersohn, dem Kaufmann und oldenburgischen Generalkonsul Theodor von *Schmidt-Pauli* (1817-1868), bewohnt, der wegen seiner Verdienste während des Krieges gegen Dänemark die preußische Adelswürde erhielt. Ebenso wohnte daselbst Schöns Sohn, der Kaufmann und spätere Präses der Hamburger Handelskammer *Gustav Adolf Schön* (1834-1889), der zuletzt als Rentner in Paris lebte. Dort verbrachten ferner die Enkelkinder, darunter der spätere Hamburger Generalstaatsanwalt Dr. jur. *August Schön* und der Vorsitzende des Seeamts und Präsident der Hamburger Bürgerschaft Dr. jur. *Alexander Schön*, frohe Kinderjahre. Endlich hat der Hamburger Senator und hamburgische Vertreter im Bundesrat Dr. jur. *Octavio Schroeder* (1822-1903), der mit Schön verwandt war, einige Jahre mit seiner Familie daselbst gewohnt[183]. Es ist nicht ersichtlich, wieweit die Kapazität des Hauses durch diese Mieter ausgenutzt wurde.

August Schön gestaltete auch den Garten, der sich bis Teufelsbrück erstreckte, sorglich aus. Gemüsegärten und Stallungen lagen in einem abgesonderten Gelände an der Holztwiete. Als 1883 die Witwe August Schöns, Frau Nicoline Schön, geb. Lövenstierne, das Zeitliche segnete, wurde das Anwesen von den Erben verkauft und gelangte an den Hotelier C. F. Möller, der das Haus in ein Hotel umwandelte. Das Unternehmen gedieh aufs beste, so daß Möller 1890 unmittelbar daneben ein noch stattlicheres Hotelgebäude aufführen ließ. Er nannte seine Häuser »Park-Hotel Teufelsbrücke, Sommer- und Winter-Luft-Kurort«. Die Gebäude waren im Geschmack der neunziger Jahre sehr elegant eingerichtet; der Garten wurde mit Promenaden für Terrainkuren durchzogen. Das Parkhotel sah viele namhafte Gäste, an Künstlern regelmäßig u. a. die Maler Walter Leistikow, Leopold Graf v. Kalckreuth und Wilhelm Trübner.

In der Zeit nach dem ersten Weltkrieg wurde die Besitzung von der »Deutschen Werft« erworben und diente Verwaltungszwecken; um 1934 kaufte sie ein Bauunternehmer und wandelte sie in Miethäuser mit vielen Einzelwohnungen um. In dem Gebäude Elbchaussee 277 hat die Schiffsmeldedienst GmbH. seit langem ihre für den Hafen und alle am Hafen interessierten Betriebe so wichtige Wirkungsstätte.

DER JENISCH-PARK

Vorgeschichte und Caspar von Voghts Anfänge

Eigentlich sollte dieser Park nach seinem Begründer *Voghtscher Park* heißen[184]. Er ist charakteristisch bestimmt durch das breite Wiesental des Flottbek, der hier bei Teufelsbrück in die Elbe mündet. Einst hieß das Gelände »Düwels Boomgarden«. Vor vielen Jahrhunderten mag die wohl mit urwaldartig-wildem Gehölz bestandene Gegend dem vorüberziehenden Wanderer unheimlich gewesen sein. Vielleicht war dort in altgermanischer Zeit eine heidnische Kultstätte[185].

Vor dem Dreißigjährigen Kriege bestanden hier *vier volle Bauernhöfe*, die das spätere Gesamtgelände für den Park abgegeben haben. Zwei der Höfe wurden durch *Tillys* Scharen bei seinem Einfall in Holstein arg verwüstet. Nach 1629 erwarb der Hamburger Pastor von St. Nicolai, Nicolaus *Hardkopf*, drei dieser Höfe, darunter die zwei wüst liegenden. Hardkopf (1582–1650), aus Osten im Kehdinger Lande, war ein streitbarer lutherischer Geistlicher von großer Redegewalt, ein Kämpfer gegen das Sektiererwesen, zuletzt Senior des Geistlichen Ministeriums[186]. Seine Predigten sind zum Teil gedruckt und von dem Sohn Georg Hardkopf als »*Geistlicher Brodkorb*« 1675 herausgegeben. Er zeigt tiefe Religiosität, die sich des Menschlichen innig annimmt, und verkündet die Notwendigkeit des Glaubens und der Liebe vor allem Wissen. Eindringlich redet er von jener furchtbaren Schiffsexplosion am 7. Juli 1622 zu Neumühlen. Die betreffende Predigt ist überschrieben: »Gedenke daran, Hamburg«[187]. Für die weltlich-wirtschaftlichen Dinge hatte er aber gleichermaßen viel Sinn[188].

Unter den späteren Besitzern sei der Stadtsekretär und nachmalige Hamburger Senator Dr. Hermann *Langenbeck* (1668–1729), Mitglied der alten Hamburger Staatsmannsfamilie, hervorgehoben; ein gefeierter Kenner des Hamburger Stadt-, insbesondere des Schiffahrts- und des Versicherungsrechts sowie auch des Kirchenrechts. Er starb durch einen tragischen Unfall: ein in seinem Garten gefällter Baum traf ihn tödlich[188]. Die drei Flottbeker Bauernhöfe besaß er 1704–1712, dann verkaufte er sie an den Mennoniten Dirk *van Hoven*.

Dieser war ein aus Lübeck gebürtiger Altonaer Kaufmann, der mit einer mennonitischen Glaubensgenossin, Catharina Flüggen aus Osdorf, vermählt war. Er errichtete 1727 auf einem dieser Höfe eine Wachsbleiche[189]. Das Bienenwachs war, ehe Stearin, Paraffin u. ä. aufkamen, ein zur Herstellung von Kerzen, Salben, zur Appretur usw. sehr begehrter Rohstoff, der auf Rasen gebleicht und alsdann verarbeitet wurde[190]. Das gesamte van Hovensche Hofgelände erstreckte sich sehr weit, im Norden bis zum Papenkamp, heute Gegend der Altona-Blankeneser Bahn, im Süden bis an die Elbe und südöstlich bis zum Hödernfeld, auf dem im 19. Jahrhundert der Boothsche Garten lag. Dirk van Hoven starb 1752, seine Frau 1776. Ein Schwiegersohn Abraham Koopmann IV[191] übernahm die Wachsbleiche, die von diesem und später von zweien seiner Söhne weiterbetrieben wurde. Mit der Wachsbleiche war auch eine Wachslichtfabrik verbunden. Koopmanns Vater, Abraham Koopmann III (1687–1775), hatte bereits 1730 von Dirk van Hoven ein Stück Land zur Anlegung eines Gartens gepachtet. Es war dies der »*Eichenhof*« oder spätere »*Neuhof*«, der sich zu einem besonders schönen Landsitz entwickelte: einer der ältesten Gärten dieser Gegend. Um 1779 verkauften Abraham Koopmann IV und seine unverehelichten Schwägerinnen zwei der Bauernhöfe an den Miterben Jan van Hoven in Marsen (Utrecht)[192], und 1785 kam dieser Besitz an *Caspar von Voght*[193].

Ein knappes Jahr später erwarb Voght auch den vierten Hof, der sich ehedem im Besitz der Kleinflottbeker Voghtfamilien *Timmermann* (um 1640–1700) und *Behrmann* (um 1700–1760) befunden hatte. Vor Voght war der letzte Besitzer des Hofes Anton Friedrich *von Winthem* (1725–1789), ein Sproß des alten in Hamburg von 1511 bis 1922 ansässigen Kaufmannsgeschlechts von Winthem (Windheim). Er war verwandt mit dem Hamburger Ältermann der Schonenfahrer-Gesellschaft, Johann Martin von Winthem (1738 bis 1789), dem ersten Gatten von Johanna Elisabeth von Winthem, geb. Dimpfel, die sich nach dessen Tode mit *Klopstock* vermählte[194]. Von Anton Fr. von Winthem kaufte Voght 1786 besagten Hof[195]. Wesentlich später, 1828, ging auch die Wachsbleiche, bis dahin im Besitz der Söhne Abraham Koopmanns, endgültig auf Voght über[196].

Mit *Caspar Voght* (1752–1839) geriet all dieses Land an eine der bedeutendsten Persönlichkeiten. Die edelsten Grundeigenschaften Voghts waren tiefe Liebe zu den Menschen, zum Leben aller Kreatur und zum Göttlichen sowie starker Drang zu reiner schöpferischer Tätigkeit. Schwere Krankheit und Leiden hatten schon den frühreifen Knaben stark verinnerlicht. Als Jüngling stahl er sich mit seinen Freunden, darunter Georg Heinrich Sieveking, vor Sonnenaufgang aus dem Elternhaus, um vom hohen Elbufer den Aufstieg des Tagesgestirns begrüßen zu können[197]. Die Beziehung des Vaters zur Diplomatie (Schwedens) und des Jünglings glänzende Begabung im Umgang mit Menschen aller Art, dazu Ruf und

Reichtum des väterlichen Hauses befähigten den jungen Voght, während seiner großen Reisen durch Holland, England, Frankreich, Spanien, Italien und die Schweiz die merkwürdigsten und interessantesten Bekanntschaften zu machen. Der glänzende Hof Ludwigs XV., der streng spanische Hof Madrids, der Vatikan wurden ihm ebenso leicht erschlossen wie die literarischen Salons in den Hauptstädten dieser Länder, in denen er die Bekanntschaft der bedeutendsten Männer der Zeit von Benjamin Franklin bis zu Voltaire machte. Seinem leidenschaftlichen Herzen erschloß sich die Frauenwelt in üppigem Flor. Er hatte überall Erfolg. Aber ob aller Triumphe in Gesellschaft und Liebe, in veredelten materiellen und kulturellen Genüssen wurde er nicht oberflächlich und hochmütig. Alle Versuchungen, auch die Sittenverderblichkeit der Höfe, dienten nur dazu, ihn immer tiefer zu sich selbst zu führen und seinen Sinn für das Edle, Schöne und Gute zu festigen. Wie sehr seine Urteilskraft immer auf das Wesentliche gerichtet war und wie er abseits von Modeströmungen und Schlagworten die wirklichen Werte klar erkannte, davon zeugt sein schönes Bekenntnis zu *Friedrich dem Großen*, dem er auf seiner Rückreise begegnete: »In Potsdam sah ich mit inniger Verehrung den alten, gebückten Friedrich durch den Park reiten, und sein Blick ist mir gegenwärtig geblieben ... Sein bedeutendster Krieg war ein Verteidigungskrieg gegen ganz Europa. Die fürchterlichsten Unfälle stärkten nur seinen Mut ... Was ihn in meiner Achtung noch jetzt über Napoleon hebt, war, daß er Kunst und Wissenschaft aus voller Seele liebte; daß er es verstand, ein Freund zu sein, daß der Held ein Mensch war«[198].

Der Zauber seiner Persönlichkeit, seine hinreißende Beredsamkeit und entwaffnende Güte einten sich mit seinen kaufmännischen, landwirtschaftlichen und sozialen Interessen, so daß er sich allmählich zu der genialen Persönlichkeit entfaltete, die seiner Zeit und späteren Geschlechtern in vielem wegweisend wurde. Er ward der Organisator des Wohlfahrtswesens Österreichs, wofür ihm der Kaiser den Reichsfreiherrntitel verlieh. König *Friedrich Wilhelm III.* und Königin *Luise* von Preußen zogen ihn zu Gutachten über das Berliner Armenwesen heran. *Napoleon* ließ die französische Ausgabe von Voghts »Wiener Beschreibung der hamburgischen Armenanstalt« neu auflegen, und seine Minister holten sich während Voghts Pariser Aufenthalt wertvolle Ratschläge von ihm. In Marseille, Lissabon und Oporto mußte Voght, als er dorthin kam, gleichfalls beratend in die Organisation des Armen- und des Gefängniswesens eingreifen.

Maßgebend wurde er ferner für die *Förderung der Landwirtschaft*, indem er seine Flottbeker Besitzungen zu einem Mustergut entwickelte[199]. Von seinen Studienreisen durch England und Schottland brachte er hervorragende Mitarbeiter heim. Zu allem gesellten sich seine Lebensfreude und Gastlichkeit. Sein erstes Bauernhaus, das er in Flottbek bewohnte, soll allein 23 Gastzimmer gehabt haben. Die trefflichsten Geister Europas kamen zu Besuch. So wurde Voght der »erste Gentleman Hamburgs«. Dennoch war es ihm nicht beschieden, in einer Ehe vollkommenes Glück zu finden. Die Frau, die ihm zum Schicksal wurde und die er am tiefsten geliebt hat, war verheiratet. Aber vielleicht löste gerade dieses Geschick in Voghts Seele solchen Reichtum schöpferischer Kräfte aus, daß er sich nicht auf einen kleinen Kreis zu beschränken brauchte, sondern sich an die ganze Welt verschenken konnte.

Um Erholung von seiner Tagesarbeit zu haben und um seinem schöpferischen Gestaltungsdrang Genüge zu tun, hatte sich Voght das Kleinflottbeker Gelände erworben. Er schuf dort nach englischem Vorbild seinen großartigen Landsitz im Sinne einer »geschmückten Farm« (ornamented farm). Viele Jahre später schrieb er selbst an den Nachfolger in seiner Besitzung, den Senator Jenisch: »Shenstones Leasowes im Westen von England, die der Dichter so schön beschrieben hat, gaben mir, nachdem ich den Ort gesehen hatte, den ersten Gedanken zu der ornamented farm, die der Charakter Flottbeks ist[200].« Der englische Dichter William *Shenstone* (1714–1763), der das Landleben pries und in stark sentimentaler Manier philosophische Betrachtungen über das menschliche Leben anstellte, hatte seine vom Vater ererbte Besitzung »*The Leasowes*«, die dreißig Meilen von Shrewsbury lag, als »ornamented farm« ausgestaltet. Eine ausführliche Beschreibung dieser Leasowes hat des Dichters Freund R. Dodsley geliefert, und diese ist mit einem genauen Lageplan der Besitzung in Shenstones Werke aufgenommen[201]. Man erkennt daraus, daß es Shenstone darum zu tun war, nicht etwa nur einen gefälligen Park und ein schönes Landhaus darinnen zu schaffen, sondern einen *ganzen* landwirtschaftlichen Besitz so wohlgefällig und zugleich idyllisch-genießerisch wie möglich aufzuziehen. Er hatte die Felder, Gehölze, Haine und Weiher mit vielerlei Dichtersprüchen aus Horaz und Vergil, aus zeitgenössischen englischen Schriftstellern, mit eigenen Versen und mit Widmungstafeln an seine Freunde ausschmücken lassen und so eine »wahrhaft arkadische Farm«[202] geschaffen, die von seinen Freunden und Freundinnen in empfindungsvollen Gedichten besungen wurde[203].

Caspar von Voghts Schöpfung

Die Shenstonesche Schöpfung ward also das Vorbild zu Voghts Anlage in Flottbek[203a]. Wie groß diese in ihren ursprünglichen Ausmaßen war und wie weit sich die »ornamented farm« erstreckte, wird aus einem *Plan* aus der Zeit um 1800 (Staatsarchiv Altona) deutlich. Danach war die Anlage Voghts mindestens drei- bis viermal so groß wie der heutige Jenisch-Park. Wir sehen auf dem Plan die Fluren von Kleinflottbek, wie sie sich vom Elbstrom aus in zwei Tälern nach Norden erstrecken: östlich die Au des Flottbeks und westlich das Quellental mit seinen stillen Weihern. Mitten durch das Gelände führte nordsüdlich ein von Großflottbek kommender Weg, die heutige »Baron-Voght-Straße«. Die ganze »Farm« gruppierte sich um das von Voght erbaute Herrenhaus, das von Feldern, Weiden, landwirtschaftlichen Einrichtungen und *drei großen Parken* umgeben war: dem »Parc du Nord«, dem »Parc de l'Est« und dem auf dem Plan nicht besonders bezeichneten Süd-Park, daraus der heutige Jenisch-Park entstanden ist.

Der *»Parc du Nord«* umgab unmittelbar das Herrenhaus: ein schönes, weites Wiesengelände, von Baumgruppen und anmutigem Gehölz durchsetzt. Er reichte nördlich noch über die heutige Jürgensallee und teilweise auch über das Gebiet der S-Bahn hinaus. Aus dem Kern des Parks ist die Spielanlage des *Hamburger Polo-Club E. V.* geworden, die als eine der schönsten Europas gerühmt wird. Dieser älteste Polo-Klub Deutschlands (gegr. 1898) schuf hier 1907 ein Spielfeld, auf dem hervorragende internationale Wettspiele ausgetragen wurden. – Vom Herrenhaus führte ein Weg westlich an einer großen Baumschule vorbei zum *»Quellental«*, wo ursprünglich eine wüste Flur war, die von wuchernden Brennesseln den Namen »Nettelhof« führte. Voght erwarb die Flur 1797 und verwandelte sie in ein überaus anmutiges Gelände: »Im Norden befand sich ein Quellbecken, ein wahrer Melusinenquell, wo zahllose kleinste Wasseradern aus dem weißen Quellsande gleichsam kochend und brodelnd zutage traten, weshalb das Volk den Platz ›Kock-Born‹ nannte; von hier lief der Bach über glatte Kiesel schnell ins Tal[204].« Bei einem aufgestauten Teich ließ Voght im Waldschatten eine Mooshütte errichten mit dem Spruch: »Hoc erat in votis!« (So habe ich es mir gewünscht!)[205]. Das schöne Tal reichte in seinem nördlichen Teil bis zur heutigen Straße »Quellental«; der südlich der Straße gelegene Teil gehört zur Besitzung Johannes *Wesselhoeft* sen. (Georg-Bonne-Straße 2), der die darin befindlichen Weiher inmitten wunderschöner Waldungen liebevoll gepflegt hat.

Der *»Parc de l'Est«* war das große Wiesen- und Weidegelände, das bei der Biegung des »Hochrads« nach der »Holztwiete« begann. Noch heute kann der mit der Vorortbahn Vorüberfahrende einen guten Überblick über den anmutigen, mit edlen Baumgruppen bestandenen Wiesenpark erhalten. Seit 1906 befand sich darauf der 14½ ha große *»alte Golfplatz«* des »Hamburger Golf-Club E. V.«, der das Parkland von dem damaligen Besitzer Freiherrn von Jenisch pachtete. 1910 wurde hier zum erstenmal die deutsche Golfmeisterschaft auf der Parkflur ausgetragen. 1930 wurde auf dem Falkenstein im Gebiet Rissen ein neuer großer Golfplatz vom hamburgischen Staat gepachtet, der in einer von städtischer Bebauung noch nicht erfaßten Gegend liegt. Es ist eine reizvolle Fügung in der Geschichte unserer Landschaft, daß aus den beiden der nach englischem Muster geschaffenen Parks Caspar Voghts später ideale Anlagen wurden für zwei der vornehmsten Sportarten, die gleichfalls aus England zu uns gekommen waren.

Lediglich der *letzte Drittel* der Voghtschen Parkschöpfungen, der »*Südpark*«, blieb als Park erhalten und bildet heute den sogenannten »Jenisch-Park«, obwohl auch er im wesentlichen von Voght angelegt und gestaltet wurde. Dieser Park reichte von der jetzigen Baron-Voght-Straße bis zur Holztwiete und grenzte in voller Breite an das Elbvorland, teilweise bis an die Elbchaussee. Im Norden befand sich die oben schon erwähnte Koopmannsche Wachsbleiche, später von Jenisch ebenfalls zum Park hinzugenommen. Der Charakter dieses Parkteils wurde durch das breite Wiesental des Flottbeks, die anliegenden Geestflächen, die schönen, schweren, grünen Weidetriften und die mächtigen Eichenwaldungen am Westhang des Tals bestimmt. »Auf den Rasenflächen weiden«, so berichtet ein Zeitgenosse, »treffliche Kühe, mit sonorischen, zusammenpassenden Schellen«[206]. Die Wege, die Voght hier anlegen ließ, sind im wesentlichen bis zur Gegenwart geblieben[207]. Die beiden malerischen, strohgedeckten, weiß getünchten Gärtnerhäuser bei den Eingängen zum Park sind gleichfalls Voghts Schöpfungen. Nahe dem Herrenhaus schuf er die noch heute bestehenden *eingeschossigen, langreihigen Wohnhäuser* aus Ziegelstein für die von ihm beschäftigten Knechte und Arbeiter[208]. Er selbst schreibt darüber in seinen Lebenserinnerungen[209]: »Glückliche Tagelöhnerfamilien saßen am Sonntag vor den freundlichen Wohnungen, die ich ihnen erbaut hatte, mit ihren in eigener malerischer Landestracht wohlgekleideten Kindern, die ich durch einen jungen genialen Mann (Staudinger?), der sie auch Gesang und Musik lehrte, zu höherer Bildung bei einfachen Sitten erziehen ließ und frühe an ländliche Arbeiten gewöhnte. Feste der Saat und der Ernte, des Alters und der Jugend wechselten miteinander ab, von dem trefflichen Unzer besungen.«

Das ursprüngliche Wohnhaus, das alte Bauernhaus, soll an der Stelle gestanden haben, wo sich heute das neue, von Senator Jenisch erbaute Herrenhaus erhebt. Außerdem hatte Voght jenseits des Fahrweges an der Elbe ein ländliches Tuskulum angelegt, den sogenannten »*Tempel*«. An ein schlichtes Bauernhaus hatte er kühn eine tempelartige, säulengetragene Halle angegliedert mit der Inschrift: »Loci Genio«. Nur die von Hirtenpoesie und arkadischer Stimmung angeregte Seele vermochte solche Kombinationen zu schaffen. Ein Besucher Voghts schrieb im »Genius der Zeit«: »An einem Mittagessen in Flottbek im Freien, unter dem Säulengange des ländlichen Tempels, schienen mir die herrlich bewohnten Inseln, die sich längs der Elbe dem Ufer gegenüber hinabziehen, besonders schön ... Kein Pinsel kann ein schöneres Bild ländlicher Ruhe malen, als dieser Anblick darbietet ... Wie wohl läßt sich hier auf der Moosbank philosophieren. Da saß ich einst mit Klopstock, Büsch und ihren vortrefflichen Zeitgenossen im kleinen Comité und redete von Unsterblichkeit und Gottheit. Oft blickt ich nach der vorliegenden Insel hinüber[210].«

Als Voght später sein stattliches Herrenhaus hatte, verpachtete er den Tempel an den Emigranten und Restaurateur César L. Claude *Rainville*, den Gründer der berühmten Gaststätte in Ottensen. Dieser schuf hier gleichfalls 1801 ein vornehmes Restaurant und verschönerte die Umgebung durch Blumenanlagen. Aber 1810 brannte der Tempel nieder.

Auch das alte Bauernhaus, Voghts Wohnquartier für sich und seine Gäste, war 1793 ein Raub der Flammen geworden, als Voght bereits nordwestlich davon das jetzige alte, damals *neue Herrenhaus* errichten ließ[211]. Auf Geräumigkeit und Bequemlichkeit war es bei diesem Neubau abgesehen, und Voght hatte mit der Ausführung den Hamburger Baumeister *J. A. Arens* betraut. Dieser tüchtige Mann (1757–1806) hatte in Göttingen und Kopenhagen das Baufach studiert und wurde später auf Goethes Veranlassung nach Weimar als Baurat berufen[212].

Der »Neue Almanach aller um Hamburg liegenden Gärten« von 1793 bezeichnete das Unternehmen zunächst als »merkwürdiges (d. h. bemerkenswertes) Sommergebäude«. Voght erlaubte sich auch hier wieder kühne Stilmischung von alter, heimatlicher Bauüberlieferung und klassizistischer Tradition[213]. Der nördliche Gebäudeteil und das Mittelstück gehören der hiesigen Hausbauüberlieferung an; der südliche Teil wirkt dagegen ganz klassizistisch durch den schönen, zweigeschossigen Säulenumgang und das abgewalmte Giebeldach. Die Inneneinrichtung des Hauses übergab Voght dem Baumeister und Gartenkünstler *J. J. Ramée* (1764–1842), der aus Frankreich stammte und 1790 auf dem Marsfeld in Paris den »Altar des Vaterlandes« erbaut hatte. 1794–1811 hielt Ramée sich in Hamburg auf, wo er u. a. die neue Börsenhalle schuf[214].

Der gesellschaftliche Mittelpunkt des Hauses war ein schöner Festsaal. Alles war gediegen, behaglich und elegant. »Neben der Instrumentenstube«, berichtete J. A. Reimarus, »ist ein Boudoir, das nichts wie Weichlichkeit atmet; Spiegel bis auf die Erde, ein Sofa in einer Nische unter einem Thronhimmel, rund herum schöne Bücherschränke, und oben darüber ovale, sehr schöne Gemälde, expreß aus Paris verschrieben – und vor allem einen nightbolt (Türriegel) nicht zu vergessen, der vom Sofa aus heruntergelassen werden kann[215].« In dem Gebäudekomplex befand sich ferner »eine Mineraliensammlung, eine Sammlung physi(kali)scher Instrumente und ein chemisches Laboratorium, nebst einer ausgesuchten Bibliothek und einer vorzüglichen Sammlung exotischer Pflanzen[216].«

Über vierzig Jahre, bis zu seinem Tode, bewohnte Voght dieses Haus. Er erlebte noch manchen Wechsel des Schicksals. Zunächst hatte sich sein Vermögen, dank der günstigen Entwicklung seines Handelshauses, reichlich vermehrt, so daß er viel für den weiteren ländlichen und landwirtschaftlichen Ausbau Flottbeks tun konnte. Dann aber kamen die schweren Jahre der Jahrhundertwende, die Napoleonischen Kriege mit ihrer Handelskrise für Hamburg. Auch Voght erlitt bedeutende Verluste, so daß er schließlich sein Geschäft liquidierte. Aber er behielt doch noch so viel Wohlstand, um sich 1806–1812 eine neue große Reise durch Europa zu leisten. Während seiner Abwesenheit wohnte 1807–1808 Marschall *Bernadotte*, der nachmalige König Karl XIV. von Schweden, wiederholt längere Zeit auf dem Flottbeker Besitz. Bernadotte befehligte nach dem Frieden von Tilsit 1807 das in Norddeutschland verbleibende französische Heer und wußte sich in dieser Stellung viel Popularität zu erwerben. Einige Jahre später war er nach Napoleons Sturz auf seiten der Verbündeten; als er 1814 nach der Schlacht von Leipzig Lübeck befreite und in Holstein einrückte, war er von neuem bei Voght zu Gast.

In den Freiheitskriegen lebte Voght sehr zurückgezogen. Flottbek hatte damals fünfhundert Mann tägliche Einquartierung und darüber hinaus noch fünfmal außerordentliche Quartiersbelegung, darunter hohe Offiziere.

Allmählich wirkte sich Voghts landwirtschaftliche Leistung in Flottbek immer segensreicher aus. Seine besten Mitarbeiter waren der aus Süddeutschland zugewanderte Lukas Andreas *Staudinger*, einst Sekretär des Dichters Schubart und Vorleser Klopstocks, der sich trefflich in die landwirtschaftlichen Gedankengänge Voghts hineinfand, der Chemiker Dr. *Schmeißer*, den Voght als Landsmann in England kennengelernt hatte, und der aus Schottland stammende Gärtner J. *Booth*. Staudinger (1770–1842)[217] gründete 1797 in Großflottbek die bis 1812 bestehende *landwirtschaftliche Schule*, zu deren Ausbau im wesentlichen Voght ihm die Mittel bereitstellte[218]. Der aus Andreasberg im Harz stammende Dr. Johann Gottfried *Schmeißer* (1767–1837) war ein seinerzeit allgemein geschätzter Physiker und Chemiker, Mitglied vieler gelehrter Gesellschaften Deutschlands und des Auslandes. Er machte sich durch Vorlesungen in London und Hamburg einen Namen, besaß um 1805 eine Apotheke in Altona und war Reisebegleiter Voghts in England, Schottland und Irland. In Flottbek richtete er in Voghts Haus ein Laboratorium für Agrikulturchemie ein. Später reiste er mit G. H. Sieveking nach Paris und unternahm anschließend mit Voght und Büsch gemeinsam eine Reise durch Europa[219]. Der dritte namhafte Mitarbeiter Voghts in Flottbek war James *Booth*[220] (1772–1814), der Gründer der großen Gärtnereien, die wir bereits kennengelernt haben.

Voghts Verdienste um Landwirtschaft und Gartenkultur bestanden besonders darin, daß er viele neue Anregungen zur Vereinfachung wie zur Veredelung des Feldfruchtbaues gab, daß er die Feldbestellung rationeller ausnutzen lehrte, daß er wesentlich zur Einbürgerung neuer und noch nicht recht genutzter Feldfrüchte, vor allem der Kartoffel, beitrug, daß er den einheimischen Landbau förderte und seine Heimat in der Belieferung ländlicher Produkte vielfach vom Ausland unabhängig machte, endlich, daß er in der Anlage von Gärten, in der Anzucht von Gartenpflanzen mit dem besten Beispiel voranging[221]. Indem er zielbewußt sein Gut als Musterwirtschaft ausgestaltete, wirkte er erzieherisch für die ganze Umgebung. So war u. a. auch Johann Heinrich von *Thünen* (1783 bis 1850), einer der bahnbrechenden Agronomen und Volkswirtschaftler seiner Epoche, längere Zeit (1801–1802) auf der Voghtschen Besitzung, die er eifrig studierte[222].

Daher schrieb Voght am 25. März 1802 an Frau Johanna Sieveking, geb. Reimarus: »Mit meinen oekonomischen Einrichtungen in Flottbek bin ich sehr zufrieden. – Ich genieße den Lohn langer Arbeiten und wirklich einer ungeheuren Anstrengung, daß wenig Plätze, wo es auch sei, England nicht ausgenommen, so hoch benutzt und verhältnismäßig mit dem Preise der Taglohner so wohlfeil bebauet werden. Wenn ich niemals aufhören werde, das Gute besser machen zu wollen ..., so ist kein Zweifel, daß Flottbek mir einst $\frac{12}{m}$ Mk. jährlich einbringen sollte und dabei einer der schönsten Flecke in der Welt bleibt.

Ich habe Eiffe die Besorgung einiger kleiner Verschönerungen aufgetragen, die ich gern bei meiner Ankunft beendigt vorfinden möchte. Ich habe E. aufgetragen, Sie dabei zu Rate zu ziehen und Sie besonders zu bitten, die Meublierung der Zimmer in Booths Hause zu übernehmen – wo ich nicht irre, ist es schon gegipst ... Können ein paar Spiegel gerade über den Fenstern so gestellt werden, daß die vorübersegelnden Schiffe sich darin spiegeln, so wird Burmester dieses aus unserem Lager hergeben – können sie das nicht, so will ich lieber keinen[223].«

Der erwähnte Eiffe war der Kaufmann Joh. Joachim *Eiffe* (1744 bis 1817), Buchhalter der Voghtschen Geschäftsunternehmungen. Nach den schlimmen Erfahrungen, die Voght 1799 mit einem Geschäftsführer gemacht hatte, dessen jahrelange Unterschlagungen ihn empfindlich geschädigt hatten, war er doppelt vorsichtig geworden. In Eiffe fand er den zuverlässigen Wahrer seiner Interessen, zumal, als er 1806–1811 ins Ausland reiste, um dort das Wohlfahrtswesen zu organisieren. An J. J. Eiffe, den Stammvater des namhaften Hamburger Kaufmannsgeschlechts[224], erinnert noch heute das malerische kleine *Eiffesche Gartenhaus*, das Voght einst dem treuen Mitarbeiter auf seinem Landsitz einräumte: ein idyllisch anheimelnder Ziegelrohbau.

Als Voght älter wurde, ließ er 1816–1822 seinen alten Freund Pieter *Poel* nebst den Seinen bei sich wohnen und begab sich dafür sozusagen in deren Verpflegung. Poel, der frühere Diplomat und feinsinnige Schriftsteller, hatte bereits 1786 Voght auf einer seiner Reisen nach England begleitet und gehörte neben Sieveking, Büsch, Klopstock und Reimarus seit langem zu Voghts engstem Freundeskreis.

Vom Sommer 1812 berichtet der dänische Diplomat und damalige Generalkonsul in Hamburg, Joh. Georg *Rist* (1775–1847), in seinen Lebenserinnerungen, daß er den Sommer 1812 besonders deshalb in angenehmster Erinnerung habe, weil er seine schönsten Erholungsstunden in Flottbek zubringen konnte. Poels hatten sich in der Abwesenheit von Baron Voght ein eigenes Häuschen an der Teufelsbrücke gemietet, das unweit des Landhauses der Konsulswitwe Caroline Hanbury lag, von dem wir im folgenden noch berichten werden. Rist schreibt u. a. vom Poelschen Hause: »... wo in einem Dachkämmerlein mir stets ein Bette bereitet war. Im Hanburyschen Hause durfte ich mich schon zu den Hausfreunden zählen. Nie werde ich der schönen Abende vergessen, die ich dort mit der Jugend im Freien und auf Spaziergängen durch den mondhellen Park bis in die tiefe Nacht genossen. Am Morgen standen um sieben Uhr schon meine Pferde vor der Tür, und in der erfreulichen Aussicht, nach vollbrachtem Tagewerk wiederkehren zu dürfen, eilte ich munter der Stadt zu, wo mich beim Frühstück ein Haufen eingegangener Briefe zu erwarten pflegte. Mit unwiderstehlicher Gewalt zog mich der Abend wieder nach den geliebten Fluren ... Gar lieblich waren die Sonntagvormittage im Poelschen Hause. Die Hausfrau wußte mit der ihr eigenen Gewandtheit und Anmut um ihren Mann und sich her alles zu versammeln, was von

Gleichgesinnten und Befreundeten in ihrem Bereich war ... An der Heerstraße gelegen, war es am Vormittag eine Börse besuchender, Neuigkeiten bringender und suchender, ferner und naher Bekannter ... In allen den kleinen Zimmern regte sich eine lebendige Welt ... Die Kinder des Hauses schlossen sich mir auf das herzlichste an. Der Älteste war oft mein Schlafgenoß in dem Dachstübchen; mit den Jüngsten schlenderte ich im Park und erzählte ihnen Geschichten[225].«

Als Baron Vogt 1812 von einer mehrjährigen Reise zurückkam, lernte Rist auch ihn näher kennen. Er bezeichnet ihn als einen »ausgezeichneten Junggesellen ..., der an gewissen Tagen der Woche für eine Zahl seiner Freunde und ihrer Empfohlenen offene Tafeln zu halten pflegte[226]«. Der spätere Hamburger Archivar Dr. Otto *Beneke*, der seine Jugendzeit zum großen Teil mit seinen Eltern in Nienstedten und Kleinflottbek verlebte, schrieb in einem Erinnerungsgedicht:

>»Wie oft kam aus des Parkes Mitten
>Vor unseres niedern Daches Stroh
>Der alte Baron Vogt geritten
>Im roten schottischen Manteau!«[227]

Ein Jahr nach dem Tode seiner geliebten Frau Friederike, geb. Büsch, 1821, zog Poel mit seinen Kindern nach Altona, wo sein Sohn Ernst Poel 1837 Chefredakteur des »Altonaer Mercur« wurde. Als Vogt fühlte, daß seine Kräfte zur Bewirtschaftung des großen Flottbeker Gutes nicht mehr ausreichen, verkaufte er es 1828 an den ihm befreundeten Hamburger Senator Martin Johann *Jenisch* (1793–1857), behielt sich aber die Bewohnung seines Säulenlandhauses bis zum Tode (1839) vor. Fortan lebte er sommers in Flottbek, winters meist in seiner Hamburger Stadtwohnung. Dem geistig stets ungemein regsam bleibenden gütigen Greis war noch ein reicher, schöner Lebensabend beschieden. Vogt blieb bis zuletzt tätig. Als größter Pionier der Gartenkultur in unserer Heimat wurde er noch Mitbegründer und Präsident des »Garten- und Blumenbau-

Vereins für Hamburg, Altona und deren Umgegenden 1836«. Das Archiv des Vereins aber berichtete über Voghts Tätigkeit bei dessen Tod 1839: »Wenn in den letzten Jahren seines schönen Lebens der verehrte Greis den größten Teil seiner Sehkraft verloren hatte und nur ein schwacher Schimmer noch in das Auge drang, das die Wunderwerke der Natur stets mit Begeisterung auffaßte und in sich sog, so stand doch die Blumenwelt in ihrer tausendfältigen Farbenpracht vor seinem inneren Auge unerloschen da, und eingedenk des zuletzt erwählten Berufes, ein Hoherpriester der Flora zu seyn, weihte er sich ihrem Dienste mit der edelsten Hingebung.«

Unter der Familie Jenisch

Voghts Nachfolger wurde also Senator Martin Johann *Jenisch*, der reiche Sohn des gleichnamigen Senators (1760–1827), der Schopenhauers Lehrherr einst gewesen[228] und der mit G. H. Sieveking und Voght selbst in vielfacher geschäftlicher und gesellschaftlicher Verbindung gestanden hatte. Der jüngere Jenisch war Voght gleichfalls befreundet: Voght schrieb ihm, als er 1828 das ganze Flottbeker Gut an ihn veräußerte, am 28. August[229]: »Daß Sie Flottbeks Schönheit kannten und verstanden, Geschmack daran fanden und ganz den Wert fühlen können, den die höhere Kultur ihm auch als Schönheit gibt, daß Sie daher auch mehr wie irgend ein lebender Mensch dazu geeignet waren, in beider Hinsicht Flottbeks Wert zu erhöhen und Freude an dem Werk Ihrer Hände zu haben, das ist, mein lieber guter Freund, was vorzüglich den Wunsch in mir geregt hat, es in *Ihre* Hände zu übergeben.«

Als Jenisch die Besitzung übernahm, die König Friedrich VI. nunmehr zum Kanzleigut erhob[230], hatte er die Absicht, sich darinnen ein neues Herrschaftshaus zu erbauen – Voght behielt ja das alte –, und er schrieb an Voght, daß es ihm darauf ankomme, »eine Stelle zu finden, wo die nähere Umgebung eines herrschaftlichen Wohnhauses alle den höheren Luxus gestattet, den die Bestimmung erfordert, ohne dem Park selbst seinen Charakter zu nehmen und dem Bewohner des Hauses den Genuß, der aus der Ansicht reicher

Felder, grüner Wiesen, wohlgenährter Herden und ländlicher Tätigkeit entsteht«[231]. Voght empfahl ihm darauf den Platz, auf dem sich heute das neue Herrenhaus, das »Jenisch-Haus«, erhebt.

Jenisch war nach beendeter Ausbildung in die väterliche Handlung eingetreten. 1827 wurde der erst Vierunddreißigjährige an Stelle seines verstorbenen Vaters in den Hamburger Senat gewählt. Gleich ihm waren auch schon sein Großvater und Urgroßvater Hamburger Senatoren gewesen. 1820 hatte er Fanny Henriette *Roeck* (1801–1881) als Gattin heimgeführt, »mit welcher er in einer zwar kinderlosen, aber glücklichen Ehe lebte«. Fürst Bülow, ein Großneffe Jenischs, erzählt von ihm, daß er sich im Senat als Führer der äußersten Rechten betätigte: »Er war ein Freund des Generals Leopold von Gerlach in Berlin und aller mecklenburgischen Feudalen. Er besaß in Hamburg an den Großen Bleichen ein Stadthaus mit einer guten Gemäldegalerie, wo ich den ersten malerischen Anschauungsunterricht erhielt. In diesem Haus gab nach dem siegreichen Deutsch-Französischen Krieg der Hamburger Senat unserem alten Kaiser Wilhelm I. ein Festmahl, als dieser 1881 Hamburg seinen ersten Besuch als Deutscher Kaiser abstattete.« Ferner berichtet Bülow über den Flottbeker Besitz: »Im Hauptpark war ein schönes Palmen- und ein noch schöneres Orchideenhaus, wo diese in Deutschland noch seltene Blume in den wunderbarsten Spielarten kultiviert wurde. Wenn der Senator Jenisch, in der linken Hand eine goldene Lorgnette, die rechte auf einen Bambusstock mit goldenem Knopf gestützt, seine Orchideen betrachtete, bot er einen Anblick behaglicher Zufriedenheit, wie sie mir in dieser Welt, wo, wie oft gesagt, die Zahl der Unzufriedenen die der Zufriedenen erheblich übersteigt, selten wieder begegnet ist. In Holstein gehörten ihm zwei Rittergüter, in Jütland die Herrschaft Kalö an einer Bucht der Ostsee«[232].

Als Jenisch den Flottbeker Park erworben hatte, beauftragte er den jungen Hamburger Baumeister Franz Gustav *Forsmann*, ihm das *neue Herrenhaus* zu bauen, das 1829–1832 geschaffen wurde. Forsmann (1795–1868) stammte aus Rendsburg, hatte als Maler begonnen, war dann ins Baufach übergegangen und fand eine Dauerstellung in der Hamburger Bauverwaltung, deren Präses Senator Jenisch selber war. Er entwickelte als Mitarbeiter von Wimmel – sie schufen gemeinsam das alte Johanneum und die Börse – ein sehr beachtliches Können. Den ersten Entwurf, den Forsmann für das künftige Herrenhaus lieferte, nahm Jenisch jedoch nicht an, sondern ließ sich von dem Berliner Oberlandesbaudirektor Karl Friedrich *Schinkel* (1781–1842) einen Gegenentwurf ausarbeiten, der im Gegensatz zu Forsmanns ursprünglichen Entwürfen die Fassade des Hauses betonte. Auf Wunsch Jenischs entwarf dann Forsmann einen von Schinkel stark beeinflußten neuen Bauplan des Hauses, der schließlich zur Ausführung gelangte. »Er erfüllte«, wie Ulrich Nabel, der eingehend die Baugeschichte dargestellt hat, sagt[233], »den Schinkelschen Entwurf mit seiner werkgerechten Gediegenheit. Das ausgeführte Haus ist in seinem äußeren Gepräge aber ein Kind des Schinkelschen Geistes geblieben.« Den Garten ließ Jenisch mit neuen Anlagen und Anpflanzungen ausstatten, wobei er sich besonders des Rates von *Ohlendorff*, dem Inspektor des Botanischen Gartens in Hamburg, bediente[234]. Fast ein volles Menschenalter konnte er sich des Flottbeker Besitzes erfreuen. Zur sommerlichen Erholung hatte er auch noch die Güter Blumenhof und Fresenburg. Den vom Vater ererbten Reichtum wußte er umsichtig zu wahren. Um seine Vaterstadt hatte er besondere Verdienste als Präses der Baudeputation, zumal während der schweren Jahre nach dem großen Brande. 1857 kränkelte er und reiste zur Wiederherstellung seiner Gesundheit nach Vevey. Dort starb er, und mit ihm erlosch das Geschlecht Jenisch in männlicher Linie. Nach der Witwe kam als nächster erbberechtigter Verwandter sein Neffe, Sohn seiner Schwester Emilie, der nachmalige Senator Dr. Alfred *Rücker*, in Betracht. Um den Namen seines Geschlechtes nicht in Vergessenheit geraten zu lassen, hatte Jenisch ein Familien-Fideikommiß aus seinem Besitz geschaffen. »Jeder Nutznießer war verpflichtet, den Namen des Stifters dem eigenen folgen zu lassen, dessen Wappen und den bis zum Jahre 1349 zurückgehenden Stammbaum anzunehmen.« So gelang es dem kinderlosen Senator in der Tat, seinen Namen durch die Zeiten zu erhalten, wofür der Name »Jenisch-

Park« zeugt. Auch fern der Heimat, am Genfer See zu Vevey, wo später ebenfalls seine Frau starb, ist der Name lebendig geblieben durch das dort befindliche, von der Senatorswitwe gestiftete »*Musée Jenisch*« mit natur- und stadtgeschichtlichen Sammlungen und einer Gemäldeabteilung (Steinlen, Courbet u. a.)[235].

Die verwitwete Frau Senator Fanny Jenisch hatte eine durch die napoleonischen Wirren überschattete Jugend erlebt. Ihre Eltern hatten Hamburg verlassen müssen und kehrten erst zurück, als die Selbständigkeit wiederhergestellt war. Gesund und geistig frisch, verbreitete sie eine Atmosphäre der Freundlichkeit und Herzenswärme um sich[236]. Bei ihrem Gatten und ihr wurde hervorragende Gastlichkeit geübt. Großartig war das »Dejeuner dînatoire« gewesen, das Jenisch auf der Flottbeker Besitzung im September 1845 *König Christian VIII.* von Dänemark gab, als dieser damals Altona und Hamburg besuchte. Wie man auch später unter Frau Jenischs Initiative in Flottbek Feste zu feiern verstand, davon zeugt ein zeitgenössischer Bericht anläßlich der Silberhochzeit ihres Schwagers, des Hamburger Kaufmanns Gottlieb Jenisch. Unter den Gästen befand sich auch Wilhelm Friedrich Graf von *Redern*, der Schwager der Senatorswitwe. Dieser hatte eine Tochter des alten Senators M. J. Jenisch I zur Frau, war Generalintendant der königl. Schauspiele zu Berlin, Oberstkämmerer König Wilhelms und Kanzler des Schwarzen Adlerordens; einer der reichsten Großgrundbesitzer Preußens, der gleichfalls kinderlos blieb, ein liebenswürdiger, kunstsinniger Mann, in dessen von Schinkel erbautem Palais sich reiches gesellschaftliches Leben abspielte. Er war Kunstsammler, Mäzen und selbst Komponist von Kirchenmusik, Märschen und einer seinerzeit in Berlin erfolgreich aufgeführten Oper »Christine«[237]. Von der Hochzeit wird folgendes berichtet: »Nachdem ein Familien-Diner von 28 Personen voraufgegangen war, bei welchem Hr. Graf v. Redern das Wohl des Jubelpaares in herzlichen Worten ausbrachte und Herr Syndicus Dr. Merck die Familie Jenisch hochleben ließ, indem er zugleich der vielfachen Verdienste des verewigten Hrn. Senator Jenisch in der ansprechendsten Weise gedachte, fand abends ein Ball statt, zu dem noch etwa 80 Damen und

Herren geladen waren. Bei seiner Ankunft wurde das Jubelpaar festlich empfangen. Die Einfahrt zum Park im Osten war mit Flaggen und die dort befindliche hohe Brücke mit dem Familienwappen geschmückt. Hier wurde das Jubelpaar bei der Durchfahrt von der Herzogschen Kapelle mit einem heiteren Marsche begrüßt. Der Wagen war festlich verziert, so wie auch der Kutscher, der Diener und die Pferde mit Blumensträußen nach alter Weise versehen... Mit Dunkelwerden wurde die Westseite der Brücke mit reichlich 1000 Lampen illuminiert, was in dem dunklen Grün sich prachtvoll ausnahm. Das herrschaftliche Wohnhaus war am Portal mit schönen Festons ausgestattet und die nächste Umgebung desselben mit anderen 2000 Lampen erleuchtet. Ferner wurde durch angebrachte Gestelle, theils durch einen mit Lampen versehenen großen Kronleuchter, der in der Eichengruppe neben dem Hause angebracht war, theils durch Garnierung der Blumenbeete mit weißen und rothen Lampen, und endlich mit farbigen, in den Bosquets angebrachten Papierballons ein magischer Schein verbreitet. Dieses alles machte bei dem dunklen Abend und unter dem herrlichen Laubdache einen wahrhaft feenhaften Eindruck...«[238]

Als die alte Senatorin, die wie ihr Gatte es getan, in ihrem Testament große milde Stiftungen schuf, 1881 starb, lebte der vordem in Aussicht genommene Erbe, Senator Dr. Alfred Rücker, bereits nicht mehr. Sein ältester Sohn, Martin Rücker (geb. zu Hamburg am 8. Juni 1861), beim Tode seiner Großtante zwanzigjährig, wurde nunmehr Erbe und Herr des Familien-Fideikommisses. Als solcher hieß er Martin *Rücker Jenisch*, später Freiherr von Jenisch. Er hatte das Gymnasium in Plön besucht, in Bonn, wo er dem »Corps Borussia« angehörte, in Berlin und Heidelberg die Rechte studiert und darauf die diplomatische Laufbahn eingeschlagen. Von 1877 bis 1900 bekleidete er in Washington, im Auswärtigen Amt Berlin, in Wien, Buenos Aires, London, München und Brüssel verschiedene diplomatische Ämter, wurde dann Wirklicher kaiserlicher Legationsrat und vortragender Rat in der politischen Abteilung des Auswärtigen Amtes in Berlin. 1903 wurde er deutscher Generalkonsul mit dem Rang eines außerordentlichen Gesandten und bevollmächtigten Ministers in Kairo, 1906 königlich preußischer Gesandter in Darmstadt und 1912 zum kaiserlich deutschen Botschafter in Rom ernannt. 1906 hatte er den erblichen preußischen Adel und die Freiherrnwürde erhalten und sich 1905 mit *Thyra*, geb. Gräfin *Grote*, vermählt[239]. Aus Gesundheitsrücksichten trat er den römischen Botschafterposten nicht mehr an, sondern schied aus dem Staatsdienst aus und zog sich auf seine Güter zurück. Er starb am 22. September 1924 in Blumendorf bei Oldesloe und wurde in Nienstedten beigesetzt. Er selbst pflegte in Blumendorf zu wohnen. Die Kleinflottbeker Besitzung verwaltete sein Bruder *Oskar Rücker*.

Nach seinem Tode wurde das Schicksal der Besitzung, vor allem des Herrenhauses und des ihn umgebenden schönen Parks nebst den Gewächshäusern, fraglich. Es drohten Verkauf und Parzellierung. Im August 1927 schloß die Stadt Altona mit den Erben einen bis zum 1. April 1938 laufenden, später verlängerten Pachtvertrag, durch den zunächst der herrliche Park für die Öffentlichkeit erhalten blieb. 1939 ging das Gelände aus dem Pachtvertrag in den Besitz der Stadt Hamburg über. Das Herrenhaus wurde unter der künstlerischen Leitung des Altonaer Museums (Dr. Stierling) im Innern liebevoll im Zeitgeschmack etwa der Erbauung des Hauses hergerichtet; es diente Empfängen und Geselligkeiten der Stadt.

Der zweite Weltkrieg unterbrach diese kulturellen Arbeiten; denn auch hier stellte die bald eintretende Wohnungsnot nach den Fliegerangriffen ihre Forderungen. Schon 1940 mußte die wertvolle Inneneinrichtung verlagert werden. 1943 wurden zuerst Ausgebombte im Jenischhaus aufgenommen. 1944 teilte der Architekt *Ehlers* zehn Notwohnungen ab. Durch den Einmarsch der Engländer 1945 mußten diese Wohnungen wieder geräumt werden, weil das Besitztum beschlagnahmt wurde. Nach der Freigabe durch die Militärregierung nahmen die oberen Räume wiederum Obdachlose auf; im Erdgeschoß wurde das Gartenbauamt untergebracht. Damals bot das Herrenhaus mit seinem dunkelgrauen Anstrich zur Tarnung gegen feindliche Bombenangriffe während des Krieges einen traurigen Anblick. Verwildert war auch der sonst so gepflegte Park.

Heute ist die schöne Besitzung wieder würdig und stilgerecht hergestellt. Professor Dr. Günther *Grundmann*[513] (Nachfolger des 1950 verstorbenen Dr. Hubert Stierling), bis 1959 Direktor des Altonaer Museums und Denkmalpfleger Hamburgs, hatte sich des Hauses mit großem Verständnis für die kulturellen Werte sorgsam angenommen. 1953 wurden in der Hamburger Bürgerschaft die Mittel zur Wiederherstellung bewilligt. Die eingewiesenen Mieter erhielten andere Wohnstätten; auch das Gartenamt wurde verlegt. Prof. Grundmann kam es als Denkmalpfleger besonders darauf an, die Reinheit der Außenarchitektur wiederherzustellen. Dabei waren die z. T. noch vorhandenen Schinkelschen Baupläne von großer Wichtigkeit. So wurden z. B. die später eingefügten Fensterläden entfernt und die Südterrasse abgebrochen. Der danach erfolgte weiße Anstrich der Mauern brachte mit dem Grün der Fensterkreuze die Profilierung des streng-schönen Baues wieder zur vollen Geltung. Golden wie einstmals leuchten die Brüstungsvergitterungen daraus hervor.

Tritt man heute durch die Eingangstür, wird man wieder empfangen von der feierlichen Stille der Marmorhalle mit den Gipsabgüssen der Werke *Thorwaldsens*. Auch bei der Wiederherstellung der inneren Räume hat Prof. Grundmann Außerordentliches geschaffen. Sein großes Wissen um die verschiedenen Stilperioden vergangener Jahrhunderte, sein opferwilliges Sichversenken in die vielseitigen Erfordernisse dieser verantwortlichen, schöpferischen Arbeit ließen ein Werk entstehen, das jedem Besucher ebensoviel Kunstgenuß verschafft, wie es die Repräsentation eines vornehmen Bürgerhaushaltes von einst offenbart.

Wieder dienen die vornehmen Räume dem Hamburger Senat zu Staatsempfängen bei Festlichkeiten. Außerdem finden zu bestimmten Zeiten Führungen für die Öffentlichkeit statt.

Ein edles Kleinod, liegt heute das Herrenhaus, von alten Bäumen umrauscht, wie ehemals im gepflegten Jenischpark.

Daneben aber ist 1962 ein weiteres Kleinod entstanden: das *Ernst-Barlach-Haus*, im Äußern zwar anspruchslos im Gegensatz zum Jenischhaus, aber ihm an innerem Wert gleichgestellt. Es ist eine

Stiftung der Witwe Hermann *Reemtsmas*, der 1961 im 69. Lebensjahre verstorben war, und seines Sohnes Hermann-Hinrich. Hermann Reemtsma hatte 1934 Ernst Barlach in dessen Haus vor den Toren Güstrows besucht und war tief beeindruckt von der Persönlichkeit und dem Werk Barlachs. In der Folgezeit sammelte er alle Plastiken Barlachs, die er käuflich erwerben konnte, und entschloß sich, daraus ein Barlach-Museum zu errichten. Als gegebenen Ort sah er von vornherein den Jenischpark an. Schon war der Architekt Kallmorgen für die Idee Reemtsmas gewonnen und der Bau in Angriff genommen, da wurde am 18. Juni 1961 Hermann Reemtsma durch den Tod abgerufen. Dank der hochherzigen Stiftung seiner Gemahlin Hanna Reemtsma aber wurde alles im Sinne des Verstorbenen vollendet. Außer den 50 aufgestellten Plastiken Barlachs sind zahlreiche Zeichnungen, Graphiken, Handschriften und Buchveröffentlichungen aus den Jahren 1870 bis 1938 ausgelegt. Auch Kleinplastiken in Porzellan und Keramik werden gezeigt. Beide, Jenischhaus und Barlachhaus, sind der Öffentlichkeit in bestimmten Stunden zugänglich. Wenn im Jenischhaus die Besucher nur in Filzpantoffeln die Zimmer betreten dürfen, so wird der Mode in Damenschuhen Rechnung getragen, eine Schutzmaßnahme, die in vielen alten Schlössern längst eingeführt war, ehe die Pfennigabsätze erfunden wurden.

»DIE EICHENLUST« DES OBERALTEN GOERING

Hinter der neueren Villa des Vorwerkschen Landsitzes (Baron-Voght-Straße 19–21)[239a] taucht ein altertümliches, schlicht-vornehm gebautes, helleuchtendes Landhaus auf, das darum bemerkenswert ist, weil dieses Besitztum zu den ältesten Lustgärten an der Elbe überhaupt gehört (Baron-Voght-Straße 27–29). Der Garten erscheint bereits auf der mehrmals zitierten Karte von 1734 unter dem Namen »Eichenlust«[239b]; denn ein stattlicher Eichenwald umgab ihn. Auch »Neuhof« wurde er genannt. Er dürfte um 1730 entstanden sein und war zunächst im Besitz der Familie

Koopmann[240], dann gehörte er dem Hamburger Kaufmann Salomon *Roosen* (1717-1795). Dieser war ein Schwiegersohn von Abraham Koopmann, der den Garten vorher besaß. Roosen bewohnte in Hamburg seine Häuser am Neuen Wall (jetzt Nr. 82-84). Gegenüber (jetzt Nr. 77) befand sich der Geschäftsspeicher. Salomon Roosen gehörte ebenso wie sein ältester Bruder, der große Schiffsreeder Berend Roosen (1705-1788), zu den bedeutendsten Mitgliedern der mennonitischen Gemeinde[241] und übernahm nach dem Tode seines Schwiegervaters den Kleinflottbeker Landsitz, den er »mit großer Freude« pflegte[242].

Nach seinem Tode ging der Landsitz in die Hände seines Schwiegersohns, des Hamburger Kaufmanns und Bankiers Johannes *Janssen* (1775-1819), über. Janssen, der gleichfalls aus alter Mennonitenfamilie stammte, hatte sich mit Salomons Tochter Catharina Roosen (1760-1801) vermählt und wohnte in Hamburg in der Admiralitätstraße. Er war ein begeisterter Freund von Musik, Bildern und Kunst, der sich eine Gemäldesammlung zugelegt hatte, die 282 Bilder zählte. Ein kleiner Teil hiervon ist heute im Besitz des Urenkels Ehlermann, wovon Karl Woermann in seinem Buch »Kunst im Hause Ehlermann« berichtet[243].

Johannes Janssens jüngste Tochter Sara (1795-1891) heiratete den Hamburger Kaufmann und späteren Oberalten Georg Friedrich *Goering* (1789-1867), und nach Janssens Tod 1819 übernahm Goering den Besitz. Er war Weinhändler und wohnte in Hamburg am Hüxter. Sein bis zum Dovenfleet durchgehendes Grundstück lag auf einem Platz, der jetzt einen Teil des Dovenhofs bildet. Goering übernahm auch einen Teil der Janssenschen Gemäldesammlung. Seine Frau Sara malte, dichtete, sang und spielte die Harfe. Sie war befreundet mit Henriette Weber, geb. Nottebohm. Von ihr überliefert H. Klee, geb. Roosen, folgendes anziehende Bild: »Das feine Gesicht mit den leuchtenden blauen Augen umgab eine mit schwarzem Sammetband geputzte schwarze Haube, aus welcher zu beiden Seiten je zwei aufgesteckte Silberlöckchen schauten, welche sie mit den feinen Fingern bis an ihr Lebensende selbst aufsteckte, und sie starb im 96. Lebensjahre.« Vom Leben auf dem Landsitz erzählt H. Klee dann weiter[244]: »Am Ende des Gartens war ein altertümlicher Tempel, dessen Mitte ein Kuppelbau; von den Freitreppen hinten hinaus hatte man einen Blick in die Baumkronen des tiefergelegenen Nachbarparks, so daß man sich vorstellen konnte, in einen Wald zu schauen. Der Tempel war von innen mit Ranken und Vögeln reizend geschmückt, an der einen Seite ging es in ein Stübchen, an der andern in die Küche. Dieses war nun unser Haus, wenn wir bei Großmama einige Tage wohnten; unser Puppenreich schlossen wir abends mit unserem Hausschlüssel ab, oh! wie reich dünkten wir uns! Zur Herbstzeit lagerte alles Obst dort, und nie vergesse ich den Duft, den wir einsogen, wenn wir dann unter Begleitung einmal hineinsehen durften und dem Gesumme der eingedrungenen Wespen lauschten ... Das Schönste dünkte uns die Rückfahrt im Dämmern, wo jeder einen Korb voll Rosen oder Aprikosen, Pflaumen, Birnen oder Trauben auf dem Schoß hielt als Vorrat für die nächsten Tage. Großmama wußte uns aus ihrer früh mutterlosen, vom gefürchteten Vater (Johannes Janssen) streng geleiteten Jugend viel zu erzählen. Er verlangte von allen unbedingten Gehorsam; als er eines Nachmittags seinen Kutscher beauftragte, noch einmal nach Hamburg zu fahren, um einen wichtigen Geschäftsbrief fortzubringen, und der Kutscher ihm antwortete: ›Nee, Herr, in mienen Kontrakt steiht, dat ik man eenmal den'n Dag nödig harr, antospannen‹, entgegnete der alte Herr: ›Es ist gut! In meinem Kontrakt steht, daß Er alles Ihm Aufgetragene zu befolgen habe, so *gehe* Er nun nach Hamburg, um den Brief fortzubringen‹, und so geschah es ...«

Das heute noch bestehende alte Haus ist in der Zeit von Johannes Janssen nach 1795 erbaut worden. 1876 verkaufte Frau Oberalte Goering den Garten an Adolph Vorwerk, der ihn später anderweitig veräußerte.

VI. KLEINFLOTTBEK UND NIENSTEDTEN

WESSELHOEFTS PARK, »DIE MÜHLE« MIT DEM »MÜHLENTEICH«

Die meisten der besonders großen Landsitze an der Elbchaussee sind im Laufe der letzten Jahrzehnte in die öffentliche Hand übergegangen oder parzelliert und verkauft worden. Unter den Privatbesitzungen, die heute noch großes Format aufweisen, ist das Besitztum des verstorbenen Hamburger Kaufmanns Johannes *Wesselhoeft senior* in Nienstedten, Georg-Bonne-Straße 22, eins der stattlichsten und schönsten. Das umfangreiche Gelände reicht von der Front der Elbchaussee bis zur Straße »Quellental« und wird selbst von der zum größten Teil verpachteten Südhälfte des Quellentals gebildet.

Die nördliche, jenseits der Quellental-Straße gelegene Hälfte, die, wie wir sahen, früher zum Voghtschen Park gehörte, trägt östlich neben der Fluß-Aue eine idyllische, um 1830 erbaute Gastwirtschaft »Zum Quellental« mit einem hübschen Bauerngarten und altmodisch geschnittenen Buchen. Die Gastwirtschaft und ihre Umgebung (zumal die heute als Sportplatz planierte Wiese) waren ehedem, besonders zu Pfingsten, ein beliebtes Ausflugsziel der Hamburger[245].

Einst wurde das ganze Tal von einem Bach durchflossen, der in alter Zeit »Teufelsau« hieß und heute als »Kleine Flottbek« bezeichnet wird. Dieser Bach spaltete sich unterhalb des oberen Teiches in zwei Arme; der westliche Arm ist im vergangenen Jahrhundert trockengelegt, um den verbleibenden östlichen wasserreicher zu gestalten. Der Name »Teufelsau« weist auf Zusammenhänge mit dem bereits erwähnten »Düwels Boomgarden« und »Teufelsbrücke«. Ebenso wie jene Flurgebiete ist auch die Teufelsau seit Jahrhunderten alles andere als nicht geheuer; sie ist vielmehr romantisch-anmutsvoll. Zwei alte, verträumte Teiche finden sich hier[245a]. Der untere Teich, der allgemein der »Mühlenteich« heißt, hat wegen seiner stillen Schönheit auch den Namen »*Kleiner Ukleisee*« erhalten. Wasservögel beleben seine glänzend-ernste Fläche. Die Wege führen an ihm entlang talaufwärts an einer alten Trauerbuche vorbei, der stattlichsten in der ganzen hiesigen Landschaft. Tritt man unter den Schatten des mächtig emporstrebenden Hauptstammes dieser Buche, so mag man sich wie von einem Waldzauber umfangen vorkommen. Unübersehbar ranken von oben die starken Äste und Zweige herab und nehmen sich wie Luftwurzeln eines Märchenbaumes aus.

Durch einen alten Buchenhain führt der Weg an einer Wiese entlang, die einst zum Teil hoch mit Adlerfarnkraut bedeckt war: die einzige Stelle in unserer Gegend, die solche Farne zeigte; diese wurden von C. J. Wesselhoeft, dem Vater von Johannes Wesselhoeft, aus den Harburger Wäldern herübergesiedelt. Am Ende des Weges grüßt der nördliche Weiher[245a]: von gewaltigen Eichen und andern stattlichen Bäumen umgeben, gewährt er ein Landschaftsbild im Stile Ruysdaels. Der westliche Geestrücken längs des Tales trägt bis zur Georg-Bonne-Straße große Obstgärten. Die östlichen Hänge der Geest führen seit alter Zeit den Flurnamen »*Lünkenberg*«. Am Südende des Mühlenteichs verbreitert sich das Tal, und hier hat die Familie Wesselhoeft um das alte, vornehme Herrenhaus einen besonders schönen Blumen-, Nutz- und Baumgarten angelegt. Hohe, alte, geschnittene Taxusbäume umrahmen den Einfahrtsweg zum Herrenhaus. Die Ostseite des Gartens trägt u. a. Gewächshäuser, Blumenrabatten, eine kostbare Zeder (cedrus atlanticus), Stammumfang 3,15 m, und eine hochgewachsene Virginische Sumpfzypresse (Taxodium distichum), Stammumfang 3,50 m, nebst anderen exotischen Bäumen.

Ende des siebzehnten Jahrhunderts war die Teufelsau bereits zu mehreren kleinen Fischteichen aufgestaut und gehörte damals in ihrem südlichen Teil zwei aus Friesland stammenden Männern: Ancke *Baues* und Baucke *Hyddes*[246]. Die beiden erwarben 1697 von der Pinneberger Regierung die Konzession, daselbst eine Öl- und Graupenmühle anzulegen[247]. Sie erbauten um 1700 am Ausfluß des unteren Teiches die Mühle. Um diese aber noch einträglicher zu gestalten, beschlossen sie, auf dem Lünkenberg außerdem eine Windmühle zu errichten. Sie taten sich zu dem Zweck mit dem unternehmungsfrohen und erfolgreichen Altonaer Großkaufmann Hinrich I *van der Smissen* (1667-1732) zusammen, ferner mit Lorenz und Lucas Kramer sowie mit Heinrich Bremer und pachteten den Lünkenberg. Im Jahre 1703 aber übertrugen sie[248] ihren gesamten Besitz bereits auf Hinrich van der Smissen und auf die Brüder Kramer[249]. 1704 erbaute van der Smissen die geplante Windmühle, die Grütze und Graupen zu mahlen hatte, und wurde in den nächsten Jahren alleiniger Besitzer des Ganzen.

Dieses van der Smissensche Mühlenbesitztum dürfte bereits ein recht anmutiges Aussehen gehabt haben. Auf der Karte, die Dr. Wiessel 1734 von Kleinflottbek entwarf[250], ist die Wassermühle an dem »Mühlenteich« genannten Weiher mit dem Namen »Holländer Mühle« bezeichnet. Seitlich des Lünkenbergs erblickt man auf der Karte eine Baumreihe, die sich längs des ganzen Quellentales aufwärts zog[251]. Auf der Höhe des Berges sieht man in der Karte die Windmühle eingezeichnet, umgeben von Baumgruppen und einem stattlichen Streifen Eichengehölz.

Als Hinrich I van der Smissen 1737 starb, wurde der Besitz unter den Erben geteilt. Den Windmühlenberg erbte ein Schwiegersohn Hinrichs. Die westliche Hälfte, also das eigentliche Quellental mit der Wassermühle, erbten die beiden Söhne *Hinrich II* und *Gysbert III* van der Smissen: jener ein stiller, ernst-religiöser, wohl aus Schwerhörigkeit zurückgezogen lebender Kaufmann, dieser, ein Freund des Grafen Hartwig von Bernstorff, eine genialische, lebensfrohe Natur. Unter ihnen blühte das Handelshaus van der Smissen. Gysbert nannte das Nienstedtener Besitztum »Boogaard-Dal en Elb-Zicht« (Bogaards Tal und Elbblick)[252]. 1742-1769 wurde es an den Müller Christian *Soltau* verpachtet, der 1772 das idyllisch gelegene Wirtshaus »*Zum Bäcker*« im Tal der Teufelsbrücke anlegte. Es ist in der Kriegszeit eingegangen. Die Wassermühle wurde stillgelegt, und das Grundstück diente nur noch als ländlicher Erholungsaufenthalt[253].

Ein anderer Gasthof »Zum Bäcker« lag nicht weit davon, nachdem die Straße wieder die Höhe gewonnen hat. Er wurde 1814 von dem Gastwirt *Langeloh*, der zugleich Bauer war, erbaut als Ersatz für ein älteres Gasthaus, das abgebrannt war. 1817 verkaufte Langeloh seinen Neubau an den Bäckermeister Chr. Ludwig *Pieper*, der nun Bäckerei und Gastwirtschaft vereinigte und die Bezeichnung »Zum Bäcker« einführte. Sein Vorteil war, daß sich hier damals die Lotsenstation befand. 1906 ging nach Aufgabe der Bäckerei der Gasthof an den Wirt C. H. *Dill* über. Damit verlor sich der Name »Zum Bäcker«. ... Die Bezeichnung »Klein Jacob« (der Gasthof liegt dem Weinrestaurant Jacob schräg gegenüber) setzte sich nicht durch. Nach dem 1963 erfolgten Tode Dills hat sein Schwiegersohn *Schaumann* den Betrieb übernommen[253a].

In der Franzosenzeit erfuhr freilich der sonst so ruhige Landsitz wild bewegte Wochen. Friedrich *Perthes*, der große Patriot, Buchhändler und Kulturpionier (1772–1843), hatte selbst vor den Franzosen aus Hamburg flüchten müssen. Er war »in seiner Fürsorge für die durch die Franzosen aus Hamburg vertriebenen Einwohner, selbst, um dem eigentlichen Sitze der Not möglichst nahe zu sein, auf van der Smissens Mühle ... einquartiert und mußte, da die Russen am 9. Februar (1813) in derselben Mühle ein fliegendes Lazarett errichteten, seine Arbeiten unter dem Gejammer der Verwundeten und Sterbenden vornehmen«. Er schrieb an seine Frau u. a.: »Hier geht es seit dieser Nacht drei Uhr sehr, sehr ernsthaft her. Auf der Wilhelmsburg, in Neuhof, in Harburg werden die Franzosen von allen Seiten angegriffen, und mancher der Unsrigen ist schon verwundet gebracht. Ein sehr braver junger Mann, Volkmann, wird heute noch sterben; er ging gestern so heiter ab; sein Vater, ein wackerer Handwerksmann, hatte gerade dieses Sohnes wegen aus Hamburg flüchten müssen und steht nun hier tiefbetrübt; doch stützt ihn die Ehre, daß sein Sohn so sich opfert. Neben mir liegt ein russischer Kapitän, ein alter Mann über fünfzig Jahre. Er schrie, als ihm die Kugel herausgeschnitten wurde, daß das Haus erbebte. Unter Blut, Ächzen, Stöhnen sitze ich nun unter Sterbenden; aber ich hoffe zu Gott, die Sache führt zu einer Entscheidung.

Da kommen wieder drei Wagen mit Verwundeten, und es ist kein Plätzlein mehr im Hause; neun Tote liegen nun schon der Reihe nach vor meiner Tür im Schnee«[254].

Die Wirren der Zeit fügten auch dem altangesehenen Handelshaus van der Smissen großen Schaden zu. Da die späteren Generationen der Familie sich nicht mehr den veränderten Wirtschaftsverhältnissen anzupassen vermochten, erfolgte 1819 der Zusammenbruch der Firma. Gysbert III jun., ein gutherziger, mehr gelehrter als wirtschaftlich befähigter Mann, mußte mit seinem Teilhaber 1824 das stark verschuldete Geschäft liquidieren. Die Folge war, daß u. a. auch der Nienstedtener Besitz veräußert wurde[255].

Am 2. November 1825 wurde dieser auf die Ehefrau des nachmaligen Hamburger Bürgermeisters Sillem, Charlotte Dorothea, geb. von Pechlin, verwitwet gewesene Schuback, übertragen. Offenbar im Interesse ehelicher Gütertrennung; denn Senator Martin Garlieb *Sillem* hatte nach zeitgenössischen Berichten den Hauptanteil an der nunmehrigen großartigen Ausgestaltung des Landsitzes, der den Zeitgenossen als »Sillems Garten« bekannt war. Sillem wurde der Erbauer des jetzt noch bestehenden schönen Herrenhauses Elbchaussee 352, das er in klassizistischem Stil errichten ließ[256]. Er selbst entstammte der Hamburger Ratsherrenfamilie, die schon seit 1517 Mitglieder in den Senat entsandte, und hatte 1813 als Gesandtschaftsmitglied Napoleon aufsuchen müssen, um den Erlaß der Strafsumme von 48 Millionen Franken, die Hamburg auferlegt war, durchzusetzen. 1814 wurde er Senator, in städtischen Angelegenheiten nach London entsandt und 1816 nach Paris, um die der Stadt geraubten 94 Millionen wiederzufordern. 1829 wurde er in Anerkennung seiner Verdienste zum Bürgermeister gewählt. Seine Ehe war kinderlos. Ein erhaltenes Porträt zeigt ihn als stattlichen Mann; er hatte ein fleischiges Gesicht mit hoher, weiter Stirn und Kahlkopf, von weißem Haar umwallt[257]. Sillem war ein großer Freund von Kunst und Gelehrsamkeit, und es wurde ihm besonders nachgerühmt, daß er bei der Ausstattung seines Hauses in Hamburg und seines Landsitzes in Flottbek tunlichst deutsche Handwerker beschäftigte[258]. In dem Nachruf Professor Christian Petersens auf ihn heißt es u. a.: »Sein Haus war immer voll angemessener Unterhaltung und anmutiger Eleganz. Man sah in seinem Zirkel zahlreiche Verwandte, Freunde, Künstler und Gelehrte ... In den letzten Lebensjahren genoß er die Landfreuden in seiner Villa, die aufs schönste geschmückt und mit allem Komfort versehen war ... Seinen Garten verband er mit dem lang vernachlässigten (Quellen)tal, und die Baumbestände ließ er abwechseln mit freundlichem Gebüsch und Blumenflor. Er legte kleine Bäche an, grub die Teiche aus und brachte auf einem nicht großen Raum den mannigfachsten Wechsel hervor. Aber er wollte nicht allein die Landfreuden genießen ..., er war gastfreundlich genug, einheimischen Nachbarn und Fremden zu jeder Zeit die Tore offenzuhalten ... Er war nur froh in der Tätigkeit. Durch die Gefilde spazierengehend, ruhend in den Lauben, unter dem Schatten der Bäume sitzend, dachte er darüber nach, wie er seinen Garten noch weiter ausschmücken und prächtig gestalten könne«[259].

Der Hamburger Archivar Otto *Beneke* weilte als Kind mit seinen Eltern zur Sommerzeit wiederholt in Nienstedten und Flottbek. Die Eltern Benekes wohnten in Sillems Garten auf der alten Mühle zur Miete. Dort fanden sich Rist, Hanburys, Poels u. a. ein, und man las mit verteilten Rollen dramatische Neuerscheinungen. In Erinnerungsversen erzählte Beneke:

»Wie lebt' es sich so traut, so kühle
Trotz enger Räume doch so weit
In unsrer grün umrankten Mühle,
Die still genug in trockner Zeit.
Wenn Jacob dann, der lahme Möller,
Zur Regenzeit an's Mahlwerk schritt:
Dann hebt und zittert mit Geböller
Der ganze Holzbau – und Du mit!
Mit sehr behaglichem Gefühle
Saß man auf schattigem Altan,
Horcht' auf das Klappern in der Mühle,
Auf Drossel, Fink und Ortolan.

Zwar drinnen fehlten manchmal Stühle,
Das Tractement war auch recht schlicht,
Indes – man sah in unsrer Mühle
Auf solche Nebendinge nicht«[260].

Bald nach dem Tode des Bürgermeisters Sillem verkaufte seine Witwe den Nienstedtener Landsitz an Berend *Roosen* jun. (am 19. Oktober 1837), der bis dahin »Klein Middelvaart« innegehabt hatte. Er führte dort mit seiner schönen Frau Henriette, geb. Linnich, für seine vielen Kinder ein geselliges Leben. Bis zu seinem Tode 1853 besaß er das Anwesen, und danach gelangte es an den Hamburger Kaufmann Camille *Vidal*. Dieser war selbst 1809 in Nienstedten geboren, und zwar auf der großen, schönen Besitzung seines Vaters Charles Louis Vidal (1755-1809), die westlich von der Mühle auf weiter, baumumstandener Wiesenfläche lag[261]. Camille Vidal war anfangs in Batavia tätig, wo er 1839 zum hamburgischen Generalkonsul ernannt wurde[262]. 1846 kehrte er nach Hamburg zurück und assoziierte sich mit seinem Bruder Theodor in Firma »T. E. & C. Vidal«. 1852 wurde er Handelsrichter. In zweiter Ehe war er seit 1845 mit Maria Roosen, Tochter des vorgenannten Berend Roosen jun., vermählt. Er hatte acht Kinder; von ihnen fielen zwei Söhne im blühenden Alter auf dem Schlachtfeld: der einundzwanzigjährige Sekondeleutnant Alphons 1870 bei Orléans und der neunzehnjährige Unteroffizier Camille bei Mars la Tour. Von den übrigen Kindern setzten die Söhne die kaufmännische Tradition der Familie fort. Camille Vidal, der am 15. Juli 1882 zu Hamburg starb, hatte das Nienstedtener Mühlengrundstück jedoch schon nach fünf Jahren wieder verkauft[263].

Einige Zeit danach, 1864, wurde das große, immer parkartiger gewordene Grundstück[264] von Carl Johannes *Wesselhoeft* erworben und befindet sich seitdem ununterbrochen im Besitz dieser Familie, also ein Jahrhundert lang. Die Wesselhoefts haben für die Pflege und Verschönerung des Ganzen viel geleistet. Ihre Familie stammt vermutlich aus dem Flecken Visselhövede in Hannover, der Hamburg-Altonaer Zweig aus Buxtehude. C. J. *Wesselhoeft* (1816 bis

1903[264a]) war der Sohn des großbritannischen Vizekonsuls in Hamburg, Carl Joh. Friedr. Wesselhoeft (1787–1862). Von ihm ist ein Kinderbildnis erhalten, das ihn blond und hellaugig, mit Stumpfnäschen, in weißem Fransenkragen, etwa fünf Jahre alt, darstellt[265]. Der Knabe erhielt eine sorgfältige, abhärtende Erziehung in der damals berühmten Erziehungsanstalt von M. Chr. *Köhnke* zu Nienstedten. Er erzählte später davon, wie die Pensionäre im Winter das zugefrorene Eis der Waschbecken aufschlagen mußten, um sich waschen zu können. Gleichwohl muß er das Haus seiner Kindererziehung liebgewonnen haben; denn als Mann von 38 Jahren mietete er es von dem späteren Besitzer, dem Herzog von Augustenburg, und wohnte daselbst mit den Seinen volle zehn Jahre, von 1854 bis 1864, bis er die Mühlenbesitzung kaufte. Mit neunzehn Jahren kam er in das Geschäft von Nicolaus Hudtwalcker, das er unter der Firma »Johannes Wesselhoeft« und später unter »Wesselhoeft & Ahlers« fortführte. 1848 vermählte er sich mit der schönen Maria Theresia, der Tochter des Frankfurter Kaufmanns George Ernest Chamot. Dadurch verband er sein Blut mit einem Geschlecht, das in seiner Verwandtschaft Beziehungen zu *Goethe* und dessen Kreis hatte. Sein Sohn Johannes Wesselhoeft, der der Familie Chamot eine eingehende Darstellung gewidmet hat, erzählt, daß sein Urgroßvater Franz Georg Chamot Kaufreflektant des Goethe-Hauses am Hirschgraben war, worüber die Mutter, Frau Rat Goethe, ihrem Sohn 1794 nach Weimar berichtet[266], und daß seine Urgroßeltern jene d'Orvilles waren, mit denen der junge Goethe herzlich befreundet gewesen, denen er die übermütigsten seiner Jugendverse widmete und in deren Offenbacher Besitz er 1775 den »verliebten Sommer« mit Lili *Schönemann* erlebte[267]. In diesem Zusammenhang mag erwähnt werden, daß die Wesselhoefts auch von anderer Richtung her mit dem Goethe-Kreis zusammenhängen. Die Kusine des großbritannischen Vizekonsuls Wesselhoeft war Johanna Charlotte Wesselhoeft, die Gattin des Buchhändlers Friedrich Frommann (Jena) und die Pflegemutter von Goethes lieblicher Freundin Minna *Herzlieb* wurde[268]. Im gastfreien Frommannschen Hause verbrachte Goethe, sooft er in Jena war, häufig seine Abende. Weitere verwandtschaftliche Beziehungen reichen zu dem Frankfurter Bankier J. Fr. Gontard und zur Diotima *Hölderlins*[269].

C. J. Wesselhoeft war ein leidenschaftlicher Natur- und Kunstfreund. Mit feinem Empfinden gestaltete er den Park des Quellentals so aus, daß er die Natur sich entfalten ließ, als wachse sie unberührt. Besondere Pflege ließ er der Kultur von Zwergobstbäumen in Töpfen und von Weinsorten edler Art angedeihen. Die Obstkulturen hatte er in England und durch englische und französische Fachliteratur sorgsam studiert; sie waren zur Zeit der großen Gartenbau-Ausstellung in Hamburg 1869 hier noch wenig bekannt. Er erhielt für seine Leistungen die große goldene Medaille des Hamburger Staates und den Ehrenpreis des Großherzogs von Mecklenburg-Schwerin, einen silbernen Pokal.

In seinem Hamburger Haus, nur zur Winterzeit von ihm bewohnt, brachte er eine treffliche Sammlung alter Niederländer zusammen, indem er die ihm vermachte Sammlung (von Gemälden alter Meister) seines Oheims Nicolaus Hudtwalcker[270] sichtete und durch Ankäufe, z. B. eines Rembrandt, vervollkommnete. Der Wert lag in der sorgfältigen Auswahl und Zusammenstellung. Sie bot treffliche Musterbeispiele der Landschafts-, Genre-, Porträt- und der religiösen Malerei und wurde von Kennern wie Wilhelm Bode und Alfred Lichtwark hochgeschätzt. Als *Hudtwalcker-Wesselhoeftsche Sammlung* befindet sie sich jetzt in der Hamburger Kunsthalle, durch den Hamburger Staat 1888 käuflich erworben.

Nach C. J. Wesselhoefts Tod bewohnte seine Witwe den Besitz, und nach deren Ableben 1908 übernahm ihr jüngster Sohn George Max *Johannes Wesselhoeft* (geb. 1862) das Anwesen. Dieser war bis zu seinem Austritt aus der Firma Wesselhoeft & Ahlers deren Seniorchef. Mit künstlerischem Empfinden gestaltete er das alte Landhaus innen aus. Ein edel-schlichter Marmorraum im klassizistischen Stil empfängt heute dort den Besucher. Die Wandbekleidung entstammt dem Hudtwalcker-Wesselhoeftschen Familienhaus in Hamburg[271]. Erlesene Stein- und Bronzeplastiken zieren den Raum: teils Vermächtnisse, teils Ehrengeschenke an den Besitzer.

Bemerkenswert ist ferner eine Sammlung von Gemälden alter Niederländer. – G. M. Johannes Wesselhoeft war vermählt mit der aus der bekannten Hamburger Bürgermeisterfamilie stammenden, 1947 verstorbenen Anna Maria, geb. Petersen. Er folgte ihr nach am 7. März 1951. Beide hatten die große Besitzung, die vielen Gästen und Naturfreunden zugängig gehalten wurde, sorgfältig betreut[514].

Auf dem westlichen, höher gelegenen Teil der Besitzung hat Johannes Wesselhoeft 1911–1912 ein Landhaus erbauen lassen, das, von schönen gärtnerischen Anlagen umgeben, im Innern gleichfalls überaus geschmackvoll eingerichtet ist (Quellental 65). Gegenwärtig besitzt und bewohnt es der älteste Sohn von Johannes Wesselhoeft, Hans Wesselhoeft, der Nachfolger seines Vaters in der Firma Wesselhoeft & Ahlers[272], mit seiner Familie.

DER VORMALS HANBURYSCHE, SPÄTER VORWERKSCHE LANDSITZ

Beim Überschreiten der Baron-Vogt-Straße öffnet sich, kurz bevor man auf der Elbchaussee zu Schmidts Konditorei gelangt, zur Rechten der Blick auf einen Landsitz, der sich durch besondere Lage auszeichnet. Von einer verhältnismäßig schmalen Front an der Chaussee steigt, nach Norden sich verbreiternd, eine Rasenfläche den Geesthang sanft hinan und trägt am oberen Hang, abseits vom geräuschvollen Verkehr der Straße, eine stattliche Villa inmitten alter Baumgruppen: die ehemals Hanburysche, dann Vorwerksche, jetzt Vorwerk-Burchard-Motzsche Besitzung (Baron-Voght-Straße 19–21).

Dieser Landsitz, größtenteils auf der alten Flur Lünkenberg erbaut, bildete ursprünglich mit dem Mühlengrundstück im Quellental eine Einheit. Beides hatte zusammen, wie wir bereits sahen, Hinrich I. *van der Smissen* gehört, der auf der Geesthöhe eine Windmühle für Graupen und Grütze angelegt hatte. Nach seinem Tode war der Besitz geteilt worden, und der Windmühlenberg ging auf van der Smissens Schwiegersohn, den Altonaer Kaufmann Abraham Hingsberg, über, der die Windmühle verpachtete. Um 1770 kam die Mühle an den Enkel Hinrichs, an *Jacob Gysbert van der Smissen* (1746-1829), den letzten großen Kaufmann des Geschlechts, den frommen Pietisten, den Freund Jung-Stillings und Lavaters. Er ließ neben ihr ein Haus errichten, um die Freuden des Landlebens – er hatte als Knabe lieber Landwirt als Kaufmann werden wollen – hier recht genießen zu können. 1787 wurde die Mühle durch Blitz zerstört, und einige Jahre später verkaufte Jacob Gysbert das Gelände an Caspar Voght[273].

Dieser überließ es in Erbpacht dem königlich großbritannischen Agenten und Konsul für den niedersächsischen Kreis und die Hansestädte, William *Hanbury* (1755-1798), der sein Geschäft im Cremon hatte. Er war Mitglied des englischen Hofes und hatte sich mit Caroline *Bohn* (1758-1832), der Tochter des Hamburger Buchhändlers J. C. Bohn, vermählt, des Verlegers von Hagedorn und Klopstock[274]. Caroline war selbst literarisch lebhaft interessiert und mit Johanna Sieveking, geb. Reimarus, befreundet[275].

Als die Hanburys von Caspar Voght den Landsitz übernahmen, kamen sie zugleich mit dem Flottbeker Freundeskreis, mit *Voght* selbst und mit Pieter *Poel*, in lebhafte Verbindung. Ihr gastliches Haus grüßte hoch oben aus der umwaldeten Höhe die auf dem Elbstrom vorbeifahrenden Schiffe. Unter den Kindern wuchs hier auch sein besonders bekannt gewordener Sohn, *Charles Hanbury* (geb. 1791), heran, der spätere hannoversche Ministerresident und Generalkonsul bei den Hansestädten[276]. Nach dem Tode des William Hanbury blieben dessen Witwe und Kinder noch bis gegen Ende des ersten Drittels des neunzehnten Jahrhunderts hier wohnen. Der mit ihnen befreundete Diplomat J. G. Rist, damals dänischer Gesandter in Hamburg, der hier eine tiefe Neigung zur zweiten Tochter Hanburys faßte und sich später mit ihr vermählte, erzählt 1812 u. a.: »So fand ich denn in dem schönen Flottbek alles, was Auge, Geist und Herz erquicken und befriedigen konnte, vereint; und diesem Lieblingsfleck durfte ich um so ungestörter die teuer erkauften Mußestunden widmen, da sich in der bösen Zeit fast alle übrigen Häuser von Freunden und Bekannten allmählich geschlossen hatten und nur wenige noch Anspruch an meine Zeit zu machen geneigt waren. Still war das Gewerbe, die Stimmung trübe; alles schränkte den Aufwand ein, und in den Straßen sah man außer den Wagen der Ärzte fast nur die der französischen Beamten rollen. Oft, wenn ich von einer Fahrt aus Wandsbek ermüdet aus dem Wagen stieg und, was nötig war, geschrieben und verfügt hatte, standen schon die Pferde bereit, mich nach jenem glücklichen Winkel zu tragen. – Da war treuer, herzlicher Empfang, da umgab mich ein Kreis geist- und herzvoller Menschen, die sich ganz von der Berührung mit dem fremden, feindseligen Element, das über uns hereingebrochen war, freigehalten hatte, gleichsam eine andere Atmosphäre, in der sich's leichter atmete. Da erwog ich mit Poel die Geschicke der Zukunft, da teilte ich trostlose Nachrichten mit und empfing fröhliche Hoffnungen, sah in den muntern Knaben, die sich mir so herzlich anschlossen, ein neues, so Gott will, glücklicheres Geschlecht aufwachsen«[277]. Die »böse Zeit«, die Franzosenzeit, böse auch für die Elbchaussee!

Das von wildem Wein ganz umsponnene alte Haus hat noch bis 1903 bestanden: idyllisch, verwinkelt, mit allerlei Vorbauten, im Baustil an das Haus des Herzogs von Augustenburg in Nienstedten erinnernd.

1840 erwarb der Kaufmann Georg Friedrich *Vorwerk* das Besitztum[515] und errichtete südöstlich von dem Landhaus Hanburys, das »Eichberg-Haus« genannt wurde, eine Villa, die er von dem Architekten *Forsmann* erbauen ließ und 1843 bezog. Es hat die gleiche Frontgliederung wie das Herrenhaus der »Bost«. Das Vorwerksche Haus wurde später rückwärts vertieft und durch den Architekten M. Haller ausgebaut. Das dem Hause ursprünglich vorgelagerte Ackerland wurde durch den Gartenarchitekten *Ohlendorff* in einen Park mit echten Kastanien, Magnolien, Ginkgos und andern exotischen Bäumen umgewandelt. Die von ihm angelegten Taxuswände sind jetzt zu doppelter Manneshöhe emporgewachsen, und die Rhododendrongebüsche sind, ähnlich wie im Hirschpark, wahre Wälder geworden[278]. Zu dem Besitz gehören im West- und Nordteil des Parks noch mächtige alte Eichengruppen, die schon auf dem 1734 gezeichneten Plan von Wiessel zu sehen sind.

G. Fr. Vorwerk (1793-1867), Sohn eines Advokaten, stammte aus Hildesheim, kam als Lehrling zu seinem Onkel, dem Kaufmann Vorwerk, nach Hamburg, wurde 1823 Mitbegründer der Firma »Hochgreve & Vorwerk« und 1846 deren alleiniger Inhaber. Er war Handelsrichter, Kommerzdeputierter und braunschweigischer Konsul. 1848 wurde er als Abgeordneter Hamburgs zum Vorparlament nach Frankfurt a. M. entsandt. Er war erstmalig vermählt mit Dorothea *de Voss*, die jedoch schon ein halbes Jahr nach ihrer Hochzeit, fünfundzwanzig Jahre alt, starb, sodann mit deren Schwester Christiane, die ihm in glücklicher Ehe dreizehn Kinder schenkte. Seine älteste Tochter Luise wurde die Gattin des Hamburger Bürgermeisters Dr. Hermann *Weber*.

Die Witwe überlebte ihn achtzehn Jahre. Als er 1855 starb, ging der Landsitz auf ihren Sohn, den Kaufmann *Adolph Vorwerk* (1839 bis 1919), über, der seit 1868 Teilhaber von »Vorwerk & Co.« zu Valparaiso, seit 1875 von »Vorwerk Gebr. & Co.« zu Hamburg war. An Stelle des alten, abgebrochenen Hanburyschen Landhauses erbaute Adolph Vorwerk eine neue Villa, das jetzige »Eichberg-Haus«, noch im Besitz der Erben Walter Vorwerks (Baron-Voght-Straße 21). Die neue Villa liegt etwas höher als die Adolph Vorwerksche, mit der Hauptfront gegen den großen westlichen Rasenabhang des Parks, der sich zum Quellental hin erstreckt. Das Haus Baron-Voght-Straße 19 ist Eigentum der Frau H. Burchard-Motz und wird von ihrer Familie bewohnt. Quer durch den Vorwerkschen Park verläuft der Kirchenstieg. Die beiden dadurch getrennten Parkteile sind durch eine Holzbrücke miteinander verbunden.

VII. NIENSTEDTEN

DAS BAURSCHE »ELBSCHLÖSSCHEN«

Das Villengelände, das sich von Ottensen bis Blankenese erstreckt, wird in Nienstedten durch ein 1881 gegründetes Industrieunternehmen unterbrochen, das, so bedeutsam es an sich ist, doch in diesem Landstrich immer als ein Fremdkörper erscheint, der nur teilweise durch die Fassade des Elbschloß-Restaurants verdeckt wird: die Elbschloß-Brauerei in Nienstedten. In einer Zeit, die besser für systematische Geländeplanung gesorgt hätte, als es vor der Jahrhundertwende überall der Fall war, würde man auch eine derartige Entgleisung in der Landschaftsgestaltung verhindert und das Unternehmen der Elbschloß-Brauerei, das an sich eine hervorragende Entwicklung genommen hat, in geeigneterem Industriegelände angesiedelt haben.

Diese Brauerei aber hat ihren Namen von dem »Elbschlößchen«, das sich auf ihrem Grundstück befindet. Es handelt sich hierbei um die Villa, die einst eindrucksvoll das gesamte Gartengelände beherrschte, als hier noch keine Schornsteine von Fabrikanlagen qualmten. Heute sieht das alte vornehme Gebäude recht gedrückt und verschüchtert aus dem Grün hervor, wenn auch die klobige, lange Fabrikwand der Brauerei 1965 entfernt wurde.

Der Name »Elbschlößchen« selbst paßt freilich nicht recht zu dem besagten alten Gebäude[278a]. Es ist eher ein Tempel; man könnte sagen »*Elbe-Wohntempel*«, wenn diese Bezeichnung nicht wiederum etwas leicht Ironisches an sich hätte, das freilich nicht ganz unberechtigt wäre. Jedenfalls wirkt die Front des Hauses wahrhaft feierlich-ernst, fast wie ein Mausoleum, keineswegs aber wie ein Landhaus, das den Freuden ländlichen Aufenthalts und Gartenlebens geweiht war. Es kann ja auch nicht anders wirken; denn der Erbauer des Hauses, der Architekt C. F. *Hansen*, soll sich in diesem

Bau ein Vorbild für die Christiansborg-Schloßkirche in Kopenhagen geschaffen haben.

Der Schöpfer der Besitzung war der Altonaer Kaufmann Johann Heinrich *Baur* d. J. (1767–1807), der zweitälteste Sohn des gleichnamigen Altonaer Bankiers, Bürgermeisters und Konferenzrats J. H. Baur (1730–1819). Er galt als »ein tätiger, durch mannigfache Reisen gebildeter Kaufmann«[279] und führte das von seinem Urgroßvater Neuhaus gegründete, altberühmte Handelsgeschäft unter dem Namen J. H. und G. F. Baur in Altona weiter. Dabei war er in Kompanie mit seinem jüngeren Bruder, dem Konferenzrat Georg Friedrich Baur (1768–1851), dem Schöpfer des »Baurschen Parks« in Blankenese. J. H. Baur wurde vom König zum Direktor der Speziesbank ernannt; 1803 wurde er Mitglied des Kommerzkollegiums. Er hatte im Jahre 1803 von Berend Roosen dessen, wie Lappenberg schreibt[280], »zwischen den herrlichen Eichen auf dem Elbberge belegene Kornfelder« erworben. Auf beherrschender Stelle ließ Baur durch Hansen die Wohntempel-Villa aufführen. In ihr, so bemerkt Lappenberg weiter, habe Hansen »seine übrigen geschmackvollen Bauten an der Elbe in klassischer Reinheit des Stiles zu übertreffen« sich bestrebt. War nun Hansen selbst oder Baur der eigentliche Urheber des Ganzen? Diese Frage ist nicht nur für diesen Landsitz wichtig; sie ist von grundsätzlicher Bedeutung für die Elblandsitze überhaupt; sind die berühmten Landsitze der Sievekings, Donners, Lawaetz', Schroeders, Rückers, Jenischs und wie sie alle heißen, von den Architekten einfach selbst erbaut worden? Waren *diese* die maßgeblichen Urheber? Oder haben die *Bauherren* selbst entscheidend die Form ihres Landsitzes bestimmt? »Bestellten« sie ihn sich nicht nur, sondern »schufen« sie ihn? Aus der Baugeschichte des alten Voghtschen und des neuen Herrenhauses im Jenisch-Park wissen wir, daß Voght und Jenisch sehr energisch *selbst* die Gestaltung des Landsitzes in die Hand nahmen. Sie zogen namhafte Architekten für die Entwürfe heran; aber sie behielten sich durchaus die Gestaltung im einzelnen vor. Das gleiche ist auch bei J. H. Baur der Fall gewesen; denn im Baurschen Familienarchiv, das Rechtsanwalt Dr. Georg Baur in Hamburg verwaltet, befindet sich noch die genaue Berechnung aller Ausgaben und Aufwendungen für die Anlegung der Nienstedtener Besitzung von 1803 bis 1810. Die Ausgaben beliefen sich bis März 1810 auf insgesamt 192 388 Mk. 7 sh. Aus dieser Aufstellung aber ergeben sich viele interessante Einzelheiten: Baur führte über jeden einzelnen Posten genaue Rechnung; er bezahlte selbst Arbeiter und Materialien von Fall zu Fall; ebenso entlohnte er auch einzeln den Architekten Hansen, den Gartenkünstler Ramée, der ihm die Gartenanlage schuf, dann den Maurermeister Wunderlich, der den Bau mit seinen Gesellen aufführte, den Tischler, den Steinhauer, den Glaser, den Strohdecker und den Gärtner Richter. Der Letztgenannte stand bei ihm in Gehalt. Baur notiert die einzelnen Partien der eingekauften Mauersteine, des Holzes, des Sandes, des Kalks, des Düngers für den Garten, der Pflanzen und Blumen darin. Er zeichnet auf, was das Holz für das Hauptgebäude und für das »Landhaus«, ein strohgedecktes Wirtschaftsgebäude, das aber längst abgebrochen wurde, kostet, wieviel der Unterhalt der zwei Landpferde, die er sich hier hält, sowie der Jahreslohn für die Knechte ausmachen. Die Verbesserung der Chaussee, die Sicherung des Elbufergeländes vor seiner Besitzung bringen bestimmte Ausgaben. Baur läßt sich außer von Booth durch die Firma Goerne und Steinmann beliefern, die ihm zwölf hochstämmige Bäume aus Leipzig für den Park sendet. Von C. G. Meyer und Söhne läßt er sich aus Amsterdam Fruchtbäume kommen[281].

Aus alledem ergibt sich, daß J. H. Baur ein sehr gründlicher, alle Einzelheiten überwachender Bauherr war, der sich von Hansen wohl die Entwürfe seines Hauses schaffen ließ, im übrigen aber die Einzelausführung ganz nach seinem Willen und Entscheid gestaltete. Das Haus[282], das seit alter Zeit elfenbeinweißen Anstrich hat, zeigt im Grundriß eine streng quadratische Form; es ist zweistöckig gebaut. Aus der Mitte der flachen Bedachung wölbt sich eine niedrige Kuppel, unter der sich die hohe Halle befindet, die das ganze Haus vom Erdgeschoß bis zum Dach durchzieht. Diese Halle wird durch Oberlicht erhellt: ein kreisrunder hoher Raum, durch hochgezogene korinthische Scheinsäulen in acht Felder geteilt. Vier dieser Felder bergen je eine Haupttür, mit edlen Stuckreliefs geziert; die dazwischen liegenden Felder zeigen kleinere Türen und darüber hohe Nischen mit antikisierenden Statuen.

J. H. Baur sollte sich jedoch nicht lange seiner Besitzung erfreuen. Er starb 1807 kurz nach Vollendung des vierzigsten Lebensjahres an einem tückischen, ansteckenden Fieber. Zuerst starb, am 10. Januar, sein Sohn Ernst, am 11. Januar seine Tochter Magdalene Clementine, und am dritten Tage, dem 12. Januar, folgte der Vater den beiden Kindern[283]. Sein Bruder, Konferenzrat G. F. Baur, erwarb nunmehr käuflich den Landsitz[284]. Der Park reichte von der heutigen Elbschloßstraße bis zur Einmündung der Georg-Bonne-Straße in die Elbchaussee, also bis ans Gebiet des Quellentals, und zeitgenössische Panoramen zeigen das Haus beherrschend schön inmitten üppiger Baumgruppen und Gartenanlagen; dazwischen waren malerische Felder und Wiesen eingereiht. G. F. Baur, der den Park dem Publikumsverkehr offenhielt, stellte ihn auch den Veranstaltungen des großen Altonaer Sängerfestes von 1841 zur Verfügung, die hier besonders wohl gelangen.

Nach seinem Tode erbte sein Schwiegersohn Dr. jur. Eduard *von Hildebrandt* (1811–1883), der mit Sophie, geb. Baur, vermählt war, die Besitzung[285]. Um 1881 wurde sie verkauft und durch die große Industrieanlage zerstört, die mitten in diesem Villengelände errichtet wurde[286]. Die hier erbaute Elbschloß-Brauerei hat sich zu einem der bedeutendsten Brauunternehmen Deutschlands sowohl für den Import wie für den Export entwickelt. Das alte Baursche Elbschlößchen, Zugang von der Georg-Bonne-Straße 21, blieb erhalten und wurde 1958 renoviert, wobei die Wohnräume baulich verändert wurden. Es wird jetzt von Mitgliedern des Brauereiunternehmens bewohnt; als solches nur noch Fragment und unzeitgemäß: ein fremder Gast aus einer Vergangenheit, die es sich leisten konnte, derartige eigenwillig-originelle Träume von Raum- und Landschaftsgestaltung zu verwirklichen.

DER VIDALSCHE-,
SPÄTER VON SCHRÖDERSCHE LANDSITZ

Als nächster geschichtlich bemerkenswerter Landsitz begegnet uns die vormals Vidalsche, danach Freiherr Rudolph von Schrödersche Besitzung (Elbchaussee 354; Georg-Bonne-Straße 33). Die Elbchaussee zieht hier dicht oben am Rande des Steiluferhanges dahin. Eine große Rasenfläche mit mächtigem Baumbestand, zum Teil alten Eichen, breitet sich vor der weit zurückliegenden, vornehm-altmodischen Villa aus. Das dreistöckige Gebäude hat zwar nur sechs Fenster Front, wirkt aber durch seinen Standort wesentlich größer. Zur Rechten und Linken zeigt es im Erdgeschoß je einen Verandenanbau in ähnlicher Art wie der Böhl-Struvesche Landsitz. In alter Zeit befand sich im Vordergrund des Rasengeländes ein kleiner Teich[287], der nicht mehr besteht. Statt dessen führte ein Weg abwärts durch einen solide gearbeiteten Tunnel unter der Elbchaussee hindurch nach dem Gartenvorland. Das Südtor des Tunnels, im Kriege als Bunker benutzt, ist am Elbuferwanderweg in Gestalt einer verrosteten Tür noch zu erkennen. J. Rudolph Freiherr von Schröder hat damals den Durchgang geschaffen. Der Garten wird von mächtigen Rhododendronbüschen umzogen. Westlich der Villa steht ein altes, strohgedecktes Wirtschaftsgebäude aus der Vidalschen Zeit. Der hintere Garten war Blumengarten und trug große Gewächshäuser. Das jenseits der Georg-Bonne-Straße liegende Gemüseland gehörte gleichfalls zur Besitzung.

Dieser Landsitz geht auf den Hamburger Kaufmann Wilhelm *Steetz* (geb. 17. Juni 1770) zurück. Steetz war ein Sohn des Hamburger Senators Joachim Wilhelm Steetz (1717–1785[288]) und hatte sich 1792 mit Anna *Roß* aus der uns schon bekannten Familie vermählt. Sie war eine Tochter des Arztes Dr. Colin Roß. Das von ihm erworbene Land gehörte zu dem Nienstedtener Flurgebiet »Im Felde«[289] und war damals im Besitz des Hamburger Kaufmanns J. C. *Lecke*, der auch anderweitig in Nienstedten begütert war. Steetz legte darauf, wie Lappenberg berichtet, ein »kleines Landhaus reizend« an[290].

Wilhelm Steetz, damals erst Anfang der Zwanziger, behielt dieses Besitztum jedoch nicht lange. Er war durch seine Vermählung mit Anna Roß ein Schwager des erfolgreichen Kaufmanns Charles Louis *Vidal* geworden. Dieser hatte Annas Schwester Sophie zur Frau. Steetz überließ Vidal 1796 den Landsitz. Der neue Besitzer (1755 bis 1809) war der Enkel des aus Anduze im Languedoc nach Hamburg eingewanderten Kaufmanns Urbain Vidal, der es hierselbst rasch zu Vermögen und Ansehen gebracht hatte[291]. Er war in seinem Beruf sehr tüchtig und als Mensch wegen seines geselligen Charakters allgemein beliebt. Sein Nienstedtener Besitz war ein Sammelpunkt für zahlreiche Gäste. Ein Kupferstich von 1809 zeigt das damalige Anwesen als ein schlichtes, zum Teil zweigeschossiges strohgedecktes Haus in unregelmäßiger, aber gefällig gegliederter Form; über dem Eingang befand sich eine einfache Attika. Das Bild zeigt weiter eine Wiese, auf der von einem Hirten und seinem Hund bewachte Kühe weiden. Der das Bild in den »Gemeinnützigen Unterhaltungsblättern« begleitende Text sagt dazu:

»Ohne eine prunkende Antlitz-Seite zur Schau zu stellen – wobei oft der Charakter des Einfachländlichen einer unpassenden Pracht aufgeopfert wird –, vereinigt es bei einiger architektonischer Unregelmäßigkeit die höchste Bequemlichkeit mit einer anspruchslosen Eleganz, und aus seinen Umgebungen spricht den Beschauer der zauberische Reiz einer schönen ländlichen Natur warm und lebendig an. Der Besitzer ... versammelt hier zuweilen musikalische Gesellschaften, und dann verschmelzen in einer schönen Lenz-Nacht die zarten Töne der Musik mit dem Gesange der Nachtigallen und dem feierlichen Rauschen in den Wipfeln der nahen mächtigen Eichen[292].«

Charles Louis Vidal starb schon 1809, seine Witwe Sophie vermählte sich in zweiter Ehe mit dem bisherigen Prokuristen der Firma, mit Johann Hinrich Liebrecht. Infolge der Kontinentalsperre wurden auch die Lebensbedingungen für ihre Familie erschwert. Daher mußte man sich entschließen, den geliebten Landsitz zu vermieten, und zwar an den englischen Konsul im niedersächsischen Kreis und bei den Hansestädten, Joseph Charles *Mellish* (1768–1823).

Mellish war preußischer und weimarischer Kammerherr, hatte längere Zeit am Weimarer Hof gelebt und viel im Haus Goethes verkehrt. Mit Goethe verbanden ihn u.a. gemeinsame Erinnerungen an Dornburg. Er war mit Karoline Freiin von Stein-Ostheim vermählt. »Seine gastliche Villa zu Nienstedten war ein Sammelplatz für die gebildete Welt aus allen Ländern[293]«, als er 1813 sein hiesiges Amt angetreten hatte[294]. Er beherrschte die deutsche Sprache so gut, daß er in ihr dichtete und 1818 »Deutsche Gedichte eines Engländers« herausgab[295]: einen schmucken Quartband mit edler Antiquadruckschrift und ansprechenden zeitgenössischen Kupfern, den er der Gattin Karl Augusts, der Großherzogin Louise, widmete. Darin befinden sich Übersetzungen von Gedichten Höltys, Matthisons, Goethes, Schillers und Bürgers; u.a. Goethes »Geistergruß« und »König von Thule« sowie Schillers Monolog der Maria Stuart.

Auch Klopstocks Übersetzungen aus dem Griechischen und Lateinischen wurden von Mellish auf Wunsch dieses Dichters erfolgreich in seiner Heimatsprache nachgeahmt. Ferner brachte Mellish eine Übersetzung der Kriegsode des Tyrtaios ins Englische und übersetzte Höltys Oden ins Lateinische. Die Übersetzungen zeigen große sprachliche Gewandtheit, die eigenen deutschen Gedichte sind verhältnismäßig recht beachtliche Leistungen[296]; darunter sind drei Lieder, die König Alfred von England auf der Insel Athelnay gelten. Schiller hatte Mellish geraten, diese Geschichte als Opernstoff dramatisch zu gestalten.

Mit seinen Weimarer Freunden blieb Mellish auch in freundschaftlichem Briefaustausch, als er in Hamburg und in Nienstedten lebte. Ein Gedicht, das *Goethe* in jener Zeit durch eine gemeinsame Freundin mit einem Geschenk »An Freund Mellish« sandte, zeugt davon:

»Durch Vermittlung einer Teuren
Geht ein Täschchen bis zur Elbe,

>   Kommt, vom Freunde zu beteuren:
>   Immer bleibet er derselbe.
>   Immer wie in Dornburgs Gauen
>   Wo beim allerbesten Weine,
>   Waren hell im Sonnenscheine
>   Berg' und Täler anzuschauen.
>   Du nun an der reichen Elbe,
>   An dem spiegelbreiten Flusse,
>   Weit entfernt vom trauten Kusse
>   Bleib auch immerfort derselbe«[297].

Mellish wird Goethes Wunsch erfüllt haben. Er genoß allenthalben die freundlichsten Sympathien. Viel zu früh starb er 1820 während einer Urlaubsreise in London.

Seit 1820 hatte Jacob *Oppenheimer* den Landsitz inne. Oppenheimer war ein reicher Finanzmann und gehörte 1812 zu der Gesandtschaft, die Hamburg nach Dresden zu Napoleon sandte, damit diese mit dem Kaiser um Nachlaß der Geldbuße, die der Stadt auferlegt war, verhandelte. Zu der Gesandtschaft, die erfolglos verlief, gehörten neben ihm noch der Bürgermeister Benecke, Charles de Chapeaurouge und der damalige Senator, spätere Bürgermeister M. Garlieb Sillem. Oppenheimer ließ das bisher ungleich gebaute Haus gleichmäßig ausstatten. Er schuf zu dem linken einen parallelen rechten zweistöckigen Flügel, so daß der mittlere eingeschossige Teil gefällig umrahmt blieb[298]. Bis zum Abbruch war das Haus mit Stroh gedeckt.

Der vierte Sohn von Charles Louis Vidal, Theodor Edmund Vidal (1803–1855), der in dem alten Haus geboren war, erwarb es wieder[299]. Er war Kaufmann, hatte sich in Batavia unter der Firma T. E. Vidal & Co. etabliert, war 1834 daselbst hamburgischer Konsul geworden und 1839 in die Heimat zurückgekehrt. Hier gründete er mit seinem Bruder Camille die Firma T. E. & C. Vidal. Theodor Vidal führte in Nienstedten im Sommer ein glückliches Familienleben (winters wohnte er in »Streits Hotel« am Jungfernstieg); auf dem Sommerwohnsitz wurde ihm auch von seiner aus Dublin stammenden Gattin Anette, geb. Stewart, sein jüngster Sohn *Arthur Vidal* (1847–1902) geboren, der in Mecklenburg ein Rittergutsbesitzer (Rittergut Clausdorf) und Vertreter der Mecklenburgischen Landwirtschaft im Deutschen Landwirtschaftsrat wurde. Er schaffte – damals eine Neuheit – ein Damenreitpferd an und ritt mit seiner Frau durch die Umgebung.

Nach Vidals Tod ging die Besitzung für nur kurze Zeit auf Frau Catharina *Roosen*, geb. Goos, über[300], sodann auf Benjamin *Burchard*, der später das Burchard-Holcksche Säulenhaus an der Flottbeker Chaussee innehatte. Anfang der 70er Jahre hatte ein Herr *Frensdorf* den Landsitz erworben. Frensdorf war Teilhaber des Hamburger Bankhauses L. Behrens & Söhne. Er ließ das alte Landhaus niederreißen und errichtete das heute noch bestehende Gebäude. In der zweiten Hälfte der 70er Jahre veräußerte er den ganzen Besitz an seinen Teilhaber Wilhelm Behrens.

1887 wurde der Landsitz erworben[301] durch Rudolf Freiherrn *von Schröder*. Dieser, ein Sohn des aus Quakenbrück stammenden Kaufmanns Konsul Joh. Rudolph Schröder, mütterlicherseits ein Enkel des Freiherrn J. H. von Schröder, 1852 in Hamburg geboren, war Seniorchef des Hauses »Schröder Gebrüder & Co.« und erhielt 1905 die erbliche preußische Freiherrnwürde[302]. Während er im Winter sein Haus Neuer Jungfernstieg 15 bewohnte, verbrachte er die Sommermonate auf dem Nienstedtener Besitz, den er im wesentlichen so beließ, wie er ihn vor Jahrzehnten übernahm.

Bemerkenswert ist nur der oben bereits erwähnte, von Schröder geschaffene Tunneldurchbruch, der dem Gartenbesucher die Möglichkeit gab, jederzeit das Vorland des Besitzes an der Elbe zu erreichen, ohne die sich oberhalb des Tunnels hinziehende Elbchaussee überschreiten zu müssen. Der Blick durch diesen mit weißen Kacheln ausgestatteten Durchgang auf den silberblauen Strom war besonders wirkungsvoll, wie auch das Vorland, anmutig gegliedert, ein Schmuckstück des ganzen Gartens bildete. 1939 wurde das Anwesen durch das Luftgaukommando X übernommen und für dessen Zwecke ausgenutzt. Das große strohgedeckte Wirtschaftsgebäude neben dem Herrenhaus wurde durch Luftangriff zerstört. 1945 übernahm die Royal Air Force die Besitzung, und von dieser ging sie auf den Oberfinanzpräsidenten Hamburg, Abteilung Vermögenserfassung, über. Alle Gebäude wurden damals zur Unterbringung von Flüchtlingen, Bombengeschädigten usw. benutzt. Noch heute ist das große Haus von einem Dorf von Baracken und Häuschen umgeben. Zwar bietet es von der Elbchaussee gesehen immer noch einen imponierenden Anblick. Aber es ist kein Herrenhaus mehr: eine Reihe Familien haben darin Unterkunft gefunden. Der Rasen vor dem Hause ist verwildert, ebenso der Tennisplatz, die Gewächshäuser sind entfernt. Kam man von der ungewöhnlich hohen Mauer entlang der Elbschloßstraße, mit der sich Schröder einst vom Brauereibetrieb und seinem Lärm abschirmte, auf das Grundstück, so glaubte man, sich einem verwunschenen Schloß zu nähern. Baum und Strauch haben ungehindert die Ostseite des Geländes in Besitz nehmen können.

ROOSENS GÄRTEN IN NIENSTEDTEN

Unter den ältesten Landhäusern an der Elbchaussee, die heute noch erhalten sind, fällt in Nienstedten das »Landhaus Roosen« durch seine schlichte, schöne, Fassade auf (Nr. 388): ein zweigeschossiges Haus mit sieben Fenstern Front, von Bäumen und Sträuchern gefällig umrahmt[302a]. Die drei mittleren Fenster bilden eine von einer wohlgeformten Attika gekrönte Wandfläche. Vor dem Erdgeschoß befindet sich in gleicher Breite eine säulentragende Veranda. Davor lag im Rasen ein ovaler Teich, der 1909 zugeschüttet wurde.

Das Innere des 1798 von *Berend Roosen* erbauten Hauses ist bis 1909 fast unverändert geblieben. Auch das Mobiliar war bis dahin noch großenteils das ursprüngliche. Es war ein typisches bürgerliches Sommerhaus. Man betrat es an der Vorderseite durch das mittlere große Verandazimmer, das von zwei anderen Räumen flankiert war. Hinter diesem lag die Diele, zu deren rechter Seite die Küche mit offenem Herdfeuer. Nach hinten lagen die Wirtschaftsräume und Kammern. In der Mitte der Diele führte die Treppe zum ersten Stockwerk. Dort befand sich u. a. nach hinten ein großer Speisesaal[303].

Haus wie Vordergarten trugen des Gepräge puritanischer Einfachheit. Der Hintergarten, ein großer Obstgarten, endete in Gemüseland an der Dorfstraße[304].

Die mit einem Landwirtschaftsbetrieb verbundene ursprünglich sehr große Besitzung bestand aus dem Garten (Elbchaussee 388 bis 392) mit dem Elbabhang davor und erstreckte sich östlich bis an die Georg-Bonne-Straße. Auch das Gelände, auf dem heute die Elbschloß-Brauerei steht (vormals Baurs »Schlößchen«), gehörte zu dem Besitz, ferner die stattliche Koppel »Hummelsbüttel«[305].

Vor Roosen besaß einen großen Teil seines Grund und Bodens der Nienstedtener Bauernvogt Peter *Groth*[306]. Von ihm hatte Roosen um 1798 die Hauptteile seines Besitzes erworben[307].

Berend Roosen III (1757–1820), ein Sohn des Kaufmanns und Reeders Salomon Roosen, war gleichfalls Kaufmann, Reeder und Assekuradeur, übernahm das väterliche Geschäft und führte es unter der Firma »Berend Roosen Sal. Sohn« in Hamburg, am Neuen Wall 82–84, fort. Er wurde 1805 Diakon der Mennonitengemeinde und war mit Elisabeth de Voss, einer Tochter des Altonaer Brauereibesitzers Peter de Voss VI, vermählt. Er starb 1820. Seine Witwe überlebte ihn 22 Jahre. Sie hatte im Sommer von ihren zwei Söhnen und drei Töchtern stets einige mit deren Ehegatten und Kindern bei sich wohnen. Bei den Roosens wie den anderen Mennoniten herrschte besondere Einfachheit. Man scheute selbst im Hause keine Arbeit, war in der ganzen Lebensauffassung sehr streng, betätigte sich aber auch in dem Sinne, den man heute mit sozialem Gewissen bezeichnet, sehr nachdrücklich.

Der Baumeister des von Berend Roosen geschaffenen Landhauses ist leider unbekannt. Es ist außen mit Holz verkleidet und in grauer Tönung gehalten. Eine ähnliche Holzverkleidung zeigten auch das alte Vidalsche und das Herzoglich Augustenburger Haus in der Nachbarschaft. An die Rückfront war eine Art hochgiebliges Bauernhaus gefügt. Einen ähnlichen Anbau zeigte das Augustenburger Nachbarhaus. In weiterer Umgebung weist fast die gleiche Bauart ein altes Landhaus in Schwarzenbek auf, das sich unmittelbar nördlich der Abzweigung der Oldesloer Linie von der Eisenbahnstrecke Büchen-Bergedorf erhebt.

1808 rückten französische und spanische Truppen in die Gegend, und 1813 erhielt Nienstedten im Winter Einquartierung von Kosaken. Im Roosenschen Hause sollen sie im Gartenzimmer gelagert haben, und es soll vieles dabei zertrümmert worden sein. Noch nach Jahren wurde, wenn ein Gegenstand vermißt oder beschädigt gefunden wurde, von den Dienstboten die Entschuldigung angeführt: »Ach, dat hebbt all de Kosaken daan.«

Südöstlich von dem Landhaus lag, hart an der Chaussee und ebenfalls zu Berend Roosens Besitzung gehörig, ein kleines, behaglich-altmodisches Haus, das Berend Roosen schon vorfand, als er 1798 das Gesamtgelände von dem Bauernvogt Peter Groth erwarb. Es war das Haus des Sprachlehrers H. *Moller*, der 1793 von Groth ein kleines Stück Land gekauft und auf diesem ein schlichtes Giebelhaus errichtet hatte. Das Anwesen (Elbchaussee 386) ging 1798 ebenfalls auf Roosen über. Es zeigte an der Straßenfront eine Lindenbaumreihe, und zu ihm gehörte ein weitläufiger Garten, der bis an die heutige Georg-Bonne-Straße reichte. Dieses Gebäude übernahm Berend Roosens ältester Sohn *Salomon Roosen* (1793–1864) und bewohnte es mit seiner Familie. Salomon war wie der Vater Kaufmann und Reeder; er setzte mit seinem Bruder Berend Roosen V (1795–1860) das väterliche Geschäft unter der Firma »Salomon & Berend Roosen« fort und wohnte im Winter in Hamburg am Neuen Wall 84. Sein Bruder Berend wohnte Nr. 82. Beide Brüder wurden gleichfalls Diakonen der Mennonitengemeinde. Sie betrieben die Reederei mit etwa sechs Segelschiffen und unterhielten lebhafte Verbindungen mit den Ostseeländern[308].

Nach dem Tode Salomon Roosens behielt dessen Witwe das Anwesen bis zu ihrem Ableben 1872. Danach verkauften die Erben das Grundstück. In der Folgezeit wurde das alte Haus abgebrochen und ein neues Haus aufgeführt (ungefähr in gleicher Höhe mit dem 1798 von Berend Roosen III errichteten Landhaus). Es handelt sich um eine geräumige, mit äußerem Zierart prunkende Villa, die im Geschmack der damaligen Jahre durch ihr leeres Pathos sich nicht gerade erfreulich von den schönen benachbarten Besitzungen abhebt. 1883 erwarb sie der Kaufmann Augustus Friedrich *Vorwerk*, der dritte Sohn von Georg Friedrich Vorwerk. A. Fr. Vorwerk (1837 bis 1921) war Kaufmann und war vermählt mit Josepha Klée, der Tochter des Oberamtsrichters Otto Aug. Wilh. Klée in Ahlden, nach der er das Nienstedtener Landhaus »Villa Josepha« nannte[309].

Den Hauptteil des Roosenschen Landsitzes, also Berend Roosens III Besitzung, übernahmen nach dem Tode der alten Madame Roosen 1842 ihre beiden Töchter Fräulein Johanna Roosen und Frau Maria Roosen, geb. Roosen, die mit einem entfernten Verwandten, *Herman Roosen* (1786–1864), verheiratet war. Dieser war Kaufmann und Reeder; ihm gehörte u. a. die Werft am Reiherstieg, die er 1849 verkaufte. Er wohnte in Hamburg an den Vorsetzen 4, im »Kranichhaus«, wo sich auch sein Kontor befand. Er war mit seinem Vetter Berend Roosen IV assoziiert in der Firma Berend & Herman Roosen juniores[310]. Um in die Stadt zu gelangen, bedienten sich die Herren in jener Zeit meistens ihrer Reitpferde. Herman Roosen ritt noch mit 74 Jahren täglich in die Stadt.

In dem im letzten Kriege zerstörten Kranichhaus wohnte auch schon ein früherer Berend Roosen, nach dem die 1773 erbaute Roosenbrücke in Hamburg ihren Namen trägt. Er hatte nicht nur das schmiedeeiserne, mit Rosen durchflochtene Gitter gestiftet, sondern auch wesentlich zu den Kosten der Brücke beigetragen. Wie man sagt, wollte er sich durch den Bau dieser Brücke den Umweg über den Schaarsteinweg ersparen, wenn er von seiner Wohnung an den Vorsetzen aus seine am Baumwall wohnende Tochter besuchte.

Nach dem Tode von Herman Roosens Witwe Maria, 1870, gelangte der Nienstedtener Besitz an deren jüngeren Sohn *Johannes Roosen* (1824–1907): ebenfalls Reeder, der aber sein Geschäft früh aufgab und als Privatmann lebte. Er bewohnte im Winter sein Haus am Neuen Jungfernstieg 13 und war verheiratet mit seiner Kusine Johanna Roosen, einer Tochter von B. Paulus *Roosen*. Der mit dem

Nienstedtener Landsitz verbundene landwirtschaftliche Betrieb war bis um 1890 noch immer recht bedeutend. Es wurden u. a. etwa zwölf Kühe gehalten. 1890 verkaufte Johannes Roosen von seinen Landstücken die Koppel Hummelsbüttel an der Elbchaussee an den in Hamburg lebenden Londoner Bankier Augustus F. Brandt und ungefähr um dieselbe Zeit die Stücke Hohefeld und Sandstück an der Eisenbahn an F. Loesener (in Firma Rob. M. Sloman jun.), der dort das Villenviertel *Hochkamp* anlegte. Die andern Parzellen sind früher oder später abgestoßen worden. Um 1890 ließ Johannes Roosen die steinernen Vorsetzen am Elbabhang, gegen den Strand zu, bauen. Diese Maßnahme zum Schutz des Elbabhanges trafen zur selben Zeit die meisten Anwohner der Elbe. Johannes Roosen starb 1907, seine Frau 1908. Nach seinem Tode verkauften die Erben den alten Landsitz an Fr. Vorwerk, der ihn mit seinem Garten verband. Neben die Eingangstür des alten Roosenschen Hauses ließ Fr. Vorwerk die Inschrift setzen: »Roosenhof, 1798–1909 im Besitz der Familie Roosen[311].«

1938 ging das Haus von den Vorwerkschen Erben an den Hamburger Kaufmann F. G. *Schlickenrieder* über. Nach gründlicher Renovierung – es hatte jahrelang leergestanden – wurde es neu möbliert, so geschmackvoll, daß die Ausstattung der Räume qualitativ wohl mit der Wohnkultur zur Zeit der Glanzzeit der Elbchaussee Schritt halten kann. Eine Sammlung berühmter Gemälde und vieler Antiquitäten gibt dem Haus überdies eine besondere Note. Hierbei mag auch die französische Seidentapete im Speisezimmer erwähnt werden, die noch aus der Zeit der Errichtung des Hauses (um 1798) stammt.

DER LANDSITZ DES HERZOGS VON AUGUSTENBURG

Ziemlich nahe an der Straßenfront, schräg gegenüber dem altberühmten Weinrestaurant Jacob[312], stand bis 1934 ein altersgraues, zweigeschossiges Haus mit hohem Ziegeldach. Die neunfenstrige Front zeigte einen lebhaft-angenehmen Wechsel, indem die beiden ursprünglich zweifenstrigen Flügel etwas hervortraten und an dem westlichen Flügel ein Anbau erfolgte, dessen Dach turmartig erhöht wurde. Das Haus ähnelte in der Anlage stark dem Roosenschen Landhaus; denn aus der Rückfront trat gleichermaßen ein Hintergebäude mit einem großen Giebeldach hervor. Dieses Dach barg eine imposante Halle, die zweigeschossig durch das ganze Haus ging[313]. Um das Haus lagerte sich der Park, u. a. mit einem Teich und einer alten Eichallee[314]. Mit seiner verwinkelten Bauform machte das laubumsponnene Haus mit den vielen, meist verschlossenen Fensterläden einen geheimnisvollen, romantisch-verträumten Eindruck.

Es war bis dahin noch das älteste erhaltene Haus an der ganzen Chaussee und soll 1637 entstanden sein. Als Besitzer des Grundstücks wird erstmalig die aus Holland eingewanderte Kaufmannsfamilie *Labistraet* genannt. Der Kaufmann Antonio de Labistraet hatte 1645 in Dockenhuden Land erworben, und zwar die spätere Florsche Besitzung[315]. Zwölf Jahre später, 1657, kauften die Labistraets auch in Nienstedten Grundbesitz, zu dem eben dieses Haus gehörte[316]. Der Besitz in Nienstedten ging sodann auf Commissarius von Gehren, danach auf Exzellenz von Güldenlöw und schließlich auf einen Hauptmann Zeitz über, von denen nichts Näheres bekannt ist; 1704 wurde Eigentümer Baron Friedrich Christian *von Kielmannsegg*[317]: ein bedeutender Mann, ein leidenschaftlicher Bücherfreund, der bei seinem Tod eine Bibliothek von über 50 000 Bänden hinterließ. Er war ein Sohn des Staatsmannes und Holstein-Gottorfschen Kammerpräsidenten Johann Adolf von Kielmannsegg, des Mitbegründers der Kieler Universität. 1639 zu Schleswig geboren, hatte er Staatswissenschaften studiert, große Reisen gemacht und war Kanonikus, dann Senior am Lübecker Dom geworden. Später begleitete er als Hofmeister den Herzog Friedrich August von Holstein-Gottorf auf Reisen, wurde am Schleswiger Hof Geheimer Kammerrat und Hof-Vizepräsident. Da er mit seinem Vater des Gottorfschen Hofes Rechte zu eifrig gegen Dänemark verteidigte, wurde er 1676 mit dem Vater und seinen zwei Brüdern in Kopenhagen gefangengesetzt. Wieder freigekommen, legte er seine Hofämter nieder und ging nach Hamburg. Von Kaiser Leopold I. zum Kaiserlichen Rat ernannt, lebte er hier als Gelehrter, sich besonders mit Geschichtsstudien und seiner Bibliothek befassend. Das Haus in Nienstedten war sein Tuskulum, auf dem er im Sommer ein vornehm-behagliches Landleben führte. Er verschönerte es und erwarb 1707 noch ein Anwesen hinzu, das im Dreißigjährigen Krieg ein »wüster Hof« geworden war: die Bauernstelle Hans Hilgenfelds, die 1628 der Hamburger Pfarrer Nicolaus Hardkopf, der uns schon bekannte Vorbesitzer des Geländes vom Voght-Jenisch-Park, erworben hatte[318]. Das Haus selbst wies damals u. a. vier mit Goldleder tapezierte Stuben auf. Nach seinem Tode kam das Erbe an seinen Sohn Hans Heinrich von Kielmannsegg, »Oberstallmeister im deutschen Staate des Königs Georg I. von England«, der bereits 1717 verstarb[319], und darauf an die Witwe Dorothea von *Ahlefeld*, geb. von Rantzau.

Nach ihr erwarb der englische Kaufmann Anthony *Simpson* die Besitzung, die seitdem lange Zeit den Namen »Simpsonscher Hof« führte. Simpson gehörte seit 1740 dem Königshof an, und in seinen Diensten fuhr als Schiffskapitän George Parish, der Vater John Parishs, der über Simpson wie über die übrigen Mitglieder des königlichen Hofes wohl Bescheid wußte und später hart über sie urteilte: »Es waren Lebemänner, deren häusliches Glück darin bestand, eine unechte Sorte von Müßiggängern zu züchten, weder geeignet, die Rasse zu verbessern noch einen neuen Kurs zu steuern ... Während die Chefs auf dem Lande sich ihren Maitressen widmeten, leiteten ihre deutschen Commis das Geschäft in der Stadt«[320]. Simpson gestaltete den Besitz aufs prächtigste aus. Er verschönerte den Garten und erneuerte das Haus (Ehrenberg spricht sogar von einem Neubau). Der Luxus, den er trieb, ging jedoch über seine Kräfte. Er mußte 1755 Bankrott machen, und der bei ihm bisher in Diensten stehende Kapitän George Parish sah sich genötigt, sich selbständig eine Existenz zu gründen.

Das Landgut, das damals als das schönste der ganzen Gegend galt, kam nun über den Etatsrat von König[321] 1757 an den Grafen *Wilhelm zu Schaumburg-Lippe:* eine der interessantesten Persönlichkeiten des achtzehnten Jahrhunderts, der für sein kleines Land und seine Hauptstadt Bückeburg sozusagen der preußische Soldatenkönig Friedrich Wilhelm und der Weimarer Karl August in einer Person wurde. Er berief an seinen Hof Johann Christoph Bach, den »Bückeburger Bach«, als Kapellmeister, war befreundet mit dem Theologen und Mathematiker Thomas Abbt und ernannte nach dessen Tode den jungen Herder zu seinem Hofprediger. Er hatte den Landsitz in Nienstedten 1757–1765 inne. Das waren die Jahre des Siebenjährigen Krieges. Graf Wilhelm hatte ehedem bei Friedrich dem Großen geweilt, um die Vorzüge des preußischen Heeres kennenzulernen. Jetzt konnte er der alliierten Armee eine vorzüglich ausgebildete Truppe aus seinem kleinen Lande zur Verfügung stellen. Er wurde General-Feldzeugmeister der Armee, focht mehrfach mit Auszeichnung und erhielt 1759 den Oberbefehl über die gesamte Artillerie der Verbündeten. Nach dem Angriff Frankreichs und Spaniens 1761 auf Portugal trug ihm dessen Minister Pombal den Oberbefehl über die verbündeten portugiesischen und englischen Truppen an. Er ging demzufolge 1762 nach Portugal und wurde wegen seiner Verdienste um die dortige Heeresorganisation und die strategischen Erfolge zum Feldmarschall ernannt. 1763 endete der Krieg durch den Frieden von Fontainebleau, und Graf Wilhelm kehrte mit Ehren überhäuft nach Bückeburg zurück. 1763 vermählte er sich, nunmehr 41 Jahre alt, mit Marie Eleonore Gräfin von Lippe-Biesterfeld und widmete sich ausschließlich der Regierung seiner Grafschaft. Es ist klar, daß er sich währenddem der Nienstedtener Besitzung kaum hatte annehmen können.

Doch meldete der Hofrat M. Colson aus Nienstedten an die vorgesetzte Behörde nach Pinneberg unterm 22. Oktober 1757, daß Graf Wilhelm »mit einer bei sich habenden zahlreichen Suite von Bedienten und Pferden« seinen Aufenthalt auf dem Landsitz genommen hätte[322]. Er erbat Befreiung von den dem Hof sonst zukommenden Zwangseinquartierungen, die auch bewilligt wurden. Der Garten war auch damals sehr anmutig, mit Statuen und Lorbeerbäumen nach dem Geschmack der Zeit geschmückt. Im Jahre 1765 ließ der Graf den Hof verkaufen[323].

Unter den nachfolgenden Besitzern[324] ist sodann der französische Offizier François Benoit *d'Albert* hervorzuheben, ein Adjutant des französischen Generals George Frère, der als tapferer Krieger bei Napoleon in Gunst stand[325]. D'Albert soll ein besonderer Freund Deutschlands gewesen sein und sich deshalb in Nienstedten angekauft haben. Persönlich war er freilich kein sympathischer Mann und behandelte das Nienstedtener Anwesen ebenso schlecht wie seine zarte deutsche Frau. 1805 vermählte er sich mit Sophie Schulz, der Tochter eines Altonaer Bürgers und Kaufmanns, die sehr hübsch und sehr musikalisch war. Sie gebar dem Adjutanten zu Nienstedten einen Sohn, Charles d'Albert, der ein beliebter Tanzkomponist in England und seinerseits Vater des Schöpfers von »Tiefland« und »Die toten Augen«, Eugen d'Albert, wurde[326]. Wie es zu François Benoit d'Alberts Zeiten auf dem Nienstedtener Besitz aussah, davon berichtet der Pädagoge M. Chr. *Köhnke*, der den Hof kaufen wollte. Die reizende Lage des Anwesens hätte seine Erwartungen weit übertroffen; aber er habe sich gefragt: »Welcher arme Teufel mag auf diesem Hofe wohnen, da alles hier so höchst verfallen und verwildert ist!« Dann schreibt er weiter: »Als ich das erste Mal bei meiner dortigen Ankunft vom Pferde gestiegen war und in das herrschaftliche Haus eintrat, empfing mich eine sehr artige Dame als Frau vom Hause, welche aber, beiläufig gesagt, in einem so ärmlichen und schmutzigen Anzuge erschien, daß sie es für nöthig erachtete, sich deshalb gegen mich zu entschuldigen. Sie war die einzige Tochter eines gewissen, zu seiner Zeit reichen Kaufmanns Schulz in Altona, der ihr eine brillante Erziehung in Paris hatte geben lassen. Sie sprach sehr schön Französisch, spielte auf dem Forte-Piano fertig und geschmackvoll und hatte eine ungemein liebliche Singstimme; aber vom Hauswesen verstand sie wenig oder nichts. Ihr Gemahl, zwar zuzeiten gutmüthig, aber im Ganzen sehr sanguinisch, roh und leidenschaftlich[327].«

Anfang August 1811 sah Köhnke sich »im völligen Besitze des bemeldeten Landsitzes, wozu außer einigen 40 Tonnen guten Landes ein über 14 Morgen großer Garten hinter dem Wohnhaus mit trefflichen Linden, einem Tannenwäldchen und sehr vielen alten

Obstbäumen aller Art, wie auch ein sehr reizend am Elbufer hoch gelegener Vordergarten, der zum Strand hinabführte, gehörte«[328]. Er hatte zuvor in Hamburg eine, wie er schreibt, »im schönsten Flor stehende und beneidenswerte Lehranstalt« geleitet. Jetzt verlegte er dies angesehene Institut in seinen neuerworbenen Landsitz. Er hatte es nicht leicht, die Besitzung ihrem Verfall wieder zu entreißen, und schrieb darüber: »Die Gärten glichen Wüsteneien, in welchen weder Kartoffeln noch sonstige Gemüse zu erndten waren; alle alten Obstbäume standen verwildert im Morast und Unkraut, alle Fußsteige waren mit Quecken und Disteln überwachsen, und beide Gärten mußten demnach zu neuem, mehr und besser fruchtbringendem Gemüseland wie mit schönen Anlagen und reizenden Sitzplätzen umgeschaffen werden, wobei mir der verstorbene, freundliche und gescheite Gastwirth *Jacob* in Nienstedten, der früher ein sehr geschickter und gereister Kunstgärtner in Königlichen und Kaiserlichen Gärten gewesen und zugleich ein guter Botaniker war, recht viele Dienste leistete...«[329].

Eine harte Zeit kam in dem schweren Kosakenwinter 1813/14. Köhnkes Haus diente den russischen Offizieren als Standquartier, und seine Habe mußte bis zum Weißbluten herhalten. Besonders schlimm waren die Weihnachts- und Neujahrstage, an denen die Franzosen von der Elbe her Kanonaden gegen Nienstedten und Kleinflottbek richteten und das Köhnkesche Haus unter Feuer nahmen. »Zuweilen hatte ich«, so berichtet Köhnke, »noch dreihundert bis sechshundert Soldaten in meinem großen Landhause und unter freiem Sternenhimmel im Garten liegen, gleich einer Herde Säue, neben welcher auf dem Hofe zwei mächtig große Biwakfeuer brannten.« Nach fünf Monaten erfolgte endlich die Erlösung von dieser Besatzung; Köhnke konnte sich wieder seinen Zöglingen widmen; aber auch später blieben ihm Schicksalsschläge nicht versagt: ein Fußleiden verschlimmerte sich so, daß ihm 1820 ein Bein amputiert werden mußte; im Jahre 1825 starb ihm sein einziger Sohn im Knabenalter. Trotz all dieser Prüfungen verzagte er nicht und bemühte sich, an der Seite seiner tüchtigen Frau die Erziehungsanstalt so günstig wie möglich auszugestalten. Die Gesamthaltung seines Instituts war streng, aber von lauterem, idealistischem Willen getragen und zugleich recht lebensfroh. Als Alter und Kränklichkeit überhandnahmen, sah sich 1835 der Schulmann gezwungen, das von ihm geliebte Anwesen aufzugeben.

Besitznachfolger wurde der damals 31jährige Altonaer Kaufmann und Konsul Carl Theodor *Arnemann*. An ihn erinnern in Altona noch die Arnemann- und die Carl-Theodor-Straße. Arnemann leitete damals mit seinem Vater, dessen hervorragende kaufmännische Fähigkeiten er geerbt, die Firma Arnemann & Sohn und wohnte in einem schönen Hause an der Palmaille. Schon in jungen Jahren wurde er brasilianischer Vizekonsul und schwedischer Konsul. Sein Reichtum gründete sich besonders auf den Handel mit Norwegen, wo er riesige Besitzungen hatte, die insgesamt etwa so groß wie das frühere Großherzogtum Oldenburg waren. Er war lange Jahre Kämmereibürger in Altona. Besonders verdient machte er sich um das Zustandekommen der Altona-Kieler Eisenbahn. Er schuf 1827 mit andern Wasserfreunden die erste Flußbadeanstalt in Altona und gewährte 1845 den Vorschuß zum Bau der ersten Altonaer Turnhalle. Politisch war er ein eifriger Vertreter der schleswig-holsteinischen Sache und stellte sich zur Zeit der Erhebung mit allen Kräften in die Dienste der provisorischen Regierung. Auch wurde er ein selbstloser Berater des Herzogs *Christian August* zu Schleswig-Holstein-Augustenburg. Sein Nienstedtener Haus wurde Sammelpunkt der Schleswig-Holsteinischen Partei; der *Prinz von Noer* verkehrte hier. Auch Künstler, wie der Bildhauer B. *Thorwaldsen*, waren oft zu Gast. Er ließ die Villa mit Thorwaldsenschen Reliefs schmücken, und im Garten stand eine von dem Künstler verfertigte Grabstele, die jetzt das Arnemannsche Grab auf dem Nienstedtener Friedhof ziert. Als schwedischer Konsul erhielt er den Besuch von *Jenny Lind*, die bei ihm in Nienstedten monatelang wohnte. Nicht minder rühmenswert war seine Frau *Mathilde*, geb. Stammann, eine der tätigsten Frauen ihrer Zeit in der Kriegskrankenpflege und in der Linderung sozialer Nöte. 1864, 1866 und 1870/71 half sie unermüdlich bei der Pflege der Verwundeten, 1892 stellte sie, bereits in hohem Alter, noch all ihre Kräfte in den Dienst zur Bekämpfung der Cholera in Hamburg. Sie kam mit den Kaisern Wilhelm I. und Franz Joseph sowie mit der Königin Rumäniens, Carmen Sylva, deren Gedichte sie rücksichtslos kritisierte, in Berührung. Unvergessen ist sie in Karlsbad durch ihre Elisabeth-Rosen-Stiftung für unbemittelte Kurgäste.

Die Beziehungen Arnemanns zum Augustenburgischen Herzogshaus brachten es mit sich, daß, als Arnemann sein Nienstedtener Anwesen in öffentlicher Auktion 1849 versteigern ließ, der Herzog Christian August diesen Besitz mit der ganzen Inneneinrichtung erwarb. Die Auktionsbedingungen zeigen, daß damals außer den großen Ländereien *zwei* Hausgewese die Besitzung ausmachten: »Diese Besitzungen bestehen aus den Ländereien dreier Hofstellen ... sowie aus zwei Zubauerstellen, und zwar bestehend die erste aus dem von Herrn Arnemann früher selbst bewohnten Gewese; die zweite aus dem vom Herrn Dr. *Versmann* jetzt bewohnten Gewese. Beide Zubauerstellen liegen an der Blankeneser Chaussee, haben eine herrliche Aussicht nach der Elbe, schöne und große Gärten und befinden sich die Gebäude im besten baulichen Zustande[330].«

Der genannte Dr. Versmann ist der spätere Hamburger Bürgermeister Dr. jur. Johannes *Versmann* (1820–1899), der, ursprünglich Rechtsanwalt, sich in den Erhebungskämpfen 1848 einem meistens aus Studenten bestehenden Scharfschützenkorps anschloß und im Gefecht von Bau am 9. April 1848 als Kriegsgefangener den Dänen in die Hände fiel. Er wurde später u. a. (1859) Präses des Handelsgerichts von Hamburg, 1880 Hamburger Bevollmächtigter zum Bundesrat und war seit 1887 abwechselnd zweiter und präsidierender Bürgermeister. Seit 1853 war er mit einer Nichte Mathilde Arnemanns, mit Thekla, geb. Stammann, vermählt[331].

Als Christian August die gesamte Arnemannsche Besitzung übernahm, war also genügend Raum für die herzogliche Familie vorhanden, so daß später zeitweilig zugleich der Sohn Christian Augusts, Herzog *Friedrich VIII.* von Augustenburg, hier mit den Seinen wohnen konnte. Der Landsitz aber wurde den Holsteinern unserer engeren Heimat nun für ein halbes Menschenalter ein Brennpunkt ihrer vaterländischen Interessen, ein Hort ihrer Hoffnung und Begeisterung für eine bessere deutsche Zukunft[332]. Als später am 6. Juli 1865 Friedrich VIII. in Nienstedten seinen Geburtstag feierte, wurde in der schicksalsschweren Zeit dieses Tages in den Herzogtümern allenthalben besonders herzlich gedacht. Nienstedten aber glich an dem Tage einem Wallfahrtsort. Tausende bevölkerten die Elbchaussee, viele Deputationen kamen und gingen, um dem Herzog und seiner Familie zu huldigen. Ein Augenzeuge schrieb darüber: »Welch eine frohe, feiernde, glückliche Menschenmenge füllte Nienstedten überhaupt und den freien Raum vor der Wohnung unseres Herzogs insbesondere! ... Da öffnete sich die Tür – und ich hatte die hohe Freude, die ganze herzogliche Familie nah vor mir vorübergehen zu sehen, zumal auch die holden allerliebsten Kinder. Sie spielten auf dem grünen Rasen und schauten so fröhlich in die Welt[333].« Noch konnte keiner der damals Anwesenden ahnen, daß das älteste Mädchen der drei fröhlichen Geschwister, *Auguste Victoria*, dereinst berufen war, *deutsche Kaiserin* zu werden. Fünf Jahre später, als sich das Schicksal der Augustenburger in der deutschen Frage entschieden hatte, verkaufte Herzog Friedrich das Haus an den Kaufmann Henry Louis *Newman*[334].

Dieser war 1835 als Sohn eines großbritannischen Konsuls nach Deutschland gekommen. Er entstammte einem alten englischen Geschlecht, das sich bereits seit 1830 in hohen Ämtern in Südengland auszeichnete. Schon früh begannen die Newmans, Handel nach Übersee zu treiben. Sie gründeten die Kolonie Neufundland (Nordamerika), woselbst noch heute Ortsnamen an sie erinnern. Henry Louis Newman war ein weitblickender und erfolgreicher Kaufmann. Er wurde aufgenommen in die Firma Hesse, Newman & Co. in Altona, später in Hamburg. Nach seinem Tode übernahm der älteste Sohn Edmund Henry Newman, seit 1882 Teilhaber der Firma, den Nienstedtener Besitz. Die Newmans haben über ein halbes Jahrhundert Park- und Hausbesitz liebevoll gepflegt und durch Gastlichkeit die Freuden an diesem Eigentum vielen Menschen zugängig gemacht. Die deutsche Kaiserin und Herzog Günther von Holstein besuchten um 1910/11 nochmals das alte Haus und den Garten. Edmund Henry Newman starb im Jahre 1930, seitdem gehört das Anwesen seiner Witwe Helene Newman, geb. Loesener, einer Enkelin des Reeders Robert Miles Sloman, und deren Kindern. Im Winter 1934/35 wurde das alte Herrenhaus abgebrochen. Die Stuckdecke, die Gipsreliefs und die Marmorfliesen wurden dabei dem Altonaer Museum übergeben. Leider fielen sie dort einem Bombenangriff zum Opfer. Der schöne Park rundum war schon 1930 zum großen Teil parzelliert und veräußert.

Den Platz, auf dem etwa das Newmansche Haus gestanden hatte, kaufte 1935 *Konrad Hager*, ein Hamburger Industrieller; er errichtete darauf ein Landhaus, das sich äußerlich wenig von anderen auf dem einstigen Parkgelände unterschied. Es liegt an der Straße »Newmans Park« und trägt die Hausnummer 25, das ist gegenüber der Einmündung des Theresenwegs. Der Besitzer ist als Kunstsammler in weiten Kreisen bekannt und hat sich in seinen Räumen mit dem Schönsten, was Maler schufen, umgeben. Insbesondere gilt seine Liebe den Werken Karl Hofers, der hier 1953 neuen Mut zum Schaffen fand, nachdem 1943 sein Atelier in Berlin durch Bomben zerstört war.

DIE PARISHSCHE BESITZUNG

Elbchaussee 411 ragte hinter hoher Steinmauer ein Haus, an dessen schlicht-altmodischen Kern sich allerlei Anbauten drängten: einst die Besitzung des zeitweilig reichsten Mannes von Hamburg, John Parish. Der besondere Reichtum des Besitzers, die großartige Lebenshaltung seiner Söhne mochten den Vorübergehenden auf Pracht im Innern, auf edel-schöne Raumgestaltung schließen lassen, die oft in diesen Landsitzen verwirklicht wurde. Um so mehr aber war er überrascht und ernüchtert, wenn es ihm noch vergönnt war, das (1935) leer und vor dem Abbruch stehende Haus zu besichtigen. Das Ganze wirkte von der Elbe her wie ein merkwürdiges Flickwerk von Bauten und Anbauten; Geschlechter nach Geschlechtern, die hier in anderthalb Jahrhunderten kamen und gingen, haben, je nach Laune und Bedürfnis, aber ohne einen großen durchgehenden Willen zur baulichen Gestaltung, bald hier, bald dort angebaut, abgerissen, neugebaut und aufgestockt. Das Kernstück, das alte, bereits um 1756–1758 errichtete Haus, das verhältnismäßig stilecht war, stand in seltsamem Gegensatz zu dem stilwidrigen Neubau eines viel größeren Ostflügels aus der Zeit der achtziger bis neunziger Jahre, der mit monströsem Schirmdach sich gegen den Elbuferhang erhob. Dazwischen allerlei Flickbauten und Veranden, denen man anmerkte, daß sie von wohlhabenden Besitzern geschaffen waren, aber nur wenige Einzelheiten von Geschmack zeugend. Ebenso niedrig, verbaut und verwinkelt waren die Innenräume. Dielen, Säle, Zimmer, Vorzimmer, Küchen, Zwischenräume, Gänge wechselten in seltsamem Treppauf und Treppab. Große Raumverschwendung, viele versteckte Winkel; im Obergeschoß ein großes Zimmer, das nur eine glasverdeckte Galerie war, um das Oberlicht in den darunter gelegenen Raum gelangen zu lassen. Drei Küchen hintereinander, durch Gänge verbunden; Absätze, über die man leicht stolperte. Herrlich aber war immer der Blick aus all dem Gewinkel und dem Mansardenturm, von Fenstern und Balkons auf die Weite des hier sich immer mehr verbreiternden Stromes. Herrlich muß auch der große, inzwischen längst parzellierte Park gewesen sein mit den mächtigen alten Bäumen, die noch heute erhalten sind. Der ehemalige Blankeneser Kirchenweg (auch »Leichenweg« genannt) zog sich zum Teil noch erkennbar mitten durch diese Parkanlagen. Einst reichte der Landsitz bis zum Grundstück Elbchaussee 439.

Ehe dieses Anwesen entstand, war hier Feld, gehörend zur großen Flur »Hummelsbüttel«. Der Grund, auf dem sich später das Parishsche Wohnhaus erhob, gehörte ehedem zum Pastoratsdienst[335]. 1756 hatte es der Nienstedtener Pfarrer adjunctus Peter Elias *Branddorf* erworben, nach dem Grundbuch als »sein an der Elbe belegenes Stück Land im Rücken der Dorfschaft zweieinhalb Himptsaat königl. Maß« gekennzeichnet[336]. Dort erbaute er das alte Haus, den Kern des späteren Parishschen Hauskomplexes, aber 1764 verkaufte er das Ganze wieder an den Baron Wilhelm *von Barnekow* für 12 000 Mark. Unter von Barnekow scheint der Besitz nicht gut bewirtschaftet worden zu sein. Er wurde am 3. Februar 1770 öffentlich versteigert und von dem uns schon bekannten englischen Courtmaster John *Blacker* für 3700 Mark erworben. Blacker war ein geschickter Grundstücksspekulant und verkaufte knapp zwei Jahre später, am 25. Januar 1772, das Anwesen für 9000 Mark an die Frau Geheime Konferenzrätin Sophia *von Ahlefeldt*, die Gattin des Landdrosten von Pinneberg, Hans von Ahlefeldt, der u. a. in Pinneberg das dortige schöne Haus der Landdrostei errichtete. Am 13. November 1779 erwarb John Parish von den Ahlefeldts die Besitzung wiederum für nur 5000 Mark.

Damals war Parish 34 Jahre alt und stand mitten in den Jahren seines ersten großen Geschäftsaufschwungs[337]. Bis 1806, also nahezu ein volles Menschenalter, war Nienstedten die geliebte Sommerwohnung dieses genialen Begründers eines der größten Handelshäuser Europas, der als armer Junge, als Sohn eines zum Teil in fremden Diensten fahrenden Kapitäns, von Schottland nach Hamburg kam[338]. Parishs große rechnerisch-kaufmännische Fähigkeiten, sein organisatorischer Weitblick verbanden sich mit scharfem Verstand und lebhaftem sittlichen Empfinden. Schonungslos ging er mit seinen Fehlern und Irrtümern ins Gericht, wie dies seine Lebenserinnerungen beweisen. Er war einer der klarsten Wirklichkeitsmenschen, die man sich denken kann; von starken Leidenschaften und lebhaftem Ehrgeiz, reich zu werden, beseelt; aber immer wieder gebändigt durch das rechte Gefühl für Maß und Zeit. Genußfreudig, aber von Vernunft beherrscht, machte er sich ernsthafte Gedanken über den Wert und Sinn des Reichtums sowie über dessen richtige, würdige Nutzung.

Seine Augen waren hell und klar, durchdringend; sein energisches kantiges Gesicht ließ sich nichts vormachen. Mehrmals steht der reicher und reicher Gewordene vor dem Ruin – dem tollkühnen Steuermann droht völliger Schiffbruch; aber während seine Mitarbeiter verzweifeln, beißt er sich mit eisernen Nerven durch. Dazu ist ihm das Glück immer wieder hold. Als Kaufherr und Finanzmann ist er in vielem seiner Zeit voraus; der Wechselverkehr ist noch viel zu unentwickelt für seine kühnen Finanzoperationen. In welche schwierigen Lagen ist er nicht gekommen! Das kritischste Jahr war wohl die Krisis von 1793, wo Parish Verbindlichkeiten von 8 Millionen Mark Banko einzulösen hatte, während sein eigenes Kapital nur etwas über eine halbe Million betrug; »ein Mißverhältnis, das«, wie Ehrenberg bemerkt, »jedem gewöhnlichen Geschäftsmanne das Genick gebrochen hätte«[339]. Im Geschäft war er an sich ungemein fleißig und vorsorglich, hielt strengste Ordnung in den weitverzweigten Unternehmungen seines Kontorbetriebes und verstand es glänzend, den Ruf seines Kredits unantastbar zu machen. Dazu gesellten sich neben großer Unternehmungslust bedeutender Ehrgeiz, starker Familiensinn – jedem der Kinder wollte er ein reiches, gesichertes Leben ermöglichen – und gesellschaftliche Ambitionen, Verlangen nach vornehmer Geselligkeit: dieses alles und die federnde Geschicklichkeit, Gefahren zu parieren, bedingten seinen Aufstieg. Im Erraffen von Reichtum sah er jedoch nie Selbstzweck: »John«, sagte er in seinen Erinnerungen zu sich selber, »du hast genug erworben. Nun beginne, deinen Reichtum vernünftig zu verwenden.«

Für die anfänglich bescheidene Nienstedtener Besitzung tat er viel. Aber die Aufwendungen entsprachen den jeweiligen zeitlichen Bedürfnissen; er ging nicht so sehr auf ein einheitliches Ganzes aus. Er vergrößerte das Haus, baute einen Flügel und verschönerte das Innere, auch ließ er den Garten neu anlegen[340] und stark vergrößern, so daß dieser nun vom Weinrestaurant Jacob bis zu den Besitzungen der Godeffroys reichte.

1797 zog sich Parish, nunmehr 54 Jahre alt, mit zwei Millionen Privatkapital vom Geschäft zurück und entwickelte ein noch glanzvolleres Leben. Seine Söhne folgten in einem nicht unbedenklichen Maße seinem Beispiel, so daß in Hamburg die Redensart aufkam von »Parish spelen«, wenn jemand sich etwas ganz Besonderes leistete. Der alte Parish, ein Lebenskünstler, konnte sich ebenso den kleinen alltäglichen Freuden des Lebens hingeben wie rauschender Festlichkeit. Er freute sich über die ersten Radieschen seines Gartens, über den Frühsalat, den ihm die neuangelegten

Treibhausbeete lieferten. Er notierte beglückt, wie prächtig er draußen geschlafen und daß er am 20. April bereits die Nachtigallen schlagen hörte[341].

Daneben aber spielte er ebenso gern wie gewandt die Rolle des großen Herrn. Als erstmaliger Konsul der nordamerikanischen Union in Hamburg seit deren Erhebung gegen England sah er viele bemerkenswerte Persönlichkeiten in Nienstedten, so den amerikanischen Staatsmann G. *Morris*, der mit ihm dauernd in freundschaftlichem Briefwechsel blieb. Morris war 1789–1794 diplomatischer Vertreter der Union in Paris gewesen und hatte in den Folgejahren wiederholt längere Zeit in Altona gelebt, wo er in Liebe zu der schönen Gräfin *Flahaut* entbrannte. Er war ein großer Landspekulant in Amerika und kam dadurch zu Reichtum. Von der gastlichen Kultur bei Parish schrieb er 1801: »Eine Woche in Nienstedten enthält mehr wirkliche Geselligkeit als ein Jahr in England.« Ebenso fand sein Freund, der französische Patriot und große Mitkämpfer für die amerikanische Freiheit, Marquis *de Lafayette*, bei Parish gastliche Aufnahme, als er, durch die Siege Napoleons aus den österreichischen Gefängnissen befreit, 1797 nach Holstein geflüchtet war[342].

Oft ging es am Nienstedtener Elbuferhang sehr lebhaft zu. 1794/95 hatte Parish seine Geschäfte mit der englischen Regierung durch *Truppentransporte* erweitert: er mietete Transportschiffe, um die in englischen Diensten stehenden Hilfstruppen der Hannoveraner, Westfalen u. a. nach Amerika zu schaffen. Die Einschiffung erfolgte teils von Stade, teils von Nienstedten aus; so wurde bei Nienstedten das Regiment Löwenstein, das, 900 Mann stark, aus Hessen und Hannoveranern bestand, in fünf von Parishs besten Schiffen aufgenommen[343]. Aber bei der Einschiffung brach unter den Leuten eine Meuterei aus. »Sie zwangen«, so berichtet Parish, »alle meine Kapitäne nebst den Transportagenten zur Flucht, und erst Kapitän Popham (dem Vertreter der englischen Regierung) gelang es, sie zu beruhigen. Glücklicherweise war am folgenden Tage der Wind günstig, so daß sie sich bald mit der übrigen Flotte vereinigen konnten.« Diese Flotte kam wohlbehalten nach Amerika.

Parish hatte 1795 allein an diesem Truppentransportgeschäft einen Reingewinn von 408 207 Mark.

Durch Morris dürfte Parish auch mit der Gräfin Flahaut[344] bekannt geworden sein. Die Gräfin Adelaide *de Flahaut* war die schöne Emigrantin, die flüchtete, als ihr Gatte, Aufseher der Gärten und des Kabinetts des Königs, Graf M. de Flahaut, hingerichtet wurde. Über England und die Schweiz war sie schließlich nach Hamburg gekommen, wo Komtesse Charlotte *von Schimmelmann* sie dem Wohlwollen des Altonaer Oberpräsidenten *von Stemann* empfahl. Sie fand Zuflucht in Altona, und zwar in Begleitung ihres damals zehn Jahre alten Sohnes Charles de Flahaut, späteren Adjutanten Napoleons I. und Geliebten der Königin Hortense. Ihre Samtaugen hatten es auch dem Amerikaner Morris angetan, der ihretwegen damals monatelang in Altona Aufenthalt nahm. In ihrer Gesellschaft befand sich ferner der junge Herzog Louis Philippe *von Orléans*, Sohn des 1793 hingerichteten Herzogs Louis Philippe Egalité und späterer »Bürgerkönig« von Frankreich[345]. Morris brachte die Gräfin und den damals 22jährigen Herzog nach Nienstedten. Zwar wohnten beide nicht bei Parish; aber sie sind bei ihm zu Gast gewesen. Ehrenberg gibt[346] von der außerordentlichen Geselligkeit und von der dazu nötigen Größe des Parishschen Weinkellers einen Begriff durch folgende Auszüge aus Parishs Aufzeichnungen: »Im Jahre 1804 bewirtete er 1132 Personen in 54 Diners und einem Tee (von 101 Personen); außerdem beteiligte er sich an 54 andern Gesellschaften, bei denen 1200 Personen anwesend waren. Im folgenden Jahre hatte er zusammen 1954 Personen bei sich zur Tafel, und es wurden in diesem Jahre bei ihm 2232 Flaschen Wein getrunken; trotzdem blieben am Jahresschluß noch 4080 Flaschen übrig.« Als Parish 1806 sein fünfzigjähriges Jubiläum als Hamburger Einwohner und Geschäftsmann feierte, gab er glänzende Diners, zu denen u. a. erschienen Prinz Esterhazy[347], der preußische Gesandte in London Baron Jacobi-Klöst, die Freiherren Vogt und Grote, der Altonaer Bürgermeister und die Hamburger Senatoren Jenisch und Gabe. Am 28. Mai 1805 bewirtete Parish bei der Einführung des englischen Gesandten Thornton das gesamte diplomatische

Korps und die vollzähligen Senate von Hamburg und Altona. Als 1801 die Dänen Hamburg besetzten, fürchtete die Stadt für ihre künftige Unabhängigkeit. Damals wirkte Parish bei der englischen Regierung dahin, daß diese ihr Augenmerk auf das Vorgehen der Dänen richtete und sich schützend hinter Hamburgs Freiheit stellte. Der Senat dankte ihm für seine wertvolle Hilfe und sandte ihm fünfzig Flaschen alten Rheinweins.

Durch seine Energie und Gewandtheit hatte sich Parish eine großartige innere Freiheit und Unabhängigkeit erworben, die sich zum Teil auch auf die Söhne übertrug. Ein Beispiel dafür sei noch erzählt: Als der später mächtige Minister Napoleons, Fürst *Talleyrand*, 1792 nach Hamburg kam, wurde er von John Parish nicht nur glänzend aufgenommen und luxuriös bewirtet, sondern Parish, der des Fürsten schwache Seiten kannte, sorgte auch bei Talleyrands Weiterreise nach Amerika noch dafür, daß dieser reichlich mit Geldmitteln versehen war. Zum Dank war Talleyrand äußerst liebenswürdig zu Johns Sohn, dem jungen *David Parish*, der in Antwerpen gute Geschäfte und ein großes Haus machte, und gab ihm besondere Winke über die europäische Lage und den bevorstehenden Krieg mit England, da er Napoleons Pläne ja genau kannte. Die Folge war, daß David Parish mit seinen Freunden, die politische Situation klug ausnutzend, große geschäftliche Unternehmungen machte, die ihm Riesengewinne einbrachten. Als nun aber Napoleon glaubte, durch seine Gesandten und Konsuln auf Parish und den diesem nahestehenden Geschäftskreis einen Druck ausüben zu können, irrte er sich gewaltig. Der Mann, vor dem damals ganz Europa zitterte, mußte es erleben, daß sowohl die Kaufleute *Hope* in Amsterdam wie David Parish, der inzwischen in Philadelphia ein enormes Geschäftsunternehmen führte, seinen Abgeordneten deutlich zu verstehen gaben, sie selbst seien unabhängige Männer und nicht etwa Napoleons willfährige Kreaturen[348].

Von seinem geliebten Nienstedten wurde Parish schließlich durch den Einfall der Franzosen in Norddeutschland vertrieben. Als diese am 19. November 1806 Hamburg besetzten, verließ er drei Tage später seinen Landsitz. Nach längerer Reise durch Dänemark und

Schweden nach England ließ er sich schließlich in *Bath* nieder, dem damals vornehmsten und schönsten englischen Badeort. Hier hielt er wiederum ein großes Haus. Er fuhr stets vierspännig mit zwei Vorreitern aus, übte aber auch großartige Wohltätigkeit und wurde Ehrenbürger der Stadt Edinburgh. Er blieb bis ins höchste Alter lebensfrisch und genußfähig. Die letzten Jahre waren freilich durch den Selbstmord seines Sohnes David und durch Vermögensverluste überschattet. Er starb im Alter von 87 Jahren 1829. Seine Gattin Henriette, geb. Tod, die ihn nach England begleitet hatte, war bereits 1810 gestorben[349].

Die Nienstedtener Besitzung aber ging in die Hände seines zweitältesten Sohnes, *Richard Parish*, über. Dieser leitete mit seinen beiden Brüdern John und Charles gemeinsam das Hamburger Haus. John hatte bei der Vermittlung englischer Unterstützungsgelder an Österreich gegen Napoleon den Österreichern sehr genützt und wurde daher 1815 in den österreichischen Freiherrnstand erhoben, schied aus der Firma aus und erwarb die Herrschaft Senftenberg als John Parish Freiherr von Senftenberg. Richard führte mit Charles jetzt das Geschäft allein weiter, das durch David schwere Verluste erlitt. Es bestand, freilich in vermindertem Glanz, bis 1847 weiter[350]. Richard Parish, der um 1826 noch das mecklenburgische Gut Gottin erwarb, hatte auch für das weitere Gedeihen des Nienstedtener Besitzes liebevolles Interesse. Das Wohnhaus wurde von ihm durch einen Anbau erweitert, worüber die Senatorin Elise Meyer in einem Brief an ihren Sohn Otto vom 9. April 1846 schrieb: »Gestern besuchten Vater (Senator Meyer) und ich Parish, der sich sein Haus an dem einen Flügel bis hart an den Abhang der Elbe verlängert. Dort hat er ein Zimmer von drei Seiten mit Glaswänden, welches die schönste Aussicht auf die Elbe, dieselbe auf- und abwärts, in seinen und Boraes Garten gewährt. Ich habe nie ein Zimmer mit solch einer großartigen Aussicht gesehen!« Zeitweilig wurde ein völliger Abbruch des bisherigen Hauses und ein schloßartiger Neubau geplant, doch kam es nicht dazu[351].

Richard Parishs Geistesgaben schätzten auch Leute vom Fach, wie der Volkswirt J. H. von Thünen, hoch ein. Er war österreichischer Generalkonsul von Hamburg und seit 1804 mit Suzette vermählt, der Tochter Peter Godeffroys[352]. Während der französischen Drangsale 1813/14 mußte er mit den Seinen den geliebten Landsitz zeitweilig meiden und in England seine Zuflucht nehmen[353]. Als er mit seiner Familie und seinem Bruder *George* in das endlich befreite Hamburg heimkehrte, schrieb George über sein Wiedersehen mit Nienstedten an den alten Vater John Parish: »In Neuenstedten besuchten wir jedes Bauernhaus, wo ›Mushey Jordey‹ von seinen alten Freunden bewillkommnet wurde ... Neuenstedten (gemeint ist die Parishsche Besitzung) ist ein vollkommener Wald – vom Haus hügelabwärts. Was für ein Wechsel in meiner Erinnerung!«[354]

Im Laufe der Ehe gebar ihm seine Gattin Suzette eine Tochter und fünf Söhne; sie starb 70 Jahre alt; Richard selbst, der 84 Jahre alt wurde, starb 1860. Er führte das Leben eines großen Gentlemans. In seinen höheren Lebensjahren blieb die unverheiratete Tochter Harriet als Betreuerin um ihn. Obwohl er in der Hermannstraße zu Hamburg ein elegantes Stadthaus besaß (später Ertel, dann Anglo-Deutsche Bank), lebte er zuletzt auch im Winter in Nienstedten. Wenn er ausnahmsweise bei eisiger Winterkälte in offener Kalesche zur Stadt fuhr, war er von Pelzwerk und Decken bedeckt, aus denen nur die feine Nasenspitze hervorragte[355].

Nach Ableben des Vaters bewohnte die unvermählte *Harriet Parish*[356] das Erbe an der Elbe noch bis zu ihrem Tode 1866. Dann ging es über auf ihren ältesten Bruder *George Parish* (1807–1880), der durch Schönheit, Eleganz und Extravaganz berühmt war. »Für diesen großartigen Sonderling waren die Mauern der Vaterstadt zu eng.« Er war 1837–1840 braunschweigischer Konsul, wanderte alsdann nach Amerika aus, wo er große Ländereien und einträgliche Bergwerke besaß. »Er kehrte übrigens von Zeit zu Zeit nach Hamburg zurück und spielte dann jedesmal in der vornehmen Gesellschaft eine erhebliche Rolle ... Mitte der siebziger Jahre verließ er Amerika und schlug seinen dauernden Wohnsitz in seiner Herrschaft Senftenberg in Böhmen auf, die er von seinem Onkel ererbt hatte.« Er starb 1881 in Venedig, nachdem er sich als fast Dreiundsiebzigjähriger etwa sechs Wochen zuvor verheiratet hatte. Als ihm

Nienstedten zufiel, beabsichtigte er zunächst, sich selbst dort niederzulassen; dann aber zog er es vor, das Besitztum möglichst vorteilhaft zu veräußern. Der Verkauf wurde dadurch erschwert, daß der Blankeneser Kirchenweg das Grundstück der ganzen Länge nach durchzog. Deshalb mußte erst mit der Gemeinde Dockenhuden ein Vertrag wegen Verlegung des Kirchenweges geschlossen werden. 1872 kaufte Senator Gustav Godeffroy, der uns später noch besonders begegnen wird, das Anwesen[357]. Er hatte bei Parish seine Lehrzeit durchgemacht, große Auslandsreisen unternommen und wurde ein bedeutender Führer im Finanz- und Wirtschaftsleben. Er war u. a. Mitglied der Nationalversammlung in Frankfurt, Hamburger Senator und Vorsitzender des Aufsichtsrats der Norddeutschen Bank. Gesellschaftlich trat er besonders als Präsident des Hamburger Rennklubs und als Vizepräsident des Berliner Unionklubs hervor. Er teilte die große Parishsche Besitzung in zwei Teile und verkaufte den westlichen Teil, worüber wir später mehr berichten werden. Den östlichen Teil mit dem alten Parishschen Wohnhaus und den jenseits der Chaussee liegenden Stallungen[357a] übereignete er 1873 seinem Schwiegersohn, dem Kaufmann Wilhelm *Vorwerk*, der seine Tochter Susanne zur Frau hatte. Wilhelm Vorwerk (geb. 1845) war Mitinhaber der Firma Vorwerk, Gebr. & Co., aus der er Ende der achtziger Jahre ausschied. Er ließ dem östlichen Seitenflügel des Hauses das wenig stilvolle, mächtig hervorragende Schutzdach aufsetzen. Später siedelte er als Rentner nach Wiesbaden über und verkaufte den Landsitz 1888 an den Hamburger Kaufmann Otto Jonathan *Hübbe*. Dieser aber veräußerte den Besitz auch wieder, da er das Gut Wellingsbüttel erwarb, und zwar 1890 an den Hamburger Kaufmann Generalkonsul Alfred *Kayser*. Anderthalb Menschenalter blieb der Landsitz nunmehr in den Händen von dessen Familie, die viel für die Betreuung und Verschönerung des Ganzen tat. Bis 1929 konnte das Anwesen in seinem immer noch großen Umfang erhalten bleiben. Dann zwangen die Zeitverhältnisse zur Aufteilung[358].

DIE TESDORPF-BRANDTSCHEN UND ROOSEN-BIESTERFELDSCHEN LANDSITZE

Diese beiden schönen Landsitze[359] sind die letzten auf Nienstedtens Flur, die aus älterer Zeit hier noch erhalten sind. Sie sind aus dem westlichen Teil des früheren Parishschen Parks hervorgegangen und zeichnen sich durch herrlichen alten Baumbestand aus. Der zwischen dem Elbstrom und der landeinwärts strebenden Chaussee verbleibende freie Geestrücken trägt weite Rasenflächen und abseits davon Gemüsegärten mit Dienerschaftsgebäuden. Die Wohnhäuser der beiden Besitzungen erheben sich ziemlich nahe beieinander am Abhang des Geländes nach der Elbe. In der jetzt Brandtschen Besitzung befindet sich ein idyllischer Weiher. Beide Grundstücke sind durch eine malerische Talsenkung, die »Trundelberg«-Schlucht[360], voneinander getrennt; doch haben die Besitzer, um die Schönheit dieser Landschaft nicht zu zerstören, kein Gitter gezogen. Lediglich auf dem Weg ist eine schmale Kettengrenze aufgestellt, die die Abgrenzung beider Besitzungen andeutet. In dem vormals Roosen-, jetzt Biesterfeldschen Grundstück fällt am Abhang ein Efeuhain auf. Zwischen der Biesterfeldschen und Brandtschen Besitzung war früher das Haus des *Nienstedtener Pastorats* eingegliedert mit sich anschließendem Obst- und Gemüsegarten. Das Haus, das sehr hübsche Räume enthielt und in späteren Jahren auch von Mitgliedern der Familie Brandt bewohnt wurde, ist inzwischen zum Abbruch gekommen.

Senator G. Godeffroy hatte, wie wir bereits erzählten, den ganzen Besitz um 1870 von George Parish erworben und den östlichen Teil seinem Schwiegersohn Vorwerk überlassen. Den westlichen Teil halbierte er nochmals und verkaufte davon das (von der Chaussee gesehen) links gelegene Stück (Elbchaussee 423) um 1877 an den Hamburger Senator Adolph Tesdorpf; das rechts gelegene Gelände (Elbchaussee 435) veräußerte er an den Hamburger Kaufmann Eduard Roosen. Der das gesamte Gebiet noch durchziehende alte Blankeneser Kirchenweg wurde dabei verlegt, und zwar verlief er jetzt längs der Nordwestgrenze des Eduard Roosenschen Besitzes.

Senator Adolph *Tesdorpf* (1811-1887) entstammte der Familie Tesdorpf, die den Hansestädten Lübeck und Hamburg bereits im sechzehnten und siebzehnten Jahrhundert hohe Beamte, Vögte und Bürgermeister gestellt hatte. Er war ein Sohn des Hamburger Oberalten Friedrich Jacob Tesdorpf (1781-1862) und ein Enkel des Lübecker Bürgermeisters Peter Hinrich Tesdorpf (1751-1832), des kenntnisreichen Handelsherrn und Staatsmanns, der in der Franzosenzeit seiner Vaterstadt wertvolle Dienste geleistet hatte. Er lernte als Kaufmannslehrling bei Leech and Harisson in Liverpool. Heimgekehrt, trat er in das väterliche Geschäft ein und brachte es, dank seiner kaufmännischen Begabung, bald zu großem Einfluß. In ihm, dem nachmaligen Senator, begegnen wir einer recht originellen Persönlichkeit. Er war, wie Oscar L. Tesdorpf in seiner Familienchronik der Tesdorpfs es begründet, von sittlichem Ernst und hoher Vaterlandsliebe beseelt, forderte die Einheit des Deutschen Reiches und erwartete von den Fürsten entsprechende Opfer. In ihm vereinten sich seltsame Gegensätze: Er war politisch konservativ und predigte zugleich einen wirtschaftlich gemäßigten Staatssozialismus. Er war ein vollendeter Kaufmann; aber er besaß wenig Menschenkenntnis und verschwendete viel Menschenliebe an Unwürdige. Er lebte äußerst anspruchslos und bescheiden und war doch, zumal als Schriftsteller und Politiker, von ziemlicher Eitelkeit. Er ließ seine zahlreichen Schriften anonym erscheinen, sorgte aber selbst dafür, daß überall bekannt wurde, wer ihr Verfasser sei. Er hinterließ ein Vermögen von 6 ½ Millionen Mark und gab jährlich 30 000–40 000 Mark für mildtätige Zwecke aus; aber seine Mittagstafel für die Seinen und seine Gäste hielt er nicht nur sehr einfach, sondern auch knapp. Wenn er sich eine Droschke kommen ließ, gab er seinem Diener die Weisung, die schlechteste auszusuchen, weil ihr Lenker ohnehin am wenigsten damit verdiente. Als seine Gattin, die Senatorin Therese Tesdorpf, geb. Moenck, auf dem Harvestehuder Weg von einem Räuber überfallen und ihrer Uhr und Kette beraubt worden war, verzieh er dem Missetäter nicht nur, weil dieser – er war Schneider – vorgab, aus Nahrungssorgen gehandelt zu haben, sondern er ließ auch den ältesten Sohn auf eigene Kosten erziehen und versah die ganze Familie reichlich mit Geld und Arbeit. Aber er erntete nur Undank davon.

Mit seinen politisch-wirtschaftlichen Meinungen stand er zumeist allein. Seine Begabung lag auf kaufmännischem Gebiete, während er zeitlebens glaubte, an ihm sei ein Pädagoge und Volkserzieher verlorengegangen. Aber seine »Freundlichen Rathschläge eines älteren mit dem Leben vertrauten Mannes an alle Ehepaare und Eltern« sowie die wesensverwandten Schriften an Konfirmanden u. ä. zeigen ihn ganz im Durchschnittsgeist der Zeit und erheben ihn »in keiner Weise über das Maß der alltäglichen Weltweisheit eines einfachen Landpastoren«[361]. Die Bücher konnten in ihrer prüden Art eher Unheil als Nutzen stiften.

Als das von ihm gegründete und zu hoher Blüte gebrachte Haus A. Tesdorpf & Co. 1876 sein bestes Jahr erlebt hatte, trat Senator Tesdorpf aus der Firma aus, weil er nunmehr glaubte, sein persönliches Leben auf höhere Werte, auf ein Gott zustrebendes Dasein konzentrieren zu müssen. Bereits 1862 war er aus dem Senat ausgeschieden, dem er von 1852 ab voll Hingabe an die ihm daraus erwachsenden Pflichten angehört hatte[362].

Er besaß in Hamburg ein Haus am Steinthorwall 7, wo auch seine Geschäftsräume waren, ferner ein über Sommer bewohntes Haus in der Badestraße an der Alster. Seine Ehe war kinderlos geblieben, doch hatte er zwei Mädchen adoptiert[363]. Die ältere der beiden, Olga, heiratete den Hamburger Kaufmann Louis *des Arts*. Die jüngere, Mathilde, vermählte sich 1867 mit dem Hamburger Bürgermeister Dr. Georg *Mönckeberg* (1839–1908). Als Senator Tesdorpf den Nienstedtener Besitz erworben hatte, ließ er sich dort durch den Architekten J. M. H. Breckelbaum 1873/74 ein größeres Landhaus im Geschmack der damals beliebten Nachahmung einer sogenannten »strengen Gotik«, der »Haaseschen Gotik«, erbauen[364]. »Das Haus war dem alten Ehepaar eigentlich wesensfremd, aber er sowohl wie auch seine Gattin genossen den Aufenthalt in den von Sonne umfluteten Räumen und dem herrlichen Gelände in hohem Maße. Von dem hochgelegenen, einem Kloster ähnelnden Hause blickte man auf den ruhig dahinfließenden, breiten, schiffbelebten

Elbestrom. In dem sich an den Abhängen weit hinziehenden Garten spendeten uralte Bäume erquickenden Schatten. Mancher dieser Bäume fiel der Axt in Adolph Tesdorpfs Händen zum Opfer; denn er liebte es von Jugend her, seinen Körper durch tägliches Holzhauen und Bäumefällen zu stählen[365].«

Nach dem Tode seiner Witwe (1888) kaufte Augustus F. *Brandt* (1835-1904) den Besitz. In Archangelsk geboren, war er der Enkel des Reeders Wilhelm *Brandt*. Früh wurde ihm die Verantwortung für das verzweigte Geschäftsunternehmen auf die jungen Schultern gelegt; denn sein Vater starb, als er erst 22 Jahre zählte. Als ältester und einziger erwachsener Sohn mußte er bei der großen Zahl der Familienmitglieder nicht nur seiner Mutter mit Rat und Tat zur Seite stehen, sondern zugleich das Geschäft in London und in St. Petersburg voll verantwortlich führen. Von 1857 bis 1865 leitete er – in London ansässig – beide Häuser, ab 1865 das Londoner Haus mit großem Erfolg. Seine hervorragenden kaufmännischen Fähigkeiten kamen zumal dem Londoner Bank- und Handelshaus Wm. Brandt's Sons & Co. zugute. Als er sich nach arbeitsreichem Leben aus Gesundheitsrücksichten vom Geschäft zurückzog, siedelte er 1880 nach Hamburg, der Stadt seiner Väter, über, behielt aber auch dann noch aus der Ferne die Oberleitung des Londoner Unternehmens. Er erwarb die Nienstedtener Besitzung als Sommeraufenthalt; im Winter bewohnte er in Hamburg das stattliche Haus nahe der Alster, Neue Rabenstraße 1. Er war vermählt mit Elisabeth, geb. Oesterreich (1835-1922), Tochter des zeitweiligen Leiters der russischen Reichskanzlei in St. Petersburg, Constantin August von Oesterreich. Sein persönlicher Charakter, seine Strenge in allen Angelegenheiten der Arbeit, verbunden mit Vornehmheit und Güte, sicherten ihm allgemein große Achtung und Beliebtheit. Nach seinem Tode bewohnte seine Witwe bis zu ihrem Ableben den Nienstedtener Landsitz. Darauf ging dieser auf den jüngsten Sohn, den Hamburger Kaufmann Ludwig W. *Brandt* (vermählt mit Louise, geb. Merck, der Tochter des Hamburger Syndikus Dr. Carl Hermann Jasper Merck), über[366]. Ludwig W. Brandt ließ den gotisierenden Prunk der Tesdorpfschen Villa fortnehmen. Dem sachlich schlichter gestalteten Haus fügte er eine breitere Terrasse und Veranda hinzu, von der man einen herrlichen Blick durch die hohen Baumgruppen des Parks auf den Elbstrom genießt. Erhalten ist auch noch das Kavalierhaus (Elbchaussee 427), das nahe der das ganze Grundstück abschirmenden Mauer ein in Grün eingesponnenes Dasein führt.

Der nachmalige Besitzer der westlichen Hälfte (Elbchaussee 435), der Hamburger Kaufmann Eduard *Roosen* (1825-1915) war ein Urenkel des Kaufmanns und Reeders Salomon Roosen I (1717 bis 1795), der den Landsitz »Eichenlust« in Kleinflottbek besaß, und ein Sohn von Salomon Roosen II, der den östlichen der beiden benachbarten Roosenschen Landsitze in Nienstedten (Elbchaussee 386) innehatte. Bis 1893 war er Mitinhaber der Firma »Salomon und Berend Roosen« und bewohnte im Winter sein Haus in Hamburg am Alsterglacis 15. Er war vermählt mit Emilie, geb. Lesser, einer Tochter des Altonaer Verlegers und dänischen Kommerzienrats Wilhelm *Lesser* (Inhaber des Verlages »Hammerich & Lesser«). Das Landhaus, das Eduard Roosen auf dem neuerworbenen Nienstedtener Grund in beherrschender Lage durch den Architekten Martin Haller erbauen ließ, war geräumig, aber entsprechend der traditionellen Schlichtheit der Roosens einfach und schmucklos gehalten. Anfang der 1880er Jahre kauften Eduard Roosen und etwas später Augustus Brandt die nördlich der Elbchaussee ihren Besitzungen gegenüberliegenden Koppeln hinzu, die noch eine Zeitlang die Anwesen von näherer Ansiedlung frei hielten. Um 1890, als die Elbufer durch die Wellen der immer größer werdenden Schiffe gefährdet wurden, ließen Roosen und mehrere andere Anwohner der Elbe am Strand die gemauerten Vorsetzen ausführen. Dadurch wurde den Gärten zwar der direkte Übergang zum Strand genommen; aber sie erhielten dafür eine breite, rasenbedeckte Strandpromenade, die heute Teil des Elbuferwanderweges geworden ist. Die gemauerten Vorsetzen der Brandtschen Besitzung stammen erst aus den zwanziger Jahren dieses Jahrhunderts; 1919 wurde die Besitzung von den Roosenschen Erben an den Hamburger Kaufmann W. E. H. *Biesterfeld* verkauft, der das alte Haus teilweise erneuerte und es zumal im Innern überaus geschmackvoll einrichtete.

W. E. H. Biesterfeld und seine Frau, die viele Beziehungen in Deutschland und im Ausland unterhielten, sahen häufig Freunde in ihrem Hause, denen damit Gelegenheit geboten wurde, die landschaftlichen Schönheiten des Elbufers an einem seiner hervorragendsten Punkte zu genießen. W. E. H. Biesterfeld, ein geborener Altonaer, hat die gärtnerische Anlage wesentlich in ihrer früheren Form erhalten, daneben aber hat sie durch seltene Blumenbeete und neue Aussichtsplätze wesentlich gewonnen.

VIII. DOCKENHUDEN

»BEAUSITE«

Stolz wie ein altes Schloß am Rhein grüßte die turm- und zinnengeschmückte Besitzung »Beausite« die auf dem Elbstrom aus- und einfahrenden Schiffe. Als »Gentlemen's seat für ewige Zeiten« hatte Senator Godeffroy dieses Schloß um 1855 erbaut und für seinen Besitz und die angrenzenden Landsitze Tesdorpf und Roosen, die ihm, wie berichtet, zuvor auch gehörten, die Bestimmung getroffen, daß hier nur Parkbesitzungen großen Stils bestehen dürften. Noch sind keine drei Menschenalter vergangen, und »Beausite«, das längst um die Hälfte verkleinert wurde, ist bereits (Herbst 1935) abgebrochen. Die westliche Hälfte, auf der Konsul Gartmann 1913 ein schönes Landhaus erbaute, ist ebenfalls parzelliert; dieses neue Haus fiel gleichfalls 1935 als Opfer der Zeit.

Die Flur, auf der Senator Godeffroy »Beausite« errichtete, war ein altes Stück Dockenhudener Grenzlandes, das sich unmittelbar an die Flur »Hummelsbüttel« anschloß und »Bi de Windmöhl« hieß. Es war ursprünglich Weideland. Dicht am Geestabhang nach der Elbe erhob sich eine Windmühle, die frei das Land beherrschend dalag. Sie gehörte zuletzt dem Müller Johannes *John*[367].

Auf diesem Gelände schuf Senator Gustav Godeffroy (1817–1883) sein »Beausite«. Er war der dritte Sohn des Kaufmanns Johann Cesar V Godeffroy und ein Enkel des Schöpfers des Dockenhudener Hirschparks, machte seine Lehrzeit im Hause Parish durch und wurde später für die väterliche Firma nach Rio gesandt, ging für mehrere Jahre nach Chile und wurde 1842 Teilhaber von J. C. Godeffroy & Sohn in Hamburg.

Die Tradition des eigenen Hauses, der vieljährige Aufenthalt in Amerika, persönliche Unternehmungslust, Sinn für alles Großzügige, Freude an guter Geselligkeit waren die Hauptelemente, die sich in seiner Persönlichkeit lebendig auswirkten. Im Alter erinnert sein vornehm-freundliches Gesicht mit dem charakteristischen Backenbart an den alten Kaiser Wilhelm.

Zunächst fand der damals Dreißigjährige Geschmack an politischer Betätigung. Er wurde 1848 Mitglied des Frankfurter Parlaments und war später auch beim Rumpfparlament in Stuttgart tätig. 1854 wurde er Mitglied des Hamburger Senats. Hier fand er reiche Gelegenheit, seine administrativen und organisatorischen Fähigkeiten zu beweisen. 1850 war er Mitglied des Niedergerichts; 1857 Bankoherr. Achtzehn Jahre gehörte er der Hamburger Staatsregierung an, dann schied er freiwillig aus dem Senat aus. Von 1856 bis zu seinem Tode war er Vorsitzender des Aufsichtsrats der »Norddeutschen Bank« und hatte so auf die Entwicklung der deutschen Wirtschaft einen nicht unerheblichen Einfluß. Mit seinen Brüdern Johann Cesar und Adolph gehörte er zu den repräsentativen Führern des Hamburger Wirtschaftslebens. Er war zweimal vermählt: in erster Ehe mit Sophie, geb. Hanbury (1826–1860), in zweiter Ehe mit Julie, geb. Dreyer, verw. Jadmirofski (1838 bis 1912)[368]. Sophie war eine sehr feinsinnige, Julie Godeffroy eine sehr weltgewandte Erscheinung, die beide trefflich die großen gesellschaftlichen Verpflichtungen ihres Hauses zu erfüllen wußten.

Sein Dockenhudener Besitz bildete die unmittelbare Fortsetzung der Ländereien, die seinem Bruder Johann Cesar VI gehörten. Als er in den siebziger Jahren noch die Parishsche Besitzung hinzu erwarb, gehörte den Godeffroys die ganze große Elbuferstrecke vom alten Parishschen Wohnhaus bis zum Mühlenberg einschließlich. Der Kirchenweg führte dicht an der Landseite des Schlosses vor der Haustür vorbei. Das Haus hatte sich Godeffroy von Aug. de Meuron erbauen lassen, der als vielgewandter Mann dem gotisierenden Geschmack des Bauherrn zu entsprechen wußte, der aber darüber hinaus dem Haus eine großzügig-kräftigere Note gab; dadurch half er über den dennoch bleibenden epigonenhaften Eindruck des Baues einigermaßen hinweg. Die gediegene Inneneinrichtung stammte von Piglhein. Die Front nach der Elbchaussee schmückte das Godeffroysche Wappen; die Haustür war mit einem steinernen, farbigen Spruchband umrahmt. Das Ganze erinnerte innen und außen stark an die englischen Sommersitze mit dem romantisierenden Hauch von Romanen Walter Scotts. Für die hier aus Blankenese nach Nienstedten vorbeiwandelnden Kirchgänger aber bildete der Weg durch den Beausite-Park an dem Schloß vorbei immer einen besonderen Genuß.

In dieser Besitzung, die er nur im Sommer bewohnte, pflegte Senator Godeffroy gern geselligen Verkehr. Seine vielseitigen Interessen galten auch den Forschungsreisen in ferne Länder und dem Sport. Mit seinem Bruder Johann Cesar war er lange Zeit Besitzer des Museums Godeffroy. Seine besondere Leidenschaft war der Rennsport. Er war Mitbegründer und Präsident des Hamburger Rennklubs sowie Vizepräsident und Ehrenmitglied des Union-Klubs Berlin. Bei seinem Ableben hieß es in einem der Nachrufe: »Jeder Sportliebhaber wird sich des jugendlich lebhaften, stets cordialen alten Herrn auf dem Horner Moor erinnern, wo er das Preisrichteramt mit Unermüdlichkeit und großem Geschick ausübte. In gesellschaftlicher Beziehung erfreute sich Gustav Godeffroy ebensosehr wie in geschäftlichen Kreisen großer Beliebtheit«[369].

Nach seinem Tode (1893) verkauften die Erben »Beausite« 1895 an den Hamburger Kaufmann Konsul Timoléon Ludovic *Pagenstecher*[370]. Um die Schönheit des großen Parkgeländes zu erhalten, war vertraglich festgesetzt, »daß sämtliche Besitzer der drei die früher Parishsche Besitzung bildenden Parzellen, in bezug auf die freie Aussicht auf die Elbe, einander gegenseitig kein Hindernis in den Weg legen, sondern zur eventuellen Verbesserung derselben, wenn möglich, die Hand reichen sollen. Namentlich darf die Schlucht, ›Trundelberg‹ genannt, in ihrer jetzigen Beschaffenheit nicht alteriert, doch dürfen Bauten innerhalb 25 Fuß Entfernung von derselben aufgeführt werden.« Diese Bestimmungen wurden getroffen in der Zeit des beginnenden Heimatschutzes[371].

Konsul Pagenstecher nahm an dem Äußern des Hauses keine Veränderungen vor. Lediglich das Innere wurde baulich etwas gewandelt und Räume wurden erneuert. Da damals in Dockenhuden Kanalisation, Wasserleitung und elektrisches Licht noch nicht vorhanden waren, wurde eine neue Kanalisation angelegt. Die Räume wurden mittels eines zu diesem Zweck aufgestellten Pumpwerks mit Quellwasser versehen, auch wurde elektrisches Licht eingebaut, das durch eine eigene Dynamomaschine erzeugt wurde. T. Lud. Pagenstecher (1849–1930) entstammte einer alten westfälischen Patrizierfamilie. Er war der älteste Sohn des in Kap Haiti lebenden preußischen Konsuls Ludwig Pagenstecher. Kindheit und Jugend verbrachte er bei einer Verwandten in Osnabrück und ging, nachdem er das dortige Realgymnasium absolviert hatte, nach Haiti zurück. Dank seiner Tüchtigkeit wurde er binnen kurzer Zeit in einer ersten amerikanischen Ex- und Importfirma in Kap Haiti, die eigene Niederlassungen in New York und Boston unterhielt, Seniorchef und zugleich zum belgischen Konsul ernannt. Seine kaufmännische Tätigkeit nötigte ihn oft zu längeren Reisen nach den Vereinigten Staaten und Europa. 1878 verheiratete er sich mit Mathilde *Dupuy*. Um seinen Kindern eine deutsche Erziehung zuteil werden zu lassen, verließ er nach fast 25jähriger Tätigkeit Kap Haiti und siedelte 1890 nach Hamburg über. Hier gründete er im gleichen Jahre die Firma L. Pagenstecher, die besonders Aus- und Einfuhrgeschäfte mit Haiti unterhielt.

Da er von jeher lebhaftes Interesse an Deutschlands Überseebesitz hatte, beschloß er 1900, sein Wirkungsfeld in die *deutschen Kolonien* zu legen und übernahm die Niederlassungen der ehemaligen Firma Randad & Stein in *Kamerun* mit allem Personal. 1911 trat auch sein Sohn Louis in die Firma ein, die seitdem L. Pagenstecher & Co. hieß. Die zukunftreichen Gebiete in Adamaua (Nordkamerun) lenkten die Aufmerksamkeit Pagenstechers auf sich, und er eröffnete 1905 die erste deutsche Niederlassung im Carua-Distrikt. Unter schwierigen Anfängen arbeitete er sein Unternehmen empor, zumal dadurch, daß er 1906 die erste deutsche Schiffahrt auf dem Niger-Benue ins Leben rief. Pagenstecher war langjähriges Mitglied der Deutschen Kolonialgesellschaft, des Kolonialwirtschaftlichen Komitees und des Kolonialrats in Berlin. Auch hatte er es sich zur Aufgabe gestellt, in Deutsch-Kamerun nicht nur das Handelsgeschäft, sondern auch die Planwirtschaft nach Möglichkeit zu fördern und so die gewonnenen Rohstoffe Deutschland unmittelbar zuzuführen. Durch das Versailler Diktat verfiel das in Afrika investierte sehr beträchtliche Vermögen der Firma L. Pagenstecher & Co. restlos der Sequestration. Damit aber wurde das Lebenswerk des Konsuls vernichtet. Pagenstecher erfreute sich auch infolge seiner vielfachen überseeischen Verbindungen großen Ansehens und gehörte den Aufsichtsräten namhafter westafrikanischer Plantagengesellschaften an.

Bereits 1905 verkaufte er »Beausite« an den Hamburger Kaufmann H. Otto *Traun*. Dieser, geb. 1870 zu Hamburg, war ein Sohn des Senators Dr. Heinrich Traun (1839–1909) und ein Teilhaber der Fabrik Dr. Heinrich Traun & Söhne, vormals Harburger Gummikamm Co. Nachdem Dr. Heinrich Traun 1901 in den Hamburger Senat gewählt worden war, übernahm sein ältester Sohn H. Otto Traun die Firma, später einige Jahre unterstützt von seinem Bruder Dr. phil. Friedrich Traun. Die Firma, die zu großem Ansehen gelangt war, bestand bis zum Jahre 1930, wo sie den damaligen Wirtschaftskrisen zum Opfer fiel und mit der New-York Hamburger Gummi-Waaren Compagnie vereinigt wurde. H. Otto Traun war auch ein eifriger Sportsmann und unterhielt eine Reihe von Jahren einen bedeutenden Rennstall.

»Beausite« ließ er gleich zur Winterwohnung herrichten. Der Blankeneser Kirchenweg, der bis dahin unmittelbar am Schloß vorbeiführte, wurde an die Elbchaussee verlegt. Während der Sommermonate bewohnte der Vater H. Otto Trauns, Senator Dr. Heinrich Traun, mit diesem und dessen Bruder Dr. Friedrich Traun gemeinsam das Haus. Nachdem der Vater gestorben war, ließ das Interesse der Familie an dem großen Schloß nach. Beim Verkauf von »Beausite« 1913 wurde die Besitzung erstmalig geteilt.

Der westliche Teil des Parks ging der Hauptsache nach an Konsul Franz Gartmann über. Der östliche Teil mit dem Schloß selber wurde anderweitig verkauft (siehe unten). Ein kleiner Teil an der Chaussee mit dem alten Gärtnerhaus wurde von Eduard F. *Pulvermann* erworben. Es ist das Trennstück, das heute von dem Verbindungsweg zwischen Chaussee und Hirschparkweg begrenzt wird.

Der von Konsul Franz *Gartmann* erworbene Parkteil (Elbchaussee 449) trug außer einigen schönen Bäumen eine mächtige, üppig blühende Rhododendrongruppe, die sich zu einem wahren Wald ausgewachsen hatte. Konsul Gartmann, der damalige Chefinhaber der Schokoladenfabrik C. H. L. Gartmann in Hammerbrook, die bereits 1810 von des Konsuls Ahnherrn Esaias Gartmann in Bahrenfeld gegründet wurde[372], gestaltete das von ihm erworbene Parkgelände mit persönlichem Geschmack aus und ließ 1913 daselbst ein zweigeschossiges Landhaus mit hohen Säulen in den Fronten errichten. Außerdem baute er auf dem Grundstück großzügige Wirtschaftsgebäude, mehrere Pavillons und ließ im Parkteil nach der Chaussee zu einen Teich anlegen. Die reich ausgestattete Besitzung mußte jedoch im Herbst 1935 aufgegeben werden. Das noch kein Menschenalter bestehende, sehr dauerhaft gebaute Haus wurde wieder abgebrochen. Statt einer geplanten Kleinsiedlung entstanden einige Villen an der neuangelegten Straße »Elbhöhe«, einer Sackgasse.

Der östliche Teil von Beausite mit dem Schloß war nach der Teilung bis 1923 im Besitz von Bernhard *Blumenfeld*. Er war der Vater von Otto, der jetzt in England lebt, und Ernst, dessen Sohn Erik heute an der Firma Blumenfeld & Co. beteiligt ist und sich auch politisch betätigt. Bernhard Blumenfeld errichtete für sich auf der einen Seite des Grundstückes ein großes Haus mit Stallgebäude und direkt an der Elbe noch ein kleineres Haus, das der Maler und Schriftsteller Ivo *Hauptmann*, der Sohn des Dichters Gerhart Hauptmann, übernahm. – Das Schloß »Beausite« wurde 1935 abgebrochen.

Auf derselben Anhöhe, die die Karte mit 36,1 m ausweist, liegt heute das Haus Elbhöhe 1, ein moderner Landsitz. Es wurde 1938 für den Kaufmann *Werner Lübs* erbaut. Nach damals herausgekommenen Bauvorschriften wurde es mit imprägniertem Reet gedeckt; aber auch sonst hat es sich mit seinen schweren Eichenbalken an die alte solide Bauweise gehalten. Im übrigen aber ist es mit allem Komfort unserer Tage ausgestattet. In den etwa drei Jahrzehnten seines Bestehens hat das Haus wechselvolle Zeiten erlebt. Der Erbauer Werner Lübs kam bei einem Bombenangriff ums Leben. Da die

Witwe ihren Wohnsitz nach Süddeutschland verlegte, zog hier Generalmajor Wolz ein, der wesentlich an der kampflosen Übergabe Hamburgs 1945 beteiligt war. Nach der Besetzung der Stadt durch die Engländer wurde das Landhaus von ihnen beschlagnahmt und einige Jahre lang belegt. Nach ihrem Abzug mietete das Haus vorübergehend das Ehepaar Schlieker, bekannt geworden durch das Unternehmen »Schliekerwerft«; aber zu der Zeit wohnten Schliekers schon Elbchaussee 274. Das Haus Elbhöhe 1 aber fand einen neuen Besitzer, den Mitinhaber einer großen Hamburger Importfirma, der es verstand, aus Haus und Garten einen der schönsten Landsitze an der Elbe zu machen.

Auch diese letztlich geschilderten Parks haben herrlichen Baumbestand. Dabei ist zu beobachten, daß von verschiedenen Baumarten die älteren Exemplare nicht mehr Neigung zum Höhen-, sondern nur noch zum Dickenwachstum haben. Wie H. Homfeld (Die Bäume der Elbchaussee, Altona 1894) nachgewiesen hat, läßt das Klima mit seinen oft starken Stürmen eine Höherentwicklung, wie wir sie in Mittel- und Süddeutschland beobachten können, nicht zu. Auch Bäume mit tiefreichenden Pfahlwurzeln wollen bei dem wenig Nässe durchlassenden Lehm des mittleren Diluviums, der hier den Boden bildet, von einem gewissen Alter an nicht mehr gedeihen.

»DIE BOST«

Kurz vor dem ehemaligen Dockenhudener Elbkurhaus bildet der hohe Teil des Geestabhangs mit seinen Waldungen einen anmutigen, leicht nach innen gewölbten Talkessel. Das Ufer-Vorland, das einst wie in Nienstedten wesentlich größer war, bildet hier eine kleine Anhöhe. Auf dieser erhebt sich unter hohen Bäumen ein vornehmes altes, zweigeschossiges Landhaus, das mit seinem hellgelben Anstrich einen überaus freundlichen Anblick gewährt. Es ist die sogenannte »Bost«[372a]. Sämtliche frontal gelegenen Fenster sind als Türen herabgezogen und tragen im Obergeschoß je einen schmalen

Balkon. Ebenso geschmackvoll und harmonisch sind die Innenräume, wobei die große Halle sich vom Erdgeschoß bis zum Dach hinaufzieht: in ovaler Form gebaut und durch schlicht-edle Friese gegliedert. Eine geschwungene Treppe zieht sich in dem Oval empor und mündet in eine Galerie. Hohe Flügeltüren mit feingeschnitzten, ornamentierten Verdachungen führen in die Gesellschaftsräume. Die Abendbeleuchtung erfolgt aus der Kuppel mit verdecktem Licht. Das Haus hält zwischen einer schloßartigen Besitzung und einem bürgerlichen Wohngebäude die Mitte. Rundherum erstreckt sich ein großer Rasenteppich. An der Westseite liegt ein Rosarium, in dessen geschützter Lage selbst noch Mitte Dezember die schönsten Rosen blühen. Alte Bäume umgeben die Grasfläche. Spazierwege ziehen sich den hohen Geestrücken entlang bis zur Höhe, wo noch der alte Blankenese-Nienstedtener Kirchenweg verläuft. Von dieser Besitzung, die einst wesentlich größer als heute war und sich östlich bis »Beausite« erstreckte, führt zur Geesthöhe ein allmählich emporsteigender Fahrweg nach der Elbchaussee. Er heißt in ganzer Länge »In de Bost«[373]. In früherer Zeit war hier eine Tannenallee, an deren Einmündung in die Chaussee ein Pförtnerhaus stand. Diese Allee und das anschließende Land gehörten zur »Bost«.

Die Besitzung hieß ursprünglich »Die Borst« (= Landspitze, Landzunge). In dem westlich beim Auslaufen der Straße »Mühlenberg« mündenden Dockenhudener Tal befand sich nahe dem Strand schon im fünfzehnten Jahrhundert eine Wassermühle nebst Mühlenteich. Östlich von dieser errichtete um 1738 Isaac *Denner*, aus der bekannten Altonaer Mennonitenfamilie stammend, eine Amidamfabrik, die 1750 in eine Ziegelbrennerei umgewandelt wurde[374]. Das Anwesen diente aber zugleich auch als Aufenthalt für ländliche Freuden; der Maler *Balthasar Denner* soll zeitweilig hier gewohnt haben. Der sanfte Hügelhang am Talkessel des »Bost«-Geländes war dadurch entstanden, daß Teile des Geestrückens abbröckelten und den Strand erhöhten. Nach verschiedenen weiteren Besitzern erwarb 1797 Henry *Simons* die »Bost«. Von ihm wird erstmalig berichtet, daß er das bisher als Fabrikanlage dienende Anwesen als

Landsitz ausnutzte; er errichtete hier ein Gartenhaus. Dann besaß die »Bost« der französische Architekt und Gartenkünstler *Ramée*, dem wir bereits wiederholt begegnet sind und der selbst viel zu ihrer Verschönerung getan haben mag. Ausführliches aber erfahren wir erst, als um 1809 der Hamburger Kaufmann Berend *Roosen II* (1744–1827) das Besitztum erworben hatte. Dieser, ein Sohn des Kaufmanns Hermann Roosen III, hatte sich 1781 vermählt mit Marie *Kramer* (1761–1820), dem einzigen Kind des 1772 verstorbenen Paul Kramer und dessen Ehefrau Catharina, geb. Roosen. Er wurde 1781 Teilhaber der alten Reederei- und Handelsfirma Peter Kramer & Sohn in Hamburg, An den Vorsetzen 4, die damals in »Paul Kramers Witwe & Berend Roosen« geändert wurde. Das alte Kramersche Haus, das sogenannte »Kranichhaus«, wurde im Kriege zerstört. Von seinem Giebel blickte immer noch der Kramersche Wappenvogel über den Hamburger Hafen, ein Kranich mit einem Stein in erhobener Klaue. Um 1810 zog sich Roosen von der Leitung des Geschäfts zurück und übergab es seinem Sohn Herman Roosen V (1786–1864), der zugleich Diakon der Mennonitengemeinde und Kämmereibürger wurde[375]. Im Sommer wohnte er mit den Seinen auf der »Bost«. Darüber berichtet sein Enkel, der Tier- und Landschaftsmaler Berend *Goos* (1815–1885), in seinen »Erinnerungen aus meiner Jugend«[376]: »Vom Elbufer war die ›Bost‹ durch sogenannte Vorsetzen von 6 bis 8 Fuß Höhe, die zum Teil von rohen Felsblöcken, größtenteils aber von Holz oder auch von Mauersteinen aufgeführt waren, getrennt. Den herrlichsten Wiesengrund trugen diese Vormauern, und von ihnen aus zogen sich, in einer Ausdehnung von etwa 600 bis 700 Schritten, die parkartigen Gartenanlagen bis zur höchsten Höhe des bekannten hüglichten Elbufers. – Es waren da viele verborgene, lauschige Waldplätze, steile romantische Wege, lichte Wiesen, umgeben von ernsten Baumgruppen, und dann wieder die reizenden Durchblicke durch die von der Sonne durchleuchteten Laubmassen auf das tief unten liegende Haus nebst Scheune, und über dasselbe hinweg auf den mächtigen Strom und das fern gegenüberliegende Ufer ... Die große Ausdehnung der Grenzen hielt so vollkommen jede Einwirkung des weltlichen Getriebes ab, daß einem nie der vollkommene Genuß der Natur gestört werden konnte ... Bald wurde der Tee an einem Sonntagnachmittag im sogenannten neuen Lusthaus getrunken, welches hart an der Landstraße, die von Nienstedten nach Dockenhuden führt, sich befand, bald geschah dies auf einer der Wiesenflächen, zunächst dem Elbufer, wo man den schiffreichen Fluß vor sich hatte, während wir Kinder mit meinem Vater unterhalb am Strande mit Fischen beschäftigt waren, wohin uns dann der Tee hinunter gereicht wurde[377].«

Das alte Wohnhaus der »Bost« war einfach und durch allerlei Anbauten ergänzt. »Die ansehnlichere, nach Osten liegende Giebelseite enthielt im unteren Theil einen großen Eßsaal, darüber ein Gesellschaftszimmer mit Balcon, die Zeltenstube genannt; dann folgte nach Westen zu der Haupt- und zugleich der höchste Theil des Gebäudes, welcher der Familie zur täglichen Wohnung diente. Im Parterre waren hier nach der Süd-, also Vorderseite, ein größeres Gesellschaftszimmer und die Gärtnerwohnung, nach hinten Küche etc. etc. — Eine Treppe hoch nach vorn Wohnzimmer, nach hinten Schlafzimmer, deren Fenster die Syringenzweige von einem Steinwall herab, der die dicht hinter dem Hause sich hinaufziehenden Anlagen begrenzte, ihre durftenden Blüten zuneigten.« Goos erzählt sodann von berühmten Gästen[378] der »Bost«, von dem bereits erwähnten Maler Balthasar Denner und von dem Schriftsteller Johann Wilhelm *von Archenholtz* (1745–1812), dem Verfasser der sehr volkstümlich gewordenen »Geschichte des Siebenjährigen Krieges«, der nach einem bewegten Leben 1792 in Hamburg ansässig geworden war. Ihm zu Ehren wurde im Garten eine »Archenholtz-Bank« geschaffen.

Das ehemalige Fabrikgebäude war jetzt Westflügel des komplizierten Hauses und enthielt u. a. ein großes Gesellschaftszimmer, *»das alte Lusthaus«*, das nach drei Seiten Aussicht bot. Zu dem schon erwähnten »neuen Lusthaus« gesellte sich als drittes das *»hohe Lusthaus«*, das im höchsten Teil des Gartens, nahe dem Pförtnerhäuschen, auf einer kleinen, künstlichen Rasenanhöhe zwischen hohen Lindenbäumen lag. »Es war ein achteckiges Stübchen mit plattem (aussichtsreichem) Dache, auf das man mittelst einer außen angebrachten Treppe gelangt ... Welch schöner luftiger Platz an heitern sonnigen Morgen!³⁷⁹«

Von den sonstigen Freuden und »Inspektionsreisen« weiß Goos noch manche hübsche Einzelheit zu berichten: »Da die Besitzung fast gar kein Ackerland enthielt, so war auch das Halten von Pferden und Kühen unnötig. Wir hatten nur eine schwarze Kuh, schwarze Madam genannt, welche an einer Leine angekoppelt, auf den verschiedenen Rasenflächen weidete, und ein Pferd, ein schönes braunes, wohlgenährtes Tier, das früher Reitpferd gewesen, jetzt aber im Einspänner, einem kleinen leichten Stuhlwagen, oder zum Wasserholen aus der Elbe benutzt wurde ... Auf dem kleinen Stuhlwagen machten wir nun wohl zuweilen kleine Ausflüge, um Besuche abzustatten, oder auch um eine Koppel, in Isernbrook gelegen, mitten in der Heide, zu beschauen und den Gras- und Kleewuchs zu untersuchen... So fuhren wir denn... hinaus und erfreuten uns am Gesange der aufsteigenden Lerche, am Wallen des Korns, am Fliegen der Schwalben oder am Nicken der vom Winde bewegten weißflockigen Heidegräser³⁸⁰.« Die Lebenshaltung war auf der »Bost« überaus einfach. Für Berend Roosens II schlichte Herzensfrömmigkeit ist folgende Geschichte bezeichnend: »Als zu der Zeit der Franzosen die letzteren die Schiffswerfte am Reiherstieg, das damalige Roosensche Eigentum, in Brand gesteckt hatten, war tags darauf der alte Wechselmakler Fränckel ... zu meinem Großvater gegangen, hatte sein Bedauern über den Verlust ausgesprochen und hinzugefügt: ›Der Herr Roosen müßte wohl vor Schreck und Kummer außer sich gewesen sein, als er die Feuersbrunst gesehen.‹ Mein Großvater hatte aber ganz ruhig ihn angeguckt und gesagt: ›Wat Fränckel, du geihst doch in dien Schaul un kennst so wenig Gottvertruen? – As ik hüüt Nacht vör't Finster stunn un dat Füer anseeg, da heff ik dacht – uns Herrgott hett di dat geben, un nu nimmt he't di wedder, he weet aber ümmer, wat för di dat Beste is‹³⁸¹.«

Ferner verdient eine von Goos überlieferte kulturelle Miniatur um seiner selbst willen in diesem Zusammenhang festgehalten zu werden: Ein adliger Herr war bei Roosens zu Gast, von dem die Mutter Berend Goos' erzählte, »daß er bei der Tafel alles mit den Fingern, ohne Hülfe von Messer und Gabel, zerlegt und zu sich genommen habe, und als ich, der ich bei meiner Mutter ihm gegenüber saß, hierüber ganz erstaunt ihn fortwährend anstaunte, hatte der hohe Herr mir freundlich zugenickt und gefragt: ›Du betrachtest dir wohl meine Orden, Kleiner; möchtest du auch wohl solche glänzende Sterne an deiner Jacke haben?‹ Nach dem Essen wurde, wie's die damalige Sitte verlangte, eine große silberne Waschschüssel nebst Handtuch den Gästen präsentiert, und natürlich dem Herrn Grafen, dem solche Waschprocedur jedenfalls am notwendigsten sein mochte, zuerst; doch, o Wunder, er lehnte freundlich diese Dienstleistung ab. Meine Großmutter, die damals noch lebte, fand dann aber die halbe Mahlzeit, die der Herr Graf gehalten, auf seinem Stuhlpolster wieder, auf dem rothe Beete, Spinat und Sauce eine gar liebliche Landschaft bildeten, und sie war jetzt sehr erfreut über ihre Nachlässigkeit, die weißen leinenen Überzüge dieser Polster abzunehmen vergessen zu haben, welches ihr beim Betreten des Speisezimmers einen argen Schrecken verursacht hatte[382].«

1828, ein Jahr nach Berend Roosens Tod, verkauften die Kinder das Besitztum an den Arzt Dr. Cornelius *de Vos*[383], der der »Wurmdoktor« genannt wurde. Nach ihm erwarb es 1835 der englische Generalkonsul Richard *Godeffroy* (1798–1864)[384], ein Sohn des Kaufmanns Peter Godeffroy d. Ä. und Schwager von Richard Parish und von J. L. Thierry. Er war zunächst Kaufmann in London und lebte später als Rentner in Hamburg. Als er aus England in die Heimat zurückkehrte, erwarb er die »Bost«, ließ das alte Wohnhaus niederreißen und durch den englischen Architekten Patrick Mee das neue, etwas höher liegende, noch heute bestehende Haus errichten.

Nach ihm kam die »Bost« an den Kaufmann *Gottlieb Jenisch* (1797 bis 1875), den vierten Sohn des Senators Martin Johann Jenisch (1760–1827). Wiewohl er von der Natur keine äußerlich anziehende Erscheinung erhalten hatte, wirkte er sympathisch durch seine persönlich feine und gütig-vergeistigte Art. Sein Großneffe, der Reichskanzler Fürst Bülow, schrieb u. a. über ihn: »Mein Onkel war ... ein hervorragender Sportsmann, der gleich gut ritt und fuhr. Sein Haus (in Hamburg) war das stattlichste an der Binnenalster, am Jungfernstieg, No. 18. In Mecklenburg gehörte ihm das Rittergut Varchentin mit schönem Schloß und Park...« Gottlieb Jenisch bewies, wie aus den von ihm hinterlassenen Briefen hervorgeht, Familiensinn und Hilfsbereitschaft. Auch erfreute er sich ebenso wie sein Bruder, der Senator Martin Johann Jenisch, eines außerordentlichen Respekts. Bülow schreibt weiter: »Jenisch war mit einer guten und schönen Frau verheiratet. Sie war eine verwitwete Gräfin *Westphalen*, eine geborene Lützow[385].«

Was Fürst Bülow dann anschließend über die Lützows und über die Töchter Gottlieb Jenischs sowie deren Schicksale berichtet, ist von einigen Unstimmigkeiten durchsetzt. Aus der Ehe von Gottlieb Jenisch mit Caroline, verw. Gräfin von Westphalen-Fürstenberg, geb. Freiin von Lützow, gingen drei Töchter hervor. Die älteste Tochter, *Emilie*, genannt Emily, blieb unvermählt und war in Hamburg allgemein bekannt wegen ihrer Tätigkeit für die Wohlfahrtspflege und die Innere Mission (St. Anschar-Verein). Die zweite, *Marie*, vermählte sich mit dem Grafen Adolf Grote, der königlich hannoverscher Gesandter in Madrid war. Die jüngste Tochter *Helene* heiratete Otto *Graf Vitzthum* von Eckstädt. Gottlieb Jenisch bereitete den Seinen auf der »Bost« frohe Sommerzeiten.

Berend Goos, der zu Jenischs Besitzzeiten die »Bost« wiedersah, beschreibt diese: »Das alte Wohnhaus und sämtliche Nebengebäude sind verschwunden ... Der Fahrweg hat nur bis zur Hälfte die alte Lage behalten, von da an, wo auf der Stelle des früheren sogen. tiefen Küchengartens, in dem vorzüglich Erdbeeren gezogen wurden, jetzt eine Gärtnerwohnung mit Stallräumen gebaut ist, ist er erhöht, biegt rechts ab und führt hinter das neue Wohnhaus. Die Wege im oberen Gartenteil sind ebenfalls verlegt, jedoch ist das Pförtnerhäuschen und seine nächste Umgebung unverändert geblieben, nur das hohe Lusthaus samt seiner Anhöhe ist verschwunden und daselbst, wie ich glaube, ein Eiskeller angelegt. Der lange Streifen, der beim neuen Lusthause die Einfahrt bildet, ist durch

17. Roosens Landhaus (erbaut 1798)

18. Köhnkes Landhaus, später Besitz des Herzogs von Augustenburg (um 1825)

19. *Das Parishsche Landhaus (um 1850)*

20. Villa Tesdorpf-Brandt, Speisezimmer (um 1875)

21. Schloß »Beausite« (um 1865)

22. »Die Bost« (1933)

23. Das alte Kavalierhaus im Hirschpark (1958)

24. Landhaus Cesar Godeffroy

Bepflanzung mit Tannen sehr verschönert[386].« Besonders berühmt war die von Jenisch in seinem Garten eingerichtete Ananastreiberei. Da damals auf den langsam fahrenden Frachtschiffen Ananas als verderbliche Ware nur selten und spärlich von Amerika eingeführt werden konnte, waren die von Jenisch gezogenen Früchte eine Kostbarkeit, womit dieser seinem Freundeskreis oft Freude bereitete.

Nach seinem Tode im Jahre 1875 verblieb die »Bost« im Besitz seiner Witwe Caroline Jenisch. Als diese 1882 das Zeitliche segnete, ging der Landsitz über in den Besitz von Gräfin Helene *Vitzthum*, geb. *Jenisch*, der dritten Tochter von Gottlieb Jenisch. Otto Graf Vitzthum (1831–1906), der aus Berlin stammte, war zunächst königlich preußischer Landrat, wurde 1867 königlich preußischer Kammerherr und 1877 Zeremonienmeister am preußischen Hof. Als solcher waltete er, wie Bülow schreibt, »viele Jahre ... mit Eifer und Geschick bei Hoffesten seines Takt und Umsicht heischenden Amtes«. Seine Dienstzeit fiel hauptsächlich in die Zeit Kaiser Wilhelms I. Einige Jahre nach dem Regierungsantritt Kaiser Wilhelms II. schied der Graf aus dem Hofdienst aus. Er selber konnte das weiche Klima der »Bost« nicht gut vertragen und besuchte den Landsitz daher zwar alljährlich, aber meist nur im August und September. Dagegen nahm Gräfin Helene Vitzthum mit ihren Kindern regelmäßig vom 1. Mai bis 1. Oktober auf der »Bost« Aufenthalt. Graf und Gräfin Vitzthum waren infolge ihrer Stellung am preußischen Hof genötigt, während der Wintersaison viel zur höfischen Geselligkeit in Berlin beizutragen. Daher war der Aufenthalt auf der »Bost« für sie eine Zeit der Erholung, wo sie in Zurückgezogenheit lebten. Ein besonderes Ereignis auf der »Bost« bildete vom 30. Juni bis 1. Juli 1886 die Hochzeit der ältesten Tochter des Paares, der Gräfin Carola Vitzthum, mit dem damaligen Hauptmann à la suite des Generalstabs und persönlichen Adjutanten des Prinzen Wilhelm (späteren Kaisers Wilhelm II.), *Adolf von Bülow*, dem späteren General. Dieser war ein jüngerer Bruder des Reichskanzlers Fürsten Bernhard von Bülow. Die Hochzeit war eine Feier großen Stils. Am Abend erstrahlte der ganze Park der

»Bost« in prächtiger Illumination. Die Kapelle des 31. Infanterie-Regiments aus Altona konzertierte. Ein prächtiges Feuerwerk wurde abgebrannt. Die Trauung erfolgte durch Pastor Paulsen in der Kirche von Nienstedten[387].

Otto Graf Vitzthum starb auf der »Bost« am 31. Mai 1906 und wurde auf dem Friedhof in Nienstedten beigesetzt. Gräfin Helene Vitzthum besaß den Landsitz noch bis zur Inflationszeit; 1921 wurde er von ihr verkauft[388]. Die Gräfin zog sich nach Berlin zurück, wo sie am 8. Oktober 1933 starb. Sie wurde gleichfalls in Nienstedten beerdigt. Nach wiederholtem Besitzwechsel erwarb schließlich der Kaufmann Otto *Hübener* 1928 das Grundstück, das inzwischen freilich stark verkleinert worden war. Das Gelände des zur Anhöhe der Geest hinanführenden Weges war verkauft und aufgeteilt worden. Es ist inzwischen mit vielen Villenbauten besetzt. Das Wohnhaus selbst und der umgebende Garten (heute »In de Bost« 39) sind aber immer noch ein stattlicher Besitz. Der Eigentümer Otto Hübener und Frau Thekla, geb. Möring, haben das Haus im Innern völlig erneuert und es zugleich zum Bewohnen im Winter hergerichtet. Auf der »Bost« bildete sich neuerdings der Brauch aus, den ankommenden und ausfahrenden Dampfern durch ein Flaggensignal gute Fahrt zu wünschen. Zu der Entstehung dieses Brauches teilt der Sohn von Otto Graf Vitzthum, der in München lebende Zoologe Dr. Hermann Graf Vitzthum, der viele Jahrzehnte den elterlichen Landsitz mitbewohnte, folgendes mit: »Gräfin Helene Vitzthum hatte von ihren Eltern einen Obergärtner Siegmund mit der ›Bost‹ übernommen. Dieser Obergärtner hatte auf dem Landsitz weit über 50 Jahre gedient; er wurde von den Vitzthums im Alter von 75 Jahren pensioniert und starb, fast 100 Jahre alt, in Hamburg. Sein Sohn war Kapitän auf Schiffen der Kosmos-Linie, die den Dienst nach der Westküste von Nordamerika versah. Wenn der Sohn Siegmunds bei der ›Bost‹ vorbeifuhr, gab er ein gewisses Signal mit der Dampfpfeife, und dieses Signal wurde von dem Vater mit einem gewaltig dröhnenden Kuhhorn erwidert. Auf dem Kuhhorn verstand nur der Vater Siegmund zu blasen; es diente eigentlich dazu, den Gartenarbeitern die

Arbeitspausen anzuzeigen.« Aus diesen Signalen scheint sich dann allmählich der Brauch, die Schiffe zu begrüßen, auf der »Bost« entwickelt zu haben.

1953 erwarb der Hamburger Reeder Rud. A. *Oetker* die »Bost«. Dieser geniale Kaufmann ist kein Hamburger. Er stammt aus Bielefeld, wo sein Großvater, der Apotheker Dr. Aug. Oetker, die heute überall bekannten Nährmittelfabriken (Backpulver und Puddingpulver) gründete. Er erzielte damit einen Riesenerfolg. Rud. A. Oetker, dessen Vater 1916 vor Verdun fiel, weitete die Unternehmungen seines Großvaters auf verschiedenen Handelsgebieten aus. Seine Konzerne sind führend in der Wirtschaft. Er entdeckte dabei seine besondere Liebe für die Schiffahrt und ist heute der bedeutendste Reeder der Bundesrepublik. Der Bau von großen deutschen Passagierschiffen ist eine Lieblingsidee seiner Planungen.

Die »Bost« war in der Besatzungszeit von den Engländern beschlagnahmt. Nach der Freigabe ließ Rud. A. Oetker den Besitz durch Professor Cäsar *Pinnau* auf das sorgsamste in seiner ursprünglichen architektonischen Schönheit wiedererstehen. Die Innenräume stattete stilgerecht und einsichtig der Bielefelder Architekt *Herzogenrath* aus. Viele Kunstschätze, wertvolle Gemälde alter Niederländer, erhöhen den Reiz der vornehmen Räume. Der arg vernachlässigte Park, durch ein imposantes Schwimmbad bereichert, zeigt wieder seinen alten Zauber.

Die Familie des großen Reeders lebt abwechselnd im Stammhaus der Oetkers in Bielefeld und – besonders in Sommerzeiten – auf dem Hamburger Landsitz an der Elbe. Die »Bost« erlebt wieder fröhliche Feste, geistreiche Gespräche, witziges Plaudern im Kreise erlesener Gäste, Konferenzen, in denen weltweite Entschlüsse sich auswirken. Bei aller Liebenswürdigkeit im Umgang bleibt Rud. A. Oetker ein Besessener der Arbeit, unruhig wie der große Strom, der sich vor seinem Hause im Wellengetriebe ewig erneuert.

GODEFFROYS »HIRSCHPARK«

Wie jede der großen Parkanlagen an der Elbe hatte auch der Hirschpark sein besonderes Gesicht. Obwohl die Parks im wesentlichen alle mehr oder minder den Geschmack englischer Anlagen zeigen, unterscheiden sie sich doch nicht nur durch die Lage des Ortes, sondern auch durch den persönlichen Geschmack ihrer Schöpfer. Der Jenisch-Park hat seinen eigenen Charakter von dem breiten Tal der Flottbek erhalten und von der harmonischen Vereinigung eines landwirtschaftlichen Betriebes mit einer gepflegten Gartenkultur. Der Hirschpark, der etwas später entstanden ist, hat bereits ein ganz anders geartetes Gelände zur Grundlage; er erstreckt sich im wesentlichen über ein weites, ebenmäßiges Plateau des Geestrückens. Sein Schöpfer Johann Cesar IV Godeffroy hielt das Besitztum zunächst noch allgemein-ländlich, dessen Enkel aber, Johann Cesar VI Godeffroy, hatte besonders forstlich-jagdliche Interessen und gestaltete dementsprechend die Besitzung um. Er schuf das »Hirschgitter« und besetzte den Park, der durch Weiher und Wassergraben geschmückt wurde, mit Geflügel aller Art. Die Godeffroys erwarben fast die ganze Umgebung, die sie großartig aufforsten ließen, und ihnen verdanken Dockenhuden, Blankenese und die Nachbarorte bis nach Rissen und Iserbrook wesentlich die hübschen, waldreichen Gegenden in unserer sonst waldarmen Landschaft. Der Hirschpark zeigt heute noch mehrere in sich geschlossene Abteilungen. Das Herrenhaus (Elbchaussee 499), das sich der Schöpfer des Parks erbauen ließ, stellte er dorthin, wo der Geestabhang den weiten Ausblick in das Mühlental und auf den Elbstrom eröffnet. Einige Alleen waren zum Teil schon vor Godeffroy in dem Gelände angelegt worden, von denen heute besonders die alte, vierreihige Lindenallee, die sich mitten durch den Park zieht, ein Glanzstück bildet. Nahe dem Herrenhaus schufen er und seine Nachfolger gleichsam drei einzelne Gärten: den ersten um das Herrenhaus und das sogenannte alte »Kavalierhaus«, mit breitem Einfahrtsweg von der Elbchaussee her, mit schönen Rasenflächen und hohen alten Bäumen; den zweiten Gartenteil, ein Rechteck von Busch und Taxus umrahmt, mit Blumenbeeten und Statuen im französisch antikisierenden Geschmack; den dritten Garten mit einer Verbindung von Rasenbeeten und Rasenflächen, der Länge nach eingerahmt nördlich von der hohen Lindenallee, südlich von mächtigen Rhododendronwäldern. An diese Gruppen, zu denen sich von der Lindenallee aus noch ein Blumen- und Gemüsegarten gesellte, reiht sich der weitere eigentliche Tierpark.

Teilweise reicht der Hirschpark an den Kirchenweg heran und mit einer vielbesuchten Elbaussicht am Geesthang noch über diesen hinaus. Diese Elbaussicht erreichte man durch einen unter dem Kirchenweg hindurchführenden Tunnel, dessen Portal mit einem alten Fries geschmückt war, der ursprünglich einen Kamin in einem Althamburger Bürgerhaus (Renaissancestil) zierte[389]. Im Westen findet der Park seine Grenze an den Abhängen des Mühlentals und an den dort sich befindenden Privatvillen[390]. Nordwestlich vom Herrenhaus erhebt sich, von Bäumen umgeben, das bereits erwähnte »Kavalierhaus«, ein altes, strohgedecktes Bauernhaus. Dieses dürfte ursprünglich dem Begründer des Hirschparks als *Wohnstätte* gedient haben und gehörte zu einem der drei großen Bauernhöfe, aus denen das Ganze erwachsen ist.

Die drei Bauernhöfe gehörten um 1780 dem angesehenen Hamburger Kaufmann Berend Johann *Rodde*. Ihre Vorgeschichte hat Ehrenberg bereits eingehend dargestellt[391]. B. J. Rodde (1720 bis 1786) entstammte einer aus den Niederlanden nach Hamburg eingewanderten Familie und hatte, ähnlich wie die Brandts, Handelsbeziehungen nach Archangelsk unterhalten, war sehr vermögend und spielte im Leben seiner Zeit eine nicht unerhebliche Rolle. In Dockenhuden hatte er zunächst $^7/_4$ Bauhöfe erworben, die zuvor ganz oder teilweise u. a. Denner (damals rechnete das später abgetrennte »Bost«-Gelände dazu), Schumacher und von Silberstern gehört hatten und die sich in ihrer Geschichte bis über den Dreißigjährigen Krieg hinaus verfolgen lassen. Diese Grundstücke hatte er 1767 von Peter Dietrich Tönnies erworben und noch 1 ½ Bauhöfe dazu gekauft. Damit besaß er das größte Landgut, das sich damals in dieser Gegend befand. Bekannt wurde auch sein Sohn, der gleichnamige Hamburger Domherr und spätere Älteste des Domherrnstifts, Dr. jur. Berend Johann Rodde[392]. Der Vater B. J. Rodde starb auf dem Dockenhudener Landgut, 65 Jahre alt, und wurde unter großer Anteilnahme in Nienstedten beigesetzt.

1786 erwarb *Johann Cesar Godeffroy* als Meistbietender von den Administratoren der Firma Rodde das Dockenhudener Besitztum[393]. Damals war dort, wo sich heute der eigentliche Tierpark befindet, noch *freies Feld*, das sich über das alte Windmühlengrundstück (auf dem später »Beausite« entstand) bis zu Parishs Park in Nienstedten ausdehnte. Große Weidekoppeln erstreckten sich zwischen der späteren Elbchaussee und dem alten Kirchenweg[394]. Vor dem Bauernhaus (jetzigen Kavalierhaus) bestand in westöstlicher Richtung die heutige alte Lindenallee, und ebenso verlief eine doppelte Baumreihe in nordsüdlicher Richtung längs des oberen Randes des Mühlentals nach dem Kirchenweg zu.

Johann Cesar IV Godeffroy (geb. 1742 zu Hamburg als Sohn des von Berlin nach Hamburg eingewanderten Kaufmanns Cesar Godeffroy) wurde der Begründer der späteren Weltfirma J. C. Godeffroy & Sohn. Außer Fleiß, Energie, Umsicht, denen er seinen Aufstieg verdankte, war ihm auch das Glück hold. Er erbte von einem Verwandten, dem Plantagenbesitzer Isaac Godeffroy, der in Niederländisch-Guayana (Surinam) zu großem Vermögen gekommen war und im Winter in Paris lebte, rund 42 000 Pfund Sterling. Von dieser Summe dürfte er das Dockenhudener Gelände erworben haben. – Sein Geschäft brachte er in einer Zeit empor, die Hamburgs Eigenart entscheidend wandelte: von der Binnenstadt zur Erdteile verbindenden Seehandelsstadt. Er fing mit verhältnismäßig bescheidenen Mitteln an. Aber bereits 1808 wurde sein Vermögen auf 2 Millionen Mark Banko geschätzt. Als er begann, war die Familie Godeffroy in Hamburg noch wenig beachtet. Als Nichtlutheraner (Kalvinist) war er zugleich ein Außenseiter. Aber durch geschäftliche Tüchtigkeit wußte er sich einen sicheren Kredit in der Stadt, in Mitteldeutschland und in den überseeischen Ländern zu schaffen. Er exportierte schlesisches und sächsisches Leinen über Cadix in die spanischen Kolonien und importierte als Rückfracht Wein und Südfrüchte. Zu diesem Geschäft gesellte er die Reederei und ein umfangreiches Schiffahrtsgeschäft. 1769 erwarb er das Großbürgerrecht, verband sich durch eine Heirat mit der lange ansässigen Familie *Boué* und nahm, als die Kaufmannsfirma His fallierte, deren Prokuristen als zweiten Teilhaber auf. In der Zeit der Bedrückung Hamburgs durch die Franzosen erwies er sich als gut deutsch gesinnt. Seine kalvinistische Religion wirkte sich nicht wie bei manchen seiner Glaubensgenossen in eine mit Weltabgewandtheit verbundene übermäßige Sparsamkeit aus, die nur Reichtum auf Reichtum gehäuft hätte. Mit seinem Bruder Peter teilte er den Sinn für Großzügigkeit, Schönheit und Lebensfreude, die sich bei ihm zu einer patriarchalisch-religiösen Lebenshaltung verdichtete.

Die Gartenanlagen, die er in Dockenhuden schuf, wurden schon von seinen Zeitgenossen gerühmt. So erzählt J. L. Ewald in seinen »Fantasien auf einer Reise durch Gegenden des Friedens« (Hannover 1799): »Cäsar Godeffroys Garten liegt größtenteils auf einem Hügel an der Elbe ... Unten, tief zu Füßen, liegt Toggenhusen (Dockenhuden), ein kleines Schweizerdörfchen, mit Bäumen umgeben, umschattet, halb und mehr als halb versteckt, und sein Reiz dadurch halb und mehr als halb erhöht. Durch das Dörfchen schlängelt sich verstohlen ein Mühlbach mit einem Stege. Weiter hinaus strömt die Elbe, mit manchen Inseln unterbrochen. Auf einer Seite ist P. Godeffroys Landhaus mit dem Garten. Beide Gärten hängen durch ein Thal zusammen, brüderlich schlängeln sich die Wege ineinander, wie Sinn und Herz der Brüder. Der Gärten sind zwei, jeder mit eigentümlichen Ansichten und Aussichten, und doch eins. Zur Linken sind wieder Hügel. Von unten duften wohlriechende Stauden herauf. ›Hier laßt uns Hütten bauen!‹ ist allgemeines Menschengefühl.«

J. C. Godeffroy ließ sich durch den Architekten C. F. *Hansen* 1789-1792 das heute noch bestehende Landhaus erbauen: einen zweistöckigen, wohlgegliederten Bau mit säulengeschmücktem Eingang. Besonders eindrucksvoll ist der das Gebäude umziehende Dachfries. Das Dach selbst leuchtet darüber in seiner grünen Kupferpatina. Über dem Säuleneingang ließ Godeffroy die heute nicht mehr vorhandene Inschrift anbringen: »Der Ruhe weisem Genuß.« Das Hauptgebäude, das nach der Elbfront die vielfach beliebte Ausrundung des Mittelstücks zeigt, ist zu beiden Seiten von einem einstöckigen Hausflügel flankiert. Man hat für den Bau C. F. Hansens nach Vorbildern gesucht und glaubt ein solches in dem von Harsdorff in Kopenhagen geschaffenen Herkulespavillon gefunden zu haben, doch mögen auch französische Vorbilder hier mitgewirkt haben. Die baulichen Veränderungen des 19. Jahrhunderts hat man 1939 und 1940 wieder beseitigt.

Nach seinem Tode (1818) übernahm sein ältester Sohn, *Johann Cesar V Godeffroy* (1781–1845) die Leitung der Firma und auch den Dockenhudener Landsitz. Er war ein vielseitig begabter, fleißiger und kluger Mann, der das von ihm geleitete Geschäftshaus im konservativ-bürgerlichen Sinn festigte und weiterleitete. Glücklich führte er die Firma durch die krisenhaften Zeiten, die der Umstellung der Wirtschaft auf den modernen Verkehr mit Telegraph und Eisenbahn vorangingen. In Hamburg wohnte er zunächst in dem von den Eltern ererbten Haus am Wandrahm, später an der Esplanade. Mit welcher Gesinnung er das Erbe seines Vaters und der wenige Monate darauf verstorbenen Mutter, der zweiten Frau Johann Cesars, Antoinette Magdalene, geb. Matthiessen, antrat, ergibt sich aus seinen Aufzeichnungen: »Gott segne das Andenken dieser theuren besten Eltern und lasse mich Ihren Nachlaß auf eine dem Höchsten und Ihnen wohlgefällige Weise gebrauchen, um so meine Dankbarkeit beweisen zu können. Das Andenken an Sie, die Theuren, die herrlichen Erinnerungen, die es begleiten, werden nie aus meinem dankbaren kindlichen Hertzen entschwinden. O mögen Sie von dort oben noch darin lesen können, wie wahr und innig ich Sie beyde Ehre und Liebe! ... Möge Gott auch mich segnen, um für meine Kinder nur einen Theil von dem thun zu können, was meine Eltern für mich thaten[395].« Seine Haushaltung war großzügig, »er führte das Leben eines Grandseigneurs, war aber trotz des Luxus, in dem er lebte, sparsam und genau und erzog auch seine Kinder in diesem Sinne[396].« Den größten Teil des Jahres verlebte er mit den Seinen in Dockenhuden. Von der Großzügigkeit seiner Lebensführung seien ein paar Beispiele gegeben. 1819 hatte er folgende Ausgaben:

Equipage	4.000.—.—
Umbau und Verschönerungen in Dockenhuden	4.400.—.—
Weinkeller	3.600.—.—
Park	8.500.—.—
Hochzeitsgeschenke an zwei Töchter Klünders	.805.—.—
Diverses	9.695.—.—
Haushalt	13.013.14.6
zusammen	44.013.14.6

Für Dienstpersonal im Hause wurden 1300 Mark Banko ausgegeben. An Bedienung hielt er sich zwei Diener, einen Hausknecht, drei Hausmädchen, einen Koch, eine Unterköchin und eine Magd, daneben zwei Kutscher, mehrere Gärtner und Gartenarbeiter[397]. Größere Geselligkeiten kosteten erhebliche Gelder. 1821 gab er allein für einen Ball 1400 Mark Banko aus. Die Loge im Hamburger Stadttheater kostete 650 Mark Banko. Gern unternahm er größere Vergnügungsreisen nach Paris, an die Riviera und nach Italien. Bei diesen Reisen, die gewöhnlich zehn Monate dauerten, ritt ein Kurier vorweg, um Quartier zu belegen, die Zimmer heizen zu lassen, Essen zu bestellen und die Bezahlung zu leisten. Dann kamen im ersten Wagen Godeffroy und Frau[398] mit Kammerdiener und Kammerjungfer auf dem hinteren Bock. Im zweiten Wagen folgte ein Sohn mit Gepäck. Das eine Jahr machte der Sohn Adolph, das andere Mal Gustav die Reise mit. In den zwanziger Jahren gab Godeffroy jährlich 60 000–70 000 Mark Banko für seine Lebenshaltung aus. In den Hamburger Häusern wurden auch Geldspiele veranstaltet, an denen sich J. C. Godeffroy beteiligte. Reichliche Unterstützungen wurden an Verwandte der Frau und an Arme gezahlt[399].

Sein ältester Sohn war *Johann Cesar VI Godeffroy* (1813–1885), den man später den »ungekrönten König der Südsee« genannt hat[400]. Johann Cesar VI, der in Kiel geboren war, zu jener Zeit, als die Eltern vor den Franzosen aus Hamburg hatten flüchten müssen, hatte in Lübeck die Schule besucht und einige Jahre in England zugebracht. 1837 trat er in die Firma ein und vermählte sich mit Emilie, geb. Hanbury (1815-1894), einer mütterlichen und zugleich weltgewandten Frau. Sie war die Schwester von Sophie Hanbury, die später Senator Gustav Godeffroy heiratete. Sein vier Jahre jüngerer Bruder Gustav folgte ihm 1842 in die Firma. Johann Cesar VI war wohl der Genialste aus diesem Stamm der Godeffroys, der das Haus zur höchsten Blüte emporführte, dann aber dem Schicksal, ein Enkel zu sein, nicht entrinnen konnte und Absturz und Ende der Firma in seinen letzten Lebensjahren erleiden mußte. Auch er war ein großer Freund des Landlebens und gab dem Park die Gestalt, die er heute noch hat. Auch liebte er körperliche Betätigung und Sport. Mit seinen Brüdern Adolph und Gustav war er Mitbegründer des »Hamburger Ruder-Clubs« 1838, des ältesten deutschen Ruderklubs.

Er war ein ebenso geschickter Kaufmann wie Reeder. Während die Firma 1836 erst über sechs Schiffe mit 600 Kommerzlasten verfügte, besaß sie zwanzig Jahre später eine Flotte von 27 Schiffen mit 4960 Kommerzlasten, die sie nach allen Teilen der Welt entsandte, um Export, Import und Tauschhandel zu treiben. Gustav Godeffroy war längere Zeit für die Firma in Chile tätig, das viele Jahre ein Hauptziel der Godeffroyschen Flotte bildete. Der zweitälteste Bruder, Adolph Godeffroy (1814-1893), der nachmalige Vorsitzende, Direktor der Hamburg-Amerika Linie, arbeitete unter der Firma Godeffroy & Co. in Havanna von 1837 bis 1845. Der jüngste Bruder, Alfred (1824-1898), hatte in San Franzisko unter der Firma Sillem, Godeffroy & Co. sein Arbeitsfeld. Alle vier Brüder arbeiteten eng zusammen mit dem Hamburger Stammhaus. 1857 wurden die Verbindungen teils über San Franzisko, teils über Indien (zeitweilig erstreckte sich der Handel auch auf China) mit der *Südsee* aufgenommen und großzügig ausgebaut. Auf den Samoainseln bestand eine Godeffroysche Faktorei, und im Laufe der Jahre wurden Faktoreien auf den Tongainseln, der Gilbert- und Ellisgruppe, auf Wallis und Funtuna, im Bismarckarchipel und auf den Salomoninseln gegründet. Schließlich bestand in der Südsee ein Netz von 45 Niederlassungen und Agenturen. Hauptsächlich wurde mit Kopra, Kaffee, Zuckerrohr und Baumwolle gehandelt. Auch Perlenfischerei wurde getrieben. So herrschte die Flotte des deutschen Kaufmanns Godeffroy während der fünfziger und sechziger Jahre in der Südsee und allen Weltteilen. Dies war um so bemerkenswerter, als Deutschland selbst damals im überseeischen Handelsverkehr völlig ohnmächtig war. Besaß es doch nicht einmal eine Flotte zum Schutz seiner Küsten. 1848 konnte eine einzige dänische Fregatte (»Gefion«) sich vor Helgoland legen und den gesamten Hamburger Handel absperren. Da waren es die beiden deutschen Reeder und Kaufleute Johann Cesar VI Godeffroy und Robert Miles Sloman, die gemeinsam den Aufruf zur *Gründung einer deutschen Flotte* erließen. Freilich war die Zeit für dieses große nationale Unternehmen noch nicht reif. Godeffroys eigenes Schiff »Deutschland« nahm ein unrühmliches Ende, und die Flotte kam 1852 unter den Hammer.

Aber der kühne Mann ließ sich dadurch nicht entmutigen. Er bildete nicht nur seine weltumspannenden Unternehmungen weiter aus, sondern erwarb sich auch große Verdienste um die wissenschaftliche Erforschung der fernen Länder. Auf eigene Kosten sandte er namhafte Gelehrte hinaus, so den Ethnologen Eduard *Gräfe* nach den Samoainseln, den Warschauer Forscher J. S. *Kubary* nach den Karolinen, den Amerikaner Andrew *Garrett* nach den Gesellschaftsinseln und nach den Salomoninseln, den Deutschen Theodor *Kleinschmidt*, der schließlich 1881, ein Opfer seiner wissenschaftlichen Arbeit, von den Eingeborenen ermordet wurde. Seine vorurteilsfreie Art und große Menschenkenntnis bewies er, als er Amalie *Dietrich* (1823–1891), die eigenartige Frau mit dem wechselreichen Schicksal, die leidenschaftliche Forscherin, nach der Südsee sandte, wo diese ein Jahrzehnt lang ethnologisch wertvolles Material zusammentrug. Die Sammlungen wurden in dem 1861 gegründeten *»Museum Godeffroy«* untergebracht und die Forschungsergebnisse in einer dafür gleichfalls von Godeffroy finanzierten besonderen wissenschaftlichen Zeitschrift veröffentlicht[401]. Aber das Glück blieb dem kühnen Organisator schließlich doch nicht hold.

Es ist bekannt, wie für das große Südseeunternehmen die Kapitalien zuletzt nicht mehr ausreichten und die unglückliche Entwicklung anderer Wirtschaftszweige den Niedergang der Firma beschleunigte. Es ist weiter bekannt, wie kolonialpolitisch interessierte und einsichtsreiche Männer, u. a. *Bismarck*, sich für Godeffroys Unternehmen einsetzten, wie aber der Reichstag die geplante Unterstützung durch das Reich versagte. So mußte 1879 J. C. Godeffroy & Sohn die Zahlungen einstellen. Hätte der Reichstag den Antrag auf Unterstützung der Firma durch das Reich angenommen, so wäre es wohl möglich gewesen, den größten Teil der Südseeinseln zu einer deutschen Kolonie zu vereinigen, während später nur ein verhältnismäßig kleines Gebiet deutscher Kolonialbesitz werden konnte.

Durch Freundeshilfe wurde es dem inzwischen siebzigjährigen, fast erblindeten Manne vergönnt, seinen Lebensabend ungestört in Dockenhuden zu beschließen. In früheren Zeiten hatte Johann Cesar VI auf diesem Landsitz, dem Beispiel seines Vaters folgend, großzügige Gastlichkeit entwickelt. Er veranstaltete dort seine berühmten »sommerlichen Jagddiners«. Sein Besitztum erstreckte sich bis weit hinter Iserbrook und Rissen, und er ließ das Gelände zum Teil großartig aufforsten. Im Winter 1866 lud er fast die ganze Hamburger Gesellschaft in prächtig eingerichteten, mit galonierten Dienern bestandenen Schlitten ein, brachte die Gäste über die zugefrorene Elbe nach Dockenhuden, bewirtete sie fürstlich und ließ sie des Abends auf gleichem Wege mit Fackelbeleuchtung zurückgeleiten. Außer den Hamburger Handelsherren und Gelehrten verkehrten in seinem Hause viele Fürstlichkeiten, besonders aus dem Kreise des *Herzogs von Augustenburg*, mit dem ihn eine wirkliche Freundschaft verband. Als Johann Cesars jüngster Sohn, August, getauft wurde, stand Herzog Christian August Gevatter. Nach der Zahlungseinstellung 1879 verpflichteten sich das Bankhaus Schröder in London, Berenberg-Goßler und einige Freunde und Angehörige, den Park, den sie gegen Forderungen an die Firma J. C. Godeffroy & Sohn übernommen hatten, für weitere zehn Jahre Johann Cesar und seiner Frau unentgeltlich zur Verfügung zu stellen. Erst nach Ablauf dieser zehn Jahre – Johann Cesar VI war 1885 gestorben – kam der Park zum Verkauf, und die beteiligten Herren empfingen ihr Geld und eine bescheidene Verzinsung: ein Vorgehen, das man als Beweis wirklicher Freundschaft ansehen darf.

Danach erwarb den Hirschpark der Altonaer Kaufmann Kommerzienrat Ernst August *Wriedt*, den wir bereits bei der Darstellung des Lawaetzschen Gartens kennengelernt haben. Nach dessen Ableben wurde der Park 1924 von der Gemeinde Blankenese mit Hilfe des preußischen Staates erworben und bildet seit 1927 ein Schmuckstück unter den großen öffentlichen Parks, wenngleich im nördlichen Teil an der Elbchaussee ein Streifen zur Bebauung freigegeben wurde. 1938 ging der Park in den Besitz des hamburgischen Staates über. Im Mai 1945 beschlagnahmten die Engländer das ganze Gelände. Seit der Freigabe wurde der Park wieder vom Hamburger Amt für das Gartenwesen betreut. Das Haus, von dem man sagt, daß es C. F. Hansens erstes bedeutendes Bauwerk in der Altonaer Periode seines Schaffens war, wurde im Jahre 1940 auch im Innern in den alten Stand zurückversetzt. Benutzt wird das prächtige Haus heute vom Musikstudio des Professors Dr.-Ing. Erich Thienhaus.

Das schon früher erwähnte alte Kavalierhaus gewann in der Gegenwart wieder erhöhte Bedeutung, seitdem der Orgelbauer und Dichter Hanns Henny *Jahnn* nach seiner Rückkehr aus der Emigration 1951 mit seiner Familie dort bis zu seinem Tode am 29. November 1959 ansässig wurde. Er ist als Orgelbauer besonders durch die Wiedererweckung wertvoller alter Barockorgeln hervorgetreten. Durch seinen lauten Protest und durch ihn gesammelte Gelder gelang es ihm, die alte Schnitger-Orgel zu St. Jacobi in Hamburg vor dem Abreißen zu bewahren und ihr den Strahlenglanz ihrer Tonfülle zurückzugeben. – Seit 1950 ist der von Hanns Henny Jahnn 1921 gemeinsam mit Gottlieb *Harms* gegründete Ugrino-Musik-Verlag nach schweren Jahren der Unterdrückung wieder aktiv. Die Gesamtausgaben Dietrich *Buxtehudes* und Samuel *Scheidts* wurden weitergeführt.

DIE PARKS UM DAS »WEISSE HAUS«

Zwischen der Straße »Mühlenberg«, die ins Dockenhudener Tal abwärts führt, und dem von der Elbchaussee in das gleiche Tal abzweigenden »Mühlenberger Weg« befindet sich noch heute ein Parkgelände mit altem Baumbestand, das nahezu die Größe von Baurs Park erreicht. In der Zeit, da es den Godeffroys gehörte, hat es eine Einheit gebildet, und das Herrenhaus dieses Parks ist das oben am Geesthang nahe der Elbchaussee noch heute bestehende berühmte alte »Weiße Haus«. Das ganze Gelände ist in neuerer Zeit in mehrere Einzelgrundstücke aufgeteilt, von denen die beiden größten und schönsten der vormals Godeffroy-Thierrysche Park mit dem »Weißen Haus« (Elbchaussee Nr. 547) und der östlich davon gelegene vormals Florsche Garten (Pepers Diek 12) sind. Die Geschichte dieser beiden Besitze soll uns zunächst beschäftigen.

a) Flors Park

Der vormals Florsche Landsitz besteht aus einem alten Park und reichte einst über seine heutige Grenze, die Straße Pepers Diek und die nördlich davorgelagerte Elbchaussee, noch beträchtlich hinaus. Heute erstreckt sich von der Straße Pepers Diek bis zum Geestabhang der große, schöne Garten, der mit Gärtnerwohnung, Wirtschaftsgebäuden und Gewächshäusern sowie mit einem Blumen- und Gemüsegarten besetzt ist. Dieser Gartenteil dürfte bereits im siebzehnten Jahrhundert ähnlich, nur noch etwas landwirtschaftlicher gestaltet gewesen sein. Am Rande des Geesthanges erhebt sich ein neueres, in englischem Stil schlicht-großzügig gebautes Herrenhaus, und davor senkt sich eine Wiese abwärts, die rechts und links von prächtigem Baumbestand eingerahmt ist. In der Tiefe erblickt man den Elbstrom und das jenseitige Land. Große Stille und landschaftlich weite Einsamkeit zeichnen den Blick aus. Zu beiden Seiten des Wiesenhanges führen Wege ins Tal. Der westliche führt zu einer romantischen Talschlucht, die an die Nachbarbesitzung des »Weißen Hauses« angrenzt. In der Talsohle schimmert ein alter Weiher, der zu Kahnfahrten einlädt und in Erinnerung an den einstigen Besitzer »Flors Teich« heißt.

Dieser Landsitz ist bereits in der Zeit vor dem Dreißigjährigen Krieg besiedelt gewesen und trug einen Bauernhof, der 1624-1631 dem aus den Niederlanden stammenden Hamburger Kaufherrn Julio de *Moer* gehörte. Im Sommer 1632 wohnte hier der holländische Staatsmann Hugo *de Groot,* der damals als Flüchtling und Opfer seiner Weltanschauung das Ausland aufgesucht hatte und nach Hamburg gekommen war, wo ihn der Gesandte Oxenstierna veranlaßte, in schwedische Diplomatendienste zu treten. Er schrieb in einem seiner Briefe über diesen Landsitz: »Das Gut, auf dem ich diesen Sommer verlebe, hat sechs Fischteiche, Frucht- und andere Bäume, Blumen und reichliches Gemüse, ist belegen auf einer ansehnlichen Höhe, die auf der einen Seite vom Flusse, auf der anderen von einem ausgedehnten Walde begrenzt wird[402].« Der Hof reichte damals von der Elbe weit nach Norden, wo vor den Verwüstungen des Dreißigjährigen Krieges der große Wald Isernbrook bestand. Die Teiche, die Groot erwähnt, haben ihre Lage inzwischen geändert, ihre Zahl ist kleiner geworden. Über die weitere Geschichte des Landsitzes durch nun folgende Jahrhunderte berichtet Ehrenberg Eingehenderes[403]. Von 1762 bis 1780 gehörte der Hof der Familie und später den Erben des Ambrosius Heinrich *Piccard.* Dann wurde er geteilt. Das nördliche Gebiet beim »Pepers Diek« erwarb der Hamburger Lizentiat Vogel, und die weitere Geschichte dieser Besitzung soll uns noch besonders beschäftigen.

Das südlich von Pepers Diek befindliche Gelände besaß in Erbpacht zunächst William *Hutchinson,* ein Sohn des Kaufmanns John Hutchinson, dem seit 1747 ein ansehnliches Haus in der Großen Elbstraße zu Altona gehörte. Dieses Haus war im Dezember 1813 Quartier des Generalmajors L. N. H. von Buchwald, als dieser in äußerst kritischer Stunde Kommandant der dänischen Truppen dortselbst war[404]. Nach der Familie Hutchinson erwarb um 1789 Peter *Godeffroy* das Dockenhudener Grundstück zusammen mit dem größeren westlichen Gelände, auf dem er das »Weiße Haus« errichtete. Er grenzte mit seinem Besitztum unmittelbar an das seines Bruders Johann Cesar IV Godeffroy, also an den späteren Hirschpark. Der ins Tal führende Weg bildete die Grenze. Peter Godeffroy, der uns noch als Erbauer des »Weißen Hauses« besonders begegnen wird, war mit Catharine, geb. Thornton, vermählt, die ihm im Laufe der Ehe zehn Kinder schenkte. Seine älteste Tochter Catherine (1778–1844) vermählte sich 1802 mit dem aus Nántes stammenden Kaufmann Auguste *Simon*, der Godeffroys Geschäftskompagnon war. Diesem Schwiegersohn und seiner Tochter räumte er den östlichen Teil, die alte Piccard-Hutchinsonsche Besitzung, wieder ein. Simon starb bereits 1829[405]. Madame Simon bewohnte nun die Besitzung mit ihren Kindern allein bis zu ihrem Tode. Ihre auf dem Dockenhudener Landsitz geborene Tochter Jenny (1803–1841) aber heiratete im Jahre 1830 den Kaufmann Robert *Flor* (1794–1874); als Madame Simon starb, ging ihr Anwesen 1844 auf Flor über. Flor war es, der dem Anwesen, das vorher noch stärker auch als landwirtschaftlicher Betrieb gedient hatte, den garten- und parkartigen Charakter verlieh, der ihm bis heute erhalten ist. Besonders Flors zweite Gattin, Isolde, geb. von Legat, die sehr an dem Besitz hing, hatte dabei hervorragenden Anteil[406]. Flor gestaltete insbesondere die mit Wiesen und Wald bewachsenen Abhänge und den noch heute nach ihm benannten Teich bei der unteren Grenze des Grundstücks. Er war ein Sohn des zuerst in Bordeaux, dann in Hamburg und später in Berlin tätigen Kaufmanns Friedrich Benedict Flor.

Nach seinem Tode 1874 ging das Landgut zurück an die Godeffroys, und zwar erbte es Dr. jur. Wilhelm *von Godeffroy*, der auch nach dem Tode seiner Mutter, der Frau Ministerresidentin Marianne Godeffroy, geb. Jenisch, das »Weiße Haus« übernommen hatte. Von diesen Persönlichkeiten werden wir noch erzählen, wenn wir die Geschichte des »Weißen Hauses« darstellen. Wilhelm von Godeffroy, der hauptsächlich in Berlin lebte, kümmerte sich wenig um das vormals Florsche Besitztum. Er vereinigte aber noch einmal für Jahrzehnte die prächtigen Parks rund um das »Weiße Haus«. Etwa von 1887 bis 1897 wohnte Senator Dr. *Alfred Lappenberg* auf der vormals Florschen Besitzung zur Miete⁴⁰⁷, der Sohn des Hamburger Archivars und Senatssekretärs Dr. jur. *Johann Martin Lappenberg*. Er hatte wie sein Vater eine geb. Baur, nämlich Emilie, die Tochter des Etatsrats Baur, zur Frau. Mit den Seinen wird er uns in der Geschichte von Baurs Park wieder begegnen.

Als Dr. Wilhelm von Godeffroy 1904 starb und die großen Besitzungen verkauft wurden, wechselte der alte Florsche Park binnen kurzer Zeit mehrmals den Eigentümer⁴⁰⁸. 1910 erwarb ihn der Kaufmann Otto H. *Hansing*, Mitinhaber der 1816 gegründeten Firma Hansing & Co., die später mit Ostafrika Handelsgeschäfte betrieb. Bis zu Hansings Zeiten bestand noch die malerische alte Florsche Villa, ein langgestrecktes, von Efeu und wildem Wein umsponnenes strohgedecktes Landhaus. Da sie inzwischen veraltet war, ließ Hansing sie abbrechen und durch die Architekten Lundt & Kallmorgen das bereits erwähnte, im Stil neuerer englischer Herrensitze erbaute jetzige Landhaus schaffen⁴⁰⁹.

Thierrys Park

Neben diesem Besitz befindet sich westlich der vormals *Godeffroy-Thierrysche Park mit dem »Weißen Haus«*. Auch dieser Besitz hat eine jahrhundertealte Geschichte⁴¹⁰, die sich rückschauend bis zum Beginn des Dreißigjährigen Krieges verfolgen läßt. Unter den Eignern vor Godeffroy sind um 1705 die Frau Landrätin Maria Elisabeth *von Ahlefeldt*, geb. von Qualen, und der Altonaer Ratsherr Justizrat Conrad *Matthiessen* hervorzuheben: ein Sohn des von der Insel Föhr zugewanderten Kaufmanns Otto Matthiessen, des Gründers des Altona-norwegischen Handelsverkehrs. Conrad Matthiessen (1723–1789) baute das Geschäft seines Vaters bedeutend aus. Er hatte eine zahlreiche Familie und genoß als Kaufmann wie als Ratsherr großes Ansehen. Kurz nach seinem Tode verkauften seine Erben das Dockenhudener Besitztum an *Peter Godeffroy*.

Dieser (1749–1822) war der Bruder Johann Cesar IV Godeffroys, des Schöpfers vom Hirschpark, ein umsichtiger Kaufmann, der sein Vermögen geschickt zu vermehren wußte⁴¹¹ und 1806 Gesandter

Hamburgs an dem Napoleonischen Hof zu Paris gewesen ist. Er war Chef der Firma Peter Godeffroy Söhne & Co. 1811 wurde er Mitglied des französischen Munizipalrats in Hamburg. Er bewährte sich als guter Deutscher. Sein Sohn Jean Jacques fiel 1813 im Gefecht bei Gadebusch als Premierleutnant der Hanseatischen Kavallerie. In den von ihm erhaltenen Briefen, die er an seine Töchter Susette Parish und Charlotte Godeffroy 1813–1814 schrieb, zeigt er sich als fürsorglicher Vater[412]. Er ließ um 1800 durch Chr. Fr. Hansen das »Weiße Haus« erbauen. Für die Gestaltung des Gartens berief er den Kunstgärtner Daniel Louis *Jacob*, den Begründer des Weinrestaurants Jacob in Nienstedten[412a]. Ein Zeitgenosse W. G. Georgi berichtet in seinen »Erinnerungen an Hamburg« 1803 folgendes über das Besitztum:

»Die schönste Ansicht des Hauses bietet der Garten dar; und von dieser Seite beherrscht das Auge in den Fenstern des zweyten Stocks die ganze Gegend. Tief unter dem Beschauenden fließt der breite, stolze Strom, näher dem Meere; die jähen Abhänge des diesseitigen Ufers sind mit Gärten und Wiesen bepflanzt, und in ihren Einschnitten und Krümmungen ruhen, halb versteckt, halb sichtbar, friedliche Fischerwohnungen, und alles grünt, lebt und wirkt. Mit dieser herrlichen Aussicht steht die sorgfältige, geschmackvolle Behandlung der inneren Theile und Verzierungen des Hauses in schönem Verhältniß ... Für Rechnung des Berliner Hofes waren in Rom, damals noch der Schatzkammer alles Vortrefflichen der griechischen und römischen bildenden Kunst, die schönsten Statüen, Büsten, Vasen, Basreliefs abgeformt und mit möglichster Sorgfalt in Gips abgegossen worden; das Schiff, mit dieser kostbaren Sammlung beladen, hatte bereits die Mündung der Elbe glücklich erreicht, als es, von einem Sturm ergriffen, in der Nähe von Blankenese scheiterte ... Der preußische Agent mußte den Schaden für allzu beträchtlich gehalten haben ... denn von Berlin aus wurde der Befehl gegeben, die noch übrigen Stücke in Blankenese an den Meistbietenden zu veräußern ... So erhielt Herr Baumeister Hansen den sämtlichen Vorrath für einen niedrigen Preis. Sie dienen jetzt den Sälen und Hallen des Herrn Peter Godeffroy zum Schmuck[413].«

Godeffroy mußte es freilich erleben, daß seine Besitzung in der Hamburger Franzosenzeit durch die Kosaken auf das übelste mitgenommen wurde. Er hatte nicht nur schwere Lasten der Einquartierung zu tragen, auch Park und Haus wurden derartig verunstaltet, daß Godeffroy an seine Töchter schreibt, das Anwesen sei nicht wiederzuerkennen[414].

Als er starb, hinterließ er nach seinem 1815 aufgesetzten Testament ein gesamtes Erbgut von 420 000 Mark Kurant. Berücksichtigt man, daß in diesem Erbgut sein Wohnhaus in Hamburg und die große Dockenhudener Besitzung eingerechnet waren, so erkennt man, wie preiswert die einzelnen Landsitze samt Inventar in der damaligen Nachkriegszeit gewesen sein müssen.

Sein Elblandsitz ging nach seinem Tode 1822 auf seinen Schwiegersohn, den Kaufmann Johannes Ludwig *Thierry* (1792–1847), über, der mit Godeffroys Tochter Charlotte vermählt war. Ludwig Thierry war der Sohn des um 1812 verstorbenen Hamburger Kaufmanns Carl Ludwig Thierry, der mit seiner Gattin Dorothea Amalia, geb. Borkenstein (1770 bis ca. 1820), aus Hannover nach Hamburg gekommen war. Wir finden somit in Ludwig Thierry einen Neffen von Susanne *Gontard*, geb. Borkenstein, der Gattin des Frankfurter Bankiers Gontard, der »Diotima« des Dichters Friedrich Hölderlin. Hölderlin selbst soll dem Bruder der Diotima, einem Onkel unseres Ludwig Thierry, Heinrich Borkenstein, an Gestalt und Gesichtszügen sehr ähnlich gewesen sein[415]. Ludwig Thierry war zugleich der Enkel des sehr kunstsinnigen Kaufmanns Heinrich Borkenstein (1705–1777), der in Spanien großen Reichtum erworben hatte und 1742 ein zu seiner Zeit sehr erfolgreiches satirisches Lustspiel »Der Bookesbeutel« verfaßt hatte, das den Schlendrian und allerlei unschöne und grobe Sitten in den damaligen Hamburger Bürgerfamilien geißelte[416]. Thierry hielt die Dockenhudener Anlage instand, und nach ihm und seiner Gattin wurde sie lange Zeit »Thierrys Park« genannt im Gegensatz zu »Flors Park«. Frau Charlotte Thierry überlebte, sehr alt werdend, ihren Mann fast ein halbes Jahrhundert. Sie besaß, zuerst mit ihrem Gatten, dann allein, das »Weiße Haus« 58 Jahre lang. Auf ihrer Besitzung wohnte während der Sommermonate lange Zeit hindurch ihre Schwägerin *Marianne* Godeffroy, geb. *Jenisch* (1806–1871), die sogenannte »Frau Minister Godeffroy«, die Schwester von Gottlieb Jenisch[417]. Marianne war die Gattin des Sohnes von Peter Godeffroy, *Charles Godeffroy* (1787 bis 1848), der, ein vielgereister Diplomat, 1822–1832 als hanseatischer Ministerresident in St. Petersburg und seit 1840 in gleicher Eigenschaft in Berlin weilte. Er veröffentlichte sozialwissenschaftliche und geographische Forschungen. Seine Witwe überlebte ihn 23 Jahre. Ihr gehörten außer dem »Weißen Haus« und dem Rittergut Lehmkuhlen in Holstein noch ein schönes Haus in Hamburg, Esplanade 36, und ein Haus in Berlin, Leipziger Straße, woselbst sie sich viel aufzuhalten pflegte.

Ihr einziger sie überlebender Sohn war Dr. jur. *Wilhelm von Godeffroy* (1834–1904), der ein reicher, zu Geiz neigender Sonderling wurde. Er erbte nach Charlotte Thierrys Tod 1880 die Besitzung des »Weißen Hauses«. Außerdem war er Besitzer des Ritterguts Lehmkuhlen und des Hauses Wilhelmstraße 59 in Berlin, wo er zumeist lebte[418]. Als er starb, hinterließ er ein Vermögen von rund fünfzig Millionen. Aus den daraus an die Nachkommen der Jenischs und Godeffroys zur Auszahlung gelangenden Erbschaften erhielt auch der damalige Reichskanzler Fürst Bülow, der sich unter den Jenisch-Erben befand, einen Sonderbetrag von fünf Millionen ausgezahlt. Als ihm der Fürstentitel verliehen war, konnte er sich auch eine entsprechende Lebenshaltung leisten. Während Wilhelm von Godeffroy der Besitzer des »Weißen Hauses« war, wohnte im Sommer dort seine Base Fräulein *Emilie Jenisch*, die Tochter von Gottlieb Jenisch, die von ihrem Vater das schöne Haus an der Binnenalster, Neuer Jungfernstieg 18, erbte. Dort wurde sie im Oktober 1888 von Kaiser Wilhelm II. besucht. – Nach ihrem Tod geriet, da Wilhelm von Godeffroy sich nicht darum kümmerte, das Anwesen des »Weißen Hauses« in argen Verfall. Selbst die Fußböden in den unteren Sälen wurden so morsch, daß sie zuletzt kaum mehr betreten werden konnten. Der Dockenhudener Grundbesitz Wilhelm von Godeffroys war außerordentlich groß. Er umfaßte auch den vormals Florschen Besitz und erstreckte sich westlich bis zum

Mühlenberger Weg, grenzte also noch unmittelbar, nur durch die Straße getrennt, an Baurs Park. Nördlich reichte er weit über die Elbchaussee hinaus und umfaßte das ganze Gelände der Flur »Ole Hoop«. Dieses Gelände, in dem sich der Gemüsegarten befand, war im übrigen Acker- und Weideland und dehnte sich bis zur Gegend des heutigen Blankeneser Bahnhofs aus. Auch das Grundstück, auf dem sich die Blankeneser Kirche erhebt und das von W. von Godeffroy der Gemeinde geschenkt wurde, gehörte zu dieser Besitzung. Von der Kirche aus wurde W. von Godeffroy auch, als er 1904 gestorben war, beerdigt.

Nach seinem Tode erwarb der Kaufmann *Friedrich Kirsten* (1842 bis 1924) das Ganze. Er entstammte der Hamburger Kaufmanns- und Reederfamilie Kirsten, war im Export und Import sehr erfolgreich und Aufsichtsratsmitglied der Deutsch-Australischen Dampfschiffahrtsgesellschaft »Kosmos«. Er leistete Außerordentliches für den Segelsport, u. a. mit eigenen Segelbooten, und war ein hervorragender Chrysanthemenzüchter. Er war der Bruder[419] des Kaufmanns und heimatgeschichtlichen Sammlers *Gustav Kirsten* (1849 bis 1933), des Herausgebers von »Alt-Blankenese in 200 Bildern« und des »Blankeneser Trachtenwerks«. Friedrich Kirsten hatte in Bodenspekulationen große Erfolge. Ihm ist u. a. die Entstehung des großen Villenviertels zwischen dem Blankeneser Bahnhof und der Elbchaussee zu danken. Leider lag es bereits damals im Zug der Zeit, die alten schönen Parks in ihrer Größe nicht mehr zu erhalten. So wurde auch der Park um das »Weiße Haus« stark verkleinert. Der westliche Teil längs des Mühlenberger Weges wurde durch Kirsten abgetrennt, in Einzelgrundstücke geteilt und verkauft. Den noch verbleibenden Parkbesitz mit dem Haus gab Kirsten käuflich weiter an den hanseatischen Gesandten in Berlin a. D. Exzellenz Dr. jur. *Karl Sieveking*. Dieser war ein Enkel des Hamburger Senatssyndikus und Diplomaten Karl Sieveking (1787–1847), der unter anderm den Handelsvertrag Hamburgs mit Brasilien 1827 abgeschlossen hatte und sich für die Gründung von Kolonien lebhaft einsetzte[420]. Dr. Karl Sieveking hatte die Rechte studiert, war 1890-1892 Kaiserlicher Regierungsassessor beim Bürgermeisteramt in Straßburg und hatte sich dort mit Luise Back, der Tochter des Bürgermeisters der Stadt Straßburg, Otto Back, vermählt. Nachdem er bis 1898 Verwendung im Innenministerium gefunden hatte, war er von da an dauernd in der elsässischen Verwaltung tätig. 1908 wurde er Kommissar des Statthalters beim Bundesrat und 1911 stimmführender Bevollmächtigter zum Bundesrat[421]. Exzellenz Sieveking und seine Gemahlin nahmen sich der verwahrlosten Besitzung sorglich an, und ihnen ist es zu danken, daß der noch verbliebene Besitz gerettet wurde. Sie scheuten keine Kosten, um das in Verfall geratene Haus zu erneuern. Die schönen alten, handgemalten Tapeten im »Weißen Haus«, die überdeckt waren, wurden wiederhergestellt. Als Sieveking aus dem Staatsdienst ausgeschieden war, bewohnte er das Besitztum mit seiner Frau und Tochter im Sommer und Winter. Sein Sohn Hermann, der Offizier war und inzwischen auch verstorben ist, bezog das neben dem »Weißen Haus« gelegene reizvolle Strohdachhaus, das früher als Wirtschaftsgebäude gedient hatte. Nach Exzellenz Sievekings Tode bewohnte dessen Witwe das Anwesen noch einige Zeit, bis sie nach Koblenz verzog und es verkaufte.

Von ihr erwarb 1934 der Reeder John T. *Eßberger* das Anwesen, das inzwischen wieder überholungsbedürftig geworden war. Er und seine Gemahlin Elsa, geb. Schirmer, nahmen sich der ihnen hierdurch gestellten Aufgabe mit großem Feingefühl an. Im Speisesaal des Erdgeschosses wurden die römischen Fresken wieder durch zarte Farbtönungen zur Wirkung gebracht, so daß zusammen mit dem Aubusson-Teppich, den Vorhängen und den Möbeln eine lebendige Farbstimmung durch den großen, schönen Raum klang. Es gelang auch im Laufe der Zeit, für die beiden leeren Nischen zwei gleiche, sehr schöne Tonöfen zu erwerben, die sich jetzt gar nicht mehr hinwegdenken lassen. In den zwei danebenliegenden Räumen gaben die noch vorhandenen alten Tapeten die Grundstimmung, die durch edle Möbel und Vorhänge aus der Zeit gehoben wurde. Die Wohnkultur des zu Ende gehenden 18. Jahrhunderts schien in dem Hause lebendig und zeitnahe geblieben zu sein. Sie erdrückte weder durch Pomp noch beängstigte sie durch

Steifheit. Alles war in Harmonie aufeinander abgestimmt, nichts drängte sich laut hervor. Im Hauptraum des ersten Stocks ließ Eßberger eine antike Bibliothek einbauen.

Der das Haus umgebende Park war insofern durch Kirsten unglücklich verparzelliert, als das schöne Tal, das sich von der Höhe des »Weißen Hauses« zum Strom hinabzieht, durch Querteilung in verschiedene Grundstücke zerstückelt und die ursprüngliche Weganlage damit zerstört war. Eßberger gelang es, den früheren Zustand soweit als möglich wiederherzustellen. Er machte es sich zur Aufgabe, dem im klassischen Stil angelegten Park seine ursprüngliche Gewachsenheit zurückzugeben und verhalf dem natürlichen Landschaftsbild zu seinem Recht. So kommen die wundervollen alten Buchen, Eichen, Steinlinden und echten Kastanien wieder voll zur Geltung. Auf der nach der Straßenseite hin gelegenen Rasenfläche ragt neben uralten Eichen eine gewaltige Buche, die zu den größten und ältesten ihrer Art in Holstein gehört. Von den drei riesigen Buchen, die den Eingang flankierten, sind leider zwei eingegangen.

Auf dem Geestrücken stand ein altes Strohdachhaus, an dem man Chr. Fr. Hansens Hand noch spürte. 1946 brannte das Strohdach ab, wahrscheinlich durch Schornsteinbrand. Nicht weit von diesem Haus steht eine mächtige, sehr alte Ilex, mit vielen Absenkern, die ein stattliches Boskett bilden. Die uralte Linde, die auf der anderen Seite des ehemaligen Strohdachhauses stand und nach Ansicht Sachverständiger durch ihren dreifachen Etagenschnitt als Femelinde anzusehen war, fiel leider den Winterstürmen des Jahres 1958 zum Opfer.

Im Mai 1945 wurde das »Weiße Haus« für englisches Militär beschlagnahmt und im August 1948 dem Eigentümer J. T. Eßberger wieder zurückgegeben. Das alte Mobiliar war zwar im Kriege und in der ersten Nachkriegszeit zerstört worden, doch wurden Möbel, Bilder, Teppiche und Kunstgegenstände aus der Zeit um 1800 wiederbeschafft und mit dem baulichen Stil der Räume zu einheitlicher Ausgestaltung des Hauses gebracht, so daß man wohl sagen kann, daß das »Weiße Haus« unter allen bewohnten Häusern der

Elbchaussee am treffendsten ein Bild althamburgischer Wohnkultur vermittelt.

Der gesamte Schiffspark war im Kriege vernichtet oder bei Kriegsende beschlagnahmt worden. Aber »Jonny« ließ sich nicht entmutigen. Mit der Hebung der im Hafen versenkten 12 000 BRT großen »Lisa Eßberger« wurde der Betrieb wiederaufgenommen und alsbald ausgebaut. Als dann John Eßberger mitten aus seinem Schaffen durch den Tod herausgerissen war, übernahm seine resolute Ehefrau Elsa Eßberger in Gemeinschaft mit ihrer Stieftochter, Frau von Rantzau, die Leitung der Firma, deren weiteres Gedeihen durch diesen Wechsel in keiner Weise gehemmt wurde.

DIE LANDSITZE UM »PEPERS DIEK« UND DEN »OLEN HOOP«

Diese Landsitze, die zum Teil, wie bereits berichtet, der Familie Piccard gehörten, haben eine nicht uninteressante Vergangenheit. Auf der Flurkarte von Dockenhuden 1789 erscheint die Flur »Olenhoop« als ein umfangreiches Gebiet, auf dem ursprünglich einmal ein Bauernhof gestanden haben muß; die Flur war inzwischen in viele kleinere Einzelflurstellen aufgeteilt worden (über fünfzehn an der Zahl, von denen jedoch nur drei bebaut waren). Dieses Gelände wurde begrenzt im Süden von der heutigen Elbchaussee, im Norden von der Dockenhudener Straße, und im Westen reichte es fast bis an den Mühlenberger Weg[422]. Das ganze Anwesen gehörte den Besitzern des »Weißen Hauses« bis zu Wilh. von Godeffroys Lebzeiten. Es wurde nach seinem Tode verkauft, parzelliert, und heute ziehen sich die Straßen Ole Hoop, Godeffroystraße und Gätgenstraße hindurch. Mitten im Gelände des Olen Hoop befand sich ein kleiner Teich mit einer gewaltigen uralten Eiche, die noch heute, wenn auch mit den Narben einiger »Amputationen«, auf dem Fußsteig der Godeffroystraße steht und die Bewunderung der Vorübergehenden erregt. Weiter östlich grenzte an dieses Gelände ein sehr alter Hofbesitz, der vormals *Piccardsche* Besitz, von dem wir bereits einen Teil in der geschichtlichen Entwicklung von Flors Park kennengelernt haben. Dieser Piccardsche Besitz reichte südlich von der heutigen Elbchaussee über den ganzen Geestrücken bis zum Strand. Außerdem besaß die Familie Piccard im Westen von Dokkenhuden, gleichfalls an der Elbchaussee, gegenüber dem späteren Hirschpark, noch Weideland, den sogenannten Pikarten-Kamp, nach dem die in dieser Gegend angelegten Pikartenstraße, jetzt Stauffenbergstraße, genannt war. Mit *Pepers Diek* aber hat es folgende Bewandtnis: An der Ecke, wo heute Mühlenberg, Pepers Diek und die als Gätgenstraße verlängerte Godeffroystraße zusammentreffen, befand sich ein kleiner Weiher, der seit alter Zeit hier lag und offenbar zu den sechs Fischteichen gehört hat, die schon Hugo de Groot 1632 erwähnte. Der Weiher lieferte seinem Besitzer nahrhafte Karpfen und wurde erst nach 1907, als die Godeffroystraße angelegt wurde, zugeschüttet[423]. Der Teich soll einem gewissen Peper gehört haben und danach seinen Namen tragen. Von ihm wird aber auch ein lustiges Stücklein Altblankeneser Übermuts berichtet: Ein Ewerführer, der sich nicht eben durch sonderliche Klugheit noch Liebenswürdigkeit auszeichnete, war den Fischerjungen der Gegenstand von allerhand Neckereien. An einem Sonnabend in der Dämmerung zog eine übermütige Bande junger Leute den kleinen Ewer dieses Mannes aus der Elbe, wo er vertäut war, und schleppte ihn heimlich, ohne daß der Gute etwas ahnte, den Mühlenberg hinauf zu dem Teich; dort ließen sie ihn seinen Stapellauf nehmen. Man kann sich das Erstaunen und Vergnügen der Kirchgänger vorstellen, die am Sonntagmorgen ehrbar nach der Nienstedtener Kirche wanderten und plötzlich den wohlbekannten Ewer auf dem kleinen Teich schwimmen sahen. Es wird auch behauptet, der Ewerführer selbst habe Peper geheißen, und danach sei der Teich ihm zu Ehren »Pepers Diek« genannt.

Die Geschichte des Piccardschen Landsitzes, von dem, wie erzählt, 1785 der südliche Teil, der spätere »Flors Park«, abgetrennt wurde, aber verlief folgendermaßen: Auf dem großen Gelände befanden sich zu Beginn des neunzehnten Jahrhunderts *zwei schöne Landhäuser*. Das eine, ursprünglich kleinere, besteht noch heute

(Gätgenstraße 6) und wurde kurz vor oder nach 1800 vermutlich durch den bereits mehrfach erwähnten Hamburger Kaufmann Ambrosius Heinrich Piccard oder dessen Witwe erbaut. Das Haus, im klassizistischen Stil errichtet[424], war ursprünglich einstöckig, nur im Mittelteil zweistöckig aufragend und zu beiden Seiten mit einem hohen Pfannendach (ursprünglich wohl Strohdach) bedeckt. Die Witwe Piccard verkaufte diesen Besitz im Jahre 1803 an den Hamburger Lizentiaten Friedrich Gerhard *Vogel*[425], und auf diesem Gelände ließ sich Vogel durch Baumeister *Arens* gleichfalls noch ein neues stattliches Landhaus im klassizistischen Stil erbauen. Während das wohl nur etwas ältere Piccardsche Wohnhaus heute noch steht, ist das jüngere und zu seiner Zeit ursprünglich größere und schönere Vogelsche Landhaus längst abgerissen. Selbst die Bewohner der Umgegend können sich des Hauses nicht mehr erinnern, aber durch verschiedene Abbildungen ist es wohlbekannt. Es dürfte im nördlichen Teil des Piccardschen Hofgeländes, dicht an der Elbchaussee, gestanden haben und war mit einem geräumigen Schmuckgarten nach Süden zu umgeben. Lizentiat Vogel war der Sohn eines Lübecker Arztes, hatte in Helmstedt die Rechte studiert und sich 1765 in Hamburg niedergelassen, wo er 1769 Vicarius in Summo wurde. Er war vermählt mit der zu ihrer Zeit überaus geschätzten Künstlerin *Marie* Elisabeth *Vogel*, geb. Timmermann, verw. de Boer. Sie war besonders als Porträtistin anerkannt und malte treffliche Miniaturen. Auch hatte sie Klopstock, der mit ihr wohlbekannt war, in fast vollkommener Lebensgröße (Kniestück) dargestellt[426]. Das neue Vogelsche Haus war durch Arens in harmonischen Proportionen errichtet: zweistöckig, mit sieben Fenstern Front, einer Attika im Dachgeschoß und interessantem Eingangsportal.

Vogel vermachte dieses Anwesen einem Verwandten, dem Juristen Dr. Carl Friedrich *de Boer* (1776–1848), der nach Vogels Tod 1816 in den Genuß des Erbes trat. C. F. de Boer war mit Johanna Elisabeth Amsinck vermählt[427]. Er wurde der Vater des klassischen Philologen am Hamburger Johanneum Karl de Boer[428]. Das alte Piccardsche Landhaus vermietete er an den preußischen Generalkonsul Geh. Kommerzienrat Johann Carl Heinrich Wilhelm *Oswald*[429], den Stammvater des Hamburger Handelsherren- und Bürgermeistergeschlechts, der sich als erster O'Swald schrieb. 1798 in Berlin geboren, hatte er in Frankfurt a. d. O. und Hamburg das Kaufmannsgeschäft gelernt. Er war überaus regsam und unternehmenden Geistes und machte 1822–1824 und 1825–1829 als Superkargo (d. h. als Bevollmächtigter des Verfrachters oder Eigentümers, der die Schiffsladung begleitet und verkauft) für die königlich-preußische Seehandlungs-Societät und Handelsexpedition eine Seereise um die Welt. Zuvor hatte er sich mit der anmutigen Lucie Weigel, einer Tochter der tüchtigen Witwe Alida Weigel, geb. van der Smissen, verlobt. Die Briefe, die O'Swald an seine Braut von der ersten Reise schrieb, hat der Sohn, der spätere Bürgermeister William O'Swald (als Manuskript gedruckt) herausgebracht[430]. Sie stellen sehr anschaulich die Reiseerlebnisse O'Swalds dar und geben zugleich von seiner Persönlichkeit ein vortreffliches Charakterbild. Als Probe sei O'Swalds Brief an die Braut von Heiligabend 1822, den er auf dem Atlantischen Ozean verlebte, auszugsweise mitgeteilt:

»Endlich rückt die Stunde immer näher, an der Dir mein Brief und das kleine Geschenk – die Glockentöne[431] – ach, so bedeutungsvoll für uns – von der lieben Mutter behändigt werden sollte. Was magst Du wohl dazu gesagt haben? Wie gern hätte ich einen Blick in Euer Weihnachtsstübchen gethan ... Ich saß an Deck auf einer Bank mit dem Blick nach Osten in die weite Ferne zu Euch gewandt, wo der Mond im Silberglanz strahlend aufgegangen war. In der Hand hielt ich den ersten Theil der Glockentöne, aus dem ich die Christnacht gelesen hatte. Ich konnte mich der Thränen nicht erwehren. Es war bei Euch in Hamburg Schlag 9 Uhr, die Stunde, an welcher Mutter Dir mein Geschenk übergeben wollte. Da wurde Dir zu Ehren der erste Kanonenschuß gelöst. Die Kugel sauste über die leicht bewegte Meeresfläche, und in demselben Augenblick klang mir das Ohr so hell, daß unsere Gedanken sich begegnet haben mußten. Eine Minute nach 9 Uhr erfolgte der zweite Schuß. Dies mußte der Augenblick sein, an dem Du der theuren Mutter unsere

Angebinde, das Arbeitskörbchen mit den Blumen von mir übergeben und die anderen Geschenke Deiner fleißigen Hand vertheilen wolltest. Lange stand ich schweigend da, über die glänzenden Wellen nach Osten zu blickend.«

1831 gründete J. C. H. O'Swald in Hamburg die Firma »Wm. O'Swald & Co.«. 1836 wurden ihm auch die preußischen Konsulats- und zeitweilig die Gesandtschaftsgeschäfte übertragen. In dem Dockenhudener Landhaus beherbergte er 1848 Prinz *Wilhelm von Preußen*, den späteren Kaiser Wilhelm I., der sich infolge der Märzunruhen, weil er als eine Hauptstütze absolutistischer Bestrebungen galt, vor der erregten Menge aus Berlin ins Ausland begeben hatte. Auf seiner Reise nach England kam er über Bergedorf nach Hamburg und stieg zunächst in der Stadtwohnung des Generalkonsuls (Hopfenmarkt 2) ab. Später fuhr er von dort durch Altona nach der O'Swaldschen Wohnung in Dockenhuden, wo er sich vierzehn Tage aufhielt. In Altona wurde der Prinz am 24. März »Zeuge der enthusiastischen Erhebung der Bevölkerung gegen die dänische Herrschaft; denn in der Nacht vom 23. zum 24. März waren in Kiel patriotische, deutsch gesinnte Schleswig-Holsteiner zu einer provisorischen Regierung zusammengetreten[432]«. O'Swald selbst starb im Jahre 1859.

Der alte Vogel-de-Boersche Landsitz aber hatte weiterhin folgende Schicksale: Nach Dr. C. Fr. de Boers Tod erwarb 1850 ein Verwandter, Dr. jur. *Claus de Boer*, das gesamte Anwesen[433]. O'Swald aber blieb dort noch bis 1864 zur Miete wohnen; wurden doch die Enkelkinder des Generalkonsuls (Kinder des Kaufmanns und Generalkonsuls von Sansibar Albrecht O'Swald senior) daselbst geboren.

Dr. Claus de Boer verkaufte[434] das gesamte Anwesen bereits 1852 an den damaligen Besitzer des Hirschparks, *Johann Cesar VI Godeffroy*, der es zwanzig Jahre lang mit seinem Hirschparkbesitz, nur durch die Straße getrennt, vereinigte. 1872 verkaufte dieser den ehemals de Boerschen Teil an den Rentier J. *John*, der das Grundstück bis 1889 besaß und liebevoll pflegte. Entweder Godeffroy oder John haben das alte Landhaus aufstocken und ihm die heutige

Form geben lassen. J. John veräußerte es 1889 an den Kaufmann Friedrich *Elmenhorst* (1847–1908), einen Enkel Peter Daniel Elmenhorsts, des einstigen Mitbegründers des Altonaischen Unterstützungs-Instituts. Friedrich Elmenhorst war 1870/71 Kriegsteilnehmer und gründete später zu New York ein eigenes Geschäft »Elmenhorst & Co.«. Er war vermählt mit einer geborenen Lorenz-Meyer. Sein Nachfolger auf der Dockenhudener Besitzung wurde 1900 Friedrich *Kirsten*[435]. Das alte Landhaus war im Halbkreis mit Lindenbäumen umgeben. Uralte Eichen, schöne Wiesen und Gartenplätze umhegten gefällig das Haus. Kirsten ließ die gesamte Gegend in kleinere Villengrundstücke parzellieren und verkaufte sie. Mitten hindurch führen jetzt die Godeffroy- und die Gätgenstraße. Das alte Piccard-Elmenhorstsche Haus inmitten des wesentlich verkleinerten Gartens wird heute von mehreren Parteien bewohnt.

DIE O'SWALDSCHEN VILLEN AM MÜHLENBERG

Dem Reisenden, der von Hamburg stromabwärts fährt, bietet das idyllische Mühlental Dockenhuden stets einen schönen Anblick. Zur Rechten grüßen die Hänge des Hirschparks, in der Mitte die Waldungen um das »Weiße Haus«, das jedoch selber nur wenig sichtbar wird, und zur Linken beherrschen von bewaldeter Höhe zwei stattliche Villen den Blick ins Land: die Wohnhäuser zweier Söhne des Generalkonsuls J. C. H. W. O'Swald.

Unter den sieben Kindern dieses Mannes, die zur Sommerzeit in Dockenhuden aufwuchsen, ist besonders zu nennen *Albrecht O'Swald I* (1831–1899), der Generalkonsul von Sansibar war, Mitinhaber der väterlichen Firma wurde und in Geschäfts- und Finanzkreisen eine hervorragende Rolle spielte. Sein Bruder war *William O'Swald* (1832–1923), der nachmalige Hamburger Bürgermeister. Dieser hatte sich im väterlichen Geschäft genug Kenntnis von Handel und Schiffahrt erworben und wurde frühzeitig zu öffentlichen Ämtern erwählt. Bereits 1862 wurde er Richter des Niedergerichts, 1866 Kommerzdeputierter und Mitglied der Deputation für Handel und Schiffahrt. Es gelang ihm der Abschluß des Handelsvertrags der Hansestädte mit dem Sultan von Sansibar, wodurch er die öffentliche Aufmerksamkeit auf sich lenkte[436]. Bereits im siebenunddreißigsten Lebensjahr wurde er zum Hamburger Senator erwählt und hat dieses Amt fast dreiundvierzig Jahre (1869 bis 1912) innegehabt. 1872/73 war er zweiter Landherr der Landherrenschaft der Geestlande, seit 1881 Präses der Deputation für Handel und Schiffahrt, und als solcher hatte er die Verhandlungen mit Preußen im Köhlbrandvertrag zu führen. Der Ausbau des Freihafens ist wesentlich mit sein Werk. Ihm zu Ehren wurde ein Kai der O'Swaldquai genannt. Sein aus heimatlichen Erfahrungen erwachsenes Verständnis für die Forderungen der Schiffahrt ermöglichte überall, wo er eingriff, schnelles und reibungsloses Arbeiten. Er war Vorsitzender der Deutschen Kolonial-Gesellschaft, Abteilung Hamburg, und 1908 und 1909 Zweiter Hamburger Bürgermeister. Sein großes fachliches Wissen, seine ehrenhafte Gesinnung und Selbstlosigkeit lassen ihn als einen in der Geschichte Hamburgs unvergeßlichen Charakter erscheinen.

Die beiden Brüder Albrecht und William O'Swald vermählten sich mit zwei Schwestern *Ruperti*, Töchtern des Kaufmanns Justus Ruperti, und zwar Albrecht mit Pauline und William mit Olga Ruperti. Weil die Brüder durch diese Heiraten so eng verbunden blieben, erwarben sie um das Jahr 1865 gemeinsam das Berggelände, das sich vom Mühlenberger Strand bis zur Grenze von Baurs Park emporzog und seit alter Zeit der »Lehmberg« hieß. Unterhalb dieses Lehmberges wohnten einige Fischer, und an dessen westlichem Ende, am Ausgang des Mühlenberger Weges neben Baurs Park, lag die vielbesuchte Ockelmannsche Wirtschaft und ihr benachbart eine alte Sägerei. Der Lehmberg war westlich vom Mühlenberger Weg begrenzt und östlich von dem malerischen alten Treppensteig der heutigen mit hübschen kleinen Strohdächern umsäumten Panzerstraße. Den zuvor mit wenigen alten Eichen bestandenen Berg gestalteten die Brüder O'Swald zu einem Park aus. Oben ließ sich jeder von ihnen durch A. de Meuron ein Landhaus bauen. Beide Häuser sind gleich, nur sind sie seitenvertauscht. Der sanft davor nach dem Strand sich senkende Hang wurde in eine Rasenfläche verwandelt (beide Villen heute Mühlenberger Weg 16 und 18). Der anschließende Garten, der sich hinter dem Rasenhang steiler abwärts senkte, endete am Strand mit einer durch eine Mauer gebildeten Terrasse, auf der sich Treibhäuser befanden. Oberhalb dieser Treibhäuser war in einer steilen Mulde, nach Osten und Westen durch vorspringende Hügel geschützt, ein stufenförmig angelegter Weinberg. Unterhalb der Terrasse hatten O'Swalds, westlich von der späteren öffentlichen, jetzt nicht mehr bestehenden, eine eigene Landungsbrücke, bei der sich eine Zollbude erhob, weil ganz Hamburg damals Freihafengebiet war. Für die Stromregulierung wurde das Vorland zwischen Terrasse und Uferweg gleichfalls aufgehöht.

Von den beiden Brüdern blieb jedoch nur der spätere Bürgermeister O'Swald dem Landsitz dauernd treu. Albrecht O'Swald I wurde sein Anteil verleidet, weil sich ihm in unmittelbarer Nachbarschaft ein großes Fabrikunternehmen sozusagen vor die Nase setzte, das mit Lärm und Rauch die Gegend verschandelte. Es handelte sich um eine Fabrik, in der ausländische Hölzer für Gerbereien zerraspelt wurden. Mit diesem Holz wurden u. a. argentinische Bockkäfer eingeschleppt, die einen großen Teil der umliegenden Parkanlagen kahlfraßen. Auch konnte damals dem Zoologischen Garten eine große Schlange geschenkt werden, die in einem hohlen Quebrachostamm die Ozeanfahrt mitgemacht und dem Lösch- und Ladebetrieb der Fabrik nicht geringe Störungen verursacht hatte. Die gemeinsame Besitzung der Brüder wurde um 1887 in zwei etwa gleich große Teile geteilt und Albrecht O'Swalds I Besitz verkauft.

Dieser wurde erworben durch den Reeder Robert *Loesener*, einen Enkel von R. M. Sloman sen., der auch die Fabrikanlagen aufkaufte und 1891 abbrechen ließ[437]. Damit wurde die Verschandelung der Westseite des Mühlentals wieder beseitigt. Das Tal war freilich auch auf der Ostseite arg mitgenommen. Einst befand sich dort der von Buchen, Wiesen und Obstgärten umsäumte malerische Mühlenteich mit der alten Johnschen Mühle, die reichliches Wasser durch die zahlreichen Quellen der Umgebung erhielt. Ende der achtziger Jahre wurde die Mühle abgebrochen und eine Fabrik mit Riesenschornstein errichtet, die zunächst als Tuchmanufaktur, dann als Wollwäscherei, schließlich als Schiffswinden- und Maschinenfabrik existierte, aber jedesmal in Liquidation kam. Der Mühlenteich wurde in einen kümmerlichen viereckigen Zementtrog eingegrenzt. Die Bemühungen der Anwohner des Mühlentals, die dafür Geldmittel aufbrachten, erreichten schließlich, daß der Schornstein der erfolglos arbeitenden Fabrik niedergelegt wurde. Die Maschinenhallen der Fabrik wurden in das spätere, nach dem Kriege abgerissene »Elbkurhaus« umgewandelt, und so ist es den Anstrengungen der heimatliebenden Bewohner dieses Erdenwinkels gelungen, das Mühlental wenigstens von den schlimmsten Entstellungen wieder zu befreien, die auf Grund der Genehmigung durch den Pinneberger Landrat hier von Fabrikunternehmern verursacht worden waren, denen das Gefühl für die landschaftliche Schönheit völlig fehlte; sonst hätten sie sich in dem reichlich vorhandenen Industriegebiet des Hinterlandes angesiedelt. Professor Max Slevogt, der den Bürgermeister O'Swald malte und in Dockenhuden zu Gast weilte, nannte den Maschinenhallenbau ironisch die »babylonische Villa«.

Von R. Loesener erwarb der Kaufmann *Edye*, New York, das Anwesen, und von diesem wieder erbte es dessen Bruder *Alfred Edye* sen. Dieser pflegte und verschönerte den Besitz sehr, schuf das hübsche Wohnhaus gegenüber dem Eingang zu Baurs Terrasse und baute das vorher Meinert und Lausen gehörige Haus für seine Kinder aus, während die zuvor hier gelegenen alten Häuser abgerissen wurden. Nach Alfred Edyes Tod und in der Inflationszeit verkaufte die Familie Edye um 1922 den Besitz; dieser wurde nunmehr wieder aufgeteilt und mit verschiedenen neuen Häusern bebaut.

Bürgermeister O'Swald dagegen behielt seine Besitzung bis kurz vor seinem Ende. Nachdem er im Jahre 1912 aus dem Staatsdienst ausschied, beschäftigte ihn u. a. die Herausgabe der Reiseberichte seines Vaters. Im unteren Abhang seiner Besitzung hatte er seinem ältesten Sohn, dem Kaufmann Albrecht O'Swald II und Mitinhaber des Hauses Wm. O'Swald & Co., ein Stück Land überlassen. Albrecht O'Swald II erbaute sich daselbst auf der Stelle des alten Johnschen Hauses, das gleichfalls in O'Swaldschen Familienbesitz übergegangen war, 1911–1912 eine Villa in Klinkerrohbau (Mühlenberg 84). Die Villa wurde durch den Architekten Paul *Schöß* aus Lübeck errichtet, der an die im Norden heimischen Stilarten wieder anknüpfte.

In der Inflationszeit sah sich Bürgermeister O'Swald veranlaßt, sein von ihm fast zwei Menschenalter bewohntes Anwesen zu verkaufen. So ist heute nur noch ein verhältnismäßig kleiner Teil, das Landhaus Albrecht O'Swalds II mit dem Garten, im Besitze der Familie geblieben. Eigner des Hauses Mühlenberger Weg 16 ist heute Frau Käthe Axien, vom benachbarten Haus Nr. 18 W. Horn. Daß das Mühlental heute wieder idyllischer anmutet, wenn es auch den Reiz von ehedem nicht wiedererlangen konnte, ist also lediglich den vereinten Anstrengungen der Hamburger Kaufleute zu verdanken, die sich hier ansiedelten. Die ortsansässige Bevölkerung hätte von sich aus nichts vermocht, um der zunehmenden Verschandelung Einhalt zu gebieten.

IX. BLANKENESE

BAURS PARK

Dieser große Park, die Schöpfung des Konferenzrats G. F. *Baur*, der sein besonderes Gepräge im Zeitalter der deutschen Romantik erhielt, hat eine umfangreiche Vorgeschichte[438] und ist im wesentlichen aus vier größeren Einzelanwesen zusammengewachsen: aus drei auf dem Geestrücken des Schwalkenberges gelegenen Landsitzen und viertens aus den Landstellen, die sich unterhalb des Geestabhanges am Strande befanden.

Ursprünglich war der Schwalkenberg ein kahler Sandberg, der nach den zahlreichen hier nistenden Schwalben seinen Namen erhielt. Er trug nach der Flurkarte von 1786 bereits die drei Hauptanwesen. Der westliche dieser drei Besitze endete dort, wo heute der Baursweg von der Blankeneser Hauptstraße zum Strand führt, und trug die von Ausflüglern gern besuchte Bäckerei W. *Strack*. Man hatte von dort einen freien Blick auf das zu Füßen liegende Blankenese mit der dahinter auftauchenden, damals noch kahlen Kuppe des Süllberges. Den kleineren vorderen Teil des Geländes samt dem Geestabhang hatte Strack 1788 an die Gebrüder *Lodge*, drei Engländer, verkauft, die sich hier ein ländliches Sommerhaus (Cottage) erbauen ließen[439]. Dieser kleinere Landsitz wurde ganz besonders wegen seiner glücklichen Anlage und schönen Aussicht berühmt. Der Besitz war mit einer geschmackvollen Einfahrt versehen; der Weg zur Cottage selbst führte an einer umfassenden Elbaussicht vorbei. Das Ganze war bereits parkartig gestaltet. 1796 war es in den Händen des Hamburger Kaufmanns Johann Peter *Dumas*[440], eines Bevollmächtigten für Peter Godeffroy, der es an den Arzt Cornelius de Vos, den zeitweiligen Besitzer der »Bost«, weiterverkaufte[441]. 1815 erwarb die Besitzung der nachmalige Konferenzrat G. F. *Baur*[442], der bereits das Nachbargrundstück innehatte.

Dieses Nachbargrundstück, der Mittelteil des späteren Baurschen Parks, war gleichfalls ein anmutiger Garten, der schon frühzeitig hier bestanden haben mag; denn Lappenberg berichtet 1847, daß sich auf dem Grundstück eine schöne Akazie befand, deren Alter von den Botanikern damals auf 150 bis 200 Jahre geschätzt wurde. Es erstreckte sich vom Geestabhang bis zur heutigen Blankeneser Hauptstraße. Wohnhaus und Nebengebäude befanden sich auf dem Geestrücken nahe der Landstraße, und zu dem in der Mitte liegenden Wohnhaus, das beiderseits von Wirtschaftsgebäuden umrahmt war, führte von der Straße aus eine kleinere Allee. Dieser Besitz gehörte nach der Flurkarte 1786 dem Rittmeister Carl Friedrich *von Brömbsen*[443], der ihn 1787 der Justizrätin Maria Catharina *Faber*, geb. Volckmann, verkaufte, einer Tochter des Hamburger Advokaten Lic. Conrad Diedrich Volckmann. C. D. Volckmann war zugleich der Urgroßvater des berühmten Chirurgen und Generalarztes *Richard von Volckmann*, der unter dem Schriftstellernamen Leander die »Träumereien an französischen Kaminen« schrieb[444]. C. D. Volckmanns Tochter Maria Catharina (1745–1812) hatte sich 1767 mit dem Justizrat Lic. Daniel *Faber* vermählt, einem Enkel des als besonders gütig und mildtätig gerühmten Hamburger Bürgermeisters H. J. Faber[445]. Sie wurde bereits 1782 Witwe und besaß den Blankeneser Gartensitz bis zu ihrem Tode 1812. Von den Erben erwarb gleichfalls Konferenzrat G. F. *Baur* das Anwesen[446].

Baur war schon seit 1804 hier ansässig; er hatte damals zuerst den dritten der drei Gärten, den östlichen, gekauft, der zuvor dem Kaufmann Anton Fr. *Stuhlmann* gehört hatte. Dieser betrieb ein großes Tuchgeschäft in Altona am Nobistor und war neben Peter Rode Provisor des neuerbauten Krankenhauses. Stuhlmann selbst, der seine Blankeneser Besitzung sehr liebte, wurde an einem Maitag 1795 dort auf der Wiese tot aufgefunden. Der Stuhlmannsche Garten war westlich begrenzt von dem ins Mühlenberger Tal führenden Weg (heute »Mühlenberger Weg«). An der Hauptstraße lag er auf dem Geestrücken, der sich in schöner Rasenfläche breit zum Strand abwärts senkte. Ein Wohnhaus und eine Scheune befanden sich im Norden nach der Chaussee zu, etwa in gleicher Höhe mit dem Wohnhaus des Faberschen Gartens. Den Wiesenhang durchquerte eine Allee. Das untere Ende bildete eine Anhöhe mit Aussicht auf den Strom.

Nach Stuhlmanns Tod erwarb August *Lübbert* den Garten, ein Kaufmann, in Kompanie mit dem oben erwähnten J. P. Dumas, der damals den von den Lodges geschaffenen westlichen Garten innehatte[447].

Lübbert verkaufte den Besitz aber alsbald, 1796, wieder an den uns aus seinem Neumühlener Kreis wohlbekannten Georg Heinrich *Sieveking*[448]. Dieser starb bereits im nächsten Jahr, und seine Witwe verkaufte daher den Landsitz bereits 1799 weiter an eine vornehme Emigrantin, die Prinzessin Louise Auguste Elisabeth *von Lothringen und Vaudemont*. Sie war die Erbtochter des Prinzen Louis de Montmorency-Loigny, also aus einem Seitenzweig des altberühmten französischen Adelsgeschlechts, von dem viele Mitglieder während der Französischen Revolution nach Hamburg und Altona flüchteten[449]. Vermählt war sie seit 1778 mit *Joseph Maria* Prinz von Lothringen und Vaudemont und wurde dadurch die Schwägerin von dessen Bruder, dem Prinzen Karl Eugen *von Lambesc*. Beide Brüder waren Verwandte der Königin Marie Antoinette, daher dem Hause Österreich zugetan. 1789 war Karl Eugen Großstallmeister von Frankreich und Inhaber des Regiments Royal-Allemand. An der Spitze dieses Regiments drang er am 12. Juni 1789 in den Tuilerien-Garten ein, um das Königspaar vor der erregten Volksmenge zu schützen. Nach dem Sturz der französischen Monarchie ging er wie sein Bruder nach Deutschland und wurde Offizier der kaiserlichen Reichsarmee. Die Brüder machten alle Feldzüge gegen die französische Republik und gegen Napoleon mit. Joseph Maria avancierte zum kaiserlichen Generalmajor und Karl Eugen, der acht Jahre älter war, zum kaiserlichen Generalfeldmarschall. Während die beiden Männer im Felde standen, hielt sich auch die Prinzessin in Deutschland auf: 1798–1802 erscheint sie in den Hebungsregistern von Altona. Sie hatte hier verschiedene größere Privatbesitze angekauft, vermutlich um ihr Vermögen sicher anzulegen, und vermietete alsdann diese Besitzungen. Auch den Stuhlmannschen Garten wird sie lediglich aus diesem Grunde erworben haben. Ihre Ehe war kinderlos. Als die Bourbonen wieder auf den französischen Thron zurückkehrten, ging auch sie nach Paris, wo sie um 1840 starb.

Sie verkaufte den Garten nach kurzer Zeit an den Grafen Friedrich Bernhard August *von der Osten-Sacken*, der sich 1813-1814 als Kommandeur eines Jäger-Regiments auszeichnete und sich außerdem Verdienste um Ackerbau und Industrie in Mecklenburg erwarb[450]. 1801 hatte er sich vermählt, und 1803 wurde ihm in Blankenese eine Tochter Angelika geboren.

1802 aber hatte er bereits den vormals Stuhlmannschen Besitz verkauft an Georg Friedr. *Baur* (1768-1865), der damit das Stammgrundstück des späteren Baurschen Parks erwarb. Er entstammte dem altberühmten Altonaer Bürgermeister- und Senatorengeschlecht. Er war der dritte Sohn des Altonaer Bankiers und Bürgermeisters Konferenzrat Johann Heinrich Baur (1730-1819), der Enkel des aus Stuttgart nach Altona eingewanderten Bürgermeisters Etatsrat Johann Daniel Baur (1700-1774) und Bruder des Altonaer Bürgermeisters Etatsrat Johann Daniel Baur (1766-1832), welch letztgenannter, da seine Ehe kinderlos blieb, sein erhebliches Vermögen der Stadt Altona vermachte zwecks »besserer moralischer und physischer Erziehung der ärmeren christlichen Jugend« (sog. »Baursche Stiftung«, fast eine Million Mark Courant).

Von seiner Familie her hatte Baur große kaufmännische Begabung, Fleiß und Sinn für repräsentative Lebensführung auf den Schicksalsweg mitbekommen. Er zeigte Unternehmungsfreude und rege Baulust. So schuf er nicht nur (1804) das schöne Palais Baur in der Altonaer Palmaille (heute Nr. 49)[450a], um selbst ein seinem Empfinden zusagendes Stadthaus zu haben, sondern er fand es auch für zweckmäßig, der Palmaille, der damals repräsentativsten Straße Altonas, überhaupt ein besonders würdiges Aussehen zu geben. Er machte sie daher sozusagen zu »seiner Straße«, indem er sie durch Chr. Fr. Hansen mit stattlichen Wohnhäusern im einheitlichen klassizistischen Stil bebauen ließ. Er bekleidete selbst keine öffentlichen Ämter; aber sein Wirken als Handelsherr und Finanzmann drang weit in die Öffentlichkeit. In Arbeit und Lebensführung war er peinlich genau[451]. Er hatte ursprünglich in Göttingen und Kiel die Rechte studiert, änderte aber alsdann seinen Beruf und gründete gemeinsam mit seinem Bruder Johann Heinrich Baur im Jahre 1795 die Firma J. H. & G. F. Baur[452]. Beide Brüder brachten ihr Handelshaus zu großem Ansehen. Nach dem Tode des Bruders 1807 trat G. F. Baurs Schwager Franz Matthias Mutzenbecher in die Firma ein, wo er bis 1817 tätig war. Danach führte G. F. Baur das Geschäft allein, bis er seinen Sohn Georg Friedrich, den späteren Etatsrat, und nachher auch seinen jüngsten Sohn Franz Johannes als Associés aufnahm. Er hatte sich 1797 mit Marianne *Heise*, der Tochter des hamburgischen Bürgermeisters J. A. Heise, vermählt, und aus dieser glücklichen Ehe gingen elf Kinder hervor. Als er im hohen Alter von 96 Jahren starb, überlebten ihn sieben Kinder, vierunddreißig Enkel und zweiundzwanzig Urenkel. Zur Feier seiner goldenen Hochzeit wurde er 1847 zum Konferenzrat und Ehrendoktor der juristischen Fakultät der Universität Kiel ernannt. Er übte große Mildtätigkeit und lebte in den letzten Jahren sehr zurückgezogen.

Die drei obenerwähnten großen Gärten erwarb Baur nacheinander, wie erwähnt, in den Jahren 1802, 1812 und 1815. Hinzu kam endlich noch im unteren östlichen Teil ein Gelände an der Elbe, auf dem um 1800 ein Engländer John Humphrey ein Landhaus errichtet hatte. Die volle Ausgestaltung des Parks durch Baur geschah 1817–1832, also im Zeitalter der deutschen Romantik. Aber auch dem klassizistischen Geschmack, den Baur durch seine Aufträge an Hansen bekundete, war Rechnung getragen. Im östlichen Teil des Parks erhoben sich drei Tempel, der eine am Abhang des Mühlenberger Wegs in Rundform, offen und von acht Säulen getragen, der zweite, ein geschlossener Rundbau, der dritte an der nördlichen Gartengrenze in der Art eines kleinen dorischen Tempels, etwa in dem Geschmack K. Fr. Schinkels. Die größeren Flächen des oberen Geestgeländes wurden als Wiesen belassen. Im westlichen Teil ließ Baur Alleen anlegen, die zum Teil noch heute bestehen. Das romantisierende Element trat hervor in der künstlichen Turmruine, die den westlichen Park schmückte. Anmutige Chinoiserien wurden geschaffen in dem Pagodenturm, der einen weiten Rundblick gewährte, und in dem Aussichtspunkt beim »Japanischen Schirm«. Das »Zypressental«, die »Waldhütte«, der »Birkenhain«, stille Grotten und verträumte Winkel luden zum Verweilen ein. Vom »Kanonenberg« im westlichen Teil des Parks wurden die aus- und einfahrenden Schiffe des Hauses J. H. & G. F. Baur mit Salutschüssen begrüßt. Auch Baur gestattete, wie die übrigen Besitzer der großen Elbparks, Fremden gastlich den Zutritt und hatte von Siegfried Bendixen einen Plan des Parks mit Bildern (lithographiert von Speckter & Co) entwerfen lassen[453].

Ein besonderes Schmuckstück wurde die 1834 geschaffene große Steinterrasse (Bollwerk) längs des Elbstrandes. Sie führte ein Maurermeister namens Homann aus. Das Gitter entwarf Bildhauer Winck; gegossen wurde es in der Rendsburger Carlshütte. Vorher, 1818, war schon der Park am Mühlenberger Weg und an der Elbchaussee durch ein hohes eisernes Gitter abgeschirmt worden, das von der Firma Wuppermann & Schmilinsky hergestellt war. Es ist nur noch teilweise vorhanden. Dagegen stehen noch die 4 von dem Steinmetzen Wittgreff 1815 geschaffenen Torpfeiler, die die Einfahrt vom Mühlenberger Weg her flankieren.

Von demselben Maurermeister Homann wurde 1839 auch das neben dem Herrenhause gelegene ehemalige Stallgebäude erbaut. 1955 wurde es im Inneren von Grund auf umgestaltet und im Äußern wieder würdig hergerichtet, da es kulturellen Zwecken dienen sollte. In den unteren Räumen installierte sich die Eduard-Hallier-Bücherhalle; in den oberen Räumen finden Vorträge, Ausstellungen, Konzerte und Aufführungen statt, was dem Gebäude den gutgemeinten Namen »Musenstall« eingetragen hat. Das Baursche Herrenhaus erhielt schon 1923 durch den damaligen Besitzer L. R. Müller den Namen »Katharinenhof«, der noch heute die übliche Bezeichnung trägt.

Besondere Sorgfalt verwandte Baur 1830 auf die Erbauung des neuen Herrenhauses. Er bediente sich dabei des aus Kopenhagen gebürtigen, in Hamburg arbeitenden Architekten Ole Jörgen *Smith*

(1793–1848), dem u. a. die eindrucksvolle Englische Kirche auf dem Zeughausmarkt zu verdanken ist. Smith war durch langjähriges Studium in Italien durch die dortigen Meister geschult, was auch in dem Dockenhudener Wohnhaus zum Ausdruck kam, das er im spätklassizistischen Stil für Baur errichtete. Das geräumige Haus bestand aus zwei dreigeschossigen Quergebäuden, die durch einen verbindenden zweigeschossigen Mittelbau zu imponierender Einheit gebracht waren. Dieser zeigte an der Elbfront einen breiten, von vier hohen dorischen Säulen getragenen Balkon im ersten Stock. Auch die Innenräume waren zum Teil mit Säulenschmuck versehen. Sie bargen u. a. englische Möbel aus Jakarandaholz, Gemälde von August von Riedel und große Statuen von H. W. Bissen. Ein Wiesenhang senkte sich von dem Hause breitflächig zum Strand abwärts. Das Besitztum sah wiederholt glanzvolle Feste, so besonders im Jahre 1840, als im Frühsommer König Christian VIII. mit seiner Gemahlin den Landsitz besuchte[455].

Das *geistige Leben* auf der Besitzung nahm besonders zu, als des Konferenzrats feinsinniger Sohn, der Etatsrat G. F. Baur, herangewachsen war und als die Töchter des Konferenzrats sich mit namhaften Gelehrten vermählt hatten. Aus dem Jahre 1816 wird uns von einem Besuch Friedrich *Schleiermachers* in Baurs Park berichtet[456]. Schleiermacher hatte zuvor den Kreis um Baron Voght, Poel und Sieveking in Flottbek aufgesucht und erging sich an einem Junitag mit dem Hamburger Kaufmann *Wattenbach* und dem späteren Hamburger Staatsmann Karl *Sieveking* unter weltanschaulichen und philosophischen Gesprächen im Baurschen Garten. Doch wollte eine rechte Unterhaltung aus dem Herzen heraus nicht in Fluß kommen. Karl Sieveking, der Enkel des mit Lessing befreundeten Reimarus, und Schleiermacher, der Freund des zum Katholizismus übergetretenen Friedrich Schlegel, waren zwei zu verschiedene Naturen. Wattenbach, der sie beobachtend begleitete, bemerkte als Ergebnis dieses Spaziergangs: »Vielleicht scheuten sie, sich auszusprechen, da sie wohl wissen, daß sie für arge Tugendbündler angesehen werden.« Der Diplomat G. J. Rist, Freund des Poel-Sievekingschen Kreises, der Schleiermacher in diesen Tagen gleichfalls sah, schrieb: »Es war nicht sowohl die kleine, ein wenig mißgestaltete Person, als der unklare Ausdruck der Züge, das kalte und verhaltene Wesen, was mir an diesem sonst so beredten und in Predigten, Streitschriften und gelehrten Arbeiten so kräftigen und geistreichen Mann mißfiel[457].«

Das Geistesgepräge der Baurschen Geselligkeit wurde besonders durch drei Gelehrte charakterisiert, die mit dem Hause Baur teils verwandtschaftlich, teils freundschaftlich verbunden waren: durch die beiden Schwiegersöhne des Konferenzrats, den Hamburger Archivar Dr. Johann Martin *Lappenberg* und den Professor an der Hamburger Gelehrtenschule Dr. Franz *Ullrich*, sowie durch den der Familie freundschaftlich verbundenen Astronomen Professor Heinrich Chr. *Schumacher*. Lappenberg, der zuerst mit der ältesten Tochter Emilie, dann nach deren frühem Tode mit der jüngeren Tochter Marianne verheiratet war, widmete von seinen zahlreichen wissenschaftlichen Werken seinen Schwiegereltern Baur zum Fest ihrer goldenen Hochzeit 1847 das bereits mehrfach erwähnte Buch »Die Elbkarte des Melchior Lorichs vom Jahre 1568«, indem er eine wertvolle geschichtliche Darstellung der auf der Elbkarte erscheinenden Ortschaften gibt[458]. Professor Ullrich, ein Pfarrerssohn aus der Gegend von Würzburg, war zunächst Kustos der Königlichen Bibliothek und Privatdozent in Berlin gewesen, bis er 1823 als Professor an die Hamburger Gelehrtenschule (Johanneum) berufen wurde. Er vermählte sich 1825 mit der Tochter Therese Baur. Seine Forschungen erstreckten sich besonders auf die griechischen Klassiker. Schumacher war der Dritte im Bunde. Er erhob damals die Altonaer Sternwarte, die sich in dem im Kriege zerstörten Haus Palmaille 27 befand, zu einer der ersten Sternwarten der Welt[458a].

Konferenzrat Baur hatte den Blankeneser Landsitz, eines seiner Lebenswerke, als Familienfideikommiß bestimmt, und nach seinem Tode erbte dieses sein Sohn Etatsrat Dr. jur. *Georg Friedrich Baur* (1802–1887), ein Mann von lauterer Gesinnung und echter Herzens- und Geistesbildung, dessen menschlich anziehendes Bild uns in seinen »Jugenderinnerungen« erhalten ist[459]. Er wurde Teilhaber seiner väterlichen Firma und war eine jener verantwortungsbewußten Persönlichkeiten, die überliefertes Erbe gewissenhaft verwalten, ohne es weiter zu vermehren. Er war vermählt mit Caroline Amélie de Chapeaurouge (1819-1877). Auch unter seiner Zeit wurde der kostbare Park sorgsam gepflegt. Der Konferenzrat hatte zur Unterhaltung des Gartens jährlich 6000 Mark gestiftet, eine Summe, die indessen bei weitem nicht ausreichte. Sein Sohn, der Etatsrat, war ein besonderer Freund und Förderer der Gartenbaukunst und stiftete über die vom Vater angesetzte Summe hinaus noch erhebliche Zuschüsse. Der Vater hatte den Garten, der auf kahlem Sandboden errichtet wurde, zur Bepflanzung mit guter Erde bedecken lassen, die vom jenseitigen Ufer der Elbe, dem »Alten Land«, zu Schiff herübergeholt worden war. Etatsrat Baur schuf ein prächtiges *Palmenhaus*. Aus einem zeitgenössischen Bericht ist u. a. folgendes zu entnehmen: Der Park umfaßte damals einen Flächenraum von 8686 Quadratruten und besaß drei Berge, jeder von reichlich 200 Fuß Höhe. Nördlich vom Wohnhaus war ein großartiger, sehr sauber gehaltener *Blumengarten* angelegt, der auf weiten Rasenflächen einen üppigen Beetschmuck in Form von Füllhörnern und sonstigen Ornamenten zeigte und in der Mitte eine hohe Fontäne springen ließ. Im Frühjahr waren zur Bepflanzung des Blumengartens allein über hunderttausend Topfpflanzen erforderlich. Auch eine Ananas- und Weintreiberei sowie eine Orangerie waren vorhanden. Der Park stand unter der Leitung des Obergärtners Georg *Bösenberg*, der ein ganzes Heer von Angestellten beschäftigte. Wenn die Zahl hundert, die damals die Zeitungen nannten, auch zu hoch gegriffen war, so dürfte doch die Menge des Personals recht stattlich gewesen sein[460].

Gern ließ der Etatsrat auch seine Verwandtschaft an den Freuden des sommerlich-ländlichen Lebens teilnehmen. Im westlichen Teil des Parks hatte der Konferenzrat noch seiner Tochter, der unvermählt gebliebenen *Auguste Baur* (1821-1875), eine Villa erbaut. Auguste Baur zeichnete sich durch sozialen Sinn und Wohltätigkeit aus; sie vermachte der Blankeneser Kirche eine namhafte Schenkung. Nach ihr ist die Auguste-Baur-Straße in Blankenese benannt worden. Ihr Wohnsitz wurde im März 1935 abgebrochen[461]. Auch seinen Neffen, den Sohn des Archivars J. M. Lappenberg, den Hamburger Senator Dr. *Alfred Lappenberg,* und dessen Familie ließ der Etatsrat Jahrzehnte auf seinem Sommersitz, und zwar in dem geräumigen Herrenhaus, wohnen. Alfred Lappenberg (1836–1916) war Landgerichtsdirektor, dann Rat im Hanseatischen Oberlandesgericht; 1888 wurde er in den Senat gewählt, aus dem er 1907 ausschied. Er war mit Emilie Baur, der Tochter des Etatsrats, vermählt und damit dessen Neffe und Schwiegersohn zugleich.

Nachdem der Etatsrat das Zeitliche gesegnet hatte, erbte sein Sohn gleichen Namens, der Kaufmann *Georg Friedrich Baur* (1843 bis 1921), die Besitzung, die er über ein Menschenalter bewohnte. Er war eine liebenswürdige Persönlichkeit. Unter seiner Besitzerzeit mußten freilich schon an dem großartigen Blumengarten und dem Palmenhaus Einsparungen gemacht werden[462]. Krieg und Inflation zerstörten weiter viel. Nach dem Tode Baurs wurde, da die Familienfideikommisse gesetzlich zur Auflösung kamen, der große Park verkauft. Er ging in die Hände des Architekten Franz Bach über. Die Gemeinde Blankenese und nach deren Eingemeindung die Stadt Altona konnten es ermöglichen, daß der drohenden Spekulationssucht eigennütziger Bodenspekulanten ein Riegel vorgeschoben wurde. Zwar sind nicht nur das alte Herrenhaus und die frühere Auguste Baursche Villa Einzelgrundstücke geworden. Es befinden sich auch weitere neubebaute Villengrundstücke im Park. Der größere Teil des Parks aber konnte bisher gerettet werden und bildet ein Kleinod der Elbgemeinden. Mit der Schaffung Groß-Hamburgs 1937 ging auch der Baursche Park in den Besitz des Hamburger Staates über.

KLÜNDERS GARTEN, SPÄTER HESSES PARK

Hesses Park, der eigentlich nach seinem Schöpfer »Klünders Park« heißen müßte, ist etwa 1799 entstanden[462a]. Zuvor war diese Höhe eine baumlose Wiese, auf der seit alter Zeit die Blankeneser ihre Schafe weiden ließen. Das Gelände hieß auf der Flurkarte von

1786 »Schäferkamp«; es reichte nördlich bis zur heutigen Oesterleystraße, südlich etwa bis zum heutigen Weg »Op'n Kamp«; jenseits der Oesterleystraße bis zur Blankeneser Landstraße hieß es »Schabsdrift« und »Achtern Schabsberg«[463]. Daran grenzte der zu Dockenhuden gehörige »Kreyenbarg«, auf dem inzwischen Goßlers Park angelegt wurde.

Der erste, der dieses bis dahin freie Gelände des Schäferkamps besiedelte, war der Kaufmann und spätere Direktor in den Gothaer Versicherungsunternehmungen *Rütger Heinrich Klünder* (1763 bis 1849), der aus Braunschweig stammte[464]. Er war Bankierssohn, kam schon in jungen Jahren nach Hamburg und brachte es sehr bald in der Firma Peter Godeffroy & Söhne zum Erfolg. 1799–1802 erwarb er in Blankenese Land, zunächst westlich vom Schäferkamp, auf dem oberen Teil des »Kahlkamp«, und legte dort eine Ölmühle an, die dicht am Wege (heute Bokenstekerweg) lag. Er erwarb es von dem Blankeneser Vogt Diedrich Struve. Die Ölmühle war ein langgestreckter Bau, der in der Mitte zur eigentlichen Mühle aufgestockt war. Klünder war vermählt mit Friederika, geb. Grupen (1776–1848)[465], die er zärtlich liebte und die bis in ihr höchstes Alter eine liebreizende Erscheinung war. Sie war die Tochter des Generalsuperintendenten Grupen aus Neustadt am Rübenberge[466]. Das Ehepaar Klünder brachte, als es in Blankenese wohnte, den Einwohnern viel Segen und Gewinn. In der Zeit der Kontinentalsperre hatten die Blankeneser Fischer sowohl durch die Franzosen wie durch die Engländer und deren beiderseitige Kampfmaßnahmen schwer zu leiden. Viele Familien verarmten. Da führten Klünder und seine Frau Flachsspinnen und Leinenweberei bei ihnen ein und verschafften der Blankeneser Bevölkerung eine einstweilige Verdienstmöglichkeit, bis die neu sich entwickelnde Frachtschiffahrt Blankeneses Wohlstand wiederherstellte[467]. Die Provinzialberichte schrieben über die Leistung Friederika Klünders folgendes: »Sie ließ für mehrere Tausend Taler Flachs von den Arbeitslosen in Blankenese und der Umgebung spinnen ... und vergalt die Arbeit nach der Güte des Gespinstes, erregte Nacheiferung, Streben nach Vervollkommnung, teilte die Arbeit an jeden selbst aus, nahm sie von jedem selbst entgegen, sortierte die Fäden, ließ das Garn bleichen, ließ es weben[468].« Marschall *Bernadotte* kam bei seinen Besuchen auf den Elblandsitzen, wo er u. a. bei Baron Voght gewesen, auch zu Klünders und schenkte Klünder, als er dessen Gattin mit der Sorge für die Armut also beschäftigt sah, zweihundert Louisdor zur Hilfe für die Bedürftigen[469]. Die Hilfsbereite hieß allgemein »die schöne Frau auf dem Berge«[470].

In den Jahren 1826 und 1827 wurde Blankenese durch schlimme Brandstiftungen[471] heimgesucht, zumal von einer besonders schweren Feuersbrunst, die vom Fährhaus ihren Ausgang nahm. Das Strohdach stand sofort in hellen Flammen, und ein starker Nordostwind fegte die Feuerfunken ins Tal, so daß bald die umstehenden Häuser brannten. Über zwanzig Anwesen wurden zerstört, und es herrschte abermals große Not. Der Landdrost in Pinneberg, E. A. *von Döring*, erließ einen Aufruf, in dem er um Hilfe für die Abgebrannten bat[472].

Klünders setzten sich tatkräftig zur Hilfe ein. Frau Klünder veranlaßte den Prinzen Meschersky, der mit dem alten General Graf L. A. von Bennigsen, dem russischen Feldherrn und Sieger in der Völkerschlacht bei Leipzig, sowie mit dessen Offizieren in naher Verbindung stand, für die Geschädigten zu sammeln. Meschersky brachte eine Sammlung von 100 Dukaten (= über 900 Mark) zustande und überwies sie Frau Klünder[473]. Ferner erwarb sich Frau Klünder große Verdienste durch die Einführung der Schutzimpfung gegen die *Blattern*. »Sie tat dies anfänglich unter Assistenz der beiden Hamburger Ärzte *Chaufepié* und *Kerner*, nachmals allein. Sie suchte in den Dörfern Dockenhuden, Blankenese, Sülldorf und der umliegenden Gegend das Vorurteil der Bewohner gegen die Schutzimpfung dadurch zu beseitigen, daß sie in die Häuser der Fischer und Landleute ging, ihnen die von ihr geimpften, blühend gesunden Kinder vorzeigte und jene aufmunterte, auch ihre Kinder von ihr unentgeltlich impfen zu lassen[474].« Als sie 1848 im Alter von 72 Jahren starb, war die Trauer allgemein.

Den Besitz um die Ölmühle vergrößerte und verschönerte das Ehepaar Klünder im Laufe der vier Jahrzehnte, die es hier verlebte, beträchtlich. Zuerst dürfte Klünder die westliche Hälfte, die 1840 Quadratruten groß war, erworben haben. Sie war im Norden und Westen vom Bokenstekerweg und der heutigen Straße »Am Kiekeberg« begrenzt und umfaßte einen malerischen Taleinschnitt, aus dem sich in späterer Zeit Wilmans Park entwickelte. Im Jahre 1802 hat Klünder auch die östliche, fast dreimal so große Besitzung hinzugekauft, die den späteren Hesseschen Park bildet. Sie wurde begrenzt im Norden von der Oesterleystraße, im Osten von der Blankeneser Bahnhofstraße und im Westen von der Straße »Am Kiekeberg«. Jenseits dieser bogenförmig verlaufenden Straße befand sich als südlichster Teil des Klünderschen Parks noch ein Gartengrundstück, das durch eine den Weg überspannende Brücke mit dem Hauptsitz verbunden war und wegen seiner umfassenden Aussicht den Namen »*Kiekeberg*« erhielt. Auf der östlichen Besitzung ließ Klünder um 1800 durch einen nicht bekannten Baumeister das *Herrenhaus* errichten. Unmittelbar neben dem Hause genießt man einen schönen Blick auf das zu Füßen liegende Blankeneser Tal. Das Herrenhaus, an das sich die Wirtschaftsgebäude anschließen, ist ein in quadratischem Grundriß angelegtes zweistöckiges Gebäude mit drei Fenstern Front: ein Flachdachbau, dessen Dachgesims von einem niedrigen Säulengitter geziert war. Die Front war ursprünglich frei von der heute vorgelagerten Veranda (durch Merck angebaut) und zeigte ein klassizistisches Eingangsportal. Um 1845 planten Klünders in dem älteren Teil des Besitzes, der die zu einem Gästehaus umgebaute Ölmühle trug, eine Wasserheilanstalt zu errichten, was jedoch nicht zur Ausführung gelangte. Um 1850 wurde dieses Gebäude abgebrochen.

Aus Klünders glücklicher Ehe gingen drei Kinder hervor: Die älteste Tochter *Elise* (1799–1867) vermählte sich 1819 mit dem Rechtsanwalt, Notar und nachmaligen Senator August *Meier* (1786 bis 1860), der aus Braunschweig stammte, in Helmstedt die Rechte studiert hatte und, seit 1810 in Hamburg lebend, 1830 in den Hamburger Senat gewählt wurde[475]. Von Elise Meier, geb. Klünder, ist aus den Jahren 1845–1849 eine Reihe von Familienbriefen erhalten, die diese hauptsächlich an ihren damals in Heidelberg studierenden Sohn Otto Meier[476], den späteren Hamburger Rechtsanwalt, richtete. Aus diesen Briefen seien nachfolgend einige Auszüge mitgeteilt:

Elise Meier an ihren Sohn Otto aus Hamburg am 9. September 1849: »An dem Tag als ich Dir zuletzt schrieb, fuhr ich bei *Madame Arnemann* in Nienstädten vor, ihr die Grüße von *Jenny Lind* zu bringen, sie nahm mich sehr freundlich auf; denn sie verehrt die große Künstlerin fast übertrieben. Sie hat z. B. das Zimmer, in dem sie bei ihnen logierte, von Maler *Asher* eigens für sie decorieren lassen, es soll eine wahre Pracht sein; an den Wänden ist sie in verschiedenen Scenen aus den Opern, in denen sie aufgetreten, oder sonst aus ihrem Leben dargestellt...«

Da Jenny Lind ein Gastspielkonzert in Cuxhaven gegeben hatte, konnte Elise Meier folgendes berichten: »Es war am Morgen ein Extradampfschiff des Concertes wegen hinunter geschickt, welches am Sonntag Abend zurückkehrte. Wir sahen es bei Blankenese vom Kiekeberge ab passieren. Es gewährte bei der schönsten Abendbeleuchtung einen wunderbar schönen Anblick; das ganze Schiff war mit Flaggen und Blumengirlanden geschmückt, denn sie, die Gefeierte war darauf. Da Herr Arnemann sie selbst abholte, landete sie oberhalb Blankeneses. Mehrere kleine mit Flaggen geschmückte Segelböte legten an die Elbe an; viele kleine Ruderböte und eine Menge größerer Segelschiffe waren gleichzeitig in der Nähe. Du glaubst nicht, wie schön der Anblick von oben herab war. Ich war in stummes Entzücken versunken, ohne zu wissen, daß sie uns so nahe!...«

Hamburg am 18. April 1848 (aus den Angsttagen der schleswig-holsteinischen Erhebung): »Wie bunt sieht es überall aus! und wie sind die armen Männer (namentlich die des Raths) mit Arbeiten überhäuft. Seit den ersten Unruhen hier ist noch immer täglich Rathssitzung, Sonntag nicht ausgenommen...

Vater und ich waren bei Nienstädten ausgestiegen. Als wir bei den Eltern (Klünder) anlangten, bekamen sie Visite von den bei ihnen am Freitag schon einquartierten Offizieren, die mit ihrem Quartier so zufrieden waren, daß sie (die schon um 2 gegessen hatten) uns Tafelmusik versprachen. Als wir beim Nachtisch waren, stellte sich ein großer Musikchor von 20 Mann dicht vor die Glasthür und spielte uns 1 ½ Stunde ganz köstlich vor. Unter anderm einen wunderschönen Marsch: ›an Schleswig-Holstein‹, worin das bekannte Lied als Hauptthema drin vorkommt. Das inspirierte dann die herbeigeströmte Beaumonde von Blankenese ganz besonders. Gr. Mutter (Klünder) und ich bedauerten fortwährend, daß unsere sämtliche Jugend den schönen Genuß nicht theilen konnte! Am Sonntag hielten sie große Parade. In dem Fahrwege vor unserem Hause stellte sich das ganze Bataillon auf und marschierte mit der schönen Musik nach dem großen Felde von *Baur*[477], neben *Roß*[478]. Carl und David waren zu Pferde hinausgekommen, mit ihnen gingen Vater und ich aufs Dach, wo wir zusahn, bis das Frühstück angerichtet ... *Lotte Thierry*[479] hat gleich Scandal mit ihrer Einquartierung gehabt, da sie es ihnen so sehr schlecht gegeben. Ihr Hr. Schwager[480] in Nienstädten hat die seine bei *Jacobs*[481] eingemiethet. Er und seine Frau sollen so dänisch gesinnt sein und sich so unvorsichtig äußern, daß Adler[482] sie hat warnen lassen... Das in Blankenese liegende 5te Bataillon der Infanterie sollte am Montag Morgen um 9 ½ am Altonaer Bahnhof sein, um weiter zu gelangen. Wir gingen Sonntag um 2 fort nach Rainville und fuhren per Omnibus weiter. In Altona habe ich fast nie ein solches Leben gesehen, da der Herzog von Braunschweig erwartet wurde.«

Das Ehepaar Klünder hatte im Januar 1848 das Fest der goldenen Hochzeit mit Kindern und Enkelkindern in Blankenese und Hamburg feiern können. Bald danach starben beide, sie 1848, er 1849. Die Erben verkauften nunmehr den Besitz, der geteilt wurde. Die westliche Hälfte mit dem Gästehaus ging an den Chinakaufmann Herm. Christoph *Wilmans* über, nach dem noch heute der Landsitz und der dorthin führende Weg »Wilmans Park« heißt. Der östliche größere Teil mit dem Kiekeberg wurde von Hermann Günther *Jochheim*, einem Hamburger Kaufmann, erworben[483]. Die Senatorin Elise Meier schrieb einige Jahre später, datiert vom 7. September 1852, über einen Tagesausflug nach der vormals Klünderschen Besitzung folgendes:

»Wir fuhren um 8 Uhr morgens per Dampfschiff nach Blankenese, stiegen die Fährhaustreppe hinauf und gingen zwischen unsern Gärten durch nach Baurs Berg[484], wo wir uns lange an dem schönen weiten Blick ergötzten. Dann gingen wir durch Kösters Garten[485] an den Strand, bis zum Fährhaus, wo wir im Grünen frühstückten ... Von da gingen wir bei Rosenthals in den Garten, die uns gleich anzeigten, daß Jochheims auf den ganzen Tag nach Hamburg gefahren wären. R. führte uns überall herum. Daß vieles verbessert, läßt sich nicht läugnen, doch hat das Haus an Freundlichkeit sehr verloren. Trotz aller strengen Verbote wird der Wall auf den Kieckeberg jetzt mehr denn je überschritten, denn er ist gänzlich weggetreten. Vater mußte die alte Thierry sprechen, also machten wir dort eine lange Visite und gingen dann durch die Gärten bis nach Teufelsbrück, wo wir unten beim Brauer Nagel Caffe ... genossen ... Es ist doch zu schön an der lieben Elbe!«

Jochheims behielten jedoch den Landsitz nur kurze Zeit. In den fünfziger Jahren erwarb der Hamburger Syndikus Dr. *Carl Hermann Merck* (1809–1880) die Besitzung und bewohnte sie mit den Seinen im Sommer fast ein viertel Jahrhundert[486]. Er war der Sohn des aus Schweinfurt nach Hamburg eingewanderten Kaufmanns und späteren Senators H. J. Merck und hatte die Rechte und Staatswissenschaft studiert. Nach großen Reisen durch Europa widmete er sich den öffentlichen Interessen seiner Vaterstadt und beteiligte sich u. a. an der Gründung der Hamburg-Bergedorfer-Eisenbahn. 1843 wurde er Senatssekretär und 1847 Senatssyndikus. Bald danach wurde ihm die Leitung der auswärtigen Staatsangelegenheiten übertragen. Seine mannigfachen Ämter, verbunden mit der Leitung der auswärtigen Staatsgeschäfte, machten Merck zu einer der wichtigsten Persönlichkeiten des öffentlichen Lebens. Es gab in den Jahrzehnten 1850–1880 wohl kaum eine öffentliche Frage von Bedeutung für Hamburgs Entwicklung, zu deren Lösung er nicht besonders beigetragen hätte. Schon vom väterlichen Haus her, das weitverzweigte Verbindungen zu aller Welt unterhielt, hatte er viele einflußreiche Beziehungen gewonnen. Sein weltoffener Blick, seine tiefe Liebe zur Vaterstadt, an der er im Sinne strenger geschichtlicher Tradition hing, verliehen ihm die besonderen Fähigkeiten für die seiner harrenden Aufgaben. Die Stellung des Syndikus war bekanntlich im damaligen Hamburg eine viel bedeutendere und verantwortungsvollere als in der Folgezeit. Der Syndikus stand an Würde und Ansehen fast dem Bürgermeister gleich. Merck selbst war mit den Hamburger Bürgermeistern Kirchenpauer und Carl Petersen sehr befreundet. Er wirkte als Staatsmann zwar mehr im stillen, dafür aber um so intensiver. Als Privatmann war er sehr gesellig. Er war vermählt mit der Tochter Peter Godeffroys, Luise Susette Godeffroy (1821–1875)[487].

Für den Blankeneser Besitz tat er sehr viel und verschönerte den Park wesentlich. Der Kiekeberg war bekanntlich von dem übrigen Grundstück durch den schmalen Dorfweg getrennt. Die niedrige Holzbrücke, die den Kiekeberg mit dem Hauptbesitz verband, mußte zweimal erhöht werden; das letztemal, weil der Leichenwagen nicht mehr darunter passieren konnte. Sie ist heute ganz beseitigt. In der Schlucht am Kiekeberg ließ Syndikus Merck eine »Rokkery«, eine künstliche romantische Felspartie errichten, wofür die schweren Steinblöcke auf dem Wasserwege herantransportiert wurden. Unterhalb des Kiekebergs befand sich ein Bauerngehöft, das zur Zeit des Syndikus ohne dessen Wissen verkauft und nun mit einem großen Haus bebaut wurde, das die Aussicht wegnahm. Darauf ließ Merck auf der Anhöhe ein riesiges Holzgerüst mit einem Plateau erbauen, um die Aussicht zu retten, worüber aber der Nachbar nicht erfreut war und deshalb auf seinem Grundstück vor das Holzgerüst Pappeln setzen ließ. Später kaufte Mercks Nachfolger Hesse 1893 das hinderliche Nachbargrundstück. Die Gärten wurden vereint und das Haus zur Sommerwohnung für seine verheirateten Kinder eingerichtet. 1920 ging dieser Besitz in die Hände von Hesses Schwiegersohn Dr. Stuerken über.

Als seine Frau in Blankenese gestorben war, verkaufte Merck im darauffolgenden Jahre 1876 den gesamten Besitz an den Kaufmann George Heinrich *Hesse* (1815–1909)[488]. Hesse und seine Frau, die später verwitwete Elisabeth, geb. Willink, haben nahezu fünfzig Jahre den Besitz innegehabt. 1926 wurde das Anwesen von der

Gemeinde Blankenese erworben und zum Teil parzelliert. Der Rest des Parks dient den Anwohnern als Durchgangsweg und zu erholsamem Aufenthalt. Nachdem er 1937 in den Besitz des hamburgischen Staats übergegangen war, wurde er instand gesetzt und wird, wie alle anderen öffentlichen Parks, mit großer Sorgfalt gepflegt.

Die westliche Hälfte, *Wilmans Park*, hat eine andere Entwicklung genommen. Nachdem Klünder 1849 gestorben war, teilten seine Erben, wie schon oben erwähnt, den Besitz auf und verkauften den westlichen Teil an den Chinakaufmann *Christian Wilmans*. Auf diesem Gelände hatte Klünder 1804 eine Ölmühle angelegt, eine Windmühle, die oben an der heutigen Oesterleystraße stand. Als Klünder 1825 das östlich gelegene Gelände hinzugekauft hatte und es zu einem Park mit Herrenhaus ausbaute, hatte er für den Betrieb einer Ölmühle kein Interesse mehr. Er legte sie still und richtete die Nebenräume des langgestreckten Mühlengebäudes als Gästehaus ein. In diesem Zustand erwarb Wilmans 1850 den westlichen Teil des Klünderschen Besitzes. Noch im gleichen Jahre ließ er die Mühle abbrechen, das Gästehaus aber bestehen, da er darin wahrscheinlich Wohnung genommen hatte. Nach 40 Jahren, 1890, ging das Besitztum an den Kaufmann *Wencke* über, der das Gästehaus nahezu 30 Jahre lang als Sommersitz benutzte. Bei der Übernahme hatte er die nordöstliche Ecke, den Teil, der zwischen der Blankeneser Landstraße und der Oesterleystraße liegt, abgetrennt. Dort ist heute das Depot der Feuerwehr. Nach Berichten Einheimischer sollen die Gebäude in Paris gekauft und nach Abbruch hier wiederaufgebaut worden sein. 1918 kaufte dann den ehemaligen Wilmansschen Besitz der Reeder Kayser, der das Innere des Gästehauses durch Um- und Einbauten modernisierte. Er konnte sich nur kurze Zeit des Besitzes erfreuen. Schon 2 Jahre später, 1920, gingen Haus und Park an den Margarinefabrikanten *Sievers* über. Aber wegen der Inflation konnte Sievers das Erworbene nicht halten. Als ein gewisser *Jacob Sternberg* Dollars zu bieten hatte, wurde dieser Herr des Geländes. Nachdem sich dann die wirtschaftlichen Verhältnisse wieder ausgeglichen hatten, wurde die Loge »Eintracht an der Elbe« Besitzerin. Sie trennte wenig später das Gebäude mit etwa 13 500 qm Park vom übrigen Gebiet ab und verkaufte diesen Teil an *Gustav Gudehus*, dessen Witwe noch heute Eigentümerin ist. Die restlichen 20 000 qm gingen in den Besitz der Gemeinde Blankenese über, die den Park parzellierte und eine Fahrstraße, die den Namen Wilmans bewahrt, hineinlegte.

DER LANDSITZ AUF DEM KRÄHENBERG: DER GOSSLER-PARK

Dieser westlich vom Blankeneser Bahnhof gelegene Landsitz, heute »Goßler-Park« genannt, Blankeneser Landstraße 34, befindet sich auf dem *Krähenberg*, einer der höchsten Erhebungen des vormals Dockenhudener Flurgebiets; denn die Dockenhudener Flur erstreckte sich, was heute nur wenigen bekannt sein dürfte, längs des Blankeneser Geestabhangs westlich bis zur Rissener Gemarkung[489]. Auf dem Krähenberg nisteten in alter Zeit zahlreiche Vogelscharen, die der Höhe den Namen gaben, und von seiner ehemals freien Kuppe genoß man, als das Vorland noch nicht bebaut war, einen unbeschränkten Blick auf den Elbstrom. Auf diesem Berg ließ sich der englische Courtmaster John *Blacker* 1795 durch Chr. Fr. *Hansen* ein im klassizistischen Stil gehaltenes Landhaus errichten[490]. Es war ausgezeichnet durch mächtige Säulen, die das einstöckige Gebäude rings umgaben. Besonders imposant wirkte der östlich gelegene Haupteingang mit der das Säulengebälk krönenden Attika. Der tempelmäßige Eindruck des ganzen Hauses wurde gemildert durch das hochgezogene, wuchtige Ziegeldach.

Das Anwesen blieb bis 1816 im Besitz der Familie Blacker. Nur 1811 bis 1812 war es vorübergehend Eigentum des Hamburger Kaufmanns und Privatassekuradeurs Theodor Heinrich *Goverts* (1748–1819), eines Mitinhabers der Firma »Goverts und Roß«. Nachdem Goverts den Landsitz auf dem Krähenberg 1812 wieder aufgegeben hatte, siedelte er für immer nach Marseille über[491]. Im Jahre 1816 verkaufte dann Blacker endgültig die Besitzung an die Kaufmannsfamilie Roß, der das Anwesen über siebzig Jahre gehörte, und zwar an Daniel Roß[492]. Dieser (1776–1840) stammte aus einer alten angesehenen schottischen Familie und war der Sohn des Arztes Dr. Colin Roß, der aus Schottland nach Hamburg kam, wo er, gleichfalls Arzt, zu großem Ansehen gelangte. Daniel Roß war in Hamburg aufgewachsen, wurde Kaufmann in London und kehrte später nach Hamburg zurück. Er hatte sich 1800 mit Melusine Jeanette, geb. *Vidal*, vermählt und wurde der Vater von *Edgar Daniel Roß* (1807–1885), den wir bereits als Schöpfer des »Eichenhofs« in Kleinflottbek kennengelernt haben. Daniel Roß tat viel für Pflege und Verschönerung des Besitzes. Der Park reichte von der Blankeneser Landstraße bis zur heutigen Straße »Am Krähenberg« und hatte nach Südosten und Nordosten große Wiesenflächen. Der Südabhang mit seinem Wäldchen bot Gelegenheit zu mannigfachen Spaziergängen. Als Daniel *Roß* 1840 gestorben war, erbte seine unvermählt gebliebene Tochter *Jeanette Roß* den Landsitz und bewohnte ihn bis zu ihrem 1896 erfolgten Tod. Die Dame war durch Strenge und einen gewissen steifen englischen Lebensstil ausgezeichnet, so daß alle Kinder aus ihrer Verwandtschaft vor ihr einen gewaltigen Respekt hatten. Zu ihrer Zeit, vielleicht auch schon früher, befand sich in einem Dielenfenster des Landhauses eine Äolsharfe. In der Inneneinrichtung war das sogenannte Shakespeare-Zimmer erwähnenswert, das in der Wandtäfelung eingelassene alte englische Stiche aus Shakespeares Werken zeigte.

1897 erwarb den Landsitz der Hamburger Kaufmann John Henry *Goßler* (1849–1914), ein Sohn Joh. Heinrich Goßlers (1805–1879), des Teilhabers der alten Firma Joh. Berenberg, Goßler & Co., und ein jüngerer Bruder des Freiherrn Joh. von Berenberg-Goßler, unter dem diese Firma ihre höchste Blütezeit erreichte[493]. J. Henry Goßler assoziierte sich mit Julius Warnholtz unter der Firma Warnholtz & Goßler, die ein bedeutendes Geschäft mit Ostafrika und Südafrika betrieb. Er war verheiratet mit seiner Kusine Susanne Goßler, Tochter des Kaufmanns Wilhelm Goßler. Das Ehepaar lebte mit seinen Kindern in vornehmer Zurückgezogenheit. Aus Scherz wurde John Henry Goßler zum Unterschied von seinem Bruder J. von Berenberg-Goßler »Herr von Krähenberg-Goßler«

genannt. Sein schönes Hamburger Stadthaus befand sich Klopstockstraße 31a (jetzt Warburgstraße). Goßler ließ den bisherigen Hansen-Bau zweigeschossig umgestalten, der 1901 durch eine Feuersbrunst zerstört wurde. Danach wurde das Haus in der neuen Fassung steinern – es war ursprünglich Fachwerk mit Holzverkleidung – wiederaufgebaut. Über dem Hauptportal des Hauses an der Ostseite steht heute der Spruch:

»Wir bauen hier so feste und sind doch fremde Gäste,
Und wo wir sollten ewig sein, bauen wir so wenig ein.«

An die Seitenwand des Eingangs wurde geschrieben: »Protegat eam divina clementia« (Möge göttliche Gnade das Haus beschützen!). Nach J. H. Goßlers Ableben erwarb 1924 die Gemeinde Blankenese das Haus und den Park und gestaltete das Gebäude zum Blankeneser Rathaus um. Als 1927 Blankenese nach Altona eingemeindet wurde, diente das Haus zunächst als städtische Verwaltungsstelle. Danach wurde es zu kulturellen Veranstaltungen verwendet. Vortrags- und Musikabende fanden statt, außerdem auch Sommerkonzerte im Park. Vor dem hierfür sehr geeigneten Säulenportal der östlichen Front wurden im Sommer 1932 Freilichtaufführungen u. a. von Goethes »Iphigenie« veranstaltet. Die größere nördliche Hälfte des Parks war von der Gemeinde Blankenese parzelliert und daselbst ein Villenviertel an der hier neugeschaffenen Straße »Goßlers Park« angelegt worden. Der südliche Teil des Geländes wurde in eine öffentliche Parkanlage umgewandelt und vor der nach der Elbseite gelegenen Säulenfront des Goßlerhauses eine breite Terrasse mit Treppen und Rosenbeeten geschaffen. Sie ist später durch einen bequemeren Aufstieg ersetzt worden. Das Goßlerhaus hat auch die Stürme des zweiten Weltkrieges leidlich überstanden und birgt seit 1937 die Verwaltungsräume des »Ortsamtes Blankenese der Hansestadt Hamburg«.

X. EINIGE LANDSITZE WESTLICH DER ELBCHAUSSEE

Bismarckstein, Landsitz von Schinckel,
Polterberg (Ernest Merck), Kösterberg, die »Kaffee-Burgen«
und die Münchmeyerschen Besitzungen in Tinsdal-Rissen

Westlich von der Elbchaussee und von Blankenese dehnen sich die letzten, schön bewaldeten Ausläufer des Geestrückens, der hier als Endmoräne das Elbtal begleitet. Dort sind seit dem Ende des achtzehnten Jahrhunderts und später, zum Teil auch im Anfang dieses Jahrhunderts, einige Landsitze großen Ausmaßes mit prächtigen, waldartigen Parks entstanden, die zum Abschluß unserer Wanderung betrachtet werden mögen.

An den Süllberg[494] schließt sich im Westen der Bismarckstein an, einer der schönsten Aussichtspunkte an der Elbe. Er trägt auf seiner höchsten Erhebung einen schmucken hohen Turm, von dem man einen Rundblick über das umliegende Land gewinnt. Das vordere Plateau gewährt zwischen Baumgruppen drei Ausblicke nach Südosten, Süden und Westen, wovon der letzte besonders an hellen Sommerabenden unvergleichlich schön ist. Dann ist der breit dahinfließende Strom völlig vom opalisierenden Goldglanz der untergehenden Sonne übergossen, in dessen Licht die zahllosen heimkehrenden Fahrzeuge als dunkle Tupfen erscheinen.

Die heutige Anlage geht auf den Kaufmann, Wechselmakler und Mitbegründer der Holstenbrauerei, Anton Julius *Richter*, zurück. Es handelte sich dabei um die alte Flur des *Waßberges*[516], eines seit dem achtzehnten Jahrhundert mit Ackerland und Heide bedeckten Höhenrückens. Das Plateau selbst war unbenutzte Heide und freies Gemeindeland, die Hänge aber waren zum großen Teil in einzelne Acker- und Heidestücke aufgeteilt, die Blankeneser Einwohnern gehörten. Um 1859 war ein beträchtlicher Teil des Geländes, etwa das nördliche Viertel, das an den Weg Waseberg und die Straße nach dem Süllberg grenzte, Eigentum der Frau des Blankeneser Vogts Ferdinand Friedrich, der das Anwesen verkaufte. Später, und zwar 1890, erwarb Richter diesen Teil des Waßberges; allmählich brachte er durch Ankäufe die übrigen drei Viertel hinzu und war nun imstande, das Gebiet in seiner eigentlichen Naturschönheit einheitlich zu gestalten.

Als großer Bismarck-Verehrer kam er öfter mit dem Fürsten in Berührung, der ihn wiederholt als Gast in Friedrichsruh sah. Richter hatte den Plan, seine Besitzung[495] zu einem wuchtigen Erinnerungsmal für Bismarck auszugestalten und hatte daher mit Genehmigung des Fürsten und der Behörden 1890 den Waßberg in *Bismarckstein* umbenannt. Zum achtzigsten Geburtstag Bismarcks, am 1. April 1895, erschien auf Richters Anregung ein Aufruf der Gemeindevertretung in Blankenese, der u. a. unterstützt war vom Oberpräsidenten der Provinz Schleswig-Holstein, von Steinmann, vom damaligen Kommandierenden General in Altona, dem Grafen von Waldersee, von dem Altonaer Oberbürgermeister Giese und von vielen namhaften Hamburger Wirtschaftsführern, wie Rob. M. Sloman jr. und Adolph Woermann. Man wollte dort oben ein Riesendenkmal Bismarcks von 51 Meter Höhe errichten, hatte beträchtliche Gelder gesammelt und bereits den Berliner Bildhauer Ernst Wenck und den Hamburger Architekten Georg Thielen für die Ausführung namhaft gemacht[496]. Die Errichtung des Denkmals kam jedoch nicht zustande; die bereits gesammelten Gelder wurden zurückgezahlt. Dafür erhielt Hamburg 1905 sein eindrucksvolles Bismarckdenkmal von Hugo Lederer.

Richter, der für das Denkmal den Bismarckstein der Gemeinde Blankenese hatte schenken wollen, ließ diesen auch weiter gärtnerisch pflegen. In den achtziger Jahren weilte hier gern Graf Moltke, so oft er in diese Landschaft kam. Später erwarb die Gemeinde Blankenese den Besitz von Richter käuflich und erhielt damit einen der schönsten Aussichtsplätze an der Elbe für die Öffentlichkeit. Im Juni 1935 wurde auf der westlichen Platte des Bismarcksteins ein eindrucksvolles Denkmal für die im Weltkrieg Gefallenen der deutschen Marine errichtet[497].

Der westliche Abhang des Bismarcksteins gehörte zu dem großen Parkbesitz *Max von Schinckels*. Diese Besitzung wird von dem waldumrauschten Weg »Waseberg« und dem Falkentaler Weg durchzogen. Die beiden durch den Waseberg getrennten Parkteile sind mittels einer Brücke verbunden. Unter allen Landsitzen längs der Elbe hat dieser von Heide umblühte Besitz wohl die schönsten Rhododendren aufzuweisen. Von der Villa Erika, Richard-Dehmel-Straße 2, dem älteren der beiden hier errichteten Wohnhäuser, genießt man einen Rundblick über die üppigen, bewaldeten Hänge. Das nach Südwesten sich öffnende Falkental wird in diesem Blick von einem quer gelagerten Höhensattel begrenzt, wo hinter den dunklen Rhododendren blausilbern der Elbstrom schimmert. Der Schinckelpark ist heute durch den Elbuferwanderweg der Öffentlichkeit zugänglich gemacht worden.

Das Anwesen geht zurück auf den Leibmedikus König Christians VIII., Konferenzrat Professor Dr. Karl Friedrich *Nagel* (1794 bis 1873), der lange Zeit Physikus von Altona und dem dreizehnten holsteinischen Physikatsbezirk war. Nagel erwarb 1850 das Gelände, von dem uns bereits wohlbekannten Schöpfer von Hesses Park, R. H. Klünder, der diese damals »Spritzenberg« geheißene Flur besaß. Es war ursprünglich ein bescheidenes, knapp »neun Himpten« umfassendes Land, auf dem Nagel sozusagen den »Anfang« der Villa Erika erbaute, ein kleines Sommerwohnhaus mit zwei Zimmern Front nach der Elbseite und einer Dachetage in Mansardenform. Zwei Jahre später gewann er ein Nachbargrundstück, das über fünfmal so groß war als das seine, und zwar nahezu geschenkt von dem Vorbesitzer Konferenzrat G. F. Baur. Nagel war nämlich Hausarzt bei Baur, und dieser überließ ihm 1852 in Erkenntlichkeit für geleistete Dienste sein großes Grundstück »Achtern Schierenholt« für den niedrigen Preis von 400 Mark Courant, während Nagel für sein zuerst erworbenes Besitztum bereits 1000 Mark gezahlt hatte. Als Nagel das Gelände übernahm, war es noch ein kahler Heidehang. Vor seinem Landhaus legte er eine Wiese sowie einen Gemüsegarten und ein Treibhaus an. Auch später vergrößerte er den Besitz durch Ankäufe. In der Zeit der preußischen Einquartierung um 1864 ließ er einen Promenadenweg erbauen, der von der Villa den Geesthang entlang nach der Elbaussicht zu führt und noch heute der »Preußenweg« genannt wird.

1866 verkaufte Nagel den Landsitz an den Hamburger Schiffsmakler und Reeder Wilhelm Ambrosius *Noever*[498], der das Anwesen weiter vergrößerte und verschönerte. Er ließ das Nagelsche Wohnhaus ausbauen, indem er u. a. den Saal hinzufügte. Auf dem nördlich der heutigen Richard-Dehmel-Straße gelegenen Land legte er einen Gemüsegarten an. Auch fügte er den westlichen Hang des Bismarcksteins, der teilweise zuvor dem Vogt Ferd. Friedrich gehört hatte, zu dem Ganzen[499].

1888 übernahm alsdann Max *Schinckel* (1849–1938), der Geschäftsinhaber der Norddeutschen Bank in Hamburg und der Diskontogesellschaft in Berlin, die Besitzung[500]. Das Wohnhaus ließ er durch Anbau eines Flügels und Aufbau des Turmes entsprechend vergrößern, zugleich um seinen ihm in Blankenese geborenen Kindern ein angemessenes schönes Heim zu bereiten. Er war einer der hervorragendsten Wirtschaftsführer Hamburgs, der weit über die Hansestadt hinaus von maßgebendem Einfluß wurde, zumal man ihn auch zum Vorsitzenden der Handelskammer Hamburg und zum Vorsitzenden des Aufsichtsrats der Hamburg-Amerika Linie berief. Im ersten Weltkrieg erhielt Schinckel wegen seiner großen Verdienste vom Kaiser die Adelswürde. Er vermählte sich 1882 mit Olga *Berckemeyer* (1862–1936), der Tochter des Hamburger Kaufmanns Gustav W. Berckemeyer[501]. Als er den Besitz übernahm, war dort außer der Lindenallee fast nur der Pflanzenwuchs des Heidebodens mit Kiefern, Fichten und Birken. Schinckel und seine Gattin gestalteten im Laufe der Jahrzehnte den Park zu dem heutigen Laub- und Rhododendrenwald aus und vergrößerten ihn beträchtlich durch Erwerb der Abhänge nach der Elbe und zum Falkentaler Weg hin sowie der sogenannten Terrassen jenseits dieses Weges. Östlich oberhalb der Villa Erika ließ Schinckels Sohn, der Kaufmann *Joachim von Schinckel*, durch den Architekten Henry van de Velde ein modernes Wohnhaus in Klinkern errichten[502]. Nach des Vaters Tod 1938 übernahm er die gesamte Besitzung. Seit 1939 wurden wesentliche Teile des umfangreichen Besitztums teils an die Stadt, teils an Private verkauft. Die Nöte der Nachkriegszeit hatten auch hier die notleidende Bevölkerung zu starken Abholzungen getrieben. Jedoch konnte Joachim von Schinckel den größten Teil des Baumbestandes seiner ihm verbliebenen Besitzung schützen.

An die Schinckelsche Besitzung grenzte ehedem eine besonders große Besitzung, die vormals dem Schöpfer des Bismarcksteins, dem Kaufmann und Wechselmakler Julius Richter, gehörte. Sie umfaßte das große Hügelgelände westlich vom Falkentaler Weg bis zur Kösterberg-Besitzung und reichte vom Elbstrand bis zur Kösterbergstraße. Das mit Wald und Heide besetzte Gebiet stieg vom Elbstrand bis zur Höhe von 80 Meter empor und gewährte zumal von den Haupthöhen des *Polterbergs* und des *Groot Notenbergs* die schönsten Ausblicke auf das Elbstromtal. Richter hatte dieses große Gebiet in den achtziger Jahren des vorigen Jahrhunderts erworben; dort war nahe dem Abhang zum Elbstrand ein stattliches Wohnhaus mit Nebengebäuden, Gewächshäusern u. a. erbaut worden. Durch das Parkgelände legte Richter zwei Privatfahrwege, von denen der eine östlich, der andre westlich um den Polterberg zur Kösterbergstraße hinaufführte. Beide mannigfach geschlungenen Wege boten in dem schön bewaldeten Hügelgelände die reichste Abwechslung.

Später verkauften die Richterschen Erben den ganzen Besitz: Die Hänge nach dem Falkentaler Weg zu erwarb Max von Schinkkel, während das Gebiet am Groot Notenberg dem Kösterberg-Landsitz von dessen Besitzer angegliedert wurde. Das Kernstück des Polterbergs aber erwarb 1909 der Hamburger Kaufmann Ernest *Merck*, Sohn des Kaufmanns Theodor Merck und seiner Frau Emilie, geb. Amsinck, der den Eltern während ihrer Jahre in Manchester 1854 geboren wurde. Dieser ließ sich 1911 durch den Architekten Baedecker auf der Höhe des Polterbergs ein Haus erbauen; auf dem vorspringenden, jäh abfallenden Hügelplateau ließ er einen Pavillon errichten. 1933 wurde die Besitzung von ihm aufgegeben, und ein großer Teil des Geländes längs der Straße wurde für Einzelvillen parzelliert.

DIE BESITZUNG DES KÖSTERBERGS

An die Besitzung Polterberg schließt sich westlich ein großer Parkbesitz an, der seit 1794 der Kösterberg heißt. Das Gelände wurde gebildet von den Erhebungen »Baven Groot Notenberg« und »Baven Bohnstieg Berg«[503], wie es ursprünglich auf der alten Flur bezeichnet wurde. Seine Umbenennung in Kösterberg erfolgte, als 1794 der Hamburger Auktionarius Hinrich Jürgen *Köster* diese Höhen erwarb. Es handelte sich um einen kahlen, sandigen, nur mit Heide bewachsenen Hügelrücken. Dort erbaute Köster im Jahre 1796 auf luftiger Höhe ein einfaches Haus. Die Anhöhe lag »277 dänische Fuß« hoch über dem Wasser. 1805 verkauften die Kösterschen Erben den Landsitz an Jan *Koopman*, einen der drei Brüder Koopman, die wir bereits als Grundbesitzer in Kleinflottbek kennengelernt haben. Er war Mitinhaber der Koopmanschen Wachsbleiche, die inzwischen ein Teil des Jenisch-Parks geworden ist. Koopman war ein Mitglied der geachteten Mennonitenfamilie, die viele tüchtige Kaufleute hervorgebracht hat. Er richtete das Haus auf dem Kösterberg sehr behaglich ein und wohnte dort bis zu seinem Tode 1834.

Danach wurde das Anwesen von Maria *Völckers* erstanden, die auf dem Berg eine vielbesuchte Gastwirtschaft einrichtete. Der Weinhändler Cord Fr. Behn und der Altonaer Bürgermeister Thomas Diedrich Viebrook hatten Hypotheken auf dem Besitz. Die Gastwirtschaft lag überaus anmutig. Peter Suhr hat uns ein Bild hinterlassen, auf dem die Kösterbergwirtschaft dargestellt ist. Auf dem Bild sehen wir ein freies Bergplateau. Landeinwärts steht das schlichte Haus, das die zweistöckige Giebelfront der Elbe zuwendet. Auf dem überbauten Schornstein des Hauses ragte ein hohes Kreuz[503a]. Vor dem Gasthaus stand, von einer Gruppe von Bäumen umgeben, ein einfacher Pavillon, der an schönen Tagen gern besucht war. In der Ferne sah man über der Elbe die Türme von Buxtehude und das Alte Land. Nach Westen ist nach dem Suhrschen Bild das dortige Hügelland noch nahezu baumlos und frei. Von den Zeiten, da Köster das Haus erbaute, bis zur Zeit der Gastwirtschaft dürfte sich die Besitzung noch nicht wesentlich verändert haben. Emilie von Berlepsch, die Freundin Jean Pauls, die 1798 einen Ausflug nach dem Kösterberg machte, beschrieb damals mit überschwenglichen Worten, wie es die Dichter in jener Zeit liebten, das Anwesen wie folgt:

»Jetzt bestiegen wir in Begleitung einer nicht geringen Zahl von Kindern aus Nienstedten, die uns den Weg zeigten und sich ein paar Schillinge verdienen wollten, den Köster, einen mäßigen Berg am Ufer der Elbe. Es ward den Kindern etwas beschwerlich, den Berg in der Wärme und durch den Sand hinaufzukommen. Unsere kleinen Begleiter und Begleiterinnen gesellten sich also zu ihnen, unterstützten sie und stritten sich darüber, wer jetzt Bettys oder Daniels Hand haben solle. So kamen wir mit einer kleinen Karawane auf dem Berge an.

Welche Welt öffnete sich da, ward für unser Auge und unser Herz geschaffen! Der Augenblick war dem Tage gleich, wo sich zwei innerlich und innig verwandte Wesen finden und berühren, mit längst gehegter und doch nie so empfundener Liebe; wo alle Größe und Weite des Sinns, alle Fülle des Herzens in dem nahen und geliebten Wesen auf uns und in uns wirkt, uns erhebt und belebt zu hohem Genuß und uns mehr gibt, als unser Wesen fassen kann. Wir haben viel Wonne geahnt bei manchem Blicke, manchem Worte; aber wir finden unendlich mehr, als wir je ahnen konnten. Da lag alle Herrlichkeit der Hamburger und Altonaer Elbgegend vor uns, drängte sich unserm Auge und unserm Herzen entgegen und zog Herz und Sinn zu sich hin. Zur Linken die treffliche Gegend von Dockenhuden, mit all' dem dunkeln Sinnlichen, das sie zeigt und verspricht; – verspricht, indem sie etwas zeigt, und zeigt, in dem sie etwas verspricht. C. Godeffroys Landhaus glänzt oben wie der brillantene Hutknopf des Feldherrn in seiner Pracht. Hamburg mit seinen Schiffen, die still liegen und gehen, groß und klein! Die liebliche Elbe mit ihren Inseln, – Elbe und Insel und wieder Elbe und wieder Insel! Zwei Arme der Elbe, die uns mächtig umfassen und uns an die Brust drücken zu hoher unwiderstehlicher Liebe! Zwei Inseln vor uns, jung und schön, als träten sie eben aus dem

Meere hervor! Rechts Hügel, hinter denen sich die Elbe mit stiller Grazie verliert. Es ist, als fühle auch sie etwas von dem, was man bei ihrem Verschwinden fühlt – Trauer, sich von ihr zu trennen, an der man so hängen kann, und die es so gern zu haben scheint, wenn man an ihr hängt«[504].

Spätere Eigentümer waren Wolfgang Ad. Fr. *Hansen* (1846) und Julius *Schröder* (1852)[505]. Im Jahre 1856 kam der Kösterberg in den Besitz der Altonaer Kaufmannsfamilie Semper und verblieb bei ihr bis zum Jahre 1890. Er wurde erworben von Johann Carl *Semper* (1796–1881), dem Inhaber der altberühmten Paap-Semperschen Wollgarnfabrik, deren Ware durch das Sternzeichen gekennzeichnet war, das noch heute Qualitätssignum der Sternwollspinnerei Bahrenfeld, eines der größten deutschen Textilunternehmen, ist. Johann Carl Semper war zugleich kaufmännischer Direktor der Altona-Kieler Eisenbahn und Mitglied der Holsteinischen Ständeversammlung. Er war der älteste Bruder des großen Architekten Gottfried Semper. Ihm und seinen Familienangehörigen war der Landsitz ein dauernder Quell sommerlicher Erholungsfreuden. Er sah viele Gäste bei sich, u. a. den Herzog Friedrich VIII. von Augustenburg, ferner den Direktor der Altona-Kieler Eisenbahn und späteren Direktor der Firma Krupp in Essen, *Dietz*. Den bis dahin noch ziemlich wild bewachsenen Kösterberg verwandelte er durch Forst- und Gartenanlagen in eine Art Parkgelände. Er pflanzte wertvolle Bäume und Ziersträucher an und gruppierte die auf dem Kösterberg sich befindenden zahlreichen großen Findlingssteine zu malerischen Gruppen. Seine persönliche Erscheinung und seine vielseitigen geistigen und künstlerischen Interessen hinterließen bei seinen Besuchern einen tiefen Eindruck. So beschreibt der Altonaer Professor Friedrich *Reuter*, ein Neffe des Dichters Friedrich Rückert und späterer bedeutender Lehrer am Christianeum, einen Besuch, den er um das Jahr 1868 bei Semper auf dem Kösterberg machte, wie folgt:

»An einem Julitag vor vierzig Jahren / War ich in Blankenese ausgestiegen / Und wollte ab vom Kösterberge biegen, / Ein junges Blut aus Süden hergefahren.

Da aus der Pforte trat in vollen Haaren / Ein Greis von majestätisch edlen Zügen / Und glücklich wollte es der Zufall fügen: / Er lud mich ein mit Blicken, freundlich klaren.

Was fand ich? Geist und Leben so im Bunde / Wie sie gemeiniglich sich nicht vereinen; / Von fernen Zonen wahre, treue Kunde[506], / Von heimischer Kunst, der großen wie der kleinen, / Und nie vergaß ich jene frohe Stunde / Beim königlichen Kaufherrn und den Seinen.«

Nach Sempers Tod gehörte der Kösterberg den Erben, u. a. dem Zoologen und Erforscher des Stillen Ozeans, Carl Gottfried Semper, sowie Marie, geb. Semper, der Gattin des in Zürich lehrenden Philosophen Richard Avenarius. Die Erben verpachteten den Besitz an den Kaufmann Carl *Bromberg,* der ihn 1890 käuflich erwarb.

Einen großen Aufschwung nahm die Besitzung sodann unter der Familie *Warburg*[506a]. Der Bankier Moritz Warburg übernahm 1897 den Landsitz. Er bewohnte zunächst das dort stehende alte Haus, ließ sich alsbald jedoch durch den Architekten Martin Haller unterhalb des ursprünglichen Gebäudes ein repräsentatives Herrenhaus mit freier Elbaussicht erbauen. Vor dem neuen Haus wurden Rasenflächen angelegt. Mit der Durchführung der Gartenarbeiten wurde der in England ausgebildete Gartenarchitekt Jürgens beauftragt. Das neue Haus war auf Wunsch von Frau Charlotte Warburg im Stil des Hauses auf der Bost gebaut. Moritz Warburg hatte an seinem Besitztum viel Freude, er ließ Treibhäuser anlegen und neue Promenadenwege schaffen.

Mit seinem Bruder Siegmund hatte er in jungen Jahren die 1797 gegründete Bankfirma M. M. Warburg & Co. übernommen. Der älteste seiner fünf Söhne war der Kunsthistoriker Prof. Aby Warburg, der die berühmte »Bibliothek Warburg« ins Leben rief. 1934 siedelte diese nach London über, wo sie heute als Warburg-Institute der Universität angegliedert ist. Der zweite Sohn Max trat 1893 in das Bankhaus ein und wurde der leitende Inhaber der Firma, die in der Zeit von 1900 bis 1933 eines der führenden deutschen Bankinstitute wurde. Der dritte Sohn Paul, der auch in die Firma eintrat, verlegte später seinen Wohnsitz nach New York und ist einer der Mitbegründer der Federal Reserve Bank. Nach dem ersten Weltkrieg rief Paul Warburg die »International Acceptance Bank« ins Leben, die das besondere Ziel hatte, die Beziehungen zum Kontinent, vor allem zu Deutschland, zu pflegen.

Der vierte Sohn, Felix Warburg, verband sich mit der Tochter des Bankmannes und Philanthropen Jacob H. Schiff von der Bankfirma Kuhn, Loeb & Co., New York, in die er später als Teilhaber eintrat. Er widmete sich in seinen späteren Jahren hauptsächlich der jüdischen Wohltätigkeit und wurde Präsident des »American Joint Distribution Committee«. Der jüngste Sohn, Dr. Fritz Warburg, gab seine juristische Laufbahn auf, um gleichfalls in die Hamburger Bankfirma einzutreten. Die deutschen, englischen und amerikanischen Kinder und Enkel der Familie Warburg kamen oft zu Besuch auf den Kösterberg, wo sich reges geselliges Leben in einem schönen weltweiten Geist entwickelte. Als Moritz Warburg mit seiner Frau in das neue Haus eingezogen war, bewohnte zunächst Paul Warburg mit den Seinen das alte Haus. Dann erbaute er sich im westlichen Teil des Kösterberges eine eigene Villa[507], und sein Nachfolger im alten Haus wurde Max Warburg. Dieser erweiterte den Landsitz beträchtlich und ließ durch die Architekten Puls & Richter, nach Plänen des Architekten Mewes, Köln, und Bischof, Paris, einen imposanten Ziegelrohbau errichten. Unter den Nachfolgern haben Dr. Fritz Warburg und Eric Warburg, ein Sohn von Max Warburg, viel für den Kösterberg-Landsitz getan. Ein Schwimmbassin wurde angelegt und auf einer Terrasse der sogenannte Römische Garten geschaffen[517]. Ein sehr ansprechendes Freilufttheater wurde eingerichtet. Auf diesem fanden mehrere Sommer hindurch Liebhaberaufführungen statt, zu denen Freunde aus Wirtschafts- und Gelehrtenkreisen eingeladen wurden. Nach 1933 machten sich die zerstörenden Einflüsse des nationalsozialistischen Regimes alsbald bemerkbar. Das Grundstück von Max Warburg mit Wohnhaus, Garten und Wirtschaftsgebäuden, dem römischen Garten und dem Freilufttheater mußte 1939 an die Stadt Hamburg verkauft werden. Das alte Kösterberghaus blieb im Be-

25. »Weißes Haus« (1936)

26. »Weißes Haus«, Saal (erneuert 1936)

27. *Villa de Boer (um 1850)*

28a. Baurs Park (um 1840)

28b. Blick auf die Ruine in Baurs Park (um 1840)

29. *Klünders Gartenhaus (1850)*

30. Landhaus auf dem Krähenberg (erbaut 1795)

31. Komrowskisches Landhaus, früher Christiansen (erbaut 1934; erweitert 1948)

32. Besitzung Franz Fahning (erbaut 1951)

sitz von Eric Warburg. Das große Haus mit den umgebenden Anlagen unterstand weiter als Eigentum Dr. Fritz Warburg und seiner Gattin. Der Parkabhang dieses Grundstückes wurde im Zug der sogenannten Elbufergestaltung der Stadt Hamburg überlassen. Während des zweiten Weltkrieges waren die Landsitze für militärische Zwecke beschlagnahmt und hatten zuletzt als Lazarett gedient. Die von Max M. und Dr. Fritz M. Warburg bewohnten Häuser sowie die Parkanlagen wurden im Jahre 1950 dem Elsa-Brändström-Haus im Deutschen Roten Kreuz e. V. zur Verfügung gestellt. Das alte, ursprünglich aus dem Jahre 1795 stammende Haus wird nach wie vor von Eric M. Warburg und seiner Familie bewohnt.

An den Kösterbergbesitz schloß sich ein Sanatorium, gleichfalls inmitten eines schönen Parks, und danach folgten die Höhen des *Tafelbergs* und *Falkensteins* bis zum Tinsdal-Rissener-Hügelland mit den Münchmeyerschen Besitzungen. Das ganze Gebiet des Tafelbergs gehörte etwa seit der Mitte des vergangenen Jahrhunderts Joh. Cesar VI Godeffroy, der die zuvor kahlen Höhen und Hänge planmäßig aufforsten ließ und dem die hier jetzt vorhandene anmutsvolle Bewaldung zu verdanken ist.

Vom Ende der Kösterbergstraße ziehen um dieses Gebiet schöne Promenadenwege bis zum Wittenbergener Fährhaus, die von der Stadt Altona angelegt worden sind. Die vielen Aussichtspunkte mit ihren Ruhebänken sind ein Ziel zahlreicher Spaziergänger an schönen Sommertagen.

In den achtziger Jahren schufen auf dem Tafelberg die Kaufleute Friedrich und Willy *Stucken* und Karl *Andresen* drei große Gärten mit zumal von der Elbe her imposant wirkenden burgartigen Häusern, die dem Geschmack dieser Zeit entsprachen. Da Stucken und Andresen bedeutende Kaffee-Importeure waren, erhielten ihre Besitzungen im Volksmund den Namen »Kaffeeburgen«. Sie kamen um 1935 zum Abbruch, um Platz zu machen.

An diese drei Kaffeeburgen gliederte sich westlich die Besitzung des Hamburger Senators Alfred *Michahelles* (1853–1915), der auch 1890 bis 1910 dort wohnte. Das Haus war von dem Architekten

Georg Thielen erbaut und hatte als besondere Eigenart eine Halle von Riesenausmaßen. Von dieser Halle führte neben dem üblichen Treppenhaus noch eine Wendeltreppe zum ersten Stock hinauf. Der durch den Gartenarchitekten Jürgens unter großen Geländeverschiebungen angelegte Park lag nun so vor dem Gebäude, daß man von diesem ostwärts eine Fernsicht bis zur Harburger Elbbrücke gewann. 1890 fand hier eine große Zusammenkunft namhafter deutscher Handelskammermitglieder statt. Von Hamburgern waren darunter die Reeder Laeisz und Woermann. Senator Michahelles selber war einer der bedeutendsten Hamburger Wirtschaftsführer; er verschaffte dem väterlichen Handelshaus Weltruf, gründete 1891 die große Zuckerraffinerie Hamburg-Schulau Michahelles & Co., war von 1903 bis 1907 Präses der Hamburger Handelskammer und von 1907 bis 1910 Mitglied des Senats[508]. Um 1900 erwarb auch der Kaufmann Carl *Illies* (1840–1910) auf dem Falkenstein Grundbesitz und schuf sich darauf einen schönen Garten mit Wohnhaus. Illies war der Inhaber des Welthauses C. Illies & Co. zu Hamburg und in Japan, das dort in Jokohama, Nagasaki, Kobe und Tokio große Niederlassungen hatte. Er war u. a. 1870 bis 1872 kaufmännischer Konsul des Norddeutschen Bundes in Kobe, Ehrenmitglied des evangelisch-protestantischen Missions-Vereins für Japan und China, Mitbegründer und bis 1904 Erster Vorsitzender des Ostasiatischen Vereins zu Hamburg und Mitglied des Aufsichtsrats der Commerz- und Diskonto-Bank in Hamburg und Berlin. Er war vermählt mit Maria Andresen, der Tochter des hervorragenden Förderers des Altonaer Schulwesens, des städtischen Schuldirektors Christian Andresen[509]. – 1963 erwarb *Axel Springer* am Grotiusweg die Grundstücke Nr. 53–55 und 75–79 und schuf hier Villen und Parks nach neuen Gesichtspunkten.

DIE BESITZUNGEN VON MÜNCHMEYER IN RISSEN

Gegenwärtig bilden die Münchmeyerschen Besitzungen einen glanzvollen Abschluß der großen Landsitze längs der Elbe. Sie haben eine Gesamtfläche, die fast die Größe des Jenisch-Parks erreicht, ziehen sich vom Tinsdaler Kirchenweg in breiten Heide- und Waldhängen nach dem Wittenberger Gestade abwärts und wurden auf der als »Luusbarg« benannten Flur seit etwa 1906 von den beiden Brüdern Hermann und Albert Münchmeyer geschaffen. Zwischen beiden Besitzen verläuft der Wittenbergener Weg, der die Anwesen trennt und doch zugleich eint, da Wald und parkartige Heide sich hier harmonisch begegnen. Auf der Höhe befinden sich gegenwärtig in der östlichen Besitzung, die Hermann Münchmeyer gehört, zwei schmucke Wohnhäuser mit Nebengebäuden; dasselbe ist der Fall auf dem westlichen Landsitz. Beide Anwesen wurden im Laufe eines Menschenalters so gut wie aus dem Nichts geschaffen. Außer ungepflegten kleineren Gehölzen fanden sich nur Sanddünen und dürre Heide. In unablässiger Arbeit mußte der Boden durch dauerndes Rigolen in das Gartenland gewandelt werden, das im Laufe der Jahrzehnte aus ihm geworden ist. Dabei hat man dem Gelände seinen eigentlichen Charakter gelassen. Die Hänge sind mit Erika und Zwergkiefern bewachsen. In der Talsenkung des östlichen Landsitzes liegt eine freundliche Waldung, die sich vom Falkensteiner Ufer bis zur Höhe des Geestrückens emporzieht. Auf dem Geestrücken wechseln gepflegter Forst, der seltene Bäume enthält, mit Staudenanlagen, Fuchsien und Pelargonien, Gemüse- und Blumenland, auf dem sich auch Treibhäuser befinden. Der westliche Landsitz ist noch stärker bewaldet, seine laubreichen Hänge senken sich zu einem hübschen Weiher am Wittenberger Ufer abwärts. Die Aussicht gehört auf beiden Landsitzen zu den schönsten, die unsere Elblandschaft überhaupt zu bieten hat. Beide Besitzungen sind durch Bodenerhöhungen so gestaltet, daß der Blick über ein weites grünes Tal auf den seebreiten Strom gleitet und hier eine Aussicht findet, die von Hamburg und Harburg samt den Schwarzen Bergen über das Alte Land und die Türme Buxtehudes weit stromabwärts bis in die Stader Gegend reicht. Man hat hier die Empfindung von besonderer Größe der Landschaft und spürt eindringlich den endlosen Himmelsraum darüber, weil zwischen den Farben des Stromes und des jenseitigen Landes der Blick in dem großen breiten Tal ruhen und – von dieser Ruhe gesättigt – sich in die Höhe und Weite erheben kann. Selten ist die Landschaft an der Elbe so großartig wie hier.

Den östlichen Teil[510] erwarb im Sommer 1906 von dem Vollhufner Claus Ladiges[511] der Kaufmann Hermann Münchmeyer aus Hamburg, ein Sohn des Kaufmanns Alwin Münchmeyer und Mitglied der aus Niedersachsen (Einbeck) stammenden Familie, die tüchtige Geistliche, Ärzte und Großkaufleute hervorgebracht hat. Er war Inhaber der Firma Münchmeyer & Co., war Präses der Hamburger Handelskammer von 1923–1926 und Aufsichtsratsmitglied vieler bedeutender deutscher Wirtschaftsunternehmen. 1905 vermählte er sich mit Anna Elisabeth, geb. Waitz, einer Urenkelin des Philosophen Schelling und einer Enkelin des großen Historikers Waitz. Zur gartenmäßigen Ausgestaltung des Rissener Geländes zog er den Altonaer Gartenarchitekten Jürgens heran und ließ sich 1910 von dem Architekten Dorn ein hübsches, strohgedecktes Wohnhaus in Halbrundform bei einem Blumengarten erbauen. 1935 wurde etwas südlicher von diesem Haus, am Geestabhang, durch Elingius und Schramm ein weiteres Wohnhaus errichtet, das irgendwie den alten Häusern der Elbchaussee ähnelt, wenn es auch durchaus modernen Charakter hat. Nach dem Tode Hermann Münchmeyers ging der ganze Besitz an die Erben über. Jetziger Besitzer ist Alwin Münchmeyer. Der Park ist nicht aufgeteilt, aber es stehen mittlerweile sechs Häuser darin, die von den Familienmitgliedern bewohnt werden.

Der westliche Landsitz[512] wurde 1907 von dem Bruder Hermann Münchmeyers, dem Kaufmann *Albert Münchmeyer*, erworben. Dieser war 1877 in Hamburg geboren und seit 1908 Mitteilhaber der Firma Münchmeyer & Co. An dem Weltkrieg nahm er als Ordonnanzoffizier teil und fiel 1915 im Kampf bei Grodno in Rußland. Seine Witwe Elisabeth, geb. Andreae, vermählte sich 1921 wieder mit dem Kaufmann I. H. Frederic Freiherrn von Schröder. Albert Münchmeyer ließ gleichfalls wie sein Bruder die von ihm erworbene große Besitzung unter Hinzuziehung des Gartenarchitekten Jürgens aufforsten, sie als Park anlegen und baute darauf ein von dem Architekten Dorn entworfenes Haus mit Stallungen und Nebengebäuden, das sich mit den gut abgesetzten Mansardendächern geschmackvoll repräsentierte. Nach der Wiedervermählung seiner Witwe besaß und bewohnte die Mutter der Brüder Münchmeyer, Frau Therese Münchmeyer, geb. Albert, das Ganze. Sie ließ sich 1924 neben dem älteren Haus durch die Architekten Bensel & Kamps ein Wohnhaus mit flach abgeschrägtem Dach erbauen. Das Ganze ist durch die verschiedenen Materialstreifen ruhig bewegt, und bei aller Stabilität hat es den Eindruck des Hellen und Lichten. Auch auf diesem Landsitz wurde ein großer Blumen- und Gemüsegarten angelegt. Infolge der durch Wege und Gehölz gegliederten beiden Hauptausbuchtungen des Tals bildete das Besitztum im Verein mit dem Nachbarlandsitz von Hermann Münchmeyer eine harmonische Einheit. Nach dem Tode von Frau Therese Münchmeyer wurde deren Besitzteil, der am weitesten elbabwärts liegt, während des letzten Krieges an die Stadt Hamburg verkauft, die darauf das der Schulbehörde unterstehende Schulheim »Blinkfüer« einrichtete.

XI. NEUES PLANEN — NEUES BAUEN

Eine Anzahl Häuser an der Elbchaussee, darunter auch solche, die für uns historische oder architektonische Bedeutung hatten, ist den Einwirkungen des Krieges zum Opfer gefallen. Die dadurch entstandenen Lücken sind schmerzliche Zeugnisse für den, der die alte Elbchaussee noch in bildhafter Erinnerung hat. Doch so bedauerlich solche Verluste sind, tröstet auch hier das Goethe-Wort von »Stirb und werde«, soweit ein neues Werden tatsächlich sich ankündigt oder keimhaft versucht, in Erscheinung zu treten. Dies ist erfreulicherweise an der Elbchaussee der Fall. Schon bald nach Beendigung des Krieges wurden städtische Planung und private Initiative eingesetzt, um dieses wichtige Gelände althamburgischer Familienkultur neu zu erschließen. Die neuen Häuser an der Elbchaussee verbergen dabei nicht, daß sie ebenso gegenwartsbewußt aus *unserem* Zeitstil entstanden sind wie die früheren aus *ihrem* Zeitgeschmack. Denn immer war die Elbchaussee vorbildlich die Straße, deren Anwesen Gediegenheit und alte Kultur mit dem zeitentsprechend letzten Komfort verbanden. Aber diese Familiensitze und Landhäuser fügen sich fast alle zugleich seriös in das Geländebild ein. Auch die neuen Erbauer und ihre Architekten haben es größtenteils verstanden, die das Elbstromtal beherrschende Höhenlage, die leichten Windungen des Ufers und die Eigenart der Geesthänge als Fundament der vielfachen Gestaltungsmöglichkeiten zu berücksichtigen.

Die »Stil«-Entwicklung geht vorwiegend auf die dreißiger Jahre zurück. Damals wurde auf dem rechten Teil des alten Parkgeländes, das später Kayserscher Besitz war, von Heinrich Amsinck das noch heute besonders repräsentativ wirkende Berend Schuchmannsche Haus (Elbchaussee 415) errichtet, das (mit seinen herrlichen Gartenanlagen nach der Elb- wie nach der Straßenseite) immer wieder den Blick der Vorüberkommenden auf sich zieht. Ganz dicht daneben, etwas von der Chaussee zurück (Elbchaussee 413), liegt das Landhaus Ernst Komrowski (vorm. Christiansen) von dem Architekten Rudolf Lodders (der auch ein Stück weiter stadtwärts noch ein kleineres Wohnhaus geschaffen hat). Dieser 1931 geschaffene Bau weist in seiner aufgelockerten, in das Parkgelände landschaftlich übergehenden Grundrißform, seiner lichtoffenen Raumanordnung und klaren Linienführung die Tendenz der Stilart auf, die dann am häufigsten auch in den späteren, seit 1948 entstandenen Neubauten an der Elbchaussee angewandt, variiert, im einzelnen neu entwickelt, aber als Prinzip nicht mehr verlassen wird. – Auf der andern Seite wirkt die Tradition (besonders das für die Entstehung der Elbchaussee als Straße der großen Landsitze bestimmende ausgehende 18. und anfangende 19. Jahrhundert) dezent mit. Neben der Mehrzahl von Backsteinwohnbauten, wie der als Vierfamilienwohnsitz errichteten Schachtschen Villa (mit Park und schönem großem Treibhaus – Elbchaussee 281), die von Pahlke & Dr. Kadereit entworfen wurde – oder dem in klinkerverblendetem Backstein mit blauem Pfannendach von den Architekten Sprotte & Neve 1950 errichteten Gästehaus der Altonaer Wellpappenfabrik (236a) –, ragt mit Anklängen an den älteren Palaisstil Elbchaussee 398 (gegenüber dem Weinrestaurant Jacob) traditionsbewußt ein großes weißes Haus (Besitzung Franz Fahning – Architekten Pahlke & Dr. Kadereit) aus dem Grün auf. Weiterhin errichtete Professor Cäsar Pinnau – als Bauherr und Architekt zugleich – palaisartig sein neues großes Privathaus (Elbchaussee 245). Der Mittelteil, mit einer zweigeschossigen, durch schlanke Säulen in der Vertikalwirkung erhöhten Dreifensterfront, ist das eigentliche Wohnhaus. Von seiner hellen Fassade führen Verbindungsmauern nach rechts zum Wirtschaftsgebäude und nach links zu einem rundförmig angelegten Atelierbau. Es stellt sich durch seine Eigenart zweifellos als das neueste, zugleich das interessanteste Bauwerk dar, das im Jahre 1952 hier an der Elbchaussee entstanden ist. Auch andere, wie das 1951 vollendete Johanna Hoiersche Haus (Elbchaussee 220), mit dem Eingang von der Schlagbaumtwiete durch einen kleinen, aber prunkvollen Blumengarten oder das Elbchaussee 171 am Hang über Övelgönne liegende, insgesamt 1610 Kubikmeter umbauten Raum fassende, von Karl Zöllner entworfene Max Böttchersche Haus geben weiterhin Zeugnis, wie seit dem Kriegsende, besonders seit 1948, die Bautätigkeit an der Elbchaussee wieder regsam geworden ist.

Es liegt nicht im Rahmen dieser Arbeit, die vor allem der althamburgischen Familientradition und Kulturentwicklung auf den Besitzungen an der Elbchaussee gewidmet ist, alle die verschiedenen Neubauten anzumerken, die inzwischen hier wieder entstanden oder im Entstehen begriffen sind. Es darf mit ihrer Erwähnung aber ein Hinweis darauf gegeben werden, wie sehr dieses eigenartige Gelände (das Stendhal schon zu Anfang des 19. Jahrhunderts als eine der schönsten »Ansichten« der Welt erklärte, die dieser vielgereiste Mann entdeckt hat) zu allen Zeiten der besondere Anziehungspunkt für Menschen bleibt, deren Lebenskultur mit dem Erleben der Natur- und Landschaftsschönheit verknüpft ist.

SCHLUSSWORT

»WASSER UND WIND«

Die Chinesen lehren in einer alten, geheimnisvollen Weisheit die Vorschriften über »Fung-Schui«, d. h. »Wasser und Wind«. Danach ist das Schicksal des Menschen zutiefst abhängig von Wasser, Wind und dem dadurch beeinflußten Erdboden. Soll es einem Menschen nach dieser Lehre gutgehen, so muß er darauf achten, daß sein Wesen mit Wasser, Wind und Erdboden in rechter Harmonie zusammenstimme. Er soll sich nur dort ansiedeln, wo jene irdischen Gewalten sich so einen, daß sie seinem Charakter und der dadurch bedingten Schicksalsart gemäß sind.

Dieses alte Wissen hat, unter andern Bedingungen und in andrer Entwicklungsform, auch in unserer Heimat an der Elbe seine Berechtigung. Aus dem Charakter des durch die Jahrhunderttausende geformten Elbstromtals und des dabei entstandenen Uferrandes, von dem in diesem Buch gesprochen wurde, und aus dem Charakter des Menschengeschlechts, das hier in sehr alter Vergangenheit, in Arbeit und Entspannung, in Freud und Leid, in zähem Ringen um die Erhöhung seiner Lebensgestaltung geworden ist, wurde diese Landschaft an der Elbchaussee zu dem ausgeprägt, was sie vorzüglich auszeichnet. Hunderte und aber Hunderte von Schicksalen menschlicher Geschlechter wurden in den voranstehenden Blättern angedeutet. Es war eine *glückliche* und *erfolgreiche* Landschaft, dieser Westen von Hamburg-Altona, wie ja so vielfach in den Großstädten Europas der Westen die Lichtseite bedeutet. Hat der letzte Weltkrieg auch vorerst den Glanz und Schimmer dieses Landstriches sehr beeinträchtigt und können wir heute auch nicht mehr wie unsere Vorfahren nach jenen alten Lehren von Wasser und Wind uns unsern Wohn- und Siedlungsplatz aussuchen, so sind uns im strengsten Sinn Wasser und Wind samt allen heilenden

Erdkräften doch geblieben. Die Natur blüht und grünt immer wieder neu und bringt jedes Jahr ihre Früchte. Diese Lebensquellen werden unversiegbar dem Menschen auch hier zur Seite stehen, wenn er ganz neu beginnen muß. An uns und unseren Kindern wird es liegen, zu säen, was sich im Wandel der Zeiten entwickeln wird. Die geistige Einstellung wird entscheiden, ob und welche Möglichkeiten die Natur sich von Menschenhand abgewinnen läßt und was in den nächsten Jahren und Jahrzehnten hier einmal als Siedlung kommender Geschlechter sich entfaltet.

*

Die obigen Sätze schrieb der Verfasser zum Schluß der 3. Auflage des Buches im Jahre 1949. Der Umbruch einer gewaltsam fortstürmenden Zeit hatte begonnen. Heute – fast ein Jahrzehnt später – läßt sich das Ausmaß der kriegsbedingten Vernichtungen und Erschütterungen, die die Elbchaussee erleiden mußte, überschauen. Das, was damals in seiner Gesamtheit, trotz mancher schmerzlicher Lücken, noch vorhanden war, ist jetzt kaum noch als ein Zusammenhängendes erkennbar.

Die alte, vornehme Abgeschlossenheit dieser »größten und schönsten« europäischen Straße ist längst dahin. Großstädtischer Verkehr überflutet mit seiner Unruhe die Elbchaussee. Ausschlaggebende Veränderungen erlitten die großartigen Landsitze. Nur noch vereinzelt tauchen die alten Familiennamen auf. Viele der herrlichen Parkgelände kamen in öffentlichen Besitz. Sie dienen heute der Bevölkerung als Ruhe- und Erholungsstätten, oder sie wurden parzelliert und auf ihrem Grund Villen errichtet. Herrensitze verwandelten sich nach dem Verkauf in Kinderheime (Münchmeyer) oder durch Stiftung (Warburg) in Erziehungsanstalten. Wieder andere der einstmaligen Schloßbauten wurden aufgeteilt in Wohnungen oder – soweit sie in öffentlicher Hand waren – als Behördenräume eingerichtet.

Tief in die Vergangenheit zurückreichend, repräsentiert sich diese Landschaft als ein wüstes Sandgelände voller Schluchten und Höhenzüge, wild und einsam. Gierig zerrten Hochwasserfluten an den Uferrändern, die die Ebbe zurückließ. In Sturmnächten, im Ringen der Elementargewalten gewann dunkel Geahntes in Sage und Märchen lebendige Form. Gewalttätige Geister und mächtige Riesen trieben darin ihr Spiel, aber auch hilfreiche Wichtelmänner, die nur eines verlangten: ein Treuegelöbnis des Schweigens über ihr Tun. Geheimnisvolle Kultstätten tauchen in der Überlieferung auf und Trutzburgen, Raubrittertum, grausame Fehde. Rauhes Gesindel bemächtigte sich des angetriebenen Strandgutes gekenterter Schiffe.

Wieder gehen und kommen die Zeiten. Dörfliche Siedlungen bildeten sich in der unwirtlichen Einsamkeit. Schwer ringt der Mensch dem kargen Boden erste Frucht ab. In Generationen wird er allmählich hier seßhaft. Weit in der Ferne lagen die großen Städte. Aber die Handelsherren aus Hamburg und Altona kommen mit ihren Familien in glänzenden Karossen zur Sommerlust in die bäuerliche Abgeschiedenheit. Unternehmungslust und Weitsichtigkeit der Kaufleute schuf dann die ersten ländlichen Besitzungen. In Jahrhunderten entstand die Elbchaussee in ihrer kulturbedingten Eigenart und einmaligen Schönheit so, wie dieses Buch sie zu schildern versuchte.

In den Jahren vor 1937, als der Verfasser sich mit dem Thema der Elbchaussee beschäftigte, war es sicher höchste Zeit, um dieses wichtige Kapitel Hamburg-Altonaer Geschichte aufzuzeichnen. Heute wäre es wohl eine Unmöglichkeit. Immer deutlicher ward es, daß das Weltgeschehen, in rücksichtsloser Spannung vorwärtsdrängend, Werte und Unwerte vernichtet, um gewaltsam zur Lösung seiner Probleme zu kommen. Auch das Schicksal der Elbchaussee wurde davon ergriffen. Viel Schönes und Altes ist unwiederbringlich dahin. Das Neue zeigt gewiß zukunftsträchtige Ideen, so die öffentlichen Parkanlagen, verschiedene sehr gute, kleinere Bauten; anderes mutet epigonenhaft an oder deutet museal auf Vergangenheit. Wie es niemals ein gleichbleibendes Lebendiges gibt, bleibt auch das Landschaftsbild am Elbstrom ständigen Veränderungen ausgesetzt. Die Konturen des Zukunftsbildes sind noch nicht deutlich sichtbar. Doch welche Richtung die Entwicklung auch nehmen wird: sie in rechter Weise aufgeschlossen zu empfangen, muß die Gegenwart bereit sein. Dies aber kann nur geschehen im Wissen um die Vergangenheit und im dankbaren Verantwortungsbewußtsein gegenüber dem Reichtum einer schöpferischen Kultur, die ausging von den großen Gestalten der Männer und Frauen der Elbchaussee.

Katharina Hoffmann

ANMERKUNGEN

[1] Julius Hinrichsen, Die Elbchaussee, Monographie einer Straße. Dissertation. Braunschweig 1933 (über die Anlage der Elbchaussee vom städtebaulichen Standpunkt aus unterrichtend). – P. Th. Hoffmann, Neues Altona. Zehn Jahre Aufbau einer Großstadt, Jena 1930, Bd. II, siehe im Register »Elbchaussee« und »Flottbeker Chaussee« insbesondere S. 290–315; H. Harder, Auf der Flottbeker Chaussee und auf der Elbchaussee. In dem Buche: Vor den Toren der Großstadt. Herausg. v. Altonaer Schulmuseum, Altona 1929. S. 87–130; D. N. Christiansen, Bemerkenswerte Bäume an der Elbchaussee, ebenda S. 131–138; H. Völckers, Auf dem Elbhöhenweg, ebenda S. 166–184. – Einzelliteratur bei den nachfolgenden besonderen Abschnitten.

[2] Der Schlagbaum befand sich bei der Einmündung des Hohenzollernrings in die Elbchaussee.

[3] Herm. Becker, Das Landhaus Hamburgs um 1800. Braunschweiger Dissertation, gedr. Hamburg 1931.

[4] Vgl. die einschlägigen Arbeiten von W. Jakstein, Nabel u. a. bei den jeweiligen Abschnitten. Otto Lehmann, Das Bauernhaus in Schleswig-Holstein. Altona 1927; Peter Hirschfeld, Schleswig-Holsteinische Herrenhäuser, Gutshöfe und Gärten des 18. Jahrhunderts, Kiel 1935; Wilh. Melhop, Althamburgische Bauweise, Hamburg 1908. Nach Drucklegung dieses Buches erschien Werner Jaksteins treffliches Werk: Landesbaumeister Chr. Fr. Hansen. Studien zur Schleswig-Holsteinischen Kunstgeschichte. Bd. 2. Neumünster 1937.

[4a] Ehrenberg, Aus der Vorzeit von Blankenese. S. 92ff.

[4b] Vgl. Otto Brandt, Geistesleben und Politik in Schleswig-Holstein um die Wende des 18. Jahrhunderts.

[4c] Times, 1. 1. 1935, vgl. darin den Aufsatz über H. C. Robinson, den englischen Berichterstatter, der die Methodik des Weltkorrespondententums 1807 von Altona aus begründete.

[4d] Carl Reinhardt hat in seinem 1867 erschienenen Roman »Der fünfte Mai« auch ein satirisch-groteskes Bild von den Zuständen gegeben, wie sie in gewissen Senatorenkreisen an der Elbchaussee herrschten, das auch nach Abzug der übertreibenden Satire unerfreulich genug bleibt.

[5] Vor der Mitte des neunzehnten Jahrhunderts nannte man die Schwiegertochter »die junge Madame X«.

[6] Heinrich Sieveking, Karl Sieveking, Lebensbild eines hamburgischen Diplomaten aus dem Zeitalter der Romantik. Hamburg 1923, S. 11ff.

[7] Pittoresken aus Niedersachsen, Hamburg 1806, Spalte 32.

[8] Das Wort »königlicher Kaufmann« stammt aus Shakespeares »Kaufmann von Venedig«, wo sich 3,2 und 4,1 die Bezeichnung »Royal merchant« befindet.

[9] Deutsches Geschlechterbuch, Bd. 19, S. 505 ff.

[10] Vgl. Hubert Stierling, Der Silberschmuck der Nordseeküste. Neumünster 1935.

[11] Heinr. Sieveking, Georg Heinrich Sieveking, Berlin 1913.

[11a] Bau- und Kunstdenkmale II, S. 168 f.

[12] Wilhelm Volckens und Peter Hoppe, Neumühlen und Oevelgönne, Altona 1895, S. 69–74.

[13] General von Köller-Banner starb am 30. April 1811 in Altona. – Vgl. Paul Pipers Aufsatz über G. L. von Köller-Banner in den Altonaer Nachrichten, Nr. 297–302, Jahrg. 1899. – N. Falcks Neues Staatsbürgerl. Magazin. I. Band, Schleswig 1833, S. 625. – Heinrich Zeise, Aus dem Leben und den Erinnerungen eines norddeutschen Poeten. Altona 1888. S. 10–11.

[14] Altonaische Adreß-Comptoir-Nachr., 18. u. 21. Nov. 1818.

[15] In der nachfolgenden Nummer derselben Zeitung wurde das Konzert wieder abgesagt.

[16] Gottlieb Ernst Klausen, Gesammelte Gedichte und Vorträge. Altona 1835. I. Bd., S. 165.

[17] Wilh. Volckens und Peter Hoppe, a. a. O., S. 74.

[18] Kaufpreis 750 Taler.

[18a] Kaufpreis 2100 M. – Vgl. Volckens-Hoppe, a. a. O., S. 75. In dem später Plangeschen Garten wurde das kleine, heute noch nächst der Einfahrt bestehende Haus von Dr. John Gabe bewohnt.

[19] Bau- und Kunstdenkmale II, S. 169.

[19a] Heinrich Heines sämtliche Werke, herausgegeben von Dr. Ernst Elster, Bd. 2, S. 105 ff.

[19b] Nach Mitteilung von Herrn Karl Ernst Korndörfer.

[19c] Bau- und Kunstdenkmale II, S. 170 f.

[20] Hamburgisches Urkundenbuch. Herausg. von Anton Hagedorn. 2. Band, Hamburg 1911, S. 6.

[21] Die Abbildung befindet sich in: Petrus Hesselius, Hertzfließende Betrachtung von dem Elbe-Strom. Altona 1675. S. 141.

[22] Volckens und Hoppe, a. a. O., S. 2 ff.

[23] Volckens und Hoppe, a. a. O., S. 6. – Vgl. auch J. M. Lappenberg, Die Elbkarte des Melchior Lorichs vom Jahre 1568. Hamburg 1847, S. 77f. Neudruck mit Kommentar Hamburg 1964.

[24] Volckens und Hoppe, a. a. O., S. 8ff.

[25] Deutsches Geschlechterbuch, Bd. 23, S. 164f.; Schröder, Lexikon der Hamburg. Schriftsteller, Bd. 3. Hamburg 1857. S. 488f.

[26] Richey, Nachrichten von Niedersächsischen und berühmten Leuten und Familien. Hamburg 1768ff. 15. Stück, S. 193–200.

[27] Deutsches Geschlechterbuch, Bd. 23, S. 151; vgl. auch Carl Schellenberg, Der niederdeutsche Mensch im Hamburger Bildnis. Hamburg 1936, S. 3.

[28] Blacker ersteigerte den Besitz für 8600 M. und verkaufte ihn, nachdem er ihn 15 Jahre besessen und gepflegt hatte, für 23500 M.

[29] Lappenberg, S. 78.

[30] Allg. Deutsche Biogr., Bd. 53, S. 87. Über die gemeinsame Bewirtschaftung des Neumühlener Gartens. Poels Erinnerungen, S. 92.

[31] Heinrich Sieveking, Georg Heinrich Sieveking, Lebensbild eines hamburgischen Kaufmanns aus dem Zeitalter der Französischen Revolution. Berlin 1913, S. 407–503.

[32] Vgl. den kolorierten Aquatintastich von Friedrich Rosenberg.

[33] Deutsches Geschlechterbuch, Bd. 23, S. 311f.

[34] Volckens, a. a. O., S. 63.

[35] Für 38 950 Mark. Das war kaum der sechste Teil des Wertes, den Sieveking in den Gartenbesitz hineingesteckt hatte.

[36] Neue Schleswig-Holsteinische Provinzialberichte 1813. 4. Heft, S. 541; vgl. E. H. Wichmann, Geschichte Altonas, Altona 1896, S. 261, 264. – Im Kaufvertrag mit C. H. Donner wird Stoppel auch als »Erbherr von Perdoel« bezeichnet. Stoppel verkaufte das Anwesen an Donner für 50000 Mark.

[37] Neue Provinzialberichte 1813, S. 543; Hoffmann, S. 268ff.

[38] Deutsches Geschlechterbuch, Bd. 23, S. 268.

[39] Deutsches Geschlechterbuch, a. a. O., S. 268.

[40] Josepha Dürk-Kaulbach, Erinnerungen an Wilhelm von Kaulbach. München 1921. S. 147f.

[41] Briefe Moltkes an seine Frau. Stuttgart 1892. S. 433.

[42] Müller Daniel Martens war ein Zeitgenosse von G. H. Sieveking. Es gab ursprüng-

lich zwei Martenssche Mühlen; außer der hier erwähnten, die sich östlich von Lawaetz-Woermanns Besitz befand, gab es eine zweite, westlich von der früheren »Elbschlucht«, heute »Elbterrassen«.

[43] Tochter von Eduard Brandt, geb. 1808 zu Hamburg, gest. 1848 zu Archangelsk. Auszug aus der Stammtafel der Familie Brandt von Henry B. Brandt. S. 13–14.

[44] Heinrich Lüdtke, Dr. Ernst Schlee. Altona 1931.

[45] Anläßlich der Ausstellung 1914 fand im Donner-Schloß eine große Schau von Kunstschätzen aus schleswig-holsteinischem Adelsbesitz statt.

[46] Volckens, a. a. O., S. 50f.

[46a] Bau- und Kunstdenkmale II, S. 172f.

[47] Über Lawaetz vgl. Friedr. Johann Jacobsen »Über die Einäscherung der Stadt Altona«, Altona 1813. S. 78f.

[48] Das ursprüngliche Lawaetzsche Gelände war die Flur »Weidebarg«. Die obere Geestfläche (bis zur Elbchaussee reichend) »Baben de Busch Wuhrt« wurde 1794 erworben, ebenso noch drei weitere Fluren, die sich westlich anschlossen, »Busch Wuhrt«, »Kiewits Barg« und (1795) »Roolands Wuhrt«.

[49] Das Haus wurde später im zweiten Geschoß voll ausgebaut.

[50] Davon zeugt ein im Altonaer Stadtarchiv befindlicher Brief des Kurfürsten Wilhelm I. aus Itzehoe, vom 10. 12. (1806?), an den Historiker Joh. Wilh. von Archenholtz, worin er u. a. schreibt: »Mit heutiger Post benachrichtige den Etatsrat Lawaetz in Altona, der ... zu deiner Zusammenkunft vorbereiten wird.«

[51] Erben waren Justizrat Heinrich Friedrich Lawaetz und dessen Angehörige: Dr. med. Heinrich Friedrich Lawaetz Melladew, Frau Dr. med. Ernestine Wilhelmine Marie Callisen, verw. Heyck, geb. Lawaetz, Gattin des Altonaer Arztes Dr. med. W. Callisen, und die 3 Kinder der weiland Henriette Friederike von Gulstad, geb. Lawaetz.

[52] Volckens und Hoppe, S. 51.

[52a] Bau- und Kunstdenkmale II, S. 174.

[53] Deutsches Geschlechterbuch, Bd. 19, S.502ff.; Theodor Bohner, Die Woermanns, Berlin 1935.

[54] Deutsches Geschlechterbuch, Bd. 19, S. 447.

[55] Karl Woermanns Gedichte. Hamburg 1870.

[56] Kaufpreis 450000 Mark.

[57] Kaufpreis 1,25 Millionen Mark. Bericht über die Gemeindeverwaltung der Stadt Altona 1863–1900. 3. Teil, S. 583.

⁵⁸ Auf dem vormals Woermannschen Parkgelände entstanden einige stattliche Villen, die zum Teil im zweiten Weltkrieg (nach 1943) wieder zerstört worden sind.

⁵⁹ Wilhelm Volckens, Die Landhäuser der Flottbeker Chaussee auf Othmarscher und Övelgönner Gebiet im 19. Jahrhundert. Mitt. des Ver. f. Hbg. Gesch., Bd. 13, S. 199ff.

⁶⁰ P. Th. Hoffmann, Die Entwicklung des Altonaer Stadttheaters. Altona 1926. S. 67–96.

⁶¹ Die Martens tauchen zuerst als Holländer (Meieristen) auf ostholsteinischen Gütern auf und sollen niederländischer Herkunft sein. Der erste Vertreter dieses Geschlechts war hier der Holländer Christian Martens (1710 auf dem Reventlovschen Gute Glasau). Sein Sohn Hinrich Otto Martens erwarb 1755 die »erste Martenssche Mühle« oberhalb Neumühlen, die östlich der Elbtreppe lag. – Der Erbe war sein einziger Sohn Daniel Bertram Martens, der seines großen Vermögens wegen der »reiche Martens« genannt wurde. Bei ihm wohnte 1795 der Kapellmeister Carl Friedrich Reichhardt mit seiner Familie zur Sommererholung. Auch später wurden Räume an Gäste vermietet. So genoß noch 1866 die Urgroßmutter des Hamburger Großkaufmanns Beetz im geräumigen Müllerhaus ihre Ferienfreuden. (Nach Mitteilung von Rudolf Sottorf, Hamburg-Lokstedt.)

⁶² Vgl. die einschlägigen Bilder im Altonaer Staatsarchiv.

⁶²ᵃ Bau- und Kunstdenkmale II, S. 190f.

⁶³ Deutsches Geschlechterbuch, Bd. 19, S. 447.

⁶⁴ Karl Woermann, Lebenserinnerungen. Bd. 1, S. 11.

⁶⁵ Karl Woermann, ebd., S. 16–17. Das Elternhaus Karl Woermanns ist inzwischen abgebrochen. Es stand unmittelbar an der Ecke Övelgönner Mühlenweg, Övelgönne. Später wohnten u. a. dort der nachmalige Hamburger Bürgermeister Dr. Weber und (um 1870) Pastor Berend Carl Roosen, der 1904 gestorbene Hamburg-Altonaer Mennonitenprediger. Das Haus selbst gehörte der Familie von Somm. Vgl. auch Hans Wendt, Erinnerungen an Großmama Weber. Heidelberg 1883 (als Manuskript gedruckt), bes. S. 7–10, 16–17, 22–23.

⁶⁶ Karl Woermann, Wissenschaftliches Verzeichnis der älteren Gemälde der Galerie Weber in Hamburg. Dresden 1907. 1. Aufl. Vorwort S. VI.

⁶⁷ Mitteilungen des Deutschen Seefischerei-Vereins, herausgegeben von Geh.-Rat Prof. Henking, Januar 1921, S. 4ff. Nachruf für Wilhelm Volckens.

⁶⁸ Auf dem Grundstück der früheren Martensschen Mühle befinden sich heute zwei Villen: Elbchaussee 141 und Nr. 143.

⁶⁹ Deutsches Geschlechterbuch, Bd. 19, S. 450.

⁷⁰ Nachruf auf Weber, 16. Sept. 1886, »Hamburger Nachrichten«.

[71] Zunächst gehörte er dem Hamburger Kaufmann Charles F. L. Meißner; nach 1927 Dr. Willi Schärfe, 1965 dessen Erben.

[71a] Bau- und Kunstdenkmale II, S. 192f.

[72] Superkargo, d. h. Bevollmächtigter des Verfrachters oder Eigentümers, der die Schiffsladung begleitet und verkauft.

[73] 1802–1807 war auch Hofagent Alexander Christian Becker an der Firma beteiligt. Becker besaß in Altona an der Palmaille einen schönen Garten, den später Konferenzrat Georg Friedrich Baur erwarb (heute Palmaille 49).

[74] Vgl. Erinnerungen aus dem Leben und Wirken an Wilhelm Brandt. Von Nicolaus Untiedt. Gedruckt bei F. A. Nestler und Celle. 1832.

[75] Vgl. Henry B. Brandt, Auszug aus der Stammtafel der Familie Brandt. Hamburg 1890.

[76] Über den Besitzwechsel Volckens a. a. O., S. 205–206. – Zu den dort genannten Besitzern ist zu ergänzen, daß in dem »Panorama des Rechten Elbufers« von Wilms, Hasse und Voß (Hamburg um 1835) das Haus abgebildet erscheint unter der Bezeichnung »Landhaus des Herrn Gottlieb Jenisch«. Dieser wird uns noch besonders als Besitzer der »Bost« in Dockenhuden begegnen. Brandts standen mit Jenischs in geschäftlicher Verbindung. G. Jenisch wird nicht Besitzer, sondern nur geschäftlicher Sachwalter des Hauses gewesen sein. Das Haus wurde 1862 von Wilhelm Brandts Sohn, Edmund Brandt (1810–1881), verkauft.

[77] Von den Övelgönner Lotsen Joh. Mayer, Hinr. Schuldt und Joh. Dierks erworben; insgesamt 240 Quadratruten. – Das Hamburger Staatsarchiv bewahrt die Baupläne für die Schillersche Besitzung, darunter einen »Plan of an Estate at Neumühlen the Property of C. W. Schillers Esqu. Surveyed August 1842«, unterzeichnet: »Geo: Giles, Civil Engineer«. Über Giles: Dictionary of National Biography 21, 347. – Bau- und Kunstdenkmale II, S. 192.

[78] Vgl. die mit reichem Bildschmuck ausgestattete »Chronik des ungarischen Adelsgeschlechtes von Schiller«, von Chr. Wilh. von Schiller 1905 (Zentralstelle für niedersächsische Familiengeschichte, Hamburg).

[79] Erdbuch für Othmarschen und Övelgönne, S. 132–133; Volckens, a. a. O., S. 207.

[80] »Hamburg und Altona.« Eine Zeitschrift. Hamburg 1802. 5. Heft, S. 233. – Bauund Kunstdenkmale II, S. 194f.

[81] Deutsches Geschlechterbuch, Bd. 21, S. 71ff.

[82] Über Bourriennes Aufenthalt: Lappenberg, S. 79.

[83] Bourrienne, Mémoires sur Napoléon, le Directoire, le Consulat, l'Empire et la Restauration. Leipzig 1828. Vol. VII, S. 43.

[84] Bourrienne, Mémoires. VII., S. 85 und 89.

[85] U. a. Herzog Friedrich Franz I. (1756–1837) von Mecklenburg-Schwerin. Am 27. Mai 1806 teilte Bourrienne Schwerin mit, daß Frankreich das Land, das Preußen Vorschub geleistet habe, nicht als neutral anerkennen könne. Die Franzosen nahmen alsbald das Land in Besitz. Am 8. Januar 1807 begab sich der Herzog mit seiner Familie nach Altona unter dänischen Schutz. – Ferner verkehrte bei Bourrienne auch Herzog Karl Friedrich von Sachsen-Weimar-Eisenach (1783–1853), Sohn des Herzogs Karl August, der die Tage nach der Schlacht bei Jena in Niedersachsen verlebte, während seine Gemahlin Maria Paulowna auf Wunsch Rußlands nach Schleswig gereist war. Ein Land, wie Bourrienne, VII., S. 134 f., behauptet, hat Karl Friedrich allerdings ebenso wenig verloren wie sonst damals ein Herzog von Weimar.

[86] Bourrienne, Mémoires.VII., S. 374.

[87] Über Struve vgl. auch Heinrich Sieveking, Karl Sieveking. Lebensbild eines Hamburgischen Diplomaten. 2. Teil. Hamburg 1926. S. 141 ff.

[88] 1857 erwarben Struves den vor dem Garten befindlichen Övelgönner Abhang jenseits der Chaussee, so daß die freie Aussicht bis heute gewahrt blieb.

[89] Frau Diederichsen vergrößerte das Besitztum um ein beträchtliches. Um zu verhindern, daß bei etwaiger Parzellierung der rückwärts sich an das Grundstück anschließenden Ländereien andere Wohnhäuser zu nahe an die Villa gebaut wurden, erwarb Frau Diederichsen die angrenzenden großen Koppeln. Als der Weltkrieg ausbrach, wurden diese den Einwohnern von Neumühlen und Övelgönne als Gemüseland zur Verfügung gestellt. Die Westseite des alten Kavalierhauses war damals von einem alten Maulbeerbaum bedeckt, der fast jedes Jahr Früchte trug. Neben dem Haupthause westlich ragte eine herrliche Buche, die zu den ältesten ihrer Art in Schleswig-Holstein gehörte. 1954 wurde sie durch einen Sturm umgelegt.

[90] Das Grundstück wurde an den Besitzer und Direktor des Hotels »Reichshof« in Hamburg, Langer, verkauft, der 1927 starb. Seitdem betreut dessen Witwe, Frau Martha Langer, die gleichfalls den »Reichshof« und andere Hotelunternehmen weiterleitet, den Landsitz. Die Villa selbst wurde 1933 zu zwei Wohnungen umgebaut und vermietet. Dort wohnte bis zur Ausbombung der Hamburger Kaufmann Paul Rettberg mit seiner Gattin, Frau Adda, geb. von Horn, ein sehr kunst- und musikliebendes Ehepaar.

[91] Dieser Hof lag am heutigen Othmarscher Kirchenweg, an der Nordseite der Straße, gegenüber der Stelle, an der noch heute der Hirtenweg einmündet. Die Besitzer waren u. a.: Ab 2. 7. 1617 Thiele Martens; 3. 9. 1623 Thomas Wullenweber; 1669 Hinrich Wullenweber; 29. 1. 1703 Hinrich Wullenweber (Sohn?); 12. 11. 1704 Ludwig Wullenweber; 18. 8. 1716 Hinr. Wullenweber; 9. 12. 1753 Thomas Wullenweber; 12. 5. 1770 Hermann de Voß; 12. 8. 1777 Frau Oberstleutnant von Bülow, geb. von Bernstorff; 1788 Oberst von Speth; darauf (im gleichen Jahr?) Prof. Dr. Joh. Christoph Unzer; 9. 4. 1791 Peter Rode; 14. 6. 1794 Dr. Samuel Dietrich Mutzenbecher; 2. 11. 1809 Hofagent Chr. Alex Becker; 28. 1. 1825 Joh. Friedr. Erhard Kraus; 14. 5. 1835 Ernst D. Henke; 22. 4. 1853

A. Ludw. Henke; 11. 5. 1882 Joh. H. Ehlers. – Am 3. Juni 1869 wurde von den zu dem Hof gehörigen Ländereien das nördliche Gelände, das den Flurnamen »Lütt Tarf« führte, mit Genehmigung der Kgl. Regierung an die Altona-Blankeneser Eisenbahn abgetreten. Vgl. Baustellenbesitzer-Übersicht von Prof. Paul Piper (handschriftl.) und Erdbuch über das Dorf Othmarschen und Övelgönne 1791, S. 28f. – Volckens, Mitteilungen des Vereins für Hambg. Gesch., Bd. 13 (1920), S. 268ff.

[92] Johann Christoph Unzers hinterlassene Schriften. Altona 1811. I. S. 114.

[93] Nach Ausweis des Othmarscher Erdbuches gehörte die Flur »Elfblöcken« bis 6. August 1796 zum vormals Unzerschen Hof.

[94] Altonaer Adreß-Comptoir-Nachrichten, 27. 12. 1797. Schmidt von Lübecks Necrolog der Stadt Altona (handschriftl.) I. S. 49. – Über Mutzenbecher vgl. P. Th. Hoffmann, Ein Altonaer Original aus alter Zeit: der Universalgelehrte L. S. D. Mutzenbecher. Amtsblatt der Stadt Altona. 11. Jahrg. Nr. 45–46. — Bau- und Kunstdenkmale II, S. 195.

[95] Klein Middelvaart stattete v. d. Smissen so behaglich wie möglich aus. Auch richtete er dort eine große Gemüsekultur ein, für die er allerlei ausgab. Bis 1813 kostete ihn der Landsitz – die Gemüsezucht nicht eingerechnet–67000 Mark Courant.–Vgl. Heinr. Münte, Das Altonaer Handelshaus v. d. Smissen 1682–1824. Altonaische Zeitschr. II (1932), S. 18ff. und S. 77.

[96] George Booths Aufsatz im »Archiv des Garten- und Blumenbau-Vereins«. Hamburg 1839. S. 72.

[96a] Eine ausführliche Darstellung über diese Besitzung hat 1941 der Archivar Otto Hintze zusammengetragen in seiner Abhandlung »Die Landsitze Klein-Middelvaart und Christinental in Othmarschen und Övelgönne«. (Als Typoscript im Staatsarchiv Hamburg, Dienststelle Altona, aufbewahrt.)

[97] Als »bemerkenswert« wird das Hankersche Landhaus erwähnt in der Zeitschrift »Hamburg und Altona«, 2. Bd., Heft 5, S. 235. Hamburg 1802.

[98] Carl Sievers, Eine Geschichte. 2 Bändchen. Hamburg 1782. Bey Johann Philipp Christian Reuß.

[99] Einige bemerkenswerte Einzelheiten aus dem Roman: Gartenvergnügungen u. ä. I. S. 26f., II. S. 171; das Tagewerk empfindsamer und gebildeter junger Mädchen, I. S. 64f.; Proben idyllischer Schwärmerei, I. S. 94f.; Erwähnung des Jungfernstiegs, II. S. 63; die arme Frau aus Altona, II. S. 72.

[100] Eine Akte über das Hankersche Landhaus, Kieler Staatsarchiv (Bd. XI, 3. Nr. 1017), betrifft die Löschung einer auf den Landsitz gelegten gerichtlichen Hypothek. Der Name Hanker erscheint wiederholt falsch als »Hahncke« und Hancke geschrieben. Auch Volckens Artikel über das »Hahnkesche Landhaus« (a. a. O., S. 208) ist entsprechend zu verbessern. Vgl. auch Otto Hintze, Genealogisches Archiv für Deutsche Geschichte. Bd. 4, Folge 2, Hamburg, S. 130.

[101] Die sonstigen Werke Hankers verzeichnet eingehend das Hamburger Schriftsteller-Lexikon. U. a. seien hier noch hervorgehoben seine freie Übersetzung »Leben des Seneca nach Diderot«, von F. E. Epheu, Dessau und Leipzig 1783, darin er Rousseau gegen Diderots Ausfälle in Schutz nimmt. Ferner von seinen nach französischen Mustern geschaffenen Dramen und Lustspielen das Trauerspiel in vier Aufzügen »Sophoniste«, (Berlin 1784, 2. Aufl.), das am »Döbblinischen Theater« aufgeführt wurde; eine gewissenhafte Arbeit, die auf genauer Kenntnis der früheren dramatischen Bearbeiter des Stoffes beruht, aber zu wortreich bleibt. (Vgl. I. Ausg. 1782.)

[102] Über die einzelnen Besitzer unterrichtet Volckens, a. a. O., S. 208; über H. O. Goverts: Deutsches Geschlechterbuch, Bd. 21, S. 130–131.

[103] Vgl. Volckens, S. 211; Deutsches Geschlechterbuch, Bd. 18, S. 426; Adolf Goetz, Gesch. d. Hauses C. J. H. Siemers & Co., Hamburg, 1811–1911; nach dem Tode der Witwe Siemers 1920 übernahm deren Tochter Frau Generalleutnant Thekla Schaer das Anwesen; sie verkaufte das Grundstück Elbchaussee 195 im Jahre 1925 an den Architekten Emil Zodar und das Haus Övelgönne 106 im Jahre 1930 an den Gartenarchitekten Rudolf Schnackenburg. Unter Zodar wurde das Grundstück geteilt in Nr. 195 und 195a (Gästehaus der Stiftung F.V.S.).

[104] Deutsches Geschlechterbuch, Bd. 21, S. 341, 345 und 351. Die Einrichtung des Hauses Hauhopen stammte von R. Bichweiler.

[105] Auktionskatalog der Handzeichnungssammlung Arnold Otto Meyer, Versteigerung bei C. G. Boerner, Leipzig, März 1914. Die dort verzeichneten Bilder von Spitzweg, Menzel, Marées, Klinger u. a. stammen allerdings nicht aus der Sammlung!

[106] Durch seine Gattin Louise Ferber war A. O. Meyer den Woermann-Weberschen Familien verwandt und mit manchen ihm geistesverwandten Persönlichkeiten aus diesem Kreise, z. B. mit dem Kunstsammler Eduard F. Weber, befreundet. Frau Senator Meta Baur vermählte sich nach dem Tode ihres ersten Gatten mit dem Geheimen Oberjustizrat Dr. von Wiarda. Vgl. Deutsches Geschlechterbuch, Bd. 21, S. 345, und Hoffmann, Bd. II, S. 684.

[107] Deutsches Geschlechterbuch, Bd. 21, S. 12f.

[108] August Behn verkaufte 1876 das Grundstück an Hermann Jansen, 1879 verkaufte dieser es weiter an G. Müller-Beeck; 1882 erwarb es von diesem Senator Lehmann.

[109] Vgl. Rudolf Lehmann, Bürgermeister Dr. Johann Chr. Eugen Lehmann. Leipzig 1916.

[110] Vgl. W. Jakstein, C. F. Hansen und sein Landhaus Thornton, Baurundschau 1915, S. 65–74. Die von Jakstein auf S. 71 seiner Ausführungen beschriebene Loggia hat ursprünglich wirklich die zwei von ihm vermißten Säulen getragen. Das beweist z. B. das in der Sammlung Volckens unter Nr. XXVI 15a verzeichnete Bild »J. Thorntons Landhaus«, ein Aquarell, das die Loggia mit Säulen zeigt, die eine spätere Generation, offenbar der bequemeren Aussicht halber, wieder hat fortnehmen lassen.

¹¹⁰ᵃ Bau- und Kunstdenkmale II, S. 195 f.

¹¹¹ Nach Aufzeichnungen des Oberstleutnants George Thornton (gest. 28. 5. 1886) im Hamburger Staatsarchiv.

¹¹² Den Verkauf vermittelte Peter Godeffroy (1749-1822). Dieser war mit einer Schwester Thorntons, Johanna Catharina (1759-1800) vermählt. Deutsches Geschlechterbuch, Bd. 27, S. 32.

¹¹³ Nach älteren Abbildungen der Besitzung, die sich im Hamburger Staatsarchiv, Dienststelle Altona, befinden.

¹¹⁴ Auch die benachbarten Besitze gehörten den Schröders, so Elbchaussee 199 (vormals George Booth) der zweitältesten Tochter von J. H. von Schröder, Frau Anthon Schröder, geb. Francisca Henriette Freiin von Schröder (1852-1893), diese war mit ihrem Vetter, dem Hamburger Kaufmann Anthon Schröder, vermählt; siehe Deutsches Geschlechterbuch, Bd. 23, S. 261. Die Besitzungen Elbchaussee 203/205 und 216/226 gehörten von 1869 an Rudolph Schröder (bis zum Tode seiner Frau 1910), alsdann Baron Bruno von Schröder in London. Volckens, a. a. O., S. 214.

¹¹⁵ Deutsches Geschlechterbuch 23, 256ff. und 19, 298. Louise Schröder, geb. Mutzenbecher, war eine Tante des früher erwähnten Altonaer Arztes L. S. D. Mutzenbecher, eines Besitzers von »Klein Middelvaart«.

¹¹⁶ Es versteht sich, daß Würdige und Unwürdige unter den Bedürftigen die reichen Kaufleute Hamburgs umdrängten. Wilh. Baur erzählt, daß Schröder schließlich der Stadtmission die zahllosen Bittgesuche zur Prüfung übergab; er »legte jährlich fünftausend bis siebentausend Armenfälle und dreißig- bis vierzigtausend Mark in des Stadtmissionars Hände«. (Daheim, 4. Aug. 1883, S. 699).

¹¹⁷ Deutsches Geschlechterbuch, Bd. 23, S. 268.

¹¹⁸ Vgl. die Akte des Hbg. Staatsarchivs; ferner Allg. D. Biogr. 32, 520.

¹¹⁹ Hamburger Fremdenblatt, 30. Juni 1883.

¹²⁰ Das Vermögen, das Schröder bei seinem Tode hinterließ, wurde damals auf rund 60 Millionen Mark geschätzt.

¹²¹ Beide, J. Rudolph Schröder (1821-1887) und Clara Freiin von Schröder, hatten denselben Urgroßvater in dem Quakenbrücker Kaufmann und Ratssubsenior Anton Schröder (1697-1786). Aus J. Rudolph Schröders und Clara Freiin von Schröders Ehe gingen neun Kinder hervor. Der jüngste, Bruno Freiherr von Schröder, geb. 1867 zu Hamburg, wurde Chef des Londoner Bankhauses J. Henry Schröder & Co. Das Hamburger Bankhaus Schröder Gebr. & Co. ist gegenwärtig Besitzer der schon oben erwähnten Besitzungen Elbchaussee 203/205 und 216.

¹²² Schröder ließ am Abhang des Parkes längs der Grenze gegen den Elbstrand eine Mauer ziehen und eine große Terrasse anlegen. – Über die Entwicklung des Schröderschen, vormals Thorntonschen Besitzes vgl. das Othmarscher Erdbuch (ab 1791), S. 39 und S. 89. – Bau- und Kunstdenkmale II, S. 196 f.

[123] Der Kaufpreis betrug 800000 Mark. 1935 wurde das neue Haus in Einzelwohnungen umgebaut.

[124] Deutsches Geschlechterbuch, Bd. 27, S. 162.

[125] Volckens, Mitt. d. Ver. f. Hbg. Gesch., Bd. 13, S. 209.

[126] Ebenda, Bd. 18, S. 345. – Poppe verkaufte den Besitz für 27500 Mark Courant.

[127] Dort heute das Grundstück Roosens Weg 21.

[128] Zu dem Garten gehörten mehrere Koppeln und Felder, die Berend Paulus Roosen hinzukaufte, u. a. die große Koppel, die sich bis zur heutigen Bernadottestraße erstreckte. Das an der Südostecke gelegene Gärtnerhaus wurde nach 1900 zu einem Wohnhaus umgebaut (heute Ansorgestraße 24, einem Enkel von B. P. Roosen gehörend).

[129] Im Winter wohnte B. O. Roosen in Hamburg, in dem von ihm erbauten Haus Kirchenallee 35.

[130] Mehrere angrenzende Koppeln und Felder wurden um diese Zeit gleichfalls verkauft. Nach Mitteilungen von Karl Reimer Rothe, Hamburg-Bahrenfeld, vollzog sich die Errichtung der Kirche folgendermaßen: Freiherr Conrad Hinrich Donner gehörte um 1900 zu den zwanzig reichsten Leuten der Welt. Er war aber nicht nur ein reicher Mann (mit seinen 400 Millionen Reichsmark dürfte er wohl auch der reichste Anwohner der Elbchaussee gewesen sein), sondern ein ebenso großer Wohltäter. Die Schenkung der Christuskirche ist offiziell als die des Freiherrn Conrad Hinrich Donner bekannt. Die Zeichnungsverhandlungen führte der Kirchendiener Richard Bundesmann im Hause Elbchaussee 159a. Nachdem er überall bei den großen Herren vergeblich vorgesprochen hatte, da diese erst mal sehen wollten, was C. H. Donner zeichnete, sagte dieser: »Wie, es hat noch niemand gezeichnet? Dann geben Sie mal her!« Nahm die Liste und schrieb M. 150000,- und sagte zu Bundesmann: »So, nun gehen Sie nirgend mehr hin, sondern nach Hause zu Ihrem Pastor!« Donner zeichnete später auch noch die weiteren zum Bau nötigen M. 100000,-. Die Othmarscher aber meinten: Zu einer Kirche gehört auch ein Pastor, und wer bezahlt den? – Da griff der Freiherr von Donner nochmals in sein Portemonnaie und stiftete weitere M. 100000,-, damit aus den Zinsen dieses Kapitals der Geistliche besoldet werde!

[130a] Über die Familien Beit und Lieben-Königswarter war es schwierig, noch etwas zu erfahren. Ich verdanke die Nachrichten den Herren C. Johs. Wesselhoeft und G. Arthur Roosen.

[131] Rittschers Gastwirtschaft, ehedem die »Strohhütte« genannt, schon 1789 von einem Reisenden ob der großartig schönen Aussicht und der idyllischen Umgebung gepriesen. Hoffmann, Neues Altona, II., S. 298. – Bau- und Kunstdenkmale II, S. 248f.

[132] Vgl. Ludwig Brünner, Die deutsche Grönlandfahrt. Berlin 1915–1917, S. 455. – H. Harder (»Auf der Flottbeker Chaussee und auf der Elbchaussee« in »Vor den Toren der Großstadt«, Altona 1929, S. 103) behauptet, daß »Vater und Sohn (d. h.

Hermann Linnich sen. und jun.) in 47 Jahren schließlich 90 Schiffe besaßen«. Gleichzeitig haben die Linnichs nie 90, sondern kaum 9 Schiffe besessen.

[133] Auf Melchior Lorichs Elbkarte vom Jahre 1568 erscheint die Flur bezeichnet mit »Thom Creutze«. Das Kreuz bezeichnete einst die Grenze des Hamburger St.-Petri-Kirchspiels. Der Krützkamp selber war Grenzflur gegen Kleinflottbek.

[134] Erdkarte Othmarschens und Övelgönnes von 1791 und Erdbuch für Othmarschen und Övelgönne (ab 1791) S. 84 u. 85. – Vor Hinrich Röper hatte 1786 J. Hermann Jürgensen die Baustelle inne. Ihr Wert betrug damals 2450 Mark Courant; s. Volckens, a. a. O., S. 210.

[135] Vgl. Chls. Fuchs' Lithographie »Karte des rechten Elbufers« (um 1850). Haus Nr. 25 (neben Rittscher). Nr. 26 erscheint hier als »Berg und Tal« angegeben. Ist diese Bezeichnung richtig, dann müßte Volckens' Ausführung über diese Gartenwirtschaft (a. a. O., S. 213) berichtigt werden; denn Volckens bezieht die Gartenwirtschaft »Berg und Tal« auf das Grundstück Elbchaussee 203/05, während es nach obiger Karte Elbchaussee Nr. 1 bestanden haben müßte. Kaufpreis 30000 Mark Courant.

[136] Von dem Hamburger Cafetier J. P. Chr. Boldt; das Nähere bei Volckens, S. 217.

[137] 1813 erstand der Hamburger Kaufmann und holländische Konsul Georg Hinrich Wachter jun. das Ganze sehr preiswert für 21000 Mark Courant; 1829 verkaufte er es für 32000 Mark Courant an Johann Wilhelm Rücker (1781–1847). G. H. Wachter, geb. 1769 zu Rotterdam, gest. 1858 zu Hamburg, war vermählt mit Henriette Cornelia, geb. Lorentzen.

[138] Deutsches Geschlechterbuch, Bd. 27, S. 195–197.

[139] Bernhard von Bülow, Denkwürdigkeiten. IV. S. 33 ff.

[140] Oder waren es ihrer drei? Die in Ehrenbergs Buch und auch in »Die Bau- und Kunstdenkmale«, Band Altona und Elbvororte, Hamburg 1959, enthaltene »Karte des rechten Elbufers von Altona bis Blankenese (um 1850), nach einer Lithographie von Chls. Fuchs«, zeigt westlich von Rittscher die Landsitze Nr. 25, Nr. 26 und Nr. 27. Den Bildern nach ist Nr. 25 das alte Linnichsche Haus. Nr. 26, das hier als »Berg und Tal« bezeichnet wird, dürfte das vormals de Voss'sche Haus sein. Gehörte Nr. 27 auch in den Rückerschen Komplex?

[141] Wilhelm Rückers Stadthaus befand sich am Neuen Jungfernstieg, Ecke Fehlandtstraße.

[142] Vgl. Agnes Steiner, Hamburger Landsitze und Landschaften aus alter und neuer Zeit. Mit beschreibendem Text von Julius Faulwasser. Hamburg 1900. S. 6.

[143] Sein Vater war Christian Matthias Brödermann (1789–1854), der u. a. in Lissabon und Matanzas tätig gewesen ist.

[144] Zuvor war er in Hamburg Kaufmann in Firma A. & E. Brödermann.

[145] Die Gemahlin Rob. M. Sloman jun. war Amalie Rosalia Christine, geb. von Stephani.

¹⁴⁶ Nach frdl. Mitteilungen von Herrn Hermann Reincke handelt es sich um folgenden Nachwuchs aus der Ehe des Herrn C. A. Brödermann mit Frau Stephani, geb. Sloman:
1. Stephani, geb. 1. 3. 1868, Hamburg, vermählt 15. 8. 1891 mit Paul Eugen Freiherr von Hoverbeck, genannt von Schoenaich.
2. Carl, geb. 31. 3. 1869, Hamburg, Kaufmann, nahm 1893 mit Genehmigung des Senats zu Hamburg den Namen Brödermann-Sloman an, vermählte sich mit Elisabeth Amsinck, geb. 12. 6. 1876, kinderlos. Er starb in Hamburg, 5. 9. 1933.
3. Mary, geb. 24. 8. 1871, Othmarschen, vermählt 30. 1. 1889 zu Hamburg mit Hermann Reincke, geb. 18. 4. 1864, Hamburg, Seniorteilhaber der Reederei und Schiffsmaklerfirma Rob. M. Sloman jun., Hamburg.
4. Hans, geb. 26. 6. 1876, Othmarschen, gest. 23. 5. 1877.
5. Hildegard, geb. 22. 6. 1879, Othmarschen, vermählt mit Emilio Schramm, geb. 12. 11. 1862, gest. 7. 7. 1924.

¹⁴⁷ Zu dem Brödermannschen Grundstück erwarb C. A. Brödermann seinerzeit auch eine große Koppel an der Bernadottestraße, im Norden vom Borchlingweg begrenzt. Ein Trennstück an der Ostseite kaufte W. Zimpel, das nach Westen angrenzende Trennstück K. Schwarz; das an dieses grenzende Trennstück (Elbchaussee 227) kaufte F. Sauerland, der darauf ein Haus errichtete und es bewohnte.

¹⁴⁸ Vgl. Thieme-Becker, Allgem. Lexikon der bildenden Künste, Leipzig 1926, Bd. 19, S. 103.

¹⁴⁹ Das Grundstück wird jetzt bewohnt von R. H. Wark (Nr. 229), Hedwig Breins (Nr. 233), Franz Potenberg (Nr. 235).

¹⁵⁰ W. Volckens, a. a. O., S. 218.

¹⁵¹ Die Grundstücke Nr. 255–300 gehörten früher den Freiherr von Jenischschen Erben; Altonaer Adreßbuch von 1933, S. 419.

¹⁵² Kleinflottbeker Erdbuch, S. 85, Nr. 28. – Bau- und Kunstdenkmale II, S. 199.

¹⁵³ Das Grundstück, das Herman de Voss innehatte, umfaßte Elbchaussee Nr. 239–245.

¹⁵⁴ Nach freundlichen Mitteilungen eines Urenkels von Herman de Voss, Herrn G. Arthur Roosen.

¹⁵⁵ Grundstück Elbchaussee 239.

¹⁵⁶ Das Haus kostete de Voss zu erbauen und einzurichten 50000 Mark Courant.

¹⁵⁷ »Hamburg und Altona«, 5. Heft. Hamburg 1802, S. 229.

¹⁵⁸ Neue Forschung ergab, daß Joh. Nic. Möller von 1787 bis 1810 in Altona ansässig war und im Auftrag von Herman de Voss das Haus baute.

¹⁵⁹ Schumacher, a. a. O., Schleswig 1841, 135.

¹⁶⁰ Peter de Voss verkaufte die Brauerei um die Mitte des neunzehnten Jahrhunderts. Er besaß nur eine Tochter, Frau te Kloot, so daß 1871 mit ihm der älteste Zweig der bekannten Altonaer Familie erlosch.

[161] de Voss baute das Haus; Volckens ist hier zu berichtigen. Bezug fehlte schon in der 1. Auflage.

[162] Volckens, a. a. O., S. 219. Bezug fehlte schon in der 1. Auflage.

[163] Vgl. Deutsches Geschlechterbuch, Bd. 27, S. 197f., und Gotha uradl. Taschenbuch 1911, S. 146.

[164] Bülows Reden, Bd. 5, S. 301.

[165] Deutsches Geschlechterbuch, Bd. 19, S. 290–292; Volckens, a. a. O., S. 219.

[166] Georg Kallmorgen, erbaute u. a. das Altonaer Hotel »Kaiserhof« und war 1908 bis 1914 unbesoldeter Senator in Altona; Bruder des impressionistischen Malers Friedrich Kallmorgen.

[167] 1911 erwarb Paul Wichmann für rund eine halbe Million Mark den Besitz. Danach gehörte das Besitztum dem Kaufmann Erich Thor.

[168] Ein schönes Bild von diesem Platz in Bülows Denkwürdigkeiten, III., S. 24.

[169] Beneke, Allg. deutsche Biogr., Bd. 29, S. 444f.

[170] 1932–1934 hieß der Park »Bülow-Park«; dann wurde er nach dem Tode des Reichspräsidenten, Herbst 1934, in »Hindenburg-Park« umgetauft. – Vgl. Bernhard Fürst von Bülow, Denkwürdigkeiten, Bd. IV, S. 33 ff.

[171] Der Park, der jedoch selbst nicht an die Elbchaussee reichte, wird heute von der Parkstraße, dem Ende der Bernadottestraße, Handelmannweg, Eichenallee durchzogen und ist in eine größere Zahl von Einzelgrundstücken aufgeteilt; zumal in jüngster Zeit ist er längs der Straße Hochrad und Flottbeker Weg stark besiedelt.

[172] Nördlich vom Besitz des Herrn Schutte (später Friedrich Kirsten, jetzt Reemtsma). Roß legte drei große Glashäuser für Blumen und zwei Treibhäuser für Weinkulturen an. Pferdestall für Reit- und Wagenpferde, Kuhstall, Geflügelhof ergänzten den Besitz. Ferner erbaute er ein kleineres Landhaus, für Angehörige der Familie oder für Angestellte der Firma Roß, Vidal & Co.

[173] Vgl. Edgar Roß, Erinnerungen aus meiner öffentlichen Wirksamkeit (als Manuskript gedruckt).

[174] Vgl. Deutsches Geschlechterbuch, Bd. 23, S. 229.

[175] Alberti, Lexikon der Schlesw.-Holst.-Lauenburg. Schriftsteller, I, S. 71. H. Harder, Auf der Flottbeker Chaussee und auf der Elbchaussee, a. a. O., S. 106–108.

[176] Französisiert aus dem englischen Bowlinggreen »Rasenplatz zu einer Art Ballspiel« (bowling).

[177] Koopmann, Die Flottbeker Baumschulen, Archiv des Garten- und Blumenbau-Vereins für Hamburg, Altona und dessen Umgegend. Hamburg 1844. S. 18 ff.

[178] Hoffmann, II, S. 304.
[179] Marie Luise Sieveking, geb. Duncker, ist eine Enkelin des Malers Otto Speckter und eine Urenkelin von Dr. Georg Kerner, dem Bruder des Dichters Justinus Kerner; Georg Kerner, Schüler der Karlsschule (Württemberg), wurde Arzt in Hamburg, nachdem er zuvor lange in Paris gelebt.
[180] Vgl. Ehrenberg, Aus der Vorzeit von Blankenese, S. 67.
[181] Deutsches Geschlechterbuch, Bd. 27, S. 231.
[182] In Hamburg bewohnte Schön, nachdem er 1842 bei dem Brand seine in der Ferdinandstraße gelegene Wohnung verloren hatte, das Haus Ballindamm 10.
[183] Deutsches Geschlechterbuch, Bd. 27, S. 244.
[184] Über den Jenisch-Park vgl. R. Ehrenbergs »Vorzeit von Blankenese«, Hamburg 1897, S. 101–114; Ulrich Nabel, »Der Kleinflottbeker Park« in »Nordelbingen«, Bd. 8, S. 390–430.
[185] Weiter östlich, im heutigen Altonaer Altstadtgebiet, befanden sich Fluren mit den Namen »Dreedüwelshof«, »Hexenberg«, »Sachsenborn«, die gleichfalls auf frühgeschichtliche Siedlung hindeuten.
[186] A. D. B., X, S. 594; H. Schröders Lexikon d. hbg. Schriftsteller, Bd. 3, S. 107 ff.
[187] N. Hardkopf, Geistlicher Brodkorb, Hamburg 1675, S. 313 ff. Vgl. auch die Vorrede »an den Leser«, drittletzte Seite.
[188] Schriftsteller-Lexikon, IV, S. 327 ff.
[189] Vgl. Situationskarte Kleinflottbeks vom Jahre 1734, bez. v. Wießel, bei Ehrenberg, a. a. O., nach S. 124 abgebildet.
[190] Diese Wachsbleiche lag dort, wo sich heute im Jenisch-Park die Gewächshäuser und der Gartenteil mit den exotischen Bäumen befinden. Friedrich IV. erteilte dafür 30. 7. 1727 die Konzession, weil van Hoven angegeben hatte, daß er wegen Mangels an Wiesen in der Gegend das nötige Vieh nicht halten könne und daher auf Nebengewerbe bedacht sein müsse.
[191] Van Hoven hatte vier Kinder: einen Sohn, der in Haarlem starb, und drei Töchter. Zwei der Töchter blieben unverheiratet; eine Tochter vermählte sich mit dem Hamburger Kaufmann Abraham Koopmann IV (1719–1801).
[192] Das war der größte Teil der van Hovenschen Besitzung; ausgenommen blieben »einige den unverheirateten Demoiselles gehörige Grundstücke« sowie im Norden der Papenkamp. Bei diesen Grundstücken handelte es sich u. a. um das jetzt als »Baron-Voght-Straße 53« bezeichnete Anwesen (Ecke Beim Quellental).
[193] 21. 11. 1785 durch Versteigerung für 29 160 Mark Courant.
[194] Deutsches Geschlechterbuch, Bd. 63, S. 319 ff., 337 f. – Nach dem Stammbaum der von Winthems (Hamburger Staatsarchiv) war der Großvater A. F. von Winthems der Fischweicher und Hauseigner in Hamburg Johann von Winthem (geb. 1635).

Dessen Urenkel war Johann Martin von Winthem, der mit der späteren Gattin Klopstocks in deren erster Ehe vermählt war.

[195] 19. 8. 1786 für 16500 Mark Courant.

[196] Im Kleinflottbeker Erdbuch 1789 erscheint die Wachsbleiche bereits unter den Ländereien, die Caspar Voght damals gehörten. Die Wachsbleiche selbst wurde aber wohl von Koopmann weiterbetrieben. In den »Almanachs aller um Hamburg liegenden Gärten«, S. 1792 ff., erscheint neben Voghts Park unter andern Besitzungen in Kleinflottbek stets »Koopmanns Wachsbleiche« gesondert aufgeführt. Das Ehepaar Abraham Koopmann IV hatte drei Söhne, die alle nicht heirateten, aber sehr alt wurden. Der Älteste, Abraham Koopmann V, besaß den Papenkamp und starb daselbst 1837. Wir finden ihn auch im Altonaer Adreßbuch als Besitzer von Palmaille 434, Südseite. Der zweite, Jan Koopmann, besaß und bewohnte den Kösterberg in Blankenese und starb 1834. Diese beiden haben noch die Wachsbleiche betrieben. Der dritte Bruder, Friedrich Koopmann (1764–1850), der kurze Zeit Kaufmann in Hamburg gewesen war, besaß den Garten Baron-Voght-Straße 53, als Nicolaus Stuerkenscher Garten lange bekannt. Friedrich Koopmann bezog seinen Garten erst 1844. Bis dahin wohnte er bei seiner Cousine Madame Rahusen (1758–1844), geb. Roosen, auf deren schönem, noch jetzt existierendem Garten in Kleinflottbek, heute Ohnhorststraße 28, damals in Feldern und Wiesen eingebettet am Landweg von Kleinflottbek nach Osdorf. Der Garten war später als Janentzkyscher Garten bekannt. Nach ihrem Tode zog Friedr. Koopmann wieder auf seinen eigenen Garten und schließlich auf den seines verstorbenen ältesten Bruders, den Papenkamp, wo er 1850 als letzter seines Geschlechts, 86 Jahre alt, starb.

[197] Baron Caspar von Voght, Lebensgeschichte. Hamburg 1917. S. 17.

[198] Ebenda, S. 42.

[199] Otto Rüdiger, Caspar von Voght. Hamburg 1901. S. 30 f.

[200] Ehrenberg, a. a. O., S. 112.

[201] Exemplar in der Hamburger Staats- und Universitäts-Bibliothek: The Works in Verse and Prose of William Shenstone Esq., London 1773, Band 2; in diesem Beschreibung der Leasowes nebst ihrem Lageplan, S. 285–320.

[202] Shenstones Works, II. S. 316.

[203] Vgl. »Verses to Mr. Shenstone«, Shenstones Works, II. S. 321.

[203a] Bau- und Kunstdenkmale II, S. 200 f.

[204] Ehrenberg, Aus der Vorzeit Blankeneses, S. 110.

[205] Einen Begriff von der Anmut des Quellentals bietet ein großes Aquarell von Peter Suhr (Juni 1817), heute Sammlung Volckens im Staatsarchiv, Dienststelle Altona.

[206] Joh. Ludwig Ewald, Phantasien auf einer Reise durch Gegenden des Friedens. Hannover 1799. S. 102.

[207] Lediglich der Weg, der heute im Park über die stabile, für Wagen passierbare Brücke führt, zog sich in gerader Richtung nach Westen bis zur Baron-Voght-Straße und durchschnitt das »Bowling-green«. Als Senator Jenisch sein Haus baute, ist dieser Weg weggefallen.

[208] Jetzt noch Jürgensallee und in der Baron-Voght-Straße. – Bau- und Kunstdenkmale II, S. 213.

[209] Voght, Lebensgeschichte, S. 50.

[210] August Hennings, Genius der Zeit, Altona, September 1796. S. 102–103; Ehrenberg, S. 66–67.

[211] Hamburg, Gartenalmanach 1793, S. 17. – Bau- und Kunstdenkmale II, S. 208 f.

[212] Thieme-Becker, II, S. 83.

[213] Beschreibung des Hauses und seiner Bauart durch Ulrich Nabel, a. a. O., S. 398 ff.

[214] Thieme-Becker, XXVII, S. 591.

[215] Nach H. Sieveking, G. H. Sieveking, S. 485.

[216] Hbg. Gartenalmanach 1797, S. 12.

[217] Über Staudinger: H. Lüdtke, Klopstock und unsere niederelbische Heimat, Altona 1928, S. 36 ff.

[218] An der Seetwiete (heute Seestraße 32) lag diese Voght gehörige Besitzung, die im damaligen Hamburger Gartenalmanach wie folgt beschrieben wird: »Herrn Voghts artiger Garten und schöner ländlicher Hof, der zu dem großen Gute gehört, aber als ein besonderer Meierhof durch Herrn Staudinger bewirtschaftet wird, der hier sein Institut zur Bildung junger Landleute mit viel Erfolg betreibt.« Hbg. Gartenalmanach 1797, S. 13.

[219] A. D. B., XXXIV, S. 633; H. Schröder, Lexikon der hamburg. Schriftsteller, VI, S. 598 ff.

[220] Viele Fachaufsätze von Mitgliedern der Familie Booth brachte das »Archiv des Garten- und Blumenbau-Vereins Hamburg« 1837 ff.

[221] Otto Rüdiger, a. a. O., S. 31 ff.

[222] Voght und seine Mitarbeiter legten auch gedruckte Rechenschaftsberichte über ihre landwirtschaftlichen Versuche vor, u. a. »Flottbek und dessen diesjährige Bestellung, mit Hinsicht auf die durch dieselbe beabsichtigten Erfahrungen. Ein Wegweiser für den landwirtschaftlichen Besucher desselben, mit angehängten Gartenversuchen im Jahre 1822, von Freyherrn von Voght. Altona bei Busch, 1822, gr. 8, 116 Seiten.« – Ausführliche Besprechung des Buches in den Schlesw.-Holst.-Lauenburg. Provinzialberichten 1822, S. 142–146.

[223] Brief, im Baron Voghtschen Familienarchiv des Hamburgischen Staatsarchivs.

[224] Deutsches Geschlechterbuch, Bd. 27, S. 1 ff. Vgl. auch J. G. Rists Lebenserinnerungen, S. 40.

[225] Rist, Lebenserinnerungen, Ausg. Hbg. Hausbibl., Hamburg 1908, S. 139–140.

[226] Desgl., S. 141.

[227] Aus Otto Benekes Nachlaß, im Besitz von Pastor Dr. H. F. Beneke, der mir das Gedicht freundlicherweise mitteilte.

[228] P. Th. Hoffmann, Schopenhauers Lehrherr: Senator M. J. Jenisch. Hbg. Fremdenblatt 4. 10. 1931.

[229] Der Kaufpreis betrug 137200 Mark Banko. Brief, mitgeteilt von Ehrenberg, a. a. O., S. 111.

[230] Ein Kanzleigut unterstand unmittelbar dem nächsten Obergericht und war somit der örtlichen Gerichtsbarkeit nicht unterstellt; es erhielt gegenüber den übrigen Ortsbesitzungen gewisse Hoheitsrechte. Vgl. auch Grimms Deutsches Wörterbuch, Bd. 5, S. 180.

[231] Von Voght in seinem bereits erwähnten Brief zitiert; Ehrenberg, a. a. O., S. 112.

[232] Bülow, Denkwürdigkeiten, Bd. IV, S. 33 ff. Kalö eine sehr kleine Insel zwischen der Apenrader und der Haderslebener Förde.

[233] Nabel, S. 427.

[234] Die noch heute bestehenden Gewächshäuser ließ er 1833–1836 erbauen. In dem Hauptgewächshaus befand sich an Stelle des heutigen Brunnens eine Bildsäule des Aristides, mit Akazien, Melaleuken u. a. umgeben. Neben den Orchideenkulturen waren damals vorhanden prächtige Palmen, 140 Arten Kakteen, 108 Arten Pelargonien, 40 Arten Akazien, 22 Arten Passifloren u. a. – Koopmann, Der Landsitz des Herrn Senator Jenisch in Flottbek, im »Archiv des Garten- und Blumenbau-Vereins für Hamburg, Altona«, Hamburg 1839, S. 31. – Derselbe, Das neue Orchideen-Haus im Flottbeker Park des Herrn Senators Jenisch, a. a. O., 1845, S. 27 ff.

[235] Aus Liebe zu dem Dahingegangenen stiftete die Witwe auch noch der Deutschen Evangelischen Gemeinde zu Vevey ein Gotteshaus, die nach ihrem Gatten benannte »Martinskapelle«.

[236] Vgl. den Nachruf zu ihrem Tode am 14. Januar 1881; Jenisch-Archivalien (Staatsarchiv, Altona).

[237] Allg. Deutsche Biographie, Bd. 37, S. 522.

[238] Hbg. Correspondent, Nr. 134, 6. Juni 1862.

[239] Thyra Gräfin Grote, später verm. Jenisch (geb. 1881 zu Varchentin), war die Tochter von Adolf Grote, Herr des Burglehns Harburg in Hannover, Kammerherr des Herzogs von Cumberland, kgl. hannov. Legationsrat und Gesandter zu Madrid.

²³⁹ᵃ Bau- und Kunstdenkmale II, S. 205 f.

²³⁹ᵇ Ebenda II, S. 207 f.

²⁴⁰ 1730 überließ Dirck van Hoven, der drei von den vier Höfen Kleinflottbeks besaß, an den Hamburger Wechselmakler Abraham Koopmann III (1687–1775) »einen zwischen den beiden Eichen Remelßen belegenen Strich Landes ohnweit der jetzt stehenden Gruben Mühle (Graupenmühle auf dem Lünkenberg) zu einem Lustgarten verlangten Platz beynahe 56 Ruthen lang von Ost bis Westen und 12 Ruthen breit von Süden bis Norden gegen 100 Jahresheuer.« Der Garten muß später, vielleicht 1752, von dem Pächter als Eigentum erworben sein; denn er vererbte sich vier Generationen lang von Schwiegervater auf Schwiegersohn. Abraham Koopmann III war ebenso wie Dirck van Hoven Mennonit. Er war verheiratet mit Heiltjen (Hedwig) Steewyks aus Groningen und starb 1775, 88 Jahre alt. Sein einziger Sohn, Abraham Koopmann IV, heiratete eine Tochter Dirck van Hovens und übernahm u. a. dessen Wachsbleiche in Kleinflottbek. Außer diesem Sohn hatte Abraham Koopmann vier Töchter, von denen die jüngste, Sara (1724–1786), 1750 den Hamburger Kaufmann Salomon Roosen (1717–1795) heiratete.

²⁴¹ Deutsches Geschlechterbuch, Bd. XIX, S. 338 und S. 349.

²⁴² Vgl. Grabrede auf Salomon Roosen von Gerhard Karsdorp 1795.

²⁴³ Deutsches Geschlechterbuch, Bd. 19, S. 350. Ein in Hamburger Privatbesitz befindliches treffliches Bild von Quadal zeigt Johannes Janssen, seine Frau, geb. Roosen, und deren Kinder.

²⁴⁴ H. Klée, »Eine Plauderei aus alten Hamburger Zeiten«, Hbg. Nachr., 22. 2. 1927.

²⁴⁵ Vgl. H. F. Beneke, Ein Idyll aus Väterzeit: Ausflug nach dem Quellental. Hbg. Fremdenblatt, 1. 1. 1935.

²⁴⁵ᵃ Der obere Teich von Wesselhoefts Besitzung machte vor den Zeiten des zweiten Weltkrieges mit seiner stillen Wasserfläche und den hohen alten Bäumen im Hintergrund den malerischen Eindruck einer Ruysdaelschen Landschaft. Der Baumbestand ist heute noch zum Teil erhalten, jedoch haben wolkenbruchartige Wasserstürze und Überschwemmungen aus einer unzulänglichen Sielanlage den Teich zeitweilig verschilfen lassen.

²⁴⁶ Die Schreibweisen variieren: Ancke Bouwes und Bouke Hiddes.

²⁴⁷ Konfirmationsurkunde vom 4. 12. 1697 zu Pinneberg; ebenda, für die Graupenmühle, 15. 3. 1698.

²⁴⁸ Baucke Hyddes erwarb sich in Ottensen von Joachim Burmeister Land und erbaute sich 1703 am Wege von Ottensen nach Neumühlen eine »Graupen-, Grütze- und Buchweizenmühle«, die er am 9. 8. 1707 an Jan Jansen von Bley und Selmer Kock für 6400 Mark wieder verkaufte. Baucke Hyddes wurde 1703 Mennonit. – Beide Friesen legten übrigens 1698 auch eine Sägemühle auf der Insel Wilhelmsburg, am Reiherstieg, an. Diese erwarb 1706 Lucas Kramer und baute sie zu einer Schiffswerft um, die später auf dessen Schwiegersohn Berend Roosen I überging.

[249] Für 7200 Mark Courant.

[250] Abgebildet bei Ehrenberg, Aus der Vorzeit Blankeneses, am Schluß des Buches.

[251] Der Wesselhoeftsche Teil des Quellentals und der Lünkenberg gehören jetzt zu Nienstedten.

[252] Münte, a. a. O., S. 14-17 und S. 73.

[253] Später vornehmlich im Besitz von Hinrich III van der Smissen (1742–1814) und dessen Sohn Gysbert III jun. (1777–1857).

[253a] Bau- und Kunstdenkmale II, S. 250.

[254] Clemens Theod. Perthes, Friedrich Perthes' Leben. Band I, S. 341.

[255] Münte, a. a. O., S. 155, vgl. auch S. 74.

[256] Wann das Baujahr war und durch welchen Baumeister Sillem das Landhaus erbauen ließ, konnte bislang noch nicht ermittelt werden. Das Haus dürfte um 1825 bis 1830 erbaut sein.

[257] Abbildung Deutsches Geschlechterbuch, Bd. 19, S. 346.

[258] F. Georg Buek, Genealogische und biographische Notizen über die seit der Reformation verstorbenen hamburgischen Bürgermeister. Hamburg 1840, S. 294–300.

[259] Christian Petersen, Memoriam viri amplissimi Martini Garliebii Sillem magnifici in civitate Hamburgensi Consulis ... commendat. Hamburgii 1937, pag. 26. – Petersen, später am Hbg. Gymnasium (1802–1871), war 1826 an der Erziehungsanstalt M. C. Köhncke in Nienstedten tätig.

[260] Nach frdl. Mitt. von Pastor H. F. Beneke.

[261] Heute Elbchaussee 151.

[262] Bruno Vidal, Geschichte des Geschlechtes Vidal, Hamburg 1930, S. 36. Vgl. auch Genealogisches Archiv für deutsche Geschlechter, 4. Bd., 2. Folge; herausg. von Otto Hintze, Hamburg 1930, S. 142.

[263] Aus der Roosenschen Zeit sind drei eindrucksvolle Aquarelle von Carl Cantzler 1844 erhalten, welche Bilder aus der Quellentalbesitzung wiedergeben und später in den Besitz von Frau Valeska Roosen, geb. Vidal, Ratzeburg, kamen.

[264] Die Wesselhoeftsche Besitzung zeigt neben dem Park heute einen (z. T. verpachteten) Nutzgarten und einen Blumengarten mit Treibhäusern.

[264a] Bau- und Kunstdenkmale II, S. 213 f.

[265] Abgebildet im Deutschen Geschlechterbuch, Bd. 18, S. 490. – Über die Familie Wesselhoeft berichtet aufschlußreich eine Abhandlung von Johannes Wesselhoeft: »Einiges über unsere Vorfahren«, 41 eng beschriebene Schreibmaschinenseiten in Quartformat (1914–1918 verfaßt); nur einige Privatexemplare vorhanden.

[266] Nur als Handschrift in mehreren Exemplaren vervielfältigte Abhandlung von Joh. Wesselhoeft: »Die Familie Chamot und ihre Verwandtschaft.« 1929. Insbesondere S. 3–6.

[267] Ebenda, S. 38–45.

[268] Deutsches Geschlechterbuch, Bd. 18, S. 480.

[269] Wesselhoeft, Die Familie Chamot, a. a. O., bes. S. 50ff.

[270] Stiefmutter von C. J. Wesselhoeft war Susette, geb. Hudtwalcker. Vgl. Deutsches Geschlechterbuch, Bd. 18, S. 489. – C. J. Wesselhoeft war befreundet mit dem dänischen Marinemaler Anton Melbye.

[271] Ausgestaltung des Marmorraums nach Entwurf des Architekten Alexander de Chateauneuf.

[272] Hans Wesselhoeft, vermählt mit Margarethe Bösmiller aus München, Tochter des bayrischen Oberstleutnants Bösmiller.

[273] Münte, a. a. O., S. 72–74.

[274] A. D. B., Bd. 18, S. 581.

[275] Heinrich Sieveking: Georg Heinrich Sieveking. Berlin 1913, S. 258, 459.

[276] Lexikon d. hbg. Schriftsteller, Bd. 3, S. 85f.

[277] J. G. Rist, Lebenserinnerungen. Gotha 1886, Bd. II, S. 130.

[278] Beide Landhäuser, das alte Hanburysche und das neue Vorwerksche, erscheinen nebeneinander auf einem kolorierten Panorama der Elblandschaft, Verlag M. v. Gerike, Hamburg (um 1860–1870).

[278a] Bau- und Kunstdenkmale II, S. 214f.

[279] Nachrichten über die Familie Baur in Altona. Als Manuskript gedruckt. Altona 1885, S. 49.

[280] Lappenberg, Elbkarte des Melchior Lorichs, S. 84. – Der Kaufpreis betrug 41000 M.

[281] Aus dem Verfolg der Jahresrechnungen erkennt man das Fortschreiten der Gesamtanlage: 1803 läßt J. H. Baur als Wichtigstes für seine werdende Siedlung einen Brunnen graben und große Partien Mauersteine herbeitransportieren. 1804–1805 läßt er durch den Mauermeister Wunderlich das Haus erbauen. Das Dach mit der Kuppelrundung wird mit Kupfer gedeckt, der Blitzableiter vergoldet. 1806 geht Baur an die Inneneinrichtung: Maler, Ofensetzer, Tapezierer, der Steinhauer Wittgreff finden reiche Beschäftigung. Was Prof. Hansen angeht, so findet dieser sich in den Abrechnungen nur selten angeführt: unterm März 1806 heißt es »Nr. 249, an Professor Hansen, für geliefertes Fensterglas aus Kopenhagen 660 Mark Courant«, später unter Mai: »Nr. 263, dem Baumeister Professor Hansen 1500 Mark Courant«, dann im September: »Nr. 311, dem Baumeister Hansen 3 Fenster Rouleau mahlen zu lassen 63 Mark Courant«; unterm Dezember: »Nr. 375, an Professor Hansen pro Saldo seines Salairs 1500 Mark Courant.«

[282] Die Veranda an der Ostseite des Hauses ist spätere Zutat.

[283] Nachrichten über die Familie Baur, S. 50.

²⁸⁴ Über den Aufenthalt G. F. Baur's und der Seinen daselbst. Altona, Zs. 3, S. 73.

²⁸⁵ Hermann Roosen VI, der später den Boothschen Garten besaß, wohnte mehrere Jahre, bis 1881, dort zur Miete.

²⁸⁶ Haupturheber des Planes waren der Überseefabrikant Lübbers, der hier viel Wiesen und Gartenland erworben hatte, Konsul Carsten und Konsul Burchard.

²⁸⁷ Auf einer »Karte über die Gartenbesitzung der verstorbenen Frau Catharina Roosen, geb. Goos in Nienstedten« (gest. 11. 9. 1862) ist dieser Teich noch bezeichnet. Auch ist auf ihr die Stelle des ehemaligen Landhauses, das Wilhelm Steetz vor 1796 erbaute, zu sehen: nördlich von der jetzigen Villa, wo sich heute der Tennisplatz befindet.

²⁸⁸ Joach. Wilh. Steetz wurde 1773 Senator als Nachfolger des Senators Hieronymus Burmester. Die Familie Steetz war eine angesehene Hamburger Kaufmanns-, Rechtsanwalts- und Arztfamilie; Lexik. der hbg. Schriftsteller, Bd. 7, S. 289–291.

²⁸⁹ Flurkarte von Nienstedten 1788.

²⁹⁰ Vgl. Lappenberg, a. a. O., S. 84.

²⁹¹ Bruno Vidal, Die Geschichte des Geschlechts Vidal. Hamburg 1930, S. 12. – S. 95 befindet sich ein hübsches Familienbild: Charles Louis Vidals Witwe mit ihren Kindern 1810.

²⁹² Gemeinnützige Unterhaltungsblätter, Vierter Jahrgang, Nr. 39, v. 30. 9. 1809, Kupfer Nr. 15.

²⁹³ Lexik. der hbg. Schriftsteller, Bd. 5, S. 195.

²⁹⁴ 1813 Konsul, bald darauf Generalkonsul; vgl. J. M. Lappenberg, Zs. d. Ver. f. Hbg. Gesch. 1851. Bd. 3, S. 444f.

²⁹⁵ Gedichte von Joseph Charles Mellish, Esq. Hamburg 1818 bei Perthes und Besser. 182, S. 4.

²⁹⁶ Besonders tief empfunden ist das Gedicht »Lina«, der Gattin gewidmet. Die Gedichte zeigen inhaltlich wie formal den Einfluß Schillers.

²⁹⁷ Goethes Werke. Leipzig: Bibliogr. Inst. 1926. Festausgabe. Bd. 2: Gedichte II, S. 264.

²⁹⁸ So zeigt es eine Zeichnung (Besitz Dr. Charles Louis Vidal) von Edmund Vidal, Sohn von Theodor E. Vidal (geb. 1843), gezeichnet etwa 1863.

²⁹⁹ Kaufpreis 50000 Mark Banko; für bereits vorhandenes Mobiliar 2500 Mark.

³⁰⁰ gest. 1862. Zu ihrer Zeit wurde der bereits erwähnte Plan des Landsitzes aufgenommen.

³⁰¹ Nur das Wohnhaus selbst wurde neu erbaut. Die alten, strohgedeckten, malerischen Wirtschaftsgebäude dagegen blieben stehen.

³⁰² Deutsches Geschlechterbuch, Bd. 23, S. 253f., woselbst auch sein und seiner Gemahlin Bildnis.

302a Bau- und Kunstdenkmale II, S. 216f.

303 Ursprünglich muß ein solcher Saal mit vier Fenstern Front nach vorn gelegen haben und dann in zwei Zimmer aufgeteilt worden sein, wie aus der Ornamentierung der alten Decke hervorging.

304 Zu dem Landhaus gehörten, westlich des Gartens, drei größere Wirtschaftsgebäude, die zum Teil noch heute dort stehen (Elbchaussee 294). Eines davon, ein Wohngebäude, wurde um 1890 bei einer Verbreiterung der Elbchaussee abgerissen und durch ein neues ersetzt.

305 7 Tonnen groß mit 500 Fuß Front an der Chaussee; die Fluren »Hohefeld« und »Sandstück«, 10 Tonnen, die jetzt von der Eisenbahn durchschnitten sind und deren Name als »Hochkamp« weiterlebt, ferner die Fluren »Alte Wisch« und »Eckerkamp«, 3 Tonnen, »Kuhweide« und »Lehmkuhle«, 7½ Tonnen nahe an Nienstedten, und der »Möllerkamp« (1 Tonne – 50 Ar oder 2 Morgen). Die Flur »Hummelsbüttel« lag zu beiden Seiten der Chaussee. Sie trägt heute in ihrem nördlich des Weges gelegenen Teil u. a. den Nienstedtener Friedhof. 1789 waren hier u. a. Besitzer Godeffroy, Konferenzrat Grill, Hofrat Güstritz und das Pastorat, dem auch die Teile der Flur südlich der Chaussee (später Parish) gehörten.

306 Ehrenberg: Aus der Vorgeschichte Nienstedtens.

307 Nach der Flurkarte Nienstedtens von 1789 gehörten Peter Groth u. a. die Fluren »Grotkamp«, »Grot Holtkamp« und »im Felde«. Vgl. auch Lappenberg, a. a. O., S. 84.

308 Berend Carl Roosen, a. a. O., S. 104–105. Vgl. auch Deutsches Geschlechterbuch, Bd. 18. S. 351. – Salomon Roosen war vermählt mit seiner Kusine Sara de Voss. Der Elbabhang vor dem alten Landhaus, das Salomon Roosen in Nienstedten bewohnte, gehörte an dieser Stelle nicht in der ganzen Breite zum Roosenschen Garten, sondern der Gemeinde und wurde um 1850 von George Booth gekauft, der dort 1852 ein Haus baute. Roosens kauften das Grundstück 1868 hinzu und ließen das Haus abreißen. – Im Besitz von G. Arthur Roosen befindet sich noch ein Grundriß des Salomon Roosenschen Besitzes vom Jahre 1852, »vermessen« und »chartiert« von C. Dittmann. Das von der Elbe bis zur heutigen Georg-Bonne-Straße reichende lange schmale Grundstück war damals 992 Quadratruten groß.

309 Deutsches Geschlechterbuch, Bd. 19, S. 427.

310 Deutsches Geschlechterbuch, Bd. 18, S. 345. – Hermann Roosen war Kämmereibürger und Diakon der Mennonitengemeinde.

311 Ein Enkel A. F. Vorwerks, Georg Vorwerk, hat 1933 den benachbarten »Lindenhof« bezogen und die dazugehörende alte verfallene Scheune wieder instand gesetzt (Elbchaussee 392). Sie steht jetzt wegen Baufälligkeit vor dem Abbruch. Der Lindenhof war ursprünglich ein Verwalterhaus zu Berend Roosens III Gesamtbesitzung. – Der Roosensche Garten nebst Grundstück, Elbchaussee 388, gehört seit 1938 F. G. Schlickenrieder, Geschäftsführer der Firma H. F. und Ph. F. Reemtsma.

312 Über das Weinrestaurant Jacob und seine Geschichte, Hoffmann, II, S. 306–307.

[313] Die Decke der Halle ist nach Abbruch des Hauses im Altonaer Museum zur Aufstellung gekommen.

[314] Der größte Teil des Gartens wurde aufgeteilt und hat den Raum für die Straße »Newmans Park« hergeben müssen.

[315] Ehrenberg, S. 93–94.

[316] Dabei 27–28 Scheffel Saatland sowie eine Wiese, vier Pferde, sechs Kühe usw. Ehrenberg, S. 98. – Über die Familie Labistraet vgl. Wilhelm Sillem, Zur Geschichte der Niederländer in Hamburg. Zs. des Ver. f. Hbg. Gesch., Bd. 7, S. 528/529.

[317] Für 10000 Mark.

[318] Seitdem ist in den Akten und sonstigen Berichten immer von «zwei Höfen» die Rede, wenn dieser Besitz erörtert wird. Vgl. Ehrenberg, S. 97f.

[319] Lexik. der hbg. Schriftsteller, Bd. 3, S. 574f.

[320] Ehrenberg, Das Haus Parish in Hamburg, Jena 1905, S. 4.

[321] Für 19600 Mark.

[322] 1758 weilte der Graf nicht mehr persönlich dort, und so wurde auch sein Besitz mit Einquartierung belegt.

[323] Durch seinen Vertreter, den Kaufmann Christoph Dominicus de la Chambre, für 8100 Mark an Chr. Meyer. Dieser erwarb noch Land dazu und veräußerte etwas später das Ganze an Konferenzrat Grill.

[324] Der Besitz des Konferenzrats Grill (nach 1765) umfaßte das Gelände an der Elbchaussee wie auch Land westlich des Dorfes, im Norden den Lindenkamp und drei weitere Flurstücke, endlich ein Grundstück westlich neben dem Bauernvogt Groth an der heutigen Georg-Bonne-Straße. 1790 verkaufte Grill den Besitz für 18000 Mark Dänisch-Courant an den Hamburger Kaufmann Joh. Casp. Lecke, den Vorbesitzer des Steetz-Vidalschen Besitzes. 1796 verkaufte Lecke das Besitztum wieder, das nun häufig seinen Inhaber wechselte. Erst gehörte es Kampmeier, dann August Lubbert und schließlich d'Albert. – Ehrenberg, S. 98.

[325] Hoefer, Nouvelle biographie générale. Tome 18. Paris 1857, Spalte 806. Weitere Personalnachrichten über d'Albert und seine Verwandtschaft: Paul Piper, Altona und die Fremden, S. 185.

[326] Über »Eugen d'Alberts Großmutter« vgl. Maria Salzmann, Hbg. Fremdenblatt 6. 3. 1932.

[327] Chr. Köhnke, Erinnerungen aus meinem Leben. Ottensen 1839, S. 175. – Die Frau d'Alberts wurde später von ihrem Gatten in Paris verlassen und wohnte hernach in äußerst kümmerlichen Verhältnissen am Kehrwieder in Hamburg.

[328] Ebenda, S. 177.

[329] Ebenda, S. 182.

[330] »Bedingungen, unter welchen der Herr C. Th. Arnemann gewilligt ist, seine zu Nienstedten belegenen Besitzungen am 25. April d. J. (1849) Morgens 11 Uhr, im

Hause des Gastwirths Soltau in Teufelsbrücke, in öffentlicher Auction zu verkaufen.« Druck, 4 Seiten Oktav (im Besitz von Herrn P. Th. Arnemann, Hamburg).

[331] Deutsches Geschlechterbuch, Bd. 21, S. 432f. und 448f.; A. D. B., Bd. 54, S. 743.

[332] In den Altonaer Nachrichten vom 18. 3. 1865 findet sich folgende Notiz: »Im Auftrage des Herzogs von Augustenburg weilte vor einigen Tagen ein Architect in Nienstedten, der das dortige herzogliche Landhaus besichtigte behufs der baulichen Einrichtungen, die zur Aufnahme der herzoglichen Familie im kommenden Sommer dort vorzunehmen sind. Der Maurermeister Braasch daselbst wurde zu der Besichtigung hinzugezogen. Das dem herzoglichen Grundstück benachbarte Landhaus des verstorbenen Hrn. de la Camp kommt am 25. April zum öffentlichen Verkauf. Beide grenzen an den Besitz des Herrn P. M. Graaf. Noch möge bemerkt werden, daß, wie verlautet, außer den drei Prinzessinnen auch der Prinz Christian den Sommer bei seinen Eltern in Nienstedten zubringen wird.«

[333] C. Trede, Ottensen, in der von ihm herausgegebenen »Norddeutschen Schülerzeitung«, 14. 7. 1865.

[334] Für 55 000 preuß. Reichstaler. – Bau- und Kunstdenkmale, II S. 219.

[335] Die Flurkarte von Nienstedten (1788) zeigt das alte Haus auf dem Grundstück 33A., das in dem Verzeichnis der Einwohner erscheint unter »Zum Pastorat Dienst«. Es ist auffallend, daß auf der Flurkarte nicht, wie zu erwarten, Parish als Besitzer aufgeführt wird; denn Parish hat nach Ehrenbergs Angaben (Das Haus Parish, Große Vermögen, 2. Bd., Jena 1905, S. 82) das Haus schon 1779 erworben; also müßte die besagte Flurkarte von 1788 ihn an der betreffenden Grundstücksstelle nennen. Die auf der Flurkarte am Rande verzeichneten Besitzernummern 36–39 erscheinen auf der Karte selbst nicht. Davon aber trägt Nr. 37 den Namen Parish. Das Parishsche Grundstück muß danach zur Besitzergerechtsame des Pastorats gehört haben.

[336] Branddorf erwarb es erb- und eigentümlich gegen einen Jahreserbzins von 3 Reichstalern, der an die Pfarre zu entrichten war.

[337] John Parish war geboren am 16. 4. 1742 zu Leith (nach dem Stammbaum im Hamburger Staatsarchiv), 1756 aus England nach Hamburg gekommen und hatte sich am 14. 3. 1768 mit Henriette Tod vermählt. Vgl. auch Deutsches Geschlechterbuch, Bd. 27, S. 33.

[338] Der Vater John Parishs war der Schiffskapitän George Parish, der sechs Jahre auch in Altona wohnte und hier das Bürgerrecht erwarb. 1744 erscheint er wiederholt in den Altonaer Oberpräsidialprotokollen in Sachen seines »40 Last großen Schiffes ‚Adam'«, mit dem er damals Fahrten nach Malaga unternahm. Am 11. März 1750 leistete er vor der Altonaer Stadtkämmerei den Eid, er habe in der Zeit seines »6jährigen hiesigen Aufenthalts nichts an zeitlichen Mitteln erworben und nur sich gebracht, vielmehr zweitausend Mark von seinem Vermögen hierselbst zugesetzt und verloren«. Er wollte damit vom Abzugsgeld aus der Stadt befreit werden. Später lebte er in Hamburg und mußte daselbst 1758 gegen eine unerfreu-

liche Verleumdung kämpfen: eine Landstreicherin, Christine Meyer, hatte behauptet, George Parish habe sie »auf der Afrikanischen Küste an einen Barbaren in die Sklaverei« verkauft. Sie habe darob viele Drangsale ausgestanden. Diese Behauptung hatte sie auch vor dem Hamburger Prätor Dr. Anderson vorgebracht. Sie verstand es, mit der Erzählung in Hamburg und Ottensen Mitleid der Leute zu wecken und Unterkunft sowie milde Gaben zu erbetteln. Als Parish sich energisch zur Wehr setzte und sich dem Senat selbst stellte, verschwand die Landstreicherin auf Nimmerwiedersehen.

[339] Ehrenberg, S. 126.

[340] Näheres Ehrenberg, S. 82f.

[341] Ehrenberg, S. 83.

[342] Max Büdinger, Lafayette. Leipzig 1870, S. 51.

[343] Ehrenberg, S. 71. – Die Ereignisse hat Hans Leip in seiner Erzählung »Untergang der Juno« dichterisch verwertet und zugleich eine anschauliche Schilderung von Parish und seiner Umgebung gegeben.

[344] Vgl. Duff Cooper, Talleyrand. Leipzig 1935, S. 97ff. Piper, Altona und die Fremden, S. 40ff.

[345] Vgl. H. F. Beneke, Die Diamanten Louis Philipps. Eine hamburgische Halsbandgeschichte. Hamburger Fremdenblatt, 4. 12. 1932.

[346] Ehrenberg, S. 109. – Der Weinkeller Parishs in Nienstedten war noch mit Ziegelstein ausgelegt; Marmorbelag erhielt er erst durch Frau Emmy Kayser; viele alte Weinkeller, so im Baurschen Palais, Palmaille 49, waren mit Marmorboden versehen.

[347] Vielleicht der spätere österreichische Minister Fürst Paul Anton Esterhazy (1786 bis 1866)?

[348] Vincent Nolte, Fünfzig Jahre in beiden Hemisphären. Hamburg 1853, 1. Teil, S. 88f. und 124–125.

[349] Deutsches Geschlechterbuch, Bd. 27, S. 33.

[350] Richard und Charles Parish führten die Handlung Parish & Co. vom 1. 4. 1816 bis 21. 12. 1830 gemeinsam, bis damals Charles Parish austrat und John Parish jun. (ältester Sohn von Richard Parish) sich assoziierte. Mit dem 28. 2. 1835 trat John wieder aus, und es erfolgte die Aufnahme von George Parish jun. (zweiter Sohn von Richard Parish) und Charles Parish jun. (ebenfalls Sohn von Richard Parish). – Am 31. 12. 1836 zog sich endlich Richard Parish von allen kaufmännischen Geschäften zurück, so daß vom 1. 1. 1837 an George und Charles Parish jun. alleinige Inhaber der Handlung waren. Am 31. 12. 1841 trat George Parish aus der Firma aus, und Charles Parish führte sie allein weiter, bis er am 31. 12. 1847 das Geschäft aufgab und sich auf sein Gut Gottin zurückzog. Er starb dort am 27. 11. 1857.

[351] Im Archiv des Frhrn. v. Senftenberg sind die Pläne zum Neubau noch vorhanden.

[352] Vgl. die Briefe Peter Godeffroys an Suzette und deren Schwester Charlotte, herausg. von Hans Nirrnheim, Zeitschr. f. Hbg. Gesch., Bd. XVIII, S. 120. Originale jetzt im Besitz von F. F. Eiffe, dem ich für die Ausführungen über das Haus Parish durch mancherlei Hinweise zu Dank verpflichtet bin.

[353] Nach Emily Eiffe, Blätter der Erinnerung (Manuskript im Besitz F. F. Eiffe), S. 11.

[354] Zeitschr. für Hambg. Gesch., Bd. XVIII, S. 159.

[355] Nach einigen Auszügen aus Familienpapieren, die mir durch Regierungsdirektor Dr. Merck gütigst vermittelt wurden.

[356] 5. Kind Richard Parishs, geb. 1816.

[357] Für 85 000 Taler Preuß. Courant.

[357a] Bau- und Kunstdenkmale II, S. 220.

[358] Den westlichen Teil erwarb 1929 Berend Schuchmann und den mittleren 1933 Dipl.-Ing. H. Christiansen. Den östlichen Teil mit dem alten Parishschen Häusergefüge erwarb der Hamburger Kaufmann August Gratenau, welcher das alte, nicht mehr erhaltenswerte Gebäude abbrechen ließ, um ein neues zeitgemäßes Wohnhaus an seiner Stelle zu errichten.

[359] Elbchaussee 423 und 435 (letzteres Roosen/Biesterfeld).

[360] Tründel = Kugel, Kreisel.

[361] Oscar L. Tesdorpfs Buch »Die Geschichte des Tesdorpfschen Geschlechts bis 1920«, S. 107–130.

[362] Ihm zu Ehren wurde die Tesdorpfstraße an der Moorweide in Hamburg genannt.

[363] Vgl. Deutsches Geschlechterbuch, Bd. 51, S. 491.

[364] Baukosten 184 848 Mark.

[365] O. L. Tesdorpf, S. 128.

[366] Deutsches Geschlechterbuch, Bd. 18, S. 283; Henry B. Brandt, Auszug aus der Stammtafel der Familie Brandt. Hbg. 1890. Den Umbau der Villa ließ W. Brandt durch den Architekten Dr.-Ing. Finck vornehmen.

[367] John verkaufte die 34½ Himten umfassenden Ländereien an Godeffroy für 13 866²/₃ Reichstaler. – Nach der Flurkarte Dockenhuden 1789 gehörte die Windmühlenflur Christian Meyer. Ehrenberg, Aus der Vorzeit von Blankenese, S. 59.

[368] Deutsches Geschlechterbuch, Bd. 27, S. 30.

[369] Hamburger Fremdenblatt, 7. 8. 1893, Abendausgabe.

[370] Kaufpreis 300 000 Mark. – Der Besitz war damals 9 Hektar, 35 Ar, 25 qm groß; dazu kamen noch zwei Nienstedtener Gemeindeparzellen von 1 Hektar, 89 Ar, 17 qm.

³⁷¹ In dem Vertrag heißt es weiter: »Ebenso dürfen keine Baulichkeiten innerhalb 60 Fuß von der Grenze der den P. T. Herrn Verkäufern verbleibenden Besitzung aufgeführt werden; der vorgenannte Kirchenweg ist auf gemeinschaftliche Kosten der angrenzenden Eigentümer zu unterhalten.«

³⁷² Über die Familie Gartmann, vgl. Hoffmann, II, S. 284–285.

³⁷²ᵃ Bau- und Kunstdenkmale II, S. 220f.

³⁷³ Die Straße ist durchgängig bebaut; der Besitz Oetkers ist mit Nr. 39 bezeichnet.

³⁷⁴ Ehrenberg, S. 93 ff.

³⁷⁵ Deutsches Geschlechterbuch, Bd. 18, S. 345. – Berend Roosen II überließ sein Haus an den Vorsetzen, das Kranichhaus, das ihm nicht nur als Geschäftshaus, sondern im Winter auch als Wohnhaus für die Familie gedient hatte, seinem Sohn Hermann. Er selbst kaufte 1812 am Jungfernstieg ein schönes Haus, und zwar an der Stelle, wo sich heute das Gebäude der Dresdner Bank befindet.

³⁷⁶ Berend Goos, Erinnerungen aus meiner Jugend. Herausg. v. d. Ges. Hamburg. Kunstfreunde, 2 Bde. Hamb. 1896, S. 20f.

³⁷⁷ Goos, ebenda.

³⁷⁸ Daß Hugo Grotius auf der Bost gewohnt habe, wie Goos erzählt, beruht auf einem Irrtum. Grotius hat 1632 auf dem späteren Florschen Landsitz seinen Aufenthalt gehabt.

³⁷⁹ Goos, S. 25–26.

³⁸⁰ Goos, S. 37–39.

³⁸¹ Goos, S. 41–42.

³⁸² Goos, S. 66.

³⁸³ Lappenberg, S. 87, sowie nach schriftlichen Mitteilungen von G. Arthur Roosen.

³⁸⁴ Deutsches Geschlechterbuch, Bd. 27, S. 35, und Bd. 23, S. 362. – Eine Anzeige des Abbruchs der alten Gebäude auf der Bost, deren Material zum Verkauf angeboten wurde, erging in einer Bekanntmachung von Pinneberg, 6. 8. 1835, u. a. in den Altonaer Adreß-Comptoir-Nachrichten. Betr. des englischen Architekten, der das neue Haus erbaute, kann auf eine Bemerkung in Band 3 des Lebensbildes »Karl Sieveking« hingewiesen werden, wo es Seite 271 heißt: »Godeffroy wollte sich durch den englischen Architekten Mee in Dockenhuden ein Landhaus bauen lassen. Sieveking empfahl ihn aufs wärmste an Chateauneuf, damit die englischen Verbesserungen der Privateinrichtung in Hamburg Eingang fänden.« Über die Persönlichkeit Mees konnte Näheres bisher nicht ermittelt werden.

³⁸⁵ Caroline Jenisch, geb. Freiin von Lützow, verw. Gräfin Westphalen-Fürstenberg, lebte 1805–1882. Vgl. Bernhard Fürst von Bülow, Denkwürdigkeiten, 4. Bd., S. 33 ff.

³⁸⁶ Berend Goos, Erinnerungen, S. 28. Anmerkung.

387 Nach frdl. Mitteilungen von Herrmann Graf Vitzthum und Carola von Bülow.
388 Erwerber der Hamburger Kaufmann Heinz Döring, der ihn bald wieder verkaufte.
389 Hildamarie Schwindrazheim, Hamburger Kaminsteine, Zs. f. Hambg. Geschichte, Bd. 33, S. 173. Der Kaminstein im Park stammt aus der Zeit um 1630.
390 Bis vor kurzem war der Park größer. Er umfaßte auch die heute davon abgetrennten Grundstücke an der Fahrstraße »In de Bost«, den Hirschparkweg und erreichte durchweg die Elbchaussee.
391 Ehrenberg, S. 94ff.
392 Deutsches Geschlechterbuch, Bd. XIX, S. 24 und 26.
393 Kaufpreis 33 100 Mark.
394 Diese Koppeln hießen »Opn Gillweg«, »Heidkoppel«, »Mittelkoppel« und »Baven Koppel«; »Opn Gillweg« und »Heidkoppel« grenzten an die Elbchaussee; »Mittelkoppel« und »Baven Koppel« reihten sich südlich daran. Der Name »Baven Koppel« deutet darauf hin, daß unterhalb des Geestabhanges im Strandgelände der späteren »Bost« sich ebenfalls eine Koppel befunden haben muß. Vgl. Flurkarte Dockenhuden 1789.
395 Im ersten Jahr, da J. C. Godeffroy Dockenhuden betreute, gab er für »Umbau und Verschönerungen« 4400 Mark Banko aus.
396 Nach der »Kurzen Geschichte der Familie Godeffroy« von Oscar Godeffroy, 1933 (Manuskript).
397 1831 ließ J. C. Godeffroy das jetzt noch bewohnte Dockenhudener Gärtnerhaus für 3300 Mark Banko erbauen.
398 Godeffroys Gattin war Sophie Lucie, geb. Meyer, verw. von Witzendorff.
399 Während vieler Jahre scheinen sich Leute wie Matthiessen, Heckscher, Heise, Bertheau, Parish, Hüffel, Gerkens, Thornton, Texier und Tiedemann regelmäßig zum Spiel getroffen zu haben. 1809 verdient J. C. Godeffroy hierbei 10 916 Mark Banko, 1811 nennt er den Saldo dieses Kontos mit 5000 Mark Banko und fügt hinzu »der Saldo ist noch nicht eingegangen, aber die Debitores sind ‚alle gut'«. Auch in den späteren Jahren ist das Spiel fortgesetzt, und die Gewinne und Verluste liegen im allgemeinen zwischen 1000 und 3000 Mark Banko für das Jahr.
400 Deutsches Geschlechterbuch, Bd. 27, S. 24f.
401 Journal des Museums Godeffroy, 14 Hefte, 1871–1879, erschienen bei L. Friedrichsen & Co. in Hamburg. Der Redakteur war Eduard Gräfe. – Vgl. auch Charitas Bischoffs »Amalie Dietrich«, S. 259–432.
402 Grotii epistolae ad Gallos 1650, S. 34.
403 Ehrenberg, S. 93–94.
404 Vgl. Erinnerungen des Generalmajors L. N. H. von Buchwald, Zs. für Schlesw.-Holst. Gesch., Bd. XXIII, S. 123 ff. – William Hutchinson lebte von 1731–1791;

sein Sohn John Hutchinson (1759–1815) war mit Sara, geb. Blacker, vermählt und hatte während der Emigrantenzeit häufig mit den eingewanderten Fremden zu tun.

[405] Deutsches Geschlechterbuch, Bd. 27, S. 230.

[406] Nach frdl. Mitteilungen von Johannes Wesselhoeft sen.

[407] Nach frdl. Mitteilungen des Schwiegersohnes von Senator Dr. A. Lappenberg, John Rittmeister.

[408] Den Florschen Park kaufte zunächst ein Urgroßenkel Peter Godeffroys, der Hamburger Kaufmann F. F. Eiffe jun., um den Besitz der Familie zu erhalten, für 100000 Mark und vermietete ihn. Von ihm erwarb um 1910 der Kaufmann Friedrich Kirsten, der auch das Weiße Haus käuflich an sich gebracht hatte, den Landsitz und verkaufte ihn dann weiter an Hansing.

[409] Hansing verkaufte den Besitz 1918 an Oscar Steidtmann und dieser ihn 1924 an J. A. Vermehren. Vermehren entstammte einer Ende des sechzehnten Jahrhunderts nach Deutschland eingewanderten holländischen Familie, aus der u. a. auch der Lübecker Senator Vermehren hervorging. J. A. Vermehren lebte 1897–1922 in Mexiko, wo er mit andern Teilhabern zusammen eine bedeutende Firma schuf. Er hat für die Pflege der Kirchenmusik und der Philosophie (als Schatzmeister der Hamburg-Altonaer Schopenhauer-Gesellschaft) viel geleistet. 1931 verkaufte er den Landsitz an den Fabrikanten Wilhelm Duwe, der das Anwesen neuerdings Duwenkamp genannt hat.

[410] Ehrenberg, S. 92–93. – Bau- und Kunstdenkmale II, S. 225 f.

[411] Über Peter Godeffroys Handelsgeschäfte ist nichts Näheres bekannt. Im Altonaischen Mercurius, vom 23. Febr. 1795, begegnet die Anzeige einer Bodenspekulationsgesellschaft, die europäischen Auswanderern Ankauf von Ländereien in Pennsylvanien empfiehlt. Darin heißt es: «On souscrit pour les actions chez Mr. Pierre Godeffroy à Hamburg.» Das darf ein Hinweis dafür sein, in welcher Richtung sich Godeffroys Geschäfte bewegten.

[412] H. Nirrnheim, Briefe von Peter Godeffroy und George Parish aus den Jahren 1813 und 1814. Zs. d. Ver. f. Hbg. Gesch., Bd. XVIII, S. 115–156.

[412a] Bau- und Kunstdenkmale II, S. 249 f.

[413] W. G. Georgis, »Erinnerungen an Hamburg. Aus den Papieren des armen Mannes von Gutbronn«, Leipzig 1803, S. 25–28. – Almanach aller um Hamburg liegenden Gärten und Gegenden, Hamburg 1796, in dem von Steintreppen im Park und einer Einsiedlerhütte die Rede ist.

[414] Frau Nicolaus Hudtwalcker, geb. Ohmann (1767–1842), die vor dem Wiedereinzug der Franzosen in Hamburg, nachdem Tettenborn mit seinen Truppen die Stadt hatte räumen müssen, mit ihrem Mann zum Schwiegersohn, Pastor Höpfner in Uetersen, geflüchtet war, schrieb an ihren Sohn, den späteren Hamburger Senator Hudtwalcker, der sich damals in Wien befand, am 20. 1. 1814 aus Uetersen. »Wir haben hier seit sechs Wochen unaufhörlich die stärkste Einquartierung. Die Kosaken kamen nach Holstein als Feinde. In den ersten Dörfern haben sie schrecklich

gehaust, doch hier bei uns sind keine Excesse begangen worden. Ein wunderbares Verhältnis für uns Hamburger, zu denen sie kurz vorher als Freunde, als Befreier kamen.«

[415] Nach Notizen auf der Stammtafel der Borkensteins (Hamburgisches Staatsarchiv).

[416] Der Bookesbeutel, Lustspiel von Heinrich Borkenstein, Hbg. 1742. Neuausgabe von F. F. Heitmüller in »Deutsche Literaturdenkmale des 18. u. 19. Jhrts.«, N. F. 6/7. Leipzig 1896. – Die Geschichte von Diotimas Trauung in der Christianskirche zu Ottensen hat bereits Carl E. T. Litzmann (Friedrich Hölderlins Leben, Berlin 1890, S. 290) als Legende erwiesen. Aber auch die Angabe Jügels, das Diotimas Mutter ein kleines Landhaus in Ottensen besaß, kann nicht stimmen, da die Grundbücher den Namen Borkenstein nicht nennen. Vermutlich hat Frau Susanne Borkenstein ein solches Haus nur gemietet. Klopstock hat nie selbständig in Ottensen gewohnt.

[417] Marianne und Gottlieb Jenisch waren Kinder des Senators Mart. Joh. Jenisch (1760–1827); Deutsches Geschlechterbuch, Bd. 23, S. 34f.

[418] Deutsches Geschlechterbuch, Bd. 23, S. 35. Zeitweilig wohnte Wilh. v. Godeffroy auch in Hamburg, Esplanade 36, im gleichen Haus wie die Mutter.

[419] Fr. und G. Kirsten waren Söhne des Kaufmanns und Schiffsmaklers Heinr. Fr. Kirsten (1796–1866) und seiner Frau Mathilde, geb. Palm, der Tochter des letzten Hamburger Domherrn Joh. Georg Palm. H. Fr. Kirsten hatte elf Kinder. – Deutsches Geschlechterbuch, Bd. 63, S. 226f.

[420] Sein Vater war der Senatssekretär Hermann Sieveking (1827–1884). Deutsches Geschlechterbuch, Bd. 23, S. 312. Ferner Heinrich Sieveking, Lebensbild eines hamburgischen Diplomaten. Hamburg 1923.

[421] Deutsches Geschlechterbuch, Bd. 23, S. 315.

[422] Dort befand sich schon seit alter Zeit ein Gasthof (heute Hotel »Johannesburg«) und die alte schöne Apotheke, die zu einem Privatwohnhaus umgebaut ist. Als solches hatte C. F. Hansen einst dieses Haus erbaut.

[423] Nordd. Nachrichten, 4. 8. 1897.

[424] Der Überlieferung nach soll es von Chr. Hansen erbaut sein; doch ist nach Baurat Dr. Jakstein, der das Haus daraufhin untersuchte, die Richtigkeit dieser Überlieferung kaum anzuerkennen. – Bau- und Kunstdenkmale II, S. 225.

[425] Kaufpreis 18000 Mark.

[426] Hamburger Künstlerlexikon (Hamburg 1854), S. 275 f. Über Lizentiat Vogel, Lexik. der Hamburg. Schriftst., Bd. VII, S. 499.

[427] Deutsches Geschlechterbuch, Bd. 18, S. 35f. Joh. Elisabeth Amsinck, 1786–1812.

[428] Hamburg. Schriftsteller-Lex., I, S. 238.

[429] Im Besitz der Witwe Dr. Wilh. Elmenhorsts befindet sich ein Aquarell von Heuer, das das alte Vogelsche Landhaus darstellt und mit Bleistiftunterschrift die Bezeichnung trägt »Wohnhaus der Eltern des Herrn Senators O'Swald in Docken-

huden«. Danach müßten O'Swalds zuerst in dem Vogelschen Landhause gewohnt haben. Wie mir Herr Albrecht O'Swald II mitteilt, hat aber sein Großvater immer nur in dem kleineren Piccardschen Landhause gewohnt. Dagegen ist in der Familientradition das Vogelsche Landhaus nie erwähnt. Sollte die Unterschrift unter dem Bilde auf einem Irrtum beruhen?

[430] Erlebnisse von J. C. H. W. O'Swald auf seiner ersten Reise um die Welt, 1822 bis 1824. Hamburg 1915.

[431] Glockentöne, Erinnerungen aus dem Leben eines jungen Geistlichen. Elberfeld. Um 1800–1810. – Nach frdl. Ermittlungen der Bibliothekarin Marie Willich.

[432] J. Fr. Voigt, Beiträge zur Geschichte Bergedorfs. Hbg. 1913, S. 117–119.

[433] Kaufpreis 15 000 Mark.

[434] Verkaufspreis 18 000 Mark.

[435] Über de Boer und O'Swald, Lappenberg, S. 87; über O'Swald, Deutsches Geschlechterbuch, Bd. 51, S. 280 ff.; über Elmenhorst, Hoffmann, II, S. 299–300.

[436] Der Hamburger Vertrag von Sansibar war noch in Kraft, als der später geschlossene Vertrag des Deutschen Reiches ablief. Während die Engländer dies genau wußten, mußte die Deutsche Regierung erst von Hamburg darauf aufmerksam gemacht werden.

[437] »Der Lehmberg in Blankenese«, Nordd. Nachr., 19. 12. 1927.

[438] Lappenberg, S. 90 ff. – Bau- und Kunstdenkmale II, S. 229 f.

[439] Eigentümer war Thomas Lodge; Kaufpreis 3500 Mark.

[440] Lodge verkaufte 1791 für 12 000 Mark an August Koch. Dieser verschönerte den Besitz sehr und veräußerte ihn 1796 für 30 000 Mark an J. P. Dumas.

[441] Hamburg. Adreßbuch 1801: Lübbert et Dumas, Kaufleute in B. C. Joh. Pet. Dumas, Gröningerstraße 66.

[442] Baur zahlte nur noch 18 000 Mark.

[443] Kaufpreis 9000 Mark.

[444] Deutsches Geschlechterbuch, Bd. 4, S. 407.

[445] F. G. Bulk, Hamburgische Bürgermeister. Hbg. 1840, S. 186–188.

[446] Kaufpreis 10 000 Mark.

[447] Hamburg. Adreßbuch 1801: Lübbert, August, unter der Firma von Lübbert et Dumas, Holl. Brock 55, C 8. – Kaufpreis 50 000 Mark.

[448] G. H. Sieveking zahlte 65 000 Mark, die Witwe verkaufte für 77 500 Mark.

[449] Piper, Altona und die Fremden, S. 93–95. – Oettinger, Moniteur des Dates. Leipzig 1869, III, S. 92. – Lappenberg, S. 91.

[450] Lappenberg, S. 91.

[450a] Bau- und Kunstdenkmale II, S. 154f.

[451] Jugenderinnerungen des Etatsrates Georg Friedrich Baur. Altonaer Zeitschriften, Bd. III, S. 71 ff.

[452] Das Geschäftshaus Altona, Große Elbstraße 52.

[453] Der romantisierende Zeitgeschmack begegnete u. a. auch in dem Chapeaurougeschen, später Sievekingschen Landsitz in Hamm, der ähnlich mit Tempeln, Einsiedlerhütte und Burgruine geschmückt war. Eine Pagode befand sich im Garten des Grafen Bentinck in Eimsbüttel.

[454] Vgl. Jugenderinnerungen des Etatsrates G. F. Baur, Alton. Zs., III, S. 72ff.

[455] Ein Brief des Obersten Jacob von Raeder, Schwiegersohn des Konferenzrats, beschrieb den würdig-behaglichen Verlauf des Festes; abgedruckt bei Hoffmann, II, S. 250f. – Über Ole Jörgen Smith siehe Thieme-Becker, Bd. 30, S. 164.

[456] Heinrich Sieveking, Karl Sieveking (1787–1847). Hamburg 1926. Bd. II, S. 199.

[457] J. G. Rists Lebenserinnerungen, III, S. 49.

[458] Deutsches Geschlechterbuch, Bd. 51, S. 58.

[458a] Bau- und Kunstdenkmale II, S. 149.

[459] Alton. Zs., III, S. 27–78.

[460] Monatsschrift des Vereins für Beförderung des Gartenbaues in den königlich preußisch. Staaten. Bd. XIX; daselbst auch ein Plan der Gartenanlage.

[461] Über den Abbruch vgl. Alton. Tagebl., 27. 3. 1935.

[462] Vgl. den Artikel »Baurs Park«, Norddeutsche Nachrichten, Oktober 1887, neu gedruckt im gleichen Blatt, 2. 1. 1929.

[462a] Bau- und Kunstdenkmale II, S. 235f.

[463] Der nordwestliche Teil der »Schabsdrift« führte auf der Flurkarte von 1786 bereits die Bezeichnung »Schulland«.

[464] Deutsches Geschlechterbuch, Bd. 11, S. 326. Die Darstellung z. T. nach Familienpapieren im Besitz von Frau Dr. Stief (Sziget in Ungarn).

[465] Deutsches Geschlechterbuch, Bd. 11, S. 326.

[466] Friederika Grupen hatte eine Schwester, die mit dem Hamburger Kaufmann Thornton verheiratet war. Durch Thornton hatte der junge Klünder Friederika kennengelernt.

[467] Vgl. Ehrenberg, a. a. O., S. 40–51.

[468] Schleswig-Holstein-Lauenburgische Provinzialberichte 1817, S. 120.

[469] Ebenda, S. 120.

[470] Ebenda, S. 121.

471 So veröffentlichte der Altonaische Mercurius, am 1. 3. und 5. 3. 1827, ein Publicandum der Pinneberger Landdrostei, wodurch nach dem Brandstifter gefahndet wird, der im Februar 1827 Brandstiftung in Blankenese verübt habe.

472 Altonaischer Mercurius vom 29. Mai 1826. – Der Blankeneser Kirchspielvogt Copman wurde ermächtigt, Hilfsbeträge in Empfang zu nehmen. N. Falcks staatsbürgerliches Magazin (Band VI, Schleswig 1826, S. 209) berichtete, daß »etwa 20–30 Häuser ein Raub der Flammen, wodurch etwa eine doppelte Zahl von Familien ihres Obdachs beraubt« . . . seien. In den Altonaer Adreß-Compt.-Nachr., 27. 5. 1826, und im Altonaischen Mercurius, 28. 5. 1826, erließen »die Nienstedtener Pastoren Witt, Vater und Sohn« die »Anzeige einer wohltätigen Subscription«, wonach sie den Ertrag einer bei Hammerich in Altona erschienenen »Denkschrift der diesjährigen Feier des tausendjährigen Jubelfestes« zur Unterstützung der abgebrannten Blankeneser bestimmten. Ebenso sammelte die Schleswig-Holsteiner patriotische Gesellschaft durch Pastor Niemann Beträge für die durch die Feuersbrunst Verarmten. Dr. Mutzenbecher aber stellte seine Tonhalle in Altona für ein Wohltätigkeitskonzert zugunsten der Abgebrannten zur Verfügung (Adreß-Compt.-Nachr., 10. 6. 1826).

473 Original des Schreibens von Prinz Meschersky im Besitz von Frau Dr. Stief. Interessant ist die Begleitrechnung, auf der folgende Spender aufgeführt werden: Comte Bennigsen 5, Comtesse Bennigsen 10, Mme. de Krentz 10, Doctoroff 4, Oppermann 5, Schepeleff 10, Berg 4, Krentz 10, Mr. de Bibicoff 2, Mr. Ehrenstein 2, Mr. Dmitrieff 3, Mr. Andrzeykowitsch 4, Mr. Zeidel 2, Le P. Galitzine 10, Le P. Meschersky 4, Mr. de Malachoff 2, Abt 2, Mr. Blumenthal 1 Dukaten. Klünders dürften zur russischen Gesellschaft vielfache Beziehungen unterhalten haben.

474 Neue Schlesw.-Holst. Provinzialber. 1816, S. 690f. und 1817, S. 119ff.

475 Deutsches Geschlechterbuch, Bd. 11, S. 326.

476 Deutsches Geschlechterbuch, Bd. 11, S. 334. – Die Briefe kamen in den Besitz der Tochter Otto Meiers, der Urenkelin von R. H. Klünder, Frau Tony Stuerken, geb. Meier.

477 Baurs Feld, auch Baurs Kamp genannt, erstreckte sich von der Elbchaussee entlang der heutigen Blankeneser Bahnhofstraße nördlich, wird heute von der Auguste-Baur-Straße durchschnitten und scheint bis zum heutigen Goßlers Park gereicht zu haben.

478 Roß, damals Besitzer des Goßler-Parks.

479 Charlotte Thierry, geb. Godeffroy, Tochter von Peter Godeffroy.

480 Richard Parish, der Charlottes Schwester Susette (Susanna), geb. Godeffroy, zur Frau hatte.

481 Louis Jacob, der Schöpfer des Elbrestaurants.

482 Gemeint ist der Propst für Pinneberg, Georg J. St. B. Adler (1792–1852).

483 Kaufpreis 39000 Mark.

[484] Baurs Berg hieß der Höhenrücken, der sich westlich an den Krähenberg anschloß; er war die höchste Erhebung der ganzen Gegend und ein Teil der alten Flur »Achter de Willhöden«.

[485] Der dem Auktionator Köster gehörige Besitz, bis 1855 bestehende Ausflugswirtschaft des Kösterbergs. – Vgl. Emilie von Berlepsch, Eine Tour nach dem Kösterberg im Jahre 1798; neu abgedruckt im Beiblatt der Altonaer Nachrichten, 8. 4. 1853, Nr. 28.

[486] Kaufpreis 43 333⅓ Mark.

[487] Deutsches Geschlechterbuch, Bd. 18, S. 282f., A. D. B., Bd. 21, S. 405.

[488] Kaufpreis 300 000 Mark.

[489] Flurkarte Dockenhudens 1789.

[490] Nach einer im heutigen Neubau des Goßler-Hauses erhaltenen Inschrift wurde der Bau des Hauses am 6. Oktober 1794 begonnen. – Bau- und Kunstdenkmale II, S. 236f.

[491] Deutsches Geschlechterbuch, Bd. 23, S. 121f.

[492] Kaufpreis Blackers an Goverts 20 000 Mark, an Roß 30 000 Mark.

[493] Deutsches Geschlechterbuch, 19, S. 15ff.

[494] Ehrenberg, S. 6ff., Hoffmann, II, S. 316.

[495] 43 890 qm groß.

[496] Z. B. in den Norddeutsch. Nachr., 2. 4. 1895, und im Hamburg. Correspondenten, 1. 4. 1890.

[497] Über die Einweihung des Marinegedenksteins, Nordd. Nachr., 31. 5. 1935.

[498] Kaufpreis 107 000 Mark Courant.

[499] Auch damals war das Gelände noch von viel Heideboden durchsetzt.

[500] Kaufpreis 173 000 M.

[501] Deutsches Geschlechterbuch, Bd. 19, S. 10. – Max von Schinckel, Lebenserinnerungen, 1929, 480 S. Privatdruck. Über Villa Erika, das. S. 134.

[502] Hoffmann, II, S. 575.

[503] Nach der Flurkarte Blankeneses von 1786.

[503a] Dieser Dachaufbau mit dem Kreuz war eine Einrichtung des »optischen Telegraphen« Hamburg-Cuxhaven, um 1835/40 errichtet. Ausgangspunkt war die alte Post in Hamburg, Blankenese Zwischenstation. Das Grundzeichen, das als solches auch Ruhe bedeutete, war ein Kreuz. Der obere Teil des Längsbalkens sowie die Seitenbalken waren beweglich und ermöglichten 33 Signale.

[504] Nach dem Abdruck Alton. Nachr., 8. 4. 1853.

[505] 1805 zahlte Jan Koopmann für den Besitz 8500 Mark, 1852 Julius Schröder 15 000 Mark.

[506] Der Zoologe Carl Gottfried Semper, Sohn von Carl Semper, war von 1858–1865 auf Forschungsreisen im Stillen Ozean gewesen und dort auf einer abenteuerlichen Fahrt nach den Palauinseln längere Zeit verschollen, darauf dürfte sich die Zeile des Reuterschen Gedichtes beziehen, die von wahrer treuer Kunde aus fernen Zonen spricht.

[506a] Bau- und Kunstdenkmale II, S. 239f.

[507] Der Grundstücksteil Kösterbergstraße 80 (mit dem Wohnhaus im Kolonialstil) wurde in der Zeit vor dem ersten Weltkrieg von dem amerikanischen Bankier Paul M. Warburg benutzt. Für die Darstellung der Kösterbergbesitzung während der Warburgschen Zeit hat mir Herr C. Niemeyer in Firma Brinckmann, Wirtz & Co., und Dr. F. M. Warburg, Stockholm, freundliche Auskunft erteilt.

[508] Deutsches Geschlechterbuch, Bd. 19, S. 239. – Vgl. Nachruf auf Senator A. Michahelles, Hbg. Nachr., 10. 8. 1915, Abendausg. Der Besitz am Falkenstein ging 1910 für 250000 Mark auf Senator Garrels über. 1934 wurde das Grundstück von dessen Witwe verkauft und parzelliert, wobei das Wohnhaus zum Abbruch kam.

[509] Deutsches Geschlechterbuch, Bd. 19, S. 147ff.

[510] 150000 qm groß.

[511] Deutsches Geschlechterbuch, Bd. 63, S. 63, S. 430ff.

[512] 125000 qm groß.

[513] Siehe Prof. Dr. Günther Grundmanns schönes Buch »Jenischpark und Jenischhaus«.

[514] Der etwa 54000 qm große Park ging 1954 in den Besitz Hamburgs über und wurde nach gründlicher Überholung der Öffentlichkeit zugänglich gemacht.

[515] Der Kaufmann G. Fr. Vorwerk erwarb 1840 zwei Landsitze von dem Bauern Biesterfeld und 1857 den Besitz Hanbury. Das Haus Baron-Voght-Straße 19 ist heute im Besitz der Familie Vorwerk/Burchard-Motz.

[516] Später hieß es dort bis 1949 Grüner Weg und jetzt Waseberg.

[517] Der herrliche Elbabhang mit dem Römischen Garten, eine unserer schönsten Parkanlagen, wurde vor einigen Jahren von der Familie Warburg der Öffentlichkeit gestiftet.

VERZEICHNIS DER ABBILDUNGEN

1. Rainvilles Garten in Ottensen. Nach der Natur gezeichnet von C. A. Lill. Stahlstich von L. Thümling. Staatsarchiv Hamburg, Dienststelle Altona. Foto: Trux Klein, Hamburg.
2. Landhaus Brandt an der Elbchaussee; das Säulenhaus. Nach einem Aquarell von C. F. Stange (um 1825). Museum für Hamburgische Geschichte. Foto: Fischer-Daber, Hamburg.
3. Gumpels Landhaus in Neumühlen. Nach einer col. Lithographie von Wilh. Heuer. Museum für Hamburgische Geschichte. Foto: Fischer-Daber, Hamburg.
4. J. Thorntons Landhaus an der Elbe in Othmarschen, vormals J. H. v. Schröder. Nach einem unbezeichneten Aquarell. Staatsarchiv Hamburg, Dienststelle Altona. Foto: Trux Klein, Hamburg.
5. Das Donner-Schloß (um 1860), gezeichnet und lithographiert von Wilh. Heuer. Staatsarchiv Hamburg, Dienststelle Altona.
6. G. H. Sievekings Landhaus (1791), nach einer Tuschzeichnung von J. Bunsen. Staatsarchiv Hamburg, Dienststelle Altona. Foto: Trux Klein, Hamburg.
7. Denckers Landhaus in Neumühlen, später Restaurant »Elbschlucht«, heute »Elbterrassen«. Nach der Natur gez. und lithogr. von Wilh. Heuer. Staatsarchiv Hamburg, Dienststelle Altona. Foto: Trux Klein, Hamburg.
8. Kavalierhaus im Nöltingschen Landsitz. Nach einer Zeichnung von Erwin Sülter (1935). Staatsarchiv Hamburg, Dienststelle Altona. Foto: Trux Klein, Hamburg.
9. Das ehemals Hankersche Landhaus, das sogenannte »Gespensterhaus«. Nach einer alten Ansicht von 1834 gezeichnet von Fritz Husmann. Staatsarchiv Hamburg, Dienststelle Altona. Foto: Trux Klein, Hamburg.
10. Schillers Landhaus in Neumühlen an der Elbe. Nach der Natur gez. und lithogr. von Wilh. Heuer. Staatsarchiv Hamburg, Dienststelle Altona. Foto: Trux Klein, Hamburg.
11. Die Teufelsbrücke in Flottbek, gemalt von L. Brammer, lithogr. von Heinrich Berger. Staatsarchiv Hamburg, Dienststelle Altona. Foto: Trux Klein, Hamburg.
12. Caspar Voghts Landhaus (um 1795), nach einem Stich von Wolf. Staatsarchiv Hamburg, Dienststelle Altona.
13. Landhaus Jenisch (um 1830), nach einem unbezeichneten Stich. Staatsarchiv Hamburg, Dienststelle Altona.

14. Villa G. F. Vorwerk (um 1840), nach einem im Besitz der Familie Vorwerk befindlichen Bild. Staatsarchiv Hamburg, Dienststelle Altona.

15. Baurs Elbschlößchen (um 1810), gez. und lithogr. von J. Gottheil. Staatsarchiv Hamburg, Dienststelle Altona.

16. Besitz des Freiherrn Rudolf v. Schröder in Nienstedten. Nach einer Zeichnung von Erwin Sülter (1935). Staatsarchiv Hamburg, Dienststelle Altona. Foto: Trux Klein, Hamburg.

17. Roosens Landhaus, erbaut 1798, nach einer alten Fotografie gezeichnet von Erwin Sülter. Staatsarchiv Hamburg, Dienststelle Altona.

18. Köhnkes Landhaus, später Besitz des Herzogs von Augustenburg (um 1825), nach einem Steindruck von C. Schultz. Staatsarchiv Hamburg, Dienststelle Altona.

19. Das Parishsche Landhaus (um 1850) im letzterhaltenen Zustand, gezeichnet von Erwin Sülter. Staatsarchiv Hamburg, Dienststelle Altona.

20. Villa Tesdorpf-Brandt, Speisezimmer (um 1875). Foto: Hans Breuer, Hamburg.

21. Schloß »Beausite« (um 1865), gez. und lithogr. von Wilh. Heuer. Staatsarchiv Hamburg, Dienststelle Altona.

22. »Die Bost« (Aufnahme 1933). Foto aus dem Besitz von O. Hübner.

23. Das alte Kavalierhaus im Hirschpark (1958). Zeichnung von Georg Dietrich, Hamburg, im Besitz des Broschek Verlages, Hamburg.

24. Landhaus Cesar Godeffroy. Foto: Alice O'Swald-Ruperti, Hamburg.

25. »Weißes Haus« (1936). Foto: Ernst Scheel, Hamburg.

26. »Weißes Haus«, Saal (1936). Foto: Ernst Scheel, Hamburg.

27. Villa de Boer (um 1850), später Elmenhorst, nach einem Aquarell von Laeisz (in Privatbesitz). Staatsarchiv Hamburg, Dienststelle Altona. Foto: Trux Klein, Hamburg.

28. a) Baurs Park (um 1840), gezeichnet von J. Gottheil, gestochen von Poppel und Kurz Staatsarchiv Hamburg, Dienststelle Altona.

    b) Blick auf die Ruine in Baurs Park (um 1840), gezeichnet von Bendixen. Staatsarchiv Hamburg, Dienststelle Altona.

29. Klünders Gartenhaus (1850), nach einer Zeichnung von Tschudi, im Besitz von Frau Dr. Stief, Sziged (Ungarn). Staatsarchiv Hamburg, Dienststelle Altona.

30. Landhaus auf dem Krähenberg (erbaut 1795), nach einer alten Fotografie gezeichnet von Erwin Sülter. Staatsarchiv Hamburg, Dienststelle Altona.

31. Komrowskisches Landhaus, früher Christiansen (erbaut 1934; erweitert 1948).

32. Besitzung Franz Fahning (erbaut 1951). Foto: Kleinhempel, Hamburg.

NAMEN- UND SACHREGISTER

Abbéma, B. E., Gesandter 51, 53
Achter de Willhöden, Flurname 339
Achtern Schierenholt, Flurname 285
Achtern Schabsberg, Flurname 272
Ackermann, Charlotte 103
Ackermann, Dorothea 103
Adolf VI. von Schauenburg 63
Ägidi, Karl Ludwig 79
Ahlefeldt, Dorothea von, geb. von Rantzau 193
Ahlefeldt, Hans von, Landdrost von Pinneberg 202
Ahlefeldt, M. E. v., geb. von Qualen 245
Ahlefeldt, Sophia von 202
Albert, Charles d', Komponist 195
Albert, François Benoit d' 195
Albrecht, J. F. E., Dr. med., Theaterdir. 83
Albrecht, Sophie, Tragödin 48, 82f.
Alte Wisch, Flurname 327
Altonaischer Mercurius 68
Altonaer System, Schulreform 73
Altonaer Wellpappenfabrik 280
Altona-Kieler-Eisenbahn 197
Amidamfabrik 223
Amsinck, Heinrich, Architekt 298
Andresen, Karl 293
Ansorge, Carl, sen., 22, 138
Ansorge, Carl, jr. 138
Ansorge, Fritz 138
Apotheke, alte Blankeneser 335
Araujo, Olga d' 132
Archenholtz, Johann Wilhelm von 225
Arens, J. A., Baumeister, 18f., 149, 254
Arnemann, Carl Th., Konsul 42, 44, 197
Arnemann, Math., geb. Stammann 48, 197
Arts, Louis des 212
Asher, Maler 42, 258
Augustenburg, Christian August und Friedrich VIII., Herzöge von 15, 17, 42, 191f., 197ff., 240, 290
Avenarius, Marie, geb. Semper 291

Bach, Franz, Architekt 271
Bacheracht, Therese von, geb. von Struve 48, 100
Baedecker, Architekt 287
Baggesen 68
Bargheer, Konzertmeister 119
Barnekow, Wilhelm von, Baron 201
Basedow, Pädagoge 68
Baues, Ancke 166
Baukultur 16 ff.
Baur, Auguste 270
Baur, Caroline Amélie, geb. de Chapeaurouge 270
Baur, Georg Friedrich, Konferenzrat 13f., 179, 181, 262, 265, 285
Baur, Georg Friedrich jr., Etatsrat, 268f., 271
Baur, Gustav, Prof. 79
Baur, Johann Daniel, Bürgermeister 104
Baur, Johann Heinrich 179f.
Baur, Marianne, geb. Heise 266
Baur, Meta, geb. Meyer 110
Baurs Berg 339
Baursche Stiftung 265
Baurs Feld (Kamp) 338
Baurs Park 22, 262
Baurs Park Bollwerk 267
Baurs Villa 20
Beausite 20, 216, 218, 220
Becker, Alexander Christian 310f.
Behn, August, Reeder 111, 313
Behrens, Peter, Architekt 20
Behrens, Wilhelm 186
Behrmann, Georg, sen. 84
Behrmann, Vogt 143

Beit, Dr., Bankier 120
Beit von Speyer 121
Beneke, Otto, Dr., Archivar 154, 170
Bensel & Kamps, Architekten 297
Berenberg, Johann – Goßler & Co. 281
Bergeest, Joachim, Müller 64
Berlepsch, Emilie von 69, 289
Bernadotte, Marschall 150, 273
Bernstorff, Graf 26
Bertheau, Karl 79
Bibliothek Warburg 291
Biedenharn, Johann, Kommerzienrat 75
Biesterfeld, W. E. H. 214
Bismarck, Fürst 134, 138, 240
Bismarckstein 283
Blacker, John, Courtmaster 12, 25, 43, 56, 67, 123, 202, 280
Blatternschutzimpfung 48, 273
Blinkfüer, Schulheim 297
Blücher, Graf C., Oberpräsident 77
Blücher, Feldmarschall 60, 113
Blumenfeld, Bernhard 221
Blumenfeld, Erik 221
Bodenstedt, Friedrich 71
Boer, Carl Friedrich de, Dr. jur. 254, 256
Boer, Johanna E. de, geb. Amsinck 254
Böhl, Johann Friedrich 97 f.
Bohn, J. C., Verleger 175
Bohnstieg Berg, Flurname 288
Boogaard-Dal 167
Bookesbeutel 247, 335
Booth, Gärtner 22, 105, 128, 136 ff., 151, 327
Bösenberg, Georg, Obergärtner 270
Bost, Die 17, 119, 222
Bötger, Nicolaus 82
Bourrienne, L. A. F. de, Ministerresident 41, 98, 311
Branddorf, Peter Elias, Pfarrer 41, 201
Brandstiftung in Blankenese 273, 338
Brandt, Augustus F., Bankier 191, 213 f.
Brandt, Edmund 310
Brandt, Elisabeth, geb. van Brienen 91
Brandt, Elisabeth, geb. Oesterreich 213
Brandt, Louise, geb. Merck 213
Brandt, Ludwig W. 213

Brandt, Maria, geb. Crowe 91
Brandt, Wilhelm 12, 90 ff.
Breckelbaum, J. M. H., Architekt 109, 212
Bremer, Heinrich 167
Brödermann, Carl Alphons 122 f., 125 f.
Brödermann, Stephanie, geb. Sloman 125 f.
Brödermann-Sloman, Carl 317
Bromberg, Carl 291
Brömbsen, Carl Friedrich von, Rittm. 263
Bulcke, Carl 16
Bülow, Adolf von, General 229
Bülow, Bernhard Ernst von, Fürst 15 121 f., 128, 130 f., 156, 228, 248
Bülow, Frau von, geb. Bernstorff 311
Bülow, Hans von 133
Bülow, Maria von, geb. Principessa di Camporeale 48, 132
Bülow, Victorine Louise von, geb. Rücker 130
Bülow-Park 318
Bundesmann, Richard 315
Bundsen, Axel, Architekt 92
Burchard, John Benjamin 93, 186
Burchard, Mary Ann, geb. Degetau 94
Burchard-Motz, Bürgermeister 174, 177
Büsch, Friederike 68
Büsch, Johann Georg 153
Busch Wuhrt, Flurname 308

Campe, Schriftsteller 41
Chamberlain, H. St. 133
Christian V. von Dänemark 24
Christian VIII. von Dänemark 71, 158, 268
Christiansen, H., Dipl.-Ing. 331
Christuskirche Othmarschen 315
Clancarty, Graf 25, 43, 55
Colson, M., Hofrat 194
Corinth, Lovis 42

Dadelszen, Mich. David von 70
Degetausches Landhaus 105
Denner, Balthasar, Maler 42, 44, 223
Denner, Isaak 223

Deutsche Levante Linie 116
Deutsche Werft 141
Devrient, Eduard und Therese 58
Diederichsen, Carl 101
Diederichsen, Frau 311
Dienstboten 32
Dietrich, Amalie, Forscherin 48, 239
Dill, C. H., Gastwirt 168
Dillmer, Gastwirtschaft 83
Domizlaff, Hans 106
Donner, Bernhard, Etatsrat 71, 138
Donner, Conrad Hinrich, Konferenzrat 13, 44, 70 ff., 97, 119, 315
Donner, Helene, geb. Schröder 15, 48, 71 ff.
Donnerschloß 15, 20, 63, 71, 308
Donners Park 62, 80
Döring, E. A. von, Landdrost 273
Dorn, Architekt 87, 296 f.
Dreedüwelshof, Flurname 319
Dreyer, J. C. D., Reederei 86
Dumas, Johann Peter 262, 264
Duwe, Wilhelm, Fabrikant 334
Düwels Boomgarden 141
Duwenkamp 334
Duyffcke, Bildhauer 119

Eckerkamp, Flurname 327
Eckhardt, Verleger 26
Eckholt, Flurname 118
Edye, Alfred, sen. 260
Ehlers, Joh. H. 312
Eichberg-Haus 175, 177
Eichenhof 133, 143, 281
Eichenlust 162
Eiffe, Joh. Joachim 152
Elbkurhaus 260
Elbparkvilla 15, 20, 48, 130 f.
Elbschloßbrauerei 178, 181, 188
Elbschlößchen 19, 178, 188
Elbschlucht 83, 308
Elbtreppe (Heuberg) 74
Elf Blöcken, Flurname 102, 105, 312
Elingius und Schramm, Architekten 296
Elisabeth-Roosen-Stiftung in Karlsbad 48, 198

Elmenhorst, Friedrich 257
Elmenhorst, W., Dr. 335
Elsa-Brändström-Haus 293
Ernst-Barlach-Haus 161
Ernst & von Spreckelsen 137
Eßberger, Elsa, geb. Schirmer 250
Eßberger, John T., Reeder 250
Esterhazy, Prinz 205
Ewald, J. G. 139

Faber, H. J., Bürgermeister 263
Faber, Maria Catharina, geb. Volckmann 263
Fahning, Franz 299
Familienleben 31 ff.
Feuer-Assekuranz-Verein 70
Flahaut, Adelaide de, Gräfin 204 f.
Flor, Friedrich Benedict 244
Flor, Isolde, geb. von Legat 244
Flor, Robert 244
Flors Park 242, 253, 334
Flottengründung 14, 239
Forsmann, Franz Gustav, Baumeister 18, 20, 85, 156, 175
Franzosenzeit 235, 247, 272, 334
Frauen, diplomatische und soziale 48
Frauen als Hausfrauen und Mütter 47
Frauen, künstlerische 48
Freitas, Carlos de 122, 131
Frensdorf, Bankier 186
Frenssen, Gustav 16, 74
Friedrich, Ferdinand, Vogt 284
Friedrich VI. von Dänemark 77, 155
Friedrich VII. von Dänemark 54
Funk, Nicolaus, Pastor 77

Gabe, John, Dr. 306
Gähler, Caspar Friedrich, Bürgerm. 77
Galerie Weber 86
Garrett, Andrew, Forscher 239
Gartenbau-Ausstellung Altona 63, 74
Gartenkultur 21
Gartmann, Franz, Konsul 216, 220 f.
Gartmann, Hermann, Vicekonsul 81

Gastereien 33, 43
Gätgenstraße 252, 257
Gehölz 119
Gehrens, von, Commissarius 192
Gensler, Günther 44, 85
Georgi, W. G. 246
Gerhard, Joh. Gottlieb, Oberalter 75
Gespensterhaus 106
Giles, George, engl. Ingenieur 95
Gleim 68
Glücksspiel 43
Godeffroy, Adolph, Dir. der Hapag 238
Godeffroy, Alfred 238
Godeffroy, Antoinette Magdalene, geb. Matthiessen 236
Godeffroy, Catherine, geb. Simon 244
Godeffroy, Charles, Diplomat 248
Godeffroy, Emilie, geb. Hanbury 238
Godeffroy, Gustav, Senator 47, 209f., 216, 218, 238
Godeffroy, Jean Jacques 246
Godeffroy, Johann Cesar IV 232, 234 ff.
Godeffroy, Johann Cesar V 236 f.
Godeffroy, Johann Cesar VI (König der Südsee) 14, 232, 237, 240, 256, 293
Godeffroy, Johanna Catharina, geb. Thornton 244, 314
Godeffroy, Julie, geb. Dreyer 217
Godeffroy, Marianne, geb. Jenisch 244, 248
Godeffroy, Peter 13, 30, 243, 245, 314
Godeffroy, Richard, Generalkonsul, 18, 227
Godeffroy, Sophie, geb. Hanbury 217, 238
Godeffroy, Wilhelm von, Dr. jur. 31, 244, 248 f.
Godeffroystraße 252, 257
Goering, Georg Friedrich, Oberalter 44, 162 f.
Goering, Sara, geb. Janssen 163
Goethe-Kreis 16
Goltz, Graf C. A. von der 52
Gontard, Susanne, geb. Borkenstein 247
Goos, Berend 42, 224, 228
Goßler, John Henry 281

Goßler-Park 134, 272, 280, 339
Goverts, Herm. Otto, Assekuradeur 108
Goverts, Theodor Heinrich 280
Gräfe, Eduard, Ethnologe 239
Gratenau, August 331
Grönlandfahrten 123
Groot Holtkamp, Flurname 327
Groot, Hugo de, Staatsmann 243
Groot Notenberg, Flurname 287
Grote, Marie, Gräfin 228
Groth, Diedrich, Restaurateur 108
Groth, Peter, Bauernvogt 188
Grotius, Hugo 332
Grundmann, Günther, Prof. Dr. 161
Gudehus 280
Güldenlov, Feldmarschall von 51, 192
Gumpel, Gustavus 99
Gumpel, Julie Therese, geb. Jacques 99 f.
Gutzkow, Karl 100

Haasesche Gotik 212
Hager, Konrad 200
Halbmond 112, 117
Haller, Martin, Architekt 175, 291
Hamburger Golf-Club 147
Hamburger Polo-Club 147
Hammerich, Verleger 26
Hanbury, Caroline, geb. Bohn 48, 175
Hanbury, Charles jr. 175
Hanbury, William, Konsul 16, 21, 41, 174 f., 340
Hanker, Garlieb, Lizentiat 41, 43, 106
Hannhöpen, Flurname 110
Hansen, Christian Friedrich, Baumeister 18 f., 53, 77, 98, 112, 178 f., 235, 241, 246, 265, 280, 335
Hansen, J. Matthias, Baumeister 19, 92
Hansen, Wolfgang A. Fr. 290
Hansing, Otto H. 245, 334
Hardkopf, Nic., Pastor 25, 41, 142, 193
Hardy, Dr., Bankier 117
Harnack, Adolf von 133
Hastedt, Hermann D., Architekt 90
Hatten, Harmen von 64
Haubargskamp, Flurname 110
Hauhopen, Flurname 109, 313

Hauptmann, Gerhart 16, 42, 133
Hauptmann, Ivo 221
Heckscher, M. A., Bankier 114
Heidkoppel, Flurname 333
Heidmann, J. H. 81
Heine, Heinrich 56, 99
Heine, Salomon 56 ff.
Heinehaus 60
Heise, J. A., Bürgermeister 266
Helenenstift 72
Henke, A. Ludwig 312
Henke, Ernst D. 311
Herzogenrath, Architekt 231
Hesse, Elisabeth, geb. Willink 278
Hesse, George Heinrich 278
Heuberg, jetzt Elbtreppe 74
Hiebener, J. J. von 51
Hildebrandt, Eduard von, Dr. jur. 181
Hilgenfeld, Hans 193
Himmelsleiter 102
Hindenburg-Park 131, 133
Hingsberg, Abraham 174
Hirschpark 80, 232, 238
Hirschparkhaus 232, 235
Hochkamp 191, 327
Hödernfeld, Flurname 142
Hofer, Karl, Maler 200
Hogeluft, Flurname 82
Hohefeld, Flurname 327
Holck, Carl Chr. Nicolaus, Graf 94
Holck, Erich Graf, Herrenreiter 94 f.
Holck, Helene Mathilde, geb. Burchard, Gräfin 94
Holländer Mühle 167
Holten, von, Musikprofessor 119
Holtkamp, Flurname 125, 129
Homann, Maurermeister 267
Hope, Kaufmann in Amsterdam 206
Hoven, Dirk van 142, 319, 323
Hoverbeck, Paul Eugen von, Freiherr, gen. von Schoenaich 317
Hübbe, Otto Jonathan 209
Hübener, Otto 230
Hudtwalcker, Nicolaus 44 f., 173
Hudtwalcker-Wesselhoeft-Sammlung 173
Humboldt, Wilhelm von 68

Hummelsbüttel 135, 180, 191, 201, 216, 327
Humphrey, John 266
Hutchinson, Sara, geb. Blacker 334
Hutchinson, William 243
Hyddes, Baucke 166, 323

Illies, Carl 294
Illies, Maria, geb. Andresen 294
Instenhäuser 148

Jacob, Daniel Louis, Kunstgärtner 246
Jacob, Weinrestaurant 196, 338
Jacobi, F. A. 85
Jacobi-Klöst, Baron 205
Jahnn, Hanns Henny 241
Janentzkyscher Garten 320
Jansen, Hermann 313
Janssen, Johannes, Bankier 44, 163 f.
Jenckel, Bartold (Berthold) 25, 65
Jencquel, Georg, Senator 66
Jenisch, Caroline, verw. Gräfin von Westfalen-Fürstenberg, geb. Freiin von Lützow 228 f.
Jenisch, Emilie 47, 228, 248
Jenisch, Fanny Henriette, geb. Roeck 48, 156, 158
Jenisch, Gottlieb 158, 227 f.
Jenisch, Martin Johann, Senator 13, 15, 18, 123, 154 ff., 159, 179
Jenisch, Thyra, Gräfin, geb. Grote 322
Jenischhaus 18, 20, 45, 156, 160
Jenisch-Park 22, 141, 146, 148
Jochheim, Hermann Günther 276
Johannesburg, Hotel 335
John, J., Rentner 256
John, Johannes, Müller 216
Johnsche Mühle 259
Jolasse, J. D., Architekt 126
Jung, Ernst, Mineralölwerke 112
Jürgens, Christian, Pulvermühle 75
Jürgens, Gartenarchitekt 291, 294, 296 f.
Jürgensen, J. Hermann 316

Kaffeeburgen 293
Kahlkamp, Flurname 272
Kaiser Wilhelm I. 71, 156
Kaiser Wilhelm II. 15, 72, 112
Kaiserin Auguste Victoria 42, 199
Kalckreuth, Leopold, Graf von, Maler 42, 141
Kallmorgen, Friedrich, Architekt 44, 122, 131, 162, 245
Kalö, dänische Insel 322
Kanonenberg 267
Kanzleigut 155, 322
Katharinenhof 267
Kaufleute und Reeder 39, 42
Kaulbach, Josepha 71
Kaulbach, Wilhelm von 71
Kavalierhaus 17, 232, 241
Kayser, Alfred, Generalkonsul 209, 279
Kiekeberg 274
Kielmannsegg, Friedrich Christian von, Baron 41, 192
Kielmannsegg, Hans Heinrich von 193
Kielmannsegg, Johann Adolf von, Kammerpräsident 192
Kiewits Barg, Flurname 308
Kirche in Blankenese 249, 270
Kirchenweg 209f., 217, 220, 233f.
Kirsten, Friedrich 249, 257, 334
Kirsten, Gustav, Heimatkundler 249
Klausen, G. E., Rektor 53
Klein Middelvaart 102, 105, 171, 312
Kleinschmidt, Theodor, Forscher 239
Klopstock 16, 68, 153, 335
Klopstockstraße 50, 54
Klünder, Friederika, geb. Grupen 48, 272, 337
Klünder, Rütger Heinrich 271f., 279
Koch, August 336
Koch-Born 147
Köhnke, M. Chr., Pädagoge 41, 195
Köller-Banner, General 40, 51ff.
Komrowski, Ernst 299
Koopmann, Abraham III 323
Koopmann, Abraham IV 142, 163, 319f.
Koopmann, Jan 288
Korndörfer, Hans 61

Köster, Hinrich Jürgen 288
Kösterberg 277, 288, 290, 320, 339
Krähenberg (Kreyenbarg) 272, 280
Kramer, Lorenz 167
Kramer, Lucas 167, 323
Kranichhaus 190, 224, 332
Kraus, Joh. Friedr. Erhard 311
Kronprinz Friedrich VI. von Dänemark 71, 77
Krutich, Philipp, Architekt 127
Krützkamp, Flurname 123, 125, 128
Kubary, J. S., Forscher 239
Kunstmann, Joh. Philipp F. 118, 129

Labistraet, Antonio de 192
Ladiges, Claus, Bauer 296
Lafayette, Marquis de 27, 203
Lambesc, Karl Eugen von 264
Langeloh, Gastwirt 168
Langenbeck, Hermann, Dr., Senator 142
Langer, Martha 102, 311
Lappenberg, Alfred, Dr., Senator 244, 271
Lappenberg, Emilie, geb. Baur 245, 271
Lappenberg, Johann Martin, Dr., Archivar 245, 269
Lawaetz, Cath. Maria, geb. Langhoff 77
Lawaetz Erben 80
Lawaetz, Heinr. Wilhelm, Philosoph 75
Lawaetz, Johann Daniel, Konferenzrat 13, 28, 44, 74ff.
Lecke, J. C. 182
Lehmann, Emma Margarethe, geb. Kellinghusen 112
Lehmann, Johannes Chr. Eugen, Dr., Bürgermeister 111, 313
Lehmberg, Flurname 258
Leistikow, Walter, Maler 141
Lessing, Gotth. Ephraim 16
Lieben-Königswarter, Bankier 120
Liebermannstraße 97, 107, 111
Liebrecht, Johann Hinrich 183
Liliencron, Detlev von 16
Lind Jenny 42, 197, 275
Lindenhof 327

Linnich, Hermann, sen. 122ff., 316
Linnich, Hermann jr. 123
Linning, H. J. 83
Liszt, Franz 133
Lodders, Rudolf, Architekt 299
Lodge, Gebrüder 262, 336
Loesener, Crisca, geb. Sloman 126
Loesener, Friedrich 126, 191
Loesener, Robert, Reeder 259
Loge „Eintracht an der Elbe" 279
Lorenz, Christian 51
Lorichs Elbkarte von 1568 269, 316
Lothringen und Vaudemont, Prinzessin Louise Auguste Elisabeth von 264
Lotsen-Brüderschaft 82
Lotsenstation Nienstedten 168
Louis-Philipp von Orléans, Herzog 205
Löwe, Hartwig, Bürger 63
Lübbers, Überseefabrikant 326
Lübbert, August 264
Lübs, Werner 221
Lüdemanns Weg 75, 83
Luftgaukommando X 186
Lundt, Architekt 122, 131
Lundt & Kallmorgen 245
Lünkenberg 166, 174, 323
Lustgärten, erste 25
Lütt Tarf, Flurname 312

Magnussen, Christian 79
Mann, Mathilde 21
Marine-Ehrenmal 285
Martens, Daniel, Müller 83, 307, 309
Martens, Thiele 311
Martenssche Windmühle 73
Martinskapelle 322
Mathaei, Dr. 108
Matthiessen, J. Conrad, Justizrat 67, 245
Mecklenburg, Großherzog von 73
Mee, Patrick, Architekt 227, 332
Meier, August, Notar und Senator 274
Meier, Elise, geb. Klünder 274, 276
Meißner, Charles F. L. 310
Mellish, Joseph Charles 16, 41, 184
Mellish, Karoline, geb. Freiin von Stein-Ostheim 184

Mendelssohn-Bartholdy, Felix 84
Merck, Carl Hermann, Dr. 277
Merck, Emilie, geb. Amsinck 287
Merck, Ernest 287
Merck, H. J., Senator 277
Merck, Luise Susette, geb. Godeffroy 278
Merck, Theodor 287
Meuron, Auguste de, Architekt 20, 100, 122, 125, 217, 258
Meyer, Arnold Otto, Konsul 44, 109
Meyer, Eduard Lorenz 110
Meyer, Johann Valentin, Senator 109
Meyer, Lorenz, Domherr 109
Meyer, Valentin Lorenz 111
Michahelles, Alfred, Senator 293
Minghetti, Marco 133
Moer, Julio de 243
Möller, C. F., Hotelier 141
Möller, Johannes, Baumeister 19, 129
Moller, H., Sprachlehrer 189
Moltke, Graf Helmuth von 71f.
Mönckeberg, Geistlicher 79
Mönckeberg, Georg, Bürgermeister 212
Mönckeberg, Mathilde, geb. Tesdorpf 212
Morris, G., Diplomat 203, 205
Mühlenteich 166
Müller-Beeck 313
Münchmeyer, Albert 295f.
Münchmeyer, Alwin 296
Münchmeyer, Anna E., geb. Waitz 296
Münchmeyer, Elisabeth, geb. Andreae 296
Münchmeyer, Hermann 294, 296
Münchmeyer, Therese, geb. Albert 297
Musenstall 267
Museum Donner 70
Museum Godeffroy 218, 239
Musée Jenisch in Vevey 158
Mutzenbecher, Franz Matthias 266
Mutzenbecher, Johannes Eduard 130f.
Mutzenbecher, Kurt von 131
Mutzenbecher, Ludwig Samuel Dietrich, Dr. med. 104, 114, 311

Nagel, Karl Friedrich, Prof. 285
Nelson, Admiral 27

Nettelhof, Flurname 147
Neumühlen 60, 63, 65, 73 ff.
Newman, Edmund Henry 199
Newman, Helene, geb. Loesener 200
Newman, Henry Louis 199
Newmans Park 328
Niederländer 25
Nienstedtener Pastorat 210
Nightbolt (Türriegel) 150
Nocker, Wilhelm, Obergärtner 101
Noer, Prinz von 197
Noever, Wilhelm Ambrosius 286
Nölting, Clara, geb. Windsor 101
Nölting, Edgar 101
Nölting, Emile, Generalkonsul 100
Nölting, Margarite, geb. Gayen 101

Ockelmannsche Wirtschaft 258
Oetker, Rud. A. 231
Ohlendorff, Gartenarchitekt 157, 175
Ole Hoop 249, 252
Ölmühle in Blankenese 272 f.
Opn Gillweg, Flurname 333
Oppenheimer, Jacob, Bankier 185
Optischer Telegraph 339
Ornamented farm 145
Osten-Sacken, Friedr. Bernhard August von der, Graf 265
O'Swald, Albrecht I 257, 259
O'Swald, Albrecht II 261, 336
O'Swald, Joh. Carl Heinrich Wilhelm, Geh. Kommerzienrat 255
O'Swald, Lucie, geb. Weigel 255
O'Swald, Olga, geb. Ruperti 258
O'Swald, Pauline, geb. Ruperti 258
O'Swald, William, Bürgermeister 255, 257, 260
Övelgönne 75, 80, 82, 108

Pagenstecher, Mathilde, geb. Dupuy 219
Pagenstecher, Timoléon, Konsul 218 f.
Pahlke & Dr. Kadereit, Architekten 299
Palmaille 25, 265
Pape, Bertrand 25

Papenkamp, Flurname 320
Parish, Charles 207
Parish, David 206 f.
Parish, George, Kapitän 193, 208, 329
Parish, Harriet 208
Parish, Henriette, geb. Tod 207
Parish, John 12, 14 f., 31, 43, 200 ff., 207, 329
Parish, Richard, Generalk. 207 f., 329
Parish, Suzette, geb. Godeffroy 208
Parkhotel 139
Parkstil, englischer 22
Parkstraße 135
Patriotische Gesellschaft 76
Pepers Diek 242 f., 253
Perthes, Friedrich, Buchhändler 168
Piccard, Ambr. H. 243 f., 252, 254, 257
Pieper, Chr. Ludwig, Bäckermeister und Gastwirt 168
Piglhein 217
Pikartenkamp 253
Pinnau, Cäsar, Prof. 231, 299
Pinneberg, Landdrostei 23
Plange, Bertha 61
Plange, Georg, Kommerzienrat 61
Poel, Ernst, Chefredakteur 154
Poel, Friederike, geb. Büsch 48, 154
Poel, Pieter 67, 153, 175
Polterberg, Flurname 287
Popham, Kapitän 204
Poppe, Cornelius Wilhelm 118
Prinz Wilhelm von Preußen 256
Puls & Richter, Architekten 292
Pulvermann, Eduard F. 220

Quellental 146, 165, 167, 173

Rainville 40, 50, 53 f., 139, 149
Ramée, J. J., Baumeister 69, 150, 224
Recke, Elisa von der 68
Redern, Wilhelm Friedrich, Graf von 158
Reemtsma, Hermann 162
Reemtsma, Hanna 162
Reichardt, Komponist 68

Reichenbach, Heinrich Gustav, Prof. 96
Reichstag 240
Reimarus, J. A. 68f., 153
Reincke, Hermann, Reederei Rob. M. Sloman jr. 127, 317
Reinhard, Graf, Gesandter 68
Reppel, Paul, Direktor 81
Rettberg, Adda, geb. von Horn 311
Rettberg, Paul 311
Reuter, Friedrich, Prof. 290
Richter, Anton Julius 283f., 287
Richter, Ludwig, Maler 44
Rilke, Rainer Maria 16
Rist, Joh. G., Generalk. 48, 153, 175, 268
Rittschers Gastwirtschaft 122
Rodde, Berend Johann 233
Rode, Johanna Elisabeth, geb. Mutzenbecher 104
Rode, Peter, Vizebürgermeister 104, 311
Rolandswurth, Flurname 83
Römischer Garten 292, 340
Roolands Wuhrt, Flurname 308
Roosen, Berend 119, 128, 163, 187, 189
Roosen, Berend II 224, 226
Roosen, Berend III 188, 190
Roosen, Berend IV 105, 190
Roosen, Berend V 189
Roosen, Berend Carl 79
Roosen, Berend jr. 171
Roosen, Berend Otto 119
Roosen, Berend Paulus 118, 315
Roosen, Catharina, geb. Goos 186, 326
Roosen, Eduard 210, 214
Roosen, Elisabeth, geb. de Voss 188
Roosen, Emilie, geb. Lesser 214
Roosen, Henriette, geb. Linnich 105, 171
Roosen, Hermann 190
Roosen, Hermann V 224
Roosen, Hermann VI 138, 326
Roosen, Johanna, geb. Roosen 190
Roosen, Johannes 190f.
Roosen, Maria, geb. Roosen 190
Roosen, Marie, geb. Kramer 224
Roosen, Marie Charlotte, geb. Timm 119
Roosen, Rudolph 121
Roosen, Salomon 163, 189

Roosen, Sara, geb. Koopmann 323
Roosen, Sara, geb. de Voss 327
Roosenbrücke 190
Roosenhof 191
Roosens Gärten 118
Roosens Landhaus 17, 21
Röpe, Georg 79
Röper, Hinrich 123
Rosengarten 74, 77
Roß, Colin, Dr. med. 182, 281
Roß, Daniel 134, 281
Roß, Edgar Daniel 134, 281
Roß, Jeanette 281
Roß, Melusine Jeanette, geb. Vidal 281
Rücker, Alfred, Dr., Senator 131, 157
Rücker, Alida und Maria 49, 124
Rücker, Emilie, geb. Jenisch 123, 130
Rücker, Joh. W., Konsul 122f., 129, 316
Rücker, Oskar 160
Rücker, Peter 56
Rücker, Siegmund, Senator 123
Rücker-Jenisch, Martin 159
Rücker-Jenisch, T., geb. Gräfin Grote 160
Rücker-Mutzenbechersche Villa 19
Rudolf-Steiner-Schule 81
Rulant, Dr. Rutger 51
Ruperti, Justus 258
Ruperti, Oscar 135
Ruths, Valentin, Maler 79, 119

Salomons, Daniel 51
Sansibar, Sultan von 258, 336
Säulenhaus 19, 90, 92, 94
Schabsdrift, Flurname 273, 337
Schaer, Frau Generalleutnant Thekla, geb. Siemers 313
Schäferkamp 272
Schärfe, Willi, Dr. 310
Schaumann, Gastwirt 168
Schaumburg-Lippe, Wilhelm, Graf zu 15, 42, 193
Schauspielhaus in Altona 83
Scheefhook, Flurname 86
Schiffsmeldedienst GmbH 141
Schiller, Erben 96

Schiller, Gustav, Konsul 95
Schiller, Johann Wilhelm 96
Schiller, Wilhelm Theodor 125
Schimmelmann, Charlotte von 205
Schinckel, Joachim von 286
Schinckel, Max von 285f.
Schinckel, O. von, geb. Berckemeyer 286
Schinkel, Karl F., Baudir. 18, 20, 157
Schlafs Hof 51
Schlee, Ernst, Schulreformer 42, 73
Schleiermacher, Friedrich 268
Schlickenrieder, F. G. 191
Schlieker, Willy H. 139, 222
Schmeißer, Joh. G., Dr., Chemiker 151
Schmidt, J. J., Bauer 91
Schmidt-Pauli, Th. von, Generalk. 140
Schnackenburg, Rudolf, Gartenarchitekt 313
Schön, Alexander, Dr., Präsident 140
Schön, Aug., Dr., Generalstaatsanw. 140
Schön, Gustav Adolf 140
Schön, Joseph, Konsul 140
Schön, Nicoline, geb. Lövenstierne 140
Schopenhauer, Arthur 123
Schopenhauerweg 60
Schöß, Paul, Architekt 117, 261
Schröder, Anthon 116
Schröder, Bruno von, Baron 314
Schröder, Christian M., Bürgerm. 114
Schröder, Clara Freiin von, geb. Schröder 116
Schröder, Franz Hermann 116f.
Schröder, Fr. Ludwig, Theaterdir. 103
Schröder, Helmut, Bankier 117
Schröder, Henriette, geb. von Schwartz 47f., 115
Schröder, Johann Heinrich, Freiherr von 44, 114
Schröder, Julius 290
Schröder, Louise, geb. Mutzenbecher 114
Schröder, Madeleine, geb. Des Arts 117
Schröder, Rudolph, Freiherr von 182, 186, 314
Schröders Elbpark 118
Schröderstift 115
Schröder, Wilhelm 118

Schroeder, Octavio, Dr. jur. 140
Schuchmann, Berend 298, 331
Schumacher, G. F. 129
Schumacher, Heinrich C., Astronom 269
Schwalkenberg, Flurname 262
Schwedeler, Eduard 136
Seefahrtschule 54, 61
Semper, Carl G., Zoologe 70, 291, 340
Semper, Johann Carl 290
Semper, Manfred, Architekt 136
Severin, W. 117
Shenstone, William 145
Siegmund, Obergärtner 230
Siemers, Edmund J. A. 108
Siemers, Kurt, Dr. 109
Siemers, Susanne, geb. Eeckmeyer 109
Sieveking, Georg Heinrich 14, 16, 67, 143, 153, 264
Sieveking, Hannchen (Johanna), geb. Reimarus 48, 68f.
Sieveking, Karl, Dr. jur., Gesandter 18, 249, 268
Sieveking, Luise, geb. Back 250
Sieveking, Marie Luise, geb. Duncker 138, 319
Sieveking, Paul, Major 138
Sieveking-Donnerscher Besitz 66
Sievers, Margarinefabrikant 279
Sillem, Charlotte Dorothea, geb. von Pechlin 169
Sillem, Martin G., Bürgerm. 15, 169
Simon, Auguste, Kaufmann 244
Simons, Hans 51
Simons, Henry 223
Simpson, Anthony 43, 193
Slevogt, Leo 44
Slevogt, Max, Prof. 260
Sloman, Amalie Rosalia Christine, geb. von Stephani 316
Sloman, Robert Miles, Reeder 12, 14f., 20, 122ff., 200
Smissen, Dominikus van der 44
Smissen, Gysbert III van der 167, 169
Smissen, Hillegonda van der, geb. Decknatel 105
Smissen, Hinrich I van der 39, 45, 167

Smissen, Hinrich II van der 167
Smissen, Hinrich III van der 323
Smissen, Jacob Gysbert van der 105, 175
Smith, Ole Jörgen 20, 267
Soltau, Christian, Müller 167
Sonntagsschule, Altonaer 70
Späth, Oberst von 56
Speckter, Otto 79
Spenser, Elisabeth 55
Spreckelsen, E. von 120
Springer, Axel 294
Spritzenberg, Flurname 285
Sprotte & Neve, Architekten 299
Stader Zoll 132
Staudinger, Lukas Andreas 151
Stauffenbergstraße 253
Steenbree, Flurname 98
Steetz, Anna, geb. Roß 182
Steetz, Wilhelm, Senator 182, 326
Steetz-Vidalsches Landhaus 17
Steidtmann, Oscar 334
Stemmann, von, Oberpräsident 205
Sternberg, Jacob 279
Stierling, Hubert, Dr. 160
Stockmann, Jeanette 53
Stoppel, Johann Peter, Etatsrat 69
Strack, J. H., Baumeister 71
Strack, W., Bäckerei 262
Struve, Gustav von, Ministerresident 99
Struve, Heinrich von, Ministerresident 99
Stucken, Friedrich 293
Stucken, Willy 293
Stuerken, Dr. 278, 320
Stuhlmann, Anton Fr., Kammerrat 75, 263
Sudeck, J. L. 117
Süllberg 262, 283

Talleyrand, Minister 27, 206
Tempel 149
Tesdorpf, Adolph, Senator 43, 210 f., 213
Tesdorpf, Oscar 110
Tesdorpf, Therese, geb. Moenck 211
Teufelsaue 165 f.
Texeira, Manuel 51
Thielen, Georg, Architekt 294

Thienhaus, Erich, Dr., Musikstudio 241
Thierry, Carl Ludwig 247
Thierry, Charlotte, geb. Godeffroy 247
Thierry, Dorothea Amalia, geb. Borkenstein 247
Thierry, Johannes Ludwig 247
Thierrys Park 245
Thor, Erich 318
Thornton, John 12, 15, 19, 51, 113, 205
Thornton, Richard, Courtmaster 113
Thorwaldsen, Bildhauer 44, 197
Thünen, Joh. Heinrich von 152
Tieck, Ludwig 54
Tilly, Feldherr 141
Timmermann, Joachim, Bauer 98
Timmermann, Vogt 143
Tonhalle 104
Tönnies, Peter Dietrich 233
Traun, H. Otto, Senator 220
Trübner, Wilhelm 42, 141
Trundelberg, Flurname 210, 218
Tunnel unter der Elbchaussee 182, 186
Tunnel im Hirschpark 233

Ullrich, Franz, Prof. 269
Unger 120
Unzer, Johann Christoph, Prof. Dr. med. 68, 102, 311
Unzer, Johanna Charlotte 102

Velde, Van de 286
Verkehrsverbindungen 36
Vermehren, J. A. 334
Versmann, Bürgermeister 15
Vidal, Anette, geb. Stewart 186
Vidal, Arthur, Rittergutsbesitzer 186
Vidal, Camille 171, 185
Vidal, Charles Louis 171, 183
Vidal, Maria, geb. Roosen 171
Vidal, Theodor Edmund 185
Villenkolonie Othmarschen 94
Vitzthum, Helene, Gräfin 228, 230
Vitzthum, Otto, Graf 229
Vogel, Friedrich G., Lizentiat 243, 254

Vogel, Marie Elisabeth, geb. Timmermann, verw. de Boer 254
Voght, Caspar von, Baron 16, 21, 44f., 48, 67ff., 99,122,128,136, 139, 143,175
Volckens, Marie Elisabeth, geb. Jorjan 86
Volckens, Wilhelm 51, 86
Völckers, Maria, Gastwirtin 288
Volckmann, Richard von (-Leander) 263
Vorwerk, Adolph 164, 177
Vorwerk, Augustus Friedrich 190
Vorwerk, Christiane, geb. de Voss 177
Vorwerk, Dorothea, geb. de Voss 177
Vorwerk, Georg Friedrich 175, 191, 340
Vorwerk, Gertrud, geb. Volckens 87
Vorwerk, Josepha, geb. Klée 190
Vorwerk, Oscar 87
Vorwerk, Walter 177
Vorwerk, Wilhelm 209
Vorwerk/Burchard-Motz 340
Voss, Catharina de, geb. Goosling 128
Voss, Cornelius de, Dr. med. 227, 262
Voss, H. de 12, 102, 122, 124, 128, 311
Voß, Johann Heinrich 68
Voss-Rückersche Villa 15
Voss'sche Brauerei 128

Wachsbleiche 142f., 148, 319f., 323
Wachter, Georg H. jr., Konsul 316
Warburg, Aby, Prof. 291
Warburg, Eric M. 292
Warburg, Felix 292
Warburg, Max 291f.
Warburg, Moritz 291
Warburg, Paul 291, 340
Warburg-Institut in London 291
Waseberg 283, 340
Wassermühle am Mühlenberg 223
Weber, D. F., Kommerzienr. 44, 84, 88
Weber, Eduard Friedrich 44, 47, 86
Weber, H., geb. Nottebohm 47, 84, 163
Weber, H. L., geb. Vorwerk 88, 90, 177
Weber, Hermann Anthony Cornelius, Dr., Bürgermeister 15, 79, 85, 88ff.
Webersche Erben 87
Weidebarg, Flurname 308
Weinberg, der sogen. 54

Weinkeller 32
Weißes Haus 242, 245, 250f.
Wesselhoeft, Anna M., geb. Petersen 174
Wesselhoeft, Carl Johannes 44, 171ff.
Wesselhoeft, George Max Johannes 173
Wesselhoeft, Johannes sen. 17, 147, 165
Wesselhoeft, M., geb. Bösmiller 325
Wesselhoeft, Maria T., geb. Chamot 172
Wichern, Joh. Heinrich 79
Wichmann, Paul 318
Wilhelm I., Kurf. von Hessen-Kassel 77
Wille, Eliza, geb. Sloman 48
Wille, Theodor 101
Wilmans, Hermann Christoph 276
Wilmans Park 274, 279
Wilmsen, Wilm 75
Windmöhl, Bi de, Flurname 216
Windmühle Lünkenberg 167, 175
Winck, Bildhauer 267
Winthem, Anton Friedrich von 143, 319
Winthem, Johanna Elisabeth, geb. Dimpfel 143
Wittgreff, Steinmetz 267
Woermann, Adolph 40, 79
Woermann, Aline, geb. Ferber 78f.
Woermann, Carl, Reeder 77
Woermann, Eleonore, geb. Weber 78
Woermann, Gottlieb, Bielefeld 84
Woermann, Karl 44, 78, 84, 309
Wohltätigkeit 35, 44
Wolff, Zigarrenfabrikant 120
Wolz, Generalmajor 222
Wriedt, Ernst August, Kommerzienrat 80, 121, 241
Wullenweber, Bauer 102
Wullenweber, Hinrich 311
Wullenweber, Thomas 311
Wurzen, E. von, Auktionator 117

Zeitz, Hauptmann 192
Ziegelbrennerei am Mühlenberg 223
Zodar, Emil, Architekt 313
Zöllner, Karl, Architekt 300
Zum Bäcker I 167
Zum Bäcker II 168

Freundschaften und Feindschaften, Ehe und Geschäfte aus dem Hamburg des 19. Jahrhunderts spiegelt diese bemerkenswerte Chronik wider. Jedes Jahr am 5. Mai erreicht die Handlung einen neuen spannenden Höhepunkt und immer wieder hat der Maler Bernhart seine Hand im Spiel, der mit Streichen und Glossen den «Geld- und Pfeffersäcken» seiner Zeit zu Leibe rückt. Dabei hat der Verfasser viel Autobiographisches verpackt, das aus dem mal fröhlich, mal nachdenklich stimmenden Roman ein Zeitdokument ganz besonderer Art macht.

664 Seiten mit 59 Holzschnitten des Verfassers.
Leinen; ISBN 3-7672-0498-3

BROSCHEK VERLAG · HAMBURG

Hamburg in Geschichte und Gegenwart

HILDE HUDEMANN BAND I OEVELGÖNNE-NEUMÜHLEN
Text Rudolf Maack
BAND II RUND UM DEN SÜLLBERG
Text Rudolf Maack
BAND III BERGEDORF, VIER- UND MARSCH-
LANDE
Text Georg Daur
BAND IV GROSSE HAMBURGER HAFENRUND-
FAHRT
Text Günter Niemeyer
BAND V DIE ELBE
Text Martin Jank

Jeder Band etwa 120 Seiten mit vielen mehrfarbigen Zeichnungen und handgeschriebenem Text

STADTTEILCHRONIKEN
ALT-HAMBURG DURCH DIE CAMERA
136 Seiten mit 60 Foto-Hamburgensien. 4. Auflage

ALTONA UND OTTENSEN
Bilder aus vergangenen Tagen. 130 Seiten und mit vielen auch mehrfarbigen Fotos und Abbildungen

LIEBES SCHÖNES HARBURG
Ein Alt-Harburger Bilderbogen. Text Adalbert Holtz. 136 Seiten mit vielen auch mehrfarbigen Fotos und Abbildungen. 2. Auflage

MEIN EIMSBÜTTEL
Text Monika Menze. 136 Seiten mit vielen auch mehrfarbigen Fotos und Abbildungen

DAS ALTE BARMBEK
Vergangenes zwischen Mundsburg und Altem Schützenhof. 120 Seiten mit vielen auch mehrfarbigen Fotos und Abbildungen

EPPENDORF
Leben und Wohnen im Hamburger Vorort. 112 Seiten mit vielen auch mehrfarbigen Fotos und Abbildungen

VON HAMBURG NACH BLANKENESE
120 Seiten mit vielen großformatigen Fotodokumenten vom alten Hamburg

SCHÖNES ALTES HAMBURG
Farbige Hamburgensien des vergangenen Jahrhunderts. 96 Seiten mit 40 farbigen Abbildungen. 2. überarbeitete Auflage

VOR DER CAMERA
Zur Geschichte der Fotografie in Hamburg. 144 Seiten mit zahreichen Fotodokumenten

HANS CHRISTIANS VERLAG · HAMBURG 36

LAGEPLAN DER LANDSITZE AN DER ELBCHAUSSEE

Dieser Plan zeigt die Elbchaussee im Jahre 1937. Die Zahlen bezeichnen die Lage der einzelnen Landsitze. Die dazugehörigen kleinen Bilder geben das Äußere der Bauten, von denen manche schon abgebrochen wurden, in ihrer letzten Gestalt wieder.

Zeichnung von Erwin Sülter